编委会名单

编委会主任　张海燕　李正云
主　编　张海燕　李正云　徐玉兰　吴青芳
副主编　章学云　江　娥　徐　涛　邢　卓

委　员　（按姓氏笔画排序）
　　　　王洪明　李正云　朱仲敏　邢　卓
　　　　江　娥　沈之菲　吴青芳　张海燕
　　　　赵　岩　徐玉兰　徐　涛　章学云
　　　　蔡　丹

上海市教育科学研究院建立健全立德树人系统化落实机制研究项目
上海市教育委员会学校心理健康教育名师工作室（张海燕工作室）项目
上海市浦东新区心理健康教育名师张海燕工作室项目

Research on
Integration of Psychological and
Mental Health Education
in Schools in Shanghai

上海市大中小学
心理健康教育一体化研究

张海燕　李正云　徐玉兰　吴青芳
主编

格致出版社　上海人民出版社

前　言

经过一年多的努力,《上海市大中小学心理健康教育一体化研究》终于在"上海市学校心理健康教育名师工作室(张海燕工作室)""浦东新区心理健康教育名师张海燕工作室"全体成员和上海市教育科学研究院建立健全立德树人系统化落实机制研究团队的共同付出之下完成并结集出版。

心理健康是学生成长发展的重要主题,也是学校开展全面素质教育的重要内涵。随着社会转型和生活节奏的加快,社会竞争愈加激烈,学生在学习、生活、人际交往、自我意识和升学就业等方面的压力日益凸显,给学生德、智、体、美、劳诸方面的发展带来新的严峻挑战。在这种情形下,加强学生心理健康教育不仅是社会和时代发展的需要,也是促进学生心理健康成长与终身发展的极为重要的题中之义。

近年来,党和政府高度重视全民心理健康促进,尤其重视代表着祖国、民族未来的青少年心理健康发展。无论在高等教育领域还是普通教育领域,都颁布了一系列的重要文件,并且予以大力推进。尤其在世界全球性问题加剧的外部环境下,在我国奋力建设新时代中国特色社会主义、全面建成小康社会并为实现中华民族伟大复兴竭诚努力的发展阶段,党和政府更加重视教育事业,重视培养社会主义事业合格的建设者与可靠的接班人。2012 年 10 月,全国人大常委会颁布了《中华人民共和国精神卫生法》(中华人民共和国主席令第 62 号),其中明确"各级各类学校应当对学生进行精神卫生知识教育;配备或者聘请心理健康教育教师、辅导人员，并可以设立心理健康辅导室，对学生进行心理健康教育"；"教师应当学习和了解相关的精神卫生知识，关注学生心理健康状况，正确引导、激励学生"。2015年6月，国家卫计委、中央综治办、发改委等十部门颁布了《全国精神卫生工作规划（2015—2020年）》，明确在校学生心理健康核心知识知晓率达到80%；2016年12月，国家卫计委等22部委联合印发了《关于加强心理健康服务的指导意见》，这是我国第一个关于加强心理健康服务的宏观政策指导性文件，要求各部门各行业普遍设立心理健康辅导室，服务对象为在职在校人员；2018年11月，国家卫健委等十部委颁布了《全国社会心理服务体系建设试点工作方案》，特别提出完善教育系统心理服务网络，结合学生特点开展心理健康教育活动，培养学生自尊、自信、自强、自立的心理品质。

多年来，上海市高度重视学生的心理健康教育，把心理健康教育工作作为学校德育工作的重要内容，纳入了教育工作的整体规划。在市教委相关部门的领导下，不断完善体制机制，健全工作网络，加强队伍培养，扩大心理健康教育工作的覆盖面，提升心理健康教育工作的专业水平，建立了高校"心理健康教育示范中心和达标中心""区县中小学生心理辅导示范中心和达标中心""中小学心理健康教育达标校和示范校"工作体系及"生命教育""生涯规划教育""家庭教育指导"等一系列初具影响力的心理健康教育品牌特色，积极针对不同学习阶段学生的身心发展规律与特点，以预防性和发展性为重点实施学校心理健康教育工作，在促进学生身心健康发展、培养学生健全人格、建设和谐校园等方面发挥了重要的、不可替代的作用。

其中特别需要提及的是上海学校心理健康教育一体化的探索。发展心理学认为，人的一生在不同时期呈现出不同的矛盾，这些特殊矛盾的产生和解决，不仅推动了心理发展，还形成了不同时期本质的心理特征，这些不同质的心理特征就构成了心理发展的阶段性。但是人的身心发展又是一个连续的过程，并且具有系统性。尽管每个阶段都有自己的重要的人生发展课题，但它们不是孤立的，如若当前阶段的问题未解决好，在下一阶段进行回应时可能要付出更大的代价。因此，构建大、中、小学纵向衔接、螺旋上升、有机统一的心理健康教育一体化机制，对落实立德树人根本任务、促进青少年心理健康发展具有重要意义。

上海学校心理健康教育大中小一体化的构建与推进已有多年，走在全国前列。特别是2012年上海市建立了上海学校心理健康教育发展中心，实现了大中小学心理健康教育一体化体制贯通，并在工作实践中打破阻隔、统筹规划、师资融通、增进交流、强化衔接、协同研究、平台共享，获得了可喜的推进。在2019年新一轮上海市学校心理健康教育名师工作室和浦东新区心理健康教育名师工作室成立之后，我本人再度成为名师工作室主持人。我们的工作室成员包含了来自大中小学的心理教师，有着得天独厚的条件。于是，我就在思考，如何对上海市多年的"大中小学心理健康教育一体化"探索与实践进行整理，并且有凝练、有提升，实现更有理性的思考和持续推进的设计，以期产生更多的辐射影响作用，最重要的是能够在系统视角下有更为扎实有效地推进上海的学校心理健康教育工作，造福学生。于是本研究项目策划启动。2020年上海市教育科学研究院建立健全立德树人系统化落实机制研究项目启动并参与到"大中小学心理健康教育一体化"项目的探索与实践中来，共同推进心理育人体系建设。

基于发展心理学、教育学、教育心理学等理论，遵循社会发展、人才成长、教书育人等规律，根据学校心理健康教育的课堂教学、教育活动、咨询服务、危机干预、队伍建设等"五位一体"的基本任务，我们组织项目成员从六个角度展开研究——上海市学生心理发展状况部分，着重研究不同学段学生心理发展的突出特点以及我们需要给出的紧迫回应;学生心理健康教育课程的大中小衔接,着重研究在系统连续的视角下不同学段学生心理健康教育课程的目标和主要关切点、内容、方法与考核评价;学生心理健康教育实践活动的大中小学衔接,着重研究不同学段适切的活动目标、形式、组织管理、评价等;学校心理咨询专业视角之下的大中小学研究,着重研究家庭资源、社区资源的配合,咨询干预中未成年人与大学生的区别、疗法技术的适用性以及转介等;学生心理危机预防与干预的大中小衔接,着重研究前瞻性防御、危机警号识别、朋辈互助、危机响应预案、医教结合等;大中小学心理健康教育队伍建设的衔接,着重研究入职培训的体系化设计、专业培训的融合、心理教师专业发展路径研究、大中小学专业交流平台、名师工作室的大中小学融合,以及大中小学融合的科研项目引领等。

  本书是我们辛勤工作与研究的成果,具有一定的参考意义与推广价值。但研究还是初步的,一些地方显得有些粗糙,也不够科学严谨,这有待日后进一步的努力。但是无论如何,研究过程使我们得到了锻炼,也使我们在付出辛勤劳动的过程中体会到耕耘的快乐和奉献的满足。所有激励我们前行的力量源泉,其实从根本上来说,就是看到学生们健康成长。这是最滋养我们心理教师的,没有什么能够超越它。我们将继续努力!

张海燕

2020 年 9 月 1 日

目 录

第一篇　上海市学生心理发展状况研究概述

3　上海市小学生心理发展特点及心理健康教育探析　　　　　　　　　　　　倪晰娇

12　上海市初中生心理发展特点及心理健康教育探析　　　　　　　　　　　张艳秋

24　上海市高中生心理发展特点及心理健康教育探析　　　　　　　　　　　梅晓菁

35　上海市大学生心理发展特点及心理健康教育探析　　　　　　　　　　　徐玉兰

48　范例一　大中小不同学段学生心理健康测量　　　　　　　　　　　　　吴青芳

第二篇　学生心理健康教育课程的大中小衔接研究

77　基于学生心理特点的小学心理健康教育活动课建设研究　　盛秋蓉　章学云　徐　涛

91　基于学生心理特点的初中心理健康教育活动课建设研究　　徐　涛　张艳秋　曹宏婉

106　基于学生心理特点的高中心理健康教育活动课建设研究

　　　——以积极心理学视角为例　　　　　　　　　　　　　　　王　娟　李卓辰

119　"互联网＋"时代上海高校心理健康教育课程建设研究　　　　　　张兰月　江　城

130　范例二　大中小学段心理健康教育课程中的同课异构

　　　——以"情绪管理"主题为例　　　　　　　　　　计　云　姜雅菁　江　城

143　范例三　上海高校心理微课程建设与发展　　　　　　　　　　江　城　张兰月

第三篇　学生心理健康教育实践活动的大中小学衔接研究

157　班级心理健康教育活动的实施与评价　　　　　　　　　　　　　　　张仙云

170　大中小学心理健康教育活动的实施及一体化思考　　　章学云　盛秋蓉　张兰月

182　区域心理健康教育主题活动的实施体系研究

　　　——基于浦东新区十年经验的实践研究　　　　　　　　　　　　　章学云

195　第三课堂实践活动的实施与研究　　　　　　　　　　　　　　　　裴美婷

208　范例四　心理辅导活动案例

　　　——生涯教育之职业体验大中小幼一体化实践　　　　　　张晓冬　计　云

223　范例五　校园心理情景剧在不同学段的不同呈现　　　　　　　　　张爱菊　杜玉婷

第四篇　上海市大中小不同学段学校心理咨询一体化研究

245　上海市大中小不同学段学生心理咨询特点及规律研究

　　　　　　　　　　　　　徐玉兰　张琪娜　王娟　张晓冬　姚俊

259　常用心理咨询流派技术在大中小不同学段的运用

　　　　　　　　　　　　　徐玉兰　刘月英　梅晓菁　姚俊　张晓冬

273　医教协同框架下学校心理咨询转介探析　　　　　　　徐玉兰　梅晓菁

286　大中小幼不同学段家校协同干预研究　　　　　　　　张晓冬　谢湘萍

303　范例六　认知行为疗法在大中小学心理咨询中的应用　　　　　谢湘萍

314　范例七　团体音乐辅导对大中小学生社交焦虑的一体化干预研究　　李雪芹

第五篇　学生心理危机预防与干预工作的大中小一体化研究

331　大中小学生心理危机预防与干预一体化衔接的研究概述　　　　　邢卓

346　心理危机预警及处理的大中小一体化研究　　李雪芹　徐玉兰　姚俊

361　危机中的干预：学校心理危机干预系统　　　　　　谢湘萍　刘月英

381　生命与使命：校园心理危机后干预及相关技术运用　　　　　　邢卓

398　范例八　危机警号清单　　　　　　　　　　　　　　　　张琪娜

403　范例九　生命教育工作坊

　　　　　——High Five 人生　　　　　　　　　　　　　　裴美婷

第六篇　学校心理健康教育队伍建设大中小一体化研究

419　职能定位视角下的上海市学校心理教师选聘机制研究　　　　　江斌

435　大中小学心理教师入职培训的一体化建设　　　　　　　　　徐涛

446　上海市大中小学心理健康教育教师队伍职后培训的现状及思考　　章学云

457　上海市大中小学心理教师队伍交流平台建设　　　　　　　　刘蓉

468　大中小学兼职心理教师队伍的培养与发展研究　　　　　　　吴青芳

477　范例十　上海市学校心理健康教育名师工作室　　　　　　　吴青芳

第一篇
上海市学生心理发展状况
研究概述

在心理学中,发展是个体随年龄增长而发生的具有顺序性的系统变化。心理发展的主要内容包括认知发展与社会性发展。每个年龄阶段的学生都有其特定发展阶段的特点、发展需求及任务,了解学生的心理发展特点是有效进行心理教育的必要前提。①本篇尝试对上海大中小不同学段学生心理发展状况及特点进行梳理,在此基础上,探索大中小不同学段心理健康教育一体化的对策建议。

---

① 张文新:《高等教育心理(第二版)》,山东人民出版社 2008 年版。

上海市小学生心理发展特点及心理健康教育探析

倪晰娇

（上海市浦东新区张江高科实验小学）

一、 引言

  小学生正处于智力迅速发展的阶段。在这一阶段培养学生良好的注意力、观察力、思维力、想象力和记忆力，能帮助学生更好地完成日常学习任务，保障身心健康发展。随着学生情绪情感能力的发展，情绪调控能力逐渐增强。在小学生的入学适应阶段，家庭环境、学校环境和学生自身能力的发展都是入学适应的重要影响因素。在小学生的社会适应方面，其亲社会行为也会随着年龄增长而增加，但也会受到大脑发展与外部环境因素的影响。在小学阶段，我们应关注小学生学习适应、情绪管理和人际交往能力，开展符合小学生年龄特点的心理健康教育，注重家校合作，为孩子的成长保驾护航。

二、 小学生心理发展的基本特点

（一） 小学生智力发展特点

  智力，也叫智能，是人们认识客观事物并运用知识解决实际问题的能力。

和学习方式均发生很大变化,可能会导致儿童出现学习适应问题。郑青青调查沈阳市 W 小学一年级新生第三个月的学习适应状况,结果发现,一年级新生的学习适应总体状况良好,部分一年级新生学习适应问题主要集中在学习习惯、学习兴趣、学习环境适应和自我调整四个方面。[7]焦秋月研究指出,一年级新生学习适应与家庭环境有关,父母关系融洽、亲子关系好、家庭幸福感高、经常与父母交流的一年级新生学习适应性水平高,而父母关系不融洽、亲子关系不好、家庭幸福感不高、很少与父母交流沟通的一年级新生学习适应性水平低。[8]可见,一年级新生入学适应的影响因素是多样的。

涂芳通过问卷调查发现,在小学低年级学生中,有 23.5% 存在学习适应不良现象。在影响低年级学生学习适应性的五个分内容量表(学习态度、听课方法、家庭环境、学校环境、独立性和毅力)中,以家庭环境(32.6%)、学校环境(29.5%)以及独立性和毅力(23.5%)三项不良检出率所占百分比最大,说明这三个因素是影响低年级学生学习适应的主要因素。[9]

环境造就人,对于学龄初期儿童更是如此。无论学校还是家庭都有责任和义务为儿童提供安静、宽松的学习环境和良好的学习氛围。就学校教育来说,要激发儿童学习兴趣,增强其对学习重要性的认识,提高教师素养,做儿童学习的合作者和引导者。就家庭教育来讲,家庭要注重建立民主的养育方式,加强亲子交流,在关心孩子冷暖的同时更要注重学习习惯、学习态度、学习能力的培养,尤其是独立性和毅力的培养。同时,加强家校间的沟通、合作尤为关键。

(四) 小学生亲社会行为发展特点

亲社会行为的概念最早由美国心理学家 L.G. 威斯伯(L.G. Wispe)提出,他用这个术语描述与破坏、攻击等反社会行为相对立的行为。[10]。荆其诚把亲社会行为看作是对他人有益或对社会有积极影响的行为,包括对恶行的干预、仁慈、礼貌、合作、公益捐赠、助人、救人、同情等。[11]寇彧等人认为亲社会行为是对他人和社会有益的行为,以帮助、分享、合作、同情、安慰等为典型的亲社会行为。[12]

童孝娟使用《小学生分享、助人行为问卷》对三年级至五年级学生进行问卷调查,结果发现,小学生的分享行为随年龄的增加而增加,而助人行为没有表现出类似的特点。[13]余美侨等认为,分享行为随年龄的增加而增加,可能是因为随着儿童心理不断成熟和发展,越来越能理解自我和他人的愿望、意图,会更好地觉察别人分享需要的复杂线索,从而更好地实施能满足他人需求的分享行为。[14]

关于儿童亲社会行为的影响因素,吴南等人研究发现,儿童亲社会行为在发生发展的过程中显示出较大的个体差异,这些个体差异与人脑腹侧被盖区、内侧眶额皮层、腹侧纹状体等区域不同程度激活有关,同时也受不同基因催产素受体、精氨酸加压素受体及多巴胺 D4 受体等基因调控。[15]李丹对二年级、四年级学生的研究发现,人际交往状况对儿童亲社会行为的影响非常显著,同伴关系好、人际信任度高的儿童有较多的亲社会行为。[16]由上述研究可以了解到,小学生的亲社会行为的影响因素是多样的,既有大脑发展与基因生物性因素的影响,又有后天外部环境因素的影响。

三、 小学生常见心理问题

儿童处于不同的发展阶段,就会有不同的发展特点,相应地也会有每一阶段需要特别关注的问题。忻仁娥、唐慧琴、张志雄联合 19 个省、市、自治区大中城市的心理卫生工作者,在全国共组成 22 个课题协作调查组,采用 T.M.阿肯巴克和 C.埃德尔布洛克（Achenbach & Edelbrock，1983）编制的"儿童行为量表"（中国标准化版），对 24 013 名 4—16 岁儿童进行问卷调查，结果表明，各类行为问题总检出率为 12.93％，其中男、女生行为问题的检出率为 13.4％、12.5％；6—11 岁（小学阶段）学生的行为问题检出率为 14.1％。[17]胡改鑫研究发现，学习焦虑在小学生所有心理健康问题中占比最大，检出率高达 68.55％；社会适应的年级和性别差异显著（$p < 0.05$）。[18]李月、继国鑫运用心理健康诊断测验（MHT）问卷对白城市某小学 735 名学生进行调查，结果表明，小学生的心理问题表现为学习焦虑、身体症状、冲动倾向三个因子存在显著差异。[19]芮秀文研究发现，小学生行为问题检出率城市高于农村，差异具有显著性。[20]

从上述研究中不难发现，学习适应问题是学龄期儿童的主要问题之一。很多儿童上小学后，由于种种原因，易出现适应不良，表现为注意力不集中、注意力短暂、学习困难，甚至厌学等。在大城市中，家长热衷让孩子参加课外辅导，学生的学习时间越来越长，学习负担过重，易给小学生造成较大的生理和心理压力。儿童年龄越小，学习过程中越容易产生疲劳，导致出现注意力难以集中、思维迟缓等现象，长此以往对小学生的心理健康发展极为不利。

小学低年级阶段的学生情绪控制能力较弱，有不少学生因情绪问题影响了正常学习和生活，例如，无法控制自己的愤怒情绪、因分离焦虑不想上学、因害怕黑暗或恐惧鬼怪无法入睡……这些情绪问题是学生产生行为异常的主要原因之一，对学生发展正确的自我概念、建立良好的同伴关系、培养健全的人格产生了负面作用，甚至会危害身体健康。所以，及时发现情绪问题学生，帮助其疏导情绪、掌握情绪调适的方法、提高情绪调节能力是很有必要的。

在人际交往方面，部分小学低年级阶段学生容易"以自我为中心"，无法很好地适应学校集体生活。作为社会人，人都有与人交往的需要，通过正常的人际交往、沟通,能获得正确合理的社会知识经验,同时获得生活学习的知心朋友,在困难时获得支持帮助。所以,发展学生的亲社会行为、培养学生的同理心、让他们学会多为他人考虑、获得更好的人际关系体验对小学生健康成长至关重要。

四、 小学生心理健康教育建议

(一) 关注小学生的心理发展特点

在大中小一体化的教育中,应关注学生在每个年龄阶段的发展特点,帮助学生解决可能在该年龄段出现的心理困扰。针对小学阶段,我们应关注小学生学习适应、情绪管理和人际交往能力。在学习适应方面,应做好"幼小衔接",及早给学生进行"心理接种",让学生了解小学的学习生活,帮助学生养成良好的生活习惯和学习习惯,注意劳逸结合,提高学习效率。在情绪管理方面,应让学生了解认识不同的情绪,学习情绪的表达、宣泄。在人际交往方面,应鼓励孩子参与人际互动,学习人际交往的方式,积极发展助人、分享、赞美等亲社会行为。

(二) 开展符合小学生年龄特点的心理健康教育

在开展各类心理健康教育活动时,要注重形式与内容符合小学生的年龄特点,这样才能充分激发学生的参与意愿与学习兴趣,达到更好的教育效果。比如,在小学阶段的心理健康教育中经常使用游戏活动的方式,让学生在游戏活动中有所感悟和体会。著名儿童心理学家皮亚杰曾经从儿童打子弹的游戏中研究儿童道德判断及其发展的阶段,可见游戏对儿童个性的形成和发展具有重要作用。游戏是学生特别喜爱的运动之一,它具有特殊的魅力,尤其是合作类游戏,不仅可以锻炼身体,对于培养学生的适应性有极大的帮助,还能增进人际交往,调节情绪。

除了各类游戏之外,还可以借助绘本、动画等工具开展心理健康教育,比如在小学生的情绪辅导中使用绘本,帮助学生认识、理解常见的情绪状态,学习表达、调节、管理自己的情绪。绘画、音乐、舞蹈等表达性艺术的方式也同样适用,在处理小学生个案时,绘画能帮助学生表达和宣泄情绪,对咨询师了解学生的内心感受有极大的参考价值。

(三) 家校合作为孩子的成长保驾护航

教育绝不仅仅是在学校完成的,家庭教育对一个人的成长起着至关重要的作用。学校和家庭都担负着教育孩子的使命,这就要求学校教育和家庭教育相互配合。心理健康教育需要家校合力,但是部分家长对教育学、心理健康缺乏了解,在家庭教育过程中采取了不正确的教育方式,这些教育方式恰恰有可能导致学生产生心理问题。因此学校对家长教育的指导十分必要,比如让家长了解儿童心理发展的规律,明白孩子心理问题产生的原因,学会倾听孩子的想法,让家长理解孩子的个体差异,采取正确的教育方式,等等。

此外,学校可以建立家长委员会,把学生的需要作为开展心理健康教育的重心,以家委会作为学校和家长沟通的桥梁,形成家校一致的联合心理健康教育体系。对于特殊学生,学校教师要着重和家长进行沟通,根据每个学生的独特性开展特殊的家校合作心理健康活动。

注释

[1] 钟志农:《小学生智力发展的"三级跳远"》,《江苏教育》2019 年第 16 期,第34—39 页。

［2］寇艳：《小学生年龄与心理健康发展的特点研究》，《赤子》2015 年第 22 期，第 192 页。

［3］杨丽容、陈丽清：《某地区小学生智力发展特点的现况调查》，《中国医药指南》2018 年第 11
期，第 93—94 页。

［4］郑淑杰、石松山、郑彬：《小学生攻击、情绪问题发展趋势与自我控制关系的追踪研究》，《中国
学校卫生》2010 年第 10 期，第 909—911 页。

［5］陈白鸽、张荣华、陈亚敏、陈卫平：《小学生情绪管理能力的调查与干预研究》，《中小学心理健
康教育》2017 年第 12 期，第 15—19 页。

［6］路丹：《家庭环境对儿童情绪管理的影响研究》，重庆师范大学 2016 年硕士学位论文。

［7］郑青青：《幼小衔接视角下小学一年级新生学习适应问题及对策研究——基于沈阳市 W 小学
一年级新生入学后三个月的状况》，沈阳师范大学 2019 年硕士学位论文。

［8］焦秋月：《家庭环境对小学一年级新生学习适应性影响研究》，新疆师范大学 2015 年硕士学
位论文。

［9］涂芳：《小学低年级学生学习适应性调查研究》，华东师范大学 2007 年硕士学位论文。

［10］郭晓飞：《儿童亲社会行为研究综述》，《绍兴文理学院学报》2010 年第 9 期，第 105—109 页。

［11］荆其诚：《简明心理学百科全书》，湖南教育出版社 1991 年版，第 369 页。

［12］寇彧、付艳、马艳：《初中生认同的亲社会行为的初步研究》，《心理发展与教育》2004 年第 4
期，第 42—48 页。

［13］童孝媚：《3—5 年级小学生分享与助人行为发展特点与培养研究》，重庆师范大学 2019 年硕
士学位论文。

［14］余美侨、静进：《儿童分享行为的发展及影响因素》，《中国儿童保健杂志》2013 年第 6 期，第
610—612 页。

［15］吴南、李斐：《儿童亲社会行为及影响因素》，《中国儿童保健杂志》2015 年第 8 期，第 834—
836 页。

［16］李丹：《影响儿童亲社会行为的因素的研究》，《心理科学》2000 年第 3 期，第 285—288 页。

［17］郝萍、张大均、苏志强、胡天强：《中国四～六年级小学生 1995—2011 年心理健康状况变化分
析》，《中国学校卫生》2016 年第 4 期，第 579—601 页。

［18］胡改鑫：《邯郸市曲周县高年级小学生健康状况与体育锻炼情况研究》，首都体育学院
2017 年硕士学位论文。

［19］李月、继国鑫：《小学生心理健康状况的调查分析——以白城市某小学为例》，《白城师范学院
院报》2019 年第 4 期，第 88—92 页。

［20］芮秀文：《苏州市中小学生心理健康现状与影响因素研究》，苏州大学 2006 年硕士学位论文。

上海市初中生心理发展特点及心理健康教育探析

张艳秋

（上海市老港中学）

一、引言

上海的初中学段是从预备年级（即六年级）到九年级，当前的绝大部分初中生出生于 2005 年 9 月到 2009 年 8 月之间，年龄在 11—16 岁之间。发展心理学认为，初中生的整体身心特点可以用"在矛盾和不平衡中快速发展"[1]来概括。上海的初中生在身心发展上除了具有上述特点以外，还有独属于这个国际大都市的特征，变化差异性更大，矛盾冲突性更强。

二、初中生心理发展特点

（一）初中生处于生理快速发育的第二个高峰期

初中阶段的学生经历着身体生长发育的第二个高峰期——青春期。身体外形的变化、内脏机能的成熟和性成熟是青春期的主要生理特点。绝大部分上海学生从初中阶段开始在身高和体重上进入快速增长时期，身高一年内可以增长 6—8 厘米，体形和面部轮廓也会随之发生变化，体脂肪量、体脂率、肌肉量、基础代谢率随年龄的增长而增加,女生的体脂肪量均值大于男生,男生的肌肉量、基础代谢率的均值大于女生。[2]随着体型的变化,内脏机能逐渐成熟,心肺功能迅速增强,体能快速提高,大脑的发育也在初中阶段进入快速增长的时期。

上海的物质生活水平在一定程度上优于其他城市和地区,提供给少年儿童的营养和健康保障条件也相对优越。因此,随着身高体重等的迅速发育,部分学生在小学高学段就出现了第二性征,但大部分学生是在初中阶段出现第二性征。初中女生出现月经初潮,男生出现首次遗精,性逐渐成熟。女生的发育开始年龄比男生早,因此在预备年级和初一年级阶段,有部分女生的外形看起来要比一些男生更高大,这种情况在初二会随着男生的迅速发育而改变,初二、初三年级男生的体形会迅速高大起来并超过女生。进入初三后,一般学生的身高和体重已经接近成人水平。

生理的逐渐成熟为初中学生探索世界提供了身体机能的基础。面对环境的变化和时代的挑战,初中生们跃跃欲试。但生理发育水平和时间早晚存在一定的个体差异,这种生理上的差异可能会成为初中生心理压力的直接原因。

(二) 初中生心理发展更加多样化,矛盾、差异更加多元化

大脑和身体的发育给心理发展奠定了生理基础,但各种心理品质的发展要落后于生理发展,这给初中生普遍带来成人感与幼稚性的矛盾冲击。在不断解决这些矛盾带来的问题中,初中生们逐渐发展了心理品质和能力,积累起许多适应社会的知识和技巧。上海初中生在心理发展上体现出的特点总结如下。

1. 学业智力方面——学习机会多,学业方面较有竞争力

伴随着身体和大脑发育的逐渐成熟,初中生的思维方式逐渐由感官的、表

面的、具体形象思维方式向假设的、辩证的、逻辑推理思维方式转变,思维的创造性和批判性品质日益明显,求知欲旺盛,好奇心强,兴趣广泛,学习能力明显增强。

张顾文在 2018 年对上海市静安区部分学校的初中学生进行调查研究,结果发现,初中生参与课外辅导的比例(71.81％)大幅高于不参加的比例(28.19％)。[3]课外辅导是由辅导者或辅导机构提供的发生在学校学习时间之外补充学校教育开设的学术课程(如语文、数学、外语、物理、化学、音乐、美术、体育等兴趣课程并不包含在内)而进行的有偿的辅导活动。

2009 年与 2012 年,上海参加了全球最大规模的国际学生评估项目(PISA)测试研究,是中国大陆首个参与该测试的地区。在这两次测试中,上海中学生连续获得了阅读、数学和科学三大学习领域测试的全球第一,而且平均值和高端学生比例都远高于发达国家;而最低端学生的比例为全球最低,且成绩远高于世界各国。2015 年,上海作为中国四个省市之一参与 PISA 测试,如果将上海的成绩单列,仍然远高于名列第一的新加坡的科学、数学和阅读三大学科的成绩。[4]

成长于上海这座超大城市中的初中生有更多的机会接触世界的多元文化。因为学习机会多,他们在学业方面比较有竞争力。

2. 情绪智力方面——低年级学生能较好地感知和调节运用情绪

情绪智力是"一种处理与情绪有关信息的非认知能力",包含自我情绪感知、他人情绪感知、调节情绪及运用情绪的能力四个方面。查灵采用自陈式《情绪智力量表》[5],对上海市虹口区、黄浦区、静安区和浦东新区四所普通初级中学预备年级和初一年级共 19 个班级的学生进行了调查,结果表明,整体上初中生情绪智力处于较高的水平,初中低年级学生能够较好地关注自身的情绪状态和变化,具有较好的感知、管理与运用自身及他人情绪的能力。[6]这符合中学生身心发展特点,与初中生开始关注自己及周围人的情绪表现,并学习控制、调节自己的言行以获得他人的认可有关。

3. 情绪表现方面——部分初中高年级学生有焦虑、抑郁情绪

刘飒等在 2017 年对初中学生的负性情绪做过调查,发现初中学生的压力、焦虑、抑郁情绪的发生率分别为 17.8%、43.3% 和 23%,失眠症状发生率为 27.9%。男生的抑郁情绪发生率(31.0%)显著高于女生(26.9%)。[7] 这可能是由于青春期早期的社会性情绪网络受激素影响而急剧变化,对情绪刺激的易感性达到峰值,而认知控制网络包括执行功能的冲动控制、情绪调节等从青春期早期至成年早期成熟速度相对较慢,初中生社会心理承载力差,易受负性情绪的影响。

刘洋等学者在 2015 年对上海市六个区县的 1 595 名初中学生进行调查研究,结果发现,焦虑情绪检出率为 16.4%,抑郁情绪检出率为 17.2%。随着年级的升高,学生的焦虑、抑郁情绪显著增加,在焦虑情绪检出率分布上,预备年级为 10.8%,初一 12.9%,初二 18.3%,初三 25.0%;在抑郁情绪检出率分布上,预备年级为 11.5%,初一 15.2%,初二 22.8%,初三 20.5%。[8] 这可能与高年级学生学习任务更重、学习难度更大、中考升学压力大以及青春期学生愈加自我封闭等主客观因素有关。此外,男女生之间的焦虑水平具有显著性差异。受生理、性格等方面的影响,女生更易产生紧张焦虑情绪,焦虑水平高于男生。

4. 社会适应方面——心理弹性较好

心理弹性是心理学的一个重要研究领域。刘梦图在 2018 年针对上海初一、初二年级学生做了相关研究。[9] 研究将心理弹性定义为个体应对压力或逆境的动态发展变化的过程,包含个体良好的社会适应能力、个体积极发展的结果,包括五个因子,分别是:目标关注、人际协助、家庭支持、情绪控制和积极认知。心理弹性与适应性呈现正相关,即弹性愈大,表明个体对外界环境的调控能力愈强,适应性水平愈高。

调查结果显示,上海市初一、初二年级学生的心理弹性处于中等水平,女生心理弹性总体水平高于男生,独生子女心理弹性显著高于非独生子女。初二学生除目标专注性方面略低于初一学生外,其余各因子以及心理弹性总水平上均高于初一学生。王丹洁对上海市预备年级学生的调查发现,预备年级学生总体心理弹性处于中上等水平,在面对环境转变、学业压力等各种生活挫折与逆境时能有效应对和适应。经过一年的追踪调查发现,初中生的心理弹性水平随着年龄的增长呈不等距上升的发展趋势。[10]

以上结果可以反映出,上海市初中学生在社会适应方面有较好的心理弹性。

5. 自我效能方面——自我效能水平存在较大差异

自我效能感是指个体对自己是否有能力完成某一行为所进行的推测与判断[11],其实质是个体在各种情境中对自己行为能力的自信程度。

刘梦图的研究认为,上海市初中生自我效能总体水平尚可,男生的自我效能感得分略高于女生,独生子女的自我效能感得分高于非独生子女,但在性别与是否独生子女上没有显著差异。学校所在地、学校性质和年级上存在显著差异,表现为民办学校学生的自我效能感得分显著高于公办学校,市中心学校学生的自我效能感得分高于郊区学校学生,初一学生的自我效能感得分高于初二学生。[12]

市中心学校学生得分显著高于外地生源较多的郊区学生,本市户籍学生为主的民办学校得分显著高于有外地生源的公办学校。这主要是因为郊区学生外地生源较多,公办学校的外地生源比民办学校多,而外地生源不懂沪语,难以完全融入上海,且因户籍问题不能在上海参加中考因而面临回老家等流动的问题。这些因素会影响外地学生的自我效能感,最终拉低郊区学校和公办学校学生自我效能感的得分。

三、 初中生心理健康主要问题

慢节奏或快节奏的生活环境会对人的心理产生不一样的影响。在上海，初中生能得到时代前沿的教育机会，同样也能感受到无比巨大的竞争压力，他们的学习节奏需要适应成人世界的工作节奏，并未完全发育成熟的生理和心理在快节奏的都市生活压力下，必然会产生一些问题。

（一） 焦虑情绪检出率呈上升趋势

过度焦虑是一种会对青少年的生活和学习产生不良影响的负性情绪，如果不加以干预和控制，会转化成焦虑障碍，对初中生的社会功能产生严重的危害。陈翔春对上海市初中生的焦虑情绪进行调查，结果显示，初中生的焦虑情绪检出率为 38.5％。[13] 刘飒等人 2018 年对上海市六个区县的初中生进行调查，结果显示，焦虑情绪检出率高达 43.3％，这就意味着有近一半的初中生在经历着焦虑情绪的困扰，同时抑郁情绪检出率为 23.0％。[14] 两次调查结果显示焦虑情绪检出率呈上升趋势。持续的焦虑情绪会影响学生的正常睡眠、饮食等行为，继而影响学生的注意力水平、认知能力、意志力、行为控制等各方面。因此，上海初中生焦虑情绪问题值得引起重视和关注。

初中生的焦虑情绪较多是由考试、学习和人际交往引起的。这与社会大环境带来的生存压力有着密切关系，不断加倍努力学习才能为自己的生存积累更多的竞争资本。当面对学习和考试的时候，初中生们为不能确定的结果和难以掌控的未来而焦虑。各种各样的学习占用了初中生大部分时间，导致他们没有足够的时间投入人际交往，容易引发人际关系方面的焦虑。这些焦虑呈交互上升的方式影响着大部分初中生。

(二) 幸福感水平相对较低

PISA 2015 参照经济合作与发展组织(OECD)《美好生活指数》(*Better Life Index*)的测度方法,围绕客观指标(即确保学生基本人类需求和权利的物质条件)与主观指标(即学生如何评价自己的生活、感受和情绪),将学生的幸福感定义为"学生在快乐和充实的生活中所需的心理、认知、社会和身体的功能和能力"。PISA 2015 数据关于学生的幸福感水平的调查结果显示,中国学生总体幸福感水平低于 OECD 国家平均值,高幸福感学生占比少。中国四省市(北京、江苏、广东、上海)学生的幸福感平均值为 6.83,低于 OECD 国家的平均值 7.31,只有 26.9% 的学生具有高幸福感。中国学生在参加此项目的 72 个国家和经济体中排第 41 位,与最高平均值为 8.50 的多米尼亚共和国差距较大。中国四省市的中学生中,高幸福感人群比例远低于国际平均水平,而低幸福感比例要高于国际平均水平。[15]

在调查结果中,影响初中生幸福感水平的因素体现在学校归属感、人际关系、考试和学业压力等方面。归属感是个人感觉自己被别人或团体认可与接纳时的一种感受。初中生正处在情感发展的关键期,他们非常渴望建立良好的人际关系,而初中生大部分时间在学校度过,能感觉到自己被别人、被学校接纳,才会感觉生活更有意义。而在调查中,超过半数的初中生感觉自己在学校是一个"局外人",感到自己不属于学校,在学校里觉得尴尬、孤独。

(三) 自主需求满足度低于胜任需求和归属需求

驱力理论和成就动机理论认为,决定人类行为的三种基本心理需求为自主需求、胜任需求和归属需求。自主需求指个体对生活事件进行自由选择、自主决定的需要,个体在从事各种活动时,能根据自己的意愿进行选择和作出决定。胜任需求指个体控制环境的需要,即人们在从事的各种活动中,需要体验到一种胜任感。归属需求即个体需要来自周围环境或他人的关爱、理解、支持,并且可以去关爱他人,体验到归属感。这些基本心理需求的满足是人类赖以生存所必需的,并且有助于培养人们积极乐观的心理品质,促进自我整合并提升幸福感。

在基本心理需求满足度方面,余香调查发现,上海超过60％的初中生能够满足自主、胜任、归属需求,尤其是归属需求的满足,约83％的初中生处于中等偏上水平,在这一阶段,初中生与同伴相处的时间远多于与其他人,他们开始形成自己的小团体,获得归属感。[16]相对而言,自主需求的满足程度比其他两种需求低,这与青春期早期的心理发展特征也非常一致,初中生渴望自主自由,却又无法摆脱管束,所以自主需求满足度相对较低。

(四)　智能终端依赖或成瘾现象堪忧

21世纪第二个十年是智能化发展的高速阶段。初中学生处在青春发育期,容易接受新鲜的事物,同时也容易受到外界环境的影响。随着智能手机、平板电脑等智能终端的日益普及,成瘾或依赖问题引起了广泛关注。国外有报道称35％的青少年智能手机成瘾,2015年发布的《2014年中国都市青少年发展报告》指出,25％的青少年承认自己是低头族,其中约50.8％的人表示在聚会时也不忘浏览手机或平板电脑的信息。[17]

2017年,李玉华等学者对上海市长宁区中学生进行了有关智能手机、平板电脑高智能终端成瘾现状的调查和研究,结果显示,初中生智能终端成瘾检出率为9.03％(57/631)(高中生的检出率为24.84％,小学生的检出率为3.71％);智能终端自行使用的学生成瘾检出率高于在家长监管下的学生,以娱乐为目的的学生成瘾检出率高于以学习为目的的学生。同时,智能终端成瘾学生的孤独程度高于非成瘾学生,成瘾学生的心理健康要差于非成瘾学生。[18]

智能终端的使用趋势已经不可逆,它已然成为当前中学生学习和生活中的重要部分。合理使用智能终端对学生的心理发展是有利的,它能够扩大知识学习的范围,给学生提供更广阔的人际交往平台。但同时,使用过程中也会出现各种不良信息的诱惑,甚至导致成瘾行为。因此在中学生还没有发展出足够的自控能力前,需要对此进行正确的引导和监督。

四、 加强初中生心理健康教育的策略

初中生处于青春期这样一个敏感的阶段,生理发展与心理发展的不平衡、成人感与幼稚性的矛盾,都给教育者带来了更大的挑战。家庭、学校和社会一直都在努力探索适合初中生特点的心理健康教育对策。针对上海市初中生的心理发展特点以及存在的心理健康问题,本文建议从以下几个方面着重开展初中生的心理健康教育。

(一) 家长的教育方式需改变——和孩子共同成长

家庭作为孩子的第一所学校,家庭环境、家庭氛围以及家长的言行举止都会对孩子产生深刻而持续的影响。学生的焦虑情绪、自主需求度和智能终端成瘾情况均和家长的教育有直接关系。家长需要及时关注孩子在成长中发生的心理变化,了解孩子的心理特点和需求,及时调整应对方式,不能用对待小学生的方法教育初中阶段的子女。

父母需要放下姿态,和孩子共同成长,多了解孩子日常接触的人、事、物,

这样可以增加亲子之间沟通交流的机会和话题,同时也能及时引导和监督孩子的成长环境,以陪伴式教育代替命令式教育,给孩子更多的自主权,让孩子对家长产生信任感。同时,家长要转变教育理念,认识到学习成绩固然重要,但成绩不能代表一切,盲目追求成绩会给孩子带来很大的心理负担,极易导致其出现焦虑、抑郁、自卑、自闭等心理问题。家长要将孩子的健康成长作为家庭教育的核心,走入孩子的内心,了解孩子的心理状态,及时帮助孩子解决心理健康问题。

(二)　学校的教育角度需全面——多途径开展心育活动

上海市中小学已经普及了心理健康教育课程,各所学校均开设了心理辅导室,配置了专职心理教师,这为初中生在学校期间能及时处理心理问题提供了保障,但学校仍然需要从更多的角度来加强学生的心理健康教育。心理健康教育是一项长期、复杂的任务,仅仅依靠心理健康教育课程和心理辅导,难以全面有效地实现心理健康教育的目标。学校要将心理健康教育融入各门课程的教学中,为学生提供"每位老师都是心理老师、每节课都有心灵成长"的全员教育环境。

初中生同伴之间的影响作用逐渐增大,因此营造温馨和谐的班风,促进同伴之间诚信、友爱、热情、互助,让学生感受到归属感,可以降低初中生产生心理问题的概率。

家庭与学校在初中生的心理健康教育中有着各自的优势和不足,而密切联系二者则能充分发挥家校共育在心理健康教育中的作用。教师要关注学生在校的心理表现,定期向家长反馈,特别是对存在心理问题的学生,更要与其家长及时沟通、交流。同时,学校要做好家庭教育的指导工作,用专业的知识给家长提出适合孩子成长的家庭教育建议,以更好地发挥家庭教育的作用。

（三）　社区辅助教育功能需加强——用好校外教育资源

保障初中生心理健康是一项系统性工程，社会各界需要参与其中，家庭、学校在构建共育机制的同时，也要注重社会教育的作用，发挥好社区教育在初中生心理健康教育中的作用。社区教育以社区为阵地，以大量的社会工作者以及各种不同类型的教育资源为主要力量，对当前家校共育下的初中生心理健康教育有着很好的辅助作用，这是弥补学校教育的不足、提高教育质量以促进学生心理健康发展的重要形式。[19]

（四）　互联网上的教育环境需净化——拒绝网络垃圾

当前初中生面临着一个特殊的社会环境——互联网。通过互联网，初中生既可以拓宽获取信息的途径，又可以增加沟通交流的机会，在开阔眼界的同时，也丰富了生活，维系了情感。中学生的认知、情感、态度、意识以及行为等都会受到网络的影响，网络中的不同文化会潜移默化地改变中学生的价值理念和思维模式。由于网络世界的虚拟性、匿名性、开放性以及隐蔽性等特点，其影响并不都是积极、正面的。网络上一直存在大量乱象：色情资讯处处可见、诈骗信息层出不穷、网上盗窃与信息盗用等现象屡禁不止。这种负面网络文化不利于初中生身心健康的发展。初中生判别是非的能力较弱，社会经验较少，自控与自制能力较差，容易沉溺于虚拟网络世界，在自身受到来自网络伤害的同时，也极有可能通过网络对别人做出伤害行为。如今，网络上的恶意攻击，诸如威胁、辱骂、嘲弄、勒索等网络欺凌现象越来越严重，特别是在中学生群体中，此种现象危害日甚。[20]

家庭和学校监管、教育学生正确使用网络的同时，也需要社会大环境的支持，建设绿色文明网络、拒绝网络垃圾，互联网上积极健康的信息环境需要每一位公民来共同建设和维护。

注释

[1] 林崇德:《发展心理学》,人民教育出版社 1995 年版,第 362 页。

[2] 郑培乐:《上海市初中生身体成分及生活习惯的研究》,华东师范大学 2013 年硕士学位论文。

[3] 张顾文:《城市初中生参与课外辅导的实证研究——以上海市 J 区为例》,华东师范大学
2018 年硕士学位论文。

[4] 张民选:《PISA、TALIS 与上海基础教育发展》,《外国中小学教育》2019 年 4 月 8 日。

[5] Wong, C.S., & Law, K.S. 2002. "The Effects of Leader and Follower Emotional Intelligence on
Performance and Attitude: An Exploratory Study." *Leadership Quarterly* 13(3): 243—274.

[6] 查灵:《初中生情绪智力和心理韧性的现状与关系:基于八个月纵向追踪研究》,上海师范大
学 2018 年硕士学位论文。

[7] 刘飒:《上海市中学生负性情绪与失眠症状的相关研究》,《中国儿童保健杂志》2019 年 9 月第
27 卷第 9 期,第 936—940 页。

[8] 刘洋:《初中生焦虑抑郁情绪与生活方式的关系》,《中国心理卫生杂志》2017 年第 31 卷第
3 期,第 235—240 页。

[9] 刘梦图:《上海市初中生父母教养方式、心理弹性与一般自我效能感的关系研究》,上海师范
大学 2019 年硕士学位论文。

[10] 王丹洁:《初中入学新生心理弹性的发展趋势及自我概念的影响》,《中小学心理健康教育》
2019 年第 7 期,第 15 页。

[11] Bandura, A. 1997. *Self-efficacy: The Exercise of Control*. New York: Freeman.

[12] 刘梦图:《上海市初中生父母教养方式、心理弹性与一般自我效能感的关系研究》,上海师范
大学 2019 年硕士学位论文。

[13] 陈翔春等:《上海市嘉定区初中学生焦虑状况调查及影响因素》,《上海交通大学学报(医学
版)》2014 年第 4 期,第 442—445 页。

[14] 刘飒:《上海市中学生负性情绪与失眠症状的相关研究》,《中国儿童保健杂志》2019 年第 9
期,第 936—940 页。

[15] 严奕峰、李欣:《学生幸福感从何而来——PISA 2015 的调查数据及启示》,《外国中小学教育》
2019 年第 8 期,第 17—27 页。

[16] 余香:《初中生生活目标追求、基本心理需求与主观幸福感的关系及其干预研究》,上海师范
大学 2018 年硕士学位论文。

[17] 黄洪基主编:《2014 年中国都市青少年发展报告》,上海交通大学出版社 2015 年版。

[18] 李玉华等:《上海市长宁区中学生智能终端成瘾现况及其相关因素研究》,《中国儿童保健杂
志》2019 年 5 月第 27 卷第 5 期,第 574—576 页。

[19] 乔和平:《家校共育,助力初中生心理健康成长》,《全国科研理论学术研究成果汇编(二)》,中
国环球文化出版社 2020 年版。

[20] 宋黎明:《中学生网络欺凌研究》,山西师范大学 2016 年硕士学位论文。

上海市高中生心理发展特点及心理健康教育探析

梅晓菁

（上海市七宝中学）

一、引言

　　高中生正处于青少年中晚期阶段。这个阶段的学生，心理发展虽然度过了"疾风暴雨"时期，但仍是矛盾统一的综合体，渴望独立自主，却又在生活上依赖父母；思维和个性趋于成熟，但仍不时露出幼稚的一面；自觉自律，却也免不了情绪之下的盲动，所以较容易产生各种各样的心理和行为问题。在上海这座发展程度领先的城市，学生接触新鲜事物的时间早、机会多、视野广；家长在饮食上照顾周到，所以孩子普遍发育较早，而高中生的生理发育接近成熟，心理发展在趋于成熟的过程中，利用学校生活探究自我，试图找寻自己喜欢的、擅长的、适合的目标，规划出适合自己未来发展的道路。

　　总体而言，高中生被学业压力裹挟着前进、成长，耗费了大部分精力。学业成绩很大程度上影响了他们对自我价值的评价。在这一阶段，家庭的接纳、老师的引导、友伴的支持很重要，缺乏这些因素很容易引起心理健康水平的下降。

二、 上海高中生心理发展特点与主要问题

（一） 高中生生理发展接近成熟，逻辑思维获得长足发展，为繁重的学业提供了身体基础

高中生脑的重量和成人基本相等，脑的重量、容量和脑神经细胞增长有限，大脑皮层的神经细胞基本发育完全，联络纤维增长很快，兴奋与抑制过程逐步达到平衡；神经过程的灵活性提高，神经系统的机能逐步趋于完善；第一信号系统和第二信号系统的相互关系更为协调和完善，分析和综合能力明显提高。随着参与实践活动的增多，脑的内部结构和机能不断分化、发展，思考、理解、推理、分析、判断等能力不断加强，记忆力更加牢固深刻。

高中生正处于青春期的中后期，内分泌活动旺盛，有些学生学业压力较大时易引发内分泌失调，青春痘生长速度比初中更快，范围更广；个别女生月经不规律或痛经严重。

此外，高中生大脑兴奋性较强，易于接受新鲜事物，但同时稳定性较弱，抑制能力较差，所以高中生易激动，意志较薄弱，且易疲劳。因此，他们需要合理安排生活和作息，做到劳逸结合，否则会影响大脑和身心发育。

（二） 高中生的自我同一性缓步发展，学习内驱力低，成绩成为情绪波动的主要影响因素

1. 高中生通过单一的学业途径进行自我探究，自我同一性延缓的人群比例较高

高中阶段恰逢学生自我同一性的形成时期。自我同一性完成的个体能够觉察自己的个性，了解自己的优缺点，能给自己设定适合的目标并积极追求；

自我同一性未完成的个体对自己的认识比较有限,往往依靠外在的评价来把握和认同自己。

张日昇用加藤厚制定的同一性状态测定量表调查高中生,结果发现,54.5％的男生和62.2％的女生都处于同一性扩散—延缓期。[1]当前高中生的大部分时间被学习占据,学习成绩成为衡量学生价值的单维标准,学生们无暇进行自我探究,或过早地听从父母的建议,或自主的探究被父母、老师忽略或否定。2013年上海开始大力推进生涯规划教育,虽然有一定的推动作用,但还是没有打破"唯分数论""填报金融等热门专业"的观念。家庭和学校都极力为学生提供单纯的环境,屏蔽他们对自我的探究及对社会环境的体验。由于接触真实社会环境的机会减少,高中生对自我同一性问题的思考探索与实践投入大大减少,无法对自我进行完整的认识和整合。

2. 学习动机以外在动机为主,内在动机较弱,学习兴趣低、信心少、易疲倦

高中学习需要较多的自主性,学生需要通过自主学习,不断探究摸索,调整学习策略,客观评价自己的能力,了解自己的思维特点,逐步建立自我效能感,并在这一过程中培养自己坚韧、勤奋的品质,努力追求实现自己的目标和理想。有了这种自我整合的动力,才能有踏踏实实的付出和源源不竭的成长动力。目前,有些片面追求成绩的急功近利现象减少了孩子自我探究的机会,为避免他们遭受挫折,盲目传授成人价值观。从长远来看,这不利于学习内在动机的保持和激发。

龚柳在2015年对上海市普通高中的高一学生展开网络调查发现,有60％比较同意"我对学习挺感兴趣",42.5％不同意"学习对我来说是件快乐的事",30％不同意"我的高一生活很愉快",近一半的学生表示不是以饱满的精神状态在学习。可见,学生学习的内在动机较弱,对学习兴趣低。而在外在动机上得分较高,近九成的学生同意"我学习是为了将来有一份好工作","我学习为

了更好地实现自己的理想"。[2]高中生很容易由学习想到考大学,由考大学想到找工作,所以他们学习的动机往往不是基于对学习本身的兴趣,而是为了将来的职业发展更顺利。学习外在动机的影响,加上学习归因不当,容易造成情绪波动,进一步降低学习动力,陷入消极循环。

新高考改革使高一学生要面对适应期的困难和学科负担的双重压力。大部分学生以牺牲睡眠时间来完成课业,每天的睡眠时间远低于八小时。杨东玲等人针对上海市高中生睡眠情况的调查显示,6 401名高中生中,94.8％的学生睡眠时间少于八小时,其中62.8％的学生少于七小时。[3]

(三) 高中生学业压力的外化表现是情绪问题,其应对压力的抗逆力水平与人格因素有关

对于高中学生来说,学习压力是很重要的压力来源,学习成绩的好坏影响到一个人的自尊自信、亲子关系、师生关系及其在同伴中的地位。学生在面对压力时大都采取对内逃避、对外发泄的方式,同时又"以情绪为中心",所以行为问题和情绪问题越来越严重。

1. 学业压力是高中生最大的压力源,而自我期待、外部环境及考试政策是学业压力的主要影响因素

首先,对于高中生来说,学业压力主要来源于自我要求太高、同学之间竞争激烈、父母期望值过高、学校和老师要求严厉。同学之间竞争激烈在高一年级最为明显,而高三学生大部分认为自己要求太高是重要的压力源。高中课程的理科性与综合性加强,让女生害怕失败的压力更为突出。

其次,上海率先试点高考改革,这对高一学生影响较大,课程增多(十门功课),学习强度大,学科内容的综合性、逻辑性增强。学生每天有八九节课且没有自修课,疲于应付各科作业,没有额外时间来消化吸收课堂知识,也没有时

间预习新课。这就要求他们改变以往的学习方式,尽快适应新的学习节奏。

最后,高中生在高二下学期就面临小高考,高三有两次英语考试,没有学生会轻易放弃可能的提分机会。把原先一次性的考试分散成三年里的多次考试,虽然改变了"一考定终身"的弊端,但每一次考试,学生们都要全力准备,产生焦虑情绪,应试压力反而有增无减。

2. 部分人格因素影响高中生应对压力的抗逆力水平

在学习的过程中,面对如此繁重的学业压力,学生难免会遇上各种各样的挫折。如果他们能够接纳现状、直面挫折、调节情绪、及时求助,就可以逐步改善学业状况,达成自己的学业目标,获得效能感。如果他们缺乏挫折抵抗力和适应力,就可能表现出畏缩、逃避、不能接受失败和挑战,不愿与他人交流等消极行为,从而阻碍进一步的探索和学习。出现上述两种情况与学生自身的人格因素有关。

王枫 2013 年在中学生抗逆力的测量与团体干预研究中发现,卡特尔 16 种人格因素中的稳定性、兴奋性、有恒性、敢为性和自律性五个因素与个体整体抗逆力水平之间存在较显著的正相关,即个体的情绪稳定性越高,个体的自我概念越强,整体抗逆力水平就越高;个体的高唤醒水平更有助于灵活调用自身内外资源进行挫折应对;个体的意志品质越强、行为的倾向性和动力性特征越明显,抗逆力水平就越高。[4]

(四) 高中生的同伴关系是个体重要的支持系统,与父母的关系逐渐疏离

1. 高中生同伴交往个体化,注重共同价值观,是应对繁重学业的重要支持系统之一

对于高中生而言,学校适应除学业适应外,最重要的就是人际适应,高中生人际交往的突出特点是"和而不同"。高中生个性增强,不再抱团和从众,他们对自己与他人的看法有所改变,希望自己被认为是独一无二的个体,注重自

我主张。高中生和朋友在一起的活动,65％是聊天,其次是学习(占 10％)[5],再次是运动和玩游戏。高中生交友对个人特质更加包容,他们逐渐明白友谊是建立在相互依赖与相互独立基础上的,也更加理解每个人都是独立的个体,从而友谊更加稳固,其中价值观起了很重要的作用。一半以上的学生认为友谊的基础是"友情、亲情等感情",其次是"互惠,双方都能从交往中各取所需"和"对自己的发展有帮助"。

龚柳研究发现,高一学生的同学关系较为理想,九成学生认为自己与班里同学相处得很好,在班里有好朋友。[6]良好的同学关系像一剂强心剂,能给个体提供强有力的支持,帮助他们更好地应对校园生活压力。

高中生对异性也越来越感兴趣,部分高中男女生交往是一对一的约会,也有部分是群体对群体,同性朋友的存在使早期的异性交往活动减少了威胁,青少年有更多机会在非正式的社会情境中了解异性,而不必非要形成亲密关系。[7]

2. 高中生对恋爱持反对态度的比例为 26.08％,发生过恋爱行为的比例为 17.61％

首先,高中生的恋爱不同于初中生,他们的人格在逐步稳定,可通过细致的观察了解对方的个性特点,但是因为在校时间有限,大部分时间又忙于学习,可以交流的时间非常有限,所以恋人间的了解还不够充分,以至于判断时会产生偏差。其次,高中生还不具备承担完全责任的能力,当恋爱中激情难抑发生性行为或双方有冲突无法调和时,就会陷入危机。一旦恋爱出现问题,学业会连带受影响,个体将面临双重压力,自尊、自信、自我价值感降低,引发心理健康问题,严重的会诱发自伤、自杀。当然,高中生具备一定的自制力,特别是到了高三,人格基本成熟稳定,目标志向明确,恋爱也有可能成为激励性的正向力量。所以,高中阶段的两性关系发展实际上是把双刃剑,需要合理疏导,而非简单的批评教育。

3. 高中生生活上依赖父母,日常的沟通内容集中于学业问题,亲子冲突的解决方式以与父母协商为主

高中生虽然不像初中生那么叛逆,但由于自我意识觉醒和发展,与父母的关系仍比较疏离,喜欢独立面对生活,而不希望被父母干涉。但日常生活中他们又离不开父母的细致照料。如果父亲工作繁忙,或者父亲在家庭中角色缺位,则高中生会与母亲关系更为亲密。

高中有升学主题,且与未来的专业发展、职业发展息息相关,家庭沟通的内容绝大部分围绕学习,与父亲聊理想、职业、政治的比例更高,与母亲谈生活、情感的比例更高。亲子冲突的内容多集中于学习,其次是消费、娱乐、交友、发型服饰等。当产生冲突时,近一半学生是与父母协商处理,还有近1/3是按自己的方式解决,这也充分体现了高中自我同一性探索阶段的特征。

(五) 特殊行为发生概率小但危害性大

1. 性行为的发生概率不高,但性自我保护意识不强

宋逸等学者对中国 18 个城市高中生性行为现况进行调查研究,结果发现,中国高中生性行为报告率为 4.4%,男女生分别为 6.9% 和 2.1%。[8]张礼研究发现,对婚前性行为的态度,高中男生认为"只要双方愿意就可以"的比例较高,占 45.9%,高中女生此项的比例为 33.8%;高中生首次性行为大部分发生在寒暑假、周末和情人节,首次性行为中有 70.8% 的学生未采取避孕措施,自我保护意识欠缺。[9]

高中生了解青春期性知识的途径,主要是同学朋友间的交流,其次是学校开设的课程,还有书刊和录像网络,而从父母那里获取性知识的只占 15%。相关知识的缺乏会导致高中生性自我保护意识不强,易发生危险后果。高中生对性的态度较为敏感、回避,不够开放。他们觉得性很神秘,渴望了解,但又担

心当众谈论性知识会被嘲笑,认为其恶心、色情,所以大多采取心照不宣的方式,或小团体交流。

2. 由学业压力、亲子矛盾而引发的离家出走、自伤、自杀行为小概率发生

近年来,中小学生跳楼事件增多。1/3 的中小学生表示"自己想过自杀的问题",1/3 的学生与同学讨论过自杀,另有 16％表示自己曾经有过自杀行为。自杀原因通常与学业压力、升学压力有关,也与长期以来家长简单粗暴的教养模式,或者僵化、冷漠的家庭关系有关。此外,有些学生在无法承受压力时,采取离家出走等逃避方式,或者把攻击性的矛头指向自己,以非自杀性自伤的方式惩罚自己。

(六)　高中生心理健康水平堪忧,情绪调节方式单一,情绪障碍患者增加明显

1. 学业压力导致负性情绪增多,心理健康水平呈下降趋势

(1)高中生的学习适应、学业成绩状况易引发情绪波动。

高中生情绪较初中生更丰富和稳定,情绪表现以内隐发展为主,仍然具有两极波动性,情绪冲动性减少,自制力增强。常见的不良情绪有焦虑、抑郁、孤独、敌对、恐惧等。高三学生体验到的焦虑、抑郁和孤独最多,这些负性情绪的产生和发展与学习成绩的起伏及高考时间临近密切相关;而高一学生体验到的自卑情绪最多,这与新生适应期的学习不适应所致的压力息息相关。

(2)高中生轻度心理健康问题人数较多。

和亮坤应用《中国中学生心理健康量表》,对上海市 586 名高中生进行测量发现,总体上,所有被试存在轻度的心理健康问题:十个因子中有七个存在轻度心理健康问题,按严重程度的高低依次是学习压力、情绪失衡、焦虑、强迫、适应不良、抑郁、人际紧张与敏感症状。[10]高一学生经过将近一年的学习

与生活适应,开始体会到高中学习的艰难,疲于应付的无奈感与紧张感时刻给他们带来压力。高二学生则面临等级考、自我规划等挑战与压力,也比较容易出现心理问题。这提醒我们在新高考的背景下,要关注高一学生的心理调适问题,帮助他们更快地适应高中生活,成功经验能帮助他们有效应对进入高三后的压力。

（3）家庭和睦程度对学生心理健康影响较大。

不同家庭成员间的关系对学生心理健康水平有显著影响。家庭成员关系越不和睦,学生心理越不健康,尤其在抑郁、焦虑、学习压力、情绪失衡四个因子上,家庭成员关系不和睦的被试均值超过 3 分,存在中度的心理健康问题。

2. 高中生情绪调节策略单一,调节方式多为与朋友交流或自我压抑

在负性情绪较多的状况下,高中生有 1/3 的应对方式是找人倾诉,大多数是和朋友诉说,因为他们有着相似的生活经历与状态。虽然朋友的"我也这样"不能完全化解自己内心的情绪,但倾诉能宣泄掉一部分负面能量。可见同伴是高中生非常重要的支持系统。

另一种方式是自我压抑。高中生通常以听音乐、睡觉、刷题等不与他人沟通的行为来压抑情绪,但这样的话,负性情绪没有减少而是累积在内部,直到遇到压弯骆驼的最后一根稻草而情绪爆发。

高中生情绪调节方式的单一体现在通常是直接对"情绪"做工作,而很少对"想法"做工作。虽然上海市中学心理健康课程教学中会讲解情绪 ABC 理论等认知调节技术,但是一个经常被负性情绪困扰的学生,很难通过自助调整认知的方式改善情绪问题,这需要学校心理老师的专业帮助,充分挖掘学生的资源,并从认知、情绪、行为多角度进行调整。

3. 学生中患有情绪障碍的人数增加

薛云云等学者临床研究发现,在 2013—2017 年里,每年的累计就诊人次

分别较前一年增长 20％、18.18％、66.67％和 53.84％,增幅程度持续递增,且近两年保持在高水平状态。情绪障碍及应激相关障碍类(包括焦虑症、抑郁症、社交障碍、适应障碍等)约占 18％。青少年心理疾病的病种分布呈现出多元化趋势。同时,临床发现青少年心理健康问题具有多重心理健康障碍共患的趋势,心理健康水平呈下降趋势。[11]

三、 加强高中生心理健康教育的建议与对策

(一) 以学生自身心理发展特点为基础, 以学生的成长需要为出发点, 提供适切的心理健康教育

开设适合高中生认知发展水平的心理健康课程,内容要涉及人格的自我认知与培养、情绪的觉察与调节、家庭沟通策略等重要板块,并加强学校心理辅导室的建设,开展日常的心理辅导与咨询。学校要以积极心理学为导向,开展个体与团体的心理辅导,促进学生自我成长。

(二) 加大全体教师层面的心理知识培训, 提升教师育人理念, 增加谈话技巧

通过全体教师培训、班主任培训、暑假教师培训等方式,让老师们在教育学生的时候用带有心理学的视角去发展性地看待学生身上存在的问题,选取适当的沟通方式,找寻积极的应对之策。

(三) 利用学校、心理示范校及社区优秀资源, 开展各种形式的家庭教育

拓宽父母学习的渠道,缓和亲子矛盾,促进亲子沟通。新形势下,可以利

用好微信、慕课及各类公众号，进行知识、案例文章的推送；有条件的社区还可以利用假期进行团体亲子课程。

（四） 建立青少年心理健康定期筛查机制，连通大中小各学段的信息共享通道

规范青少年心理健康评估与干预流程，从量表选取到数据解读，再到确诊评估，一定要保证科学性，并畅通学校和医院的转诊绿色通道，保障青少年及时获得心理健康服务的权益。

注释

[1] 张日昇：《同一性与青年期同一性地位的研究——同一性地位的构成及其自我测定》，《心理科学》2000 年第 4 期，第 430—434 页；赵晓红：《高中生自我同一性及其对学业成绩的影响路径》，聊城大学 2009 年硕士学位论文。

[2] 龚柳：《上海市普通高中学生学习状况研究》，华东师范大学 2017 年硕士学位论文。

[3] 杨东玲、罗春燕、孙力菁、周月芳、张喆、曲爽笑、冯晓刚：《上海市高中生睡眠时间与学习成绩的相关性分析》，《上海预防医学》2018 年第 3 期，第 195 页。

[4] 王枫：《中学生抗逆力的测量与团体干预研究》，上海师范大学 2013 年硕士学位论文。

[5] 申继亮主编：《中国中小学学习与心理状况报告》，北京师范大学出版社 2008 年版，第 210 页。

[6] 龚柳：《上海市普通高中学生学习状况研究》，华东师范大学 2017 年硕士学位论文。

[7] 戴维·谢弗（David Shaffer）、凯瑟琳·基普（katherine kipp）：《发展心理学》（第九版），邹泓等译，中国轻工业出版社 2019 年版。

[8] 宋逸、季成叶、星一、张琳、陈天娇、胡佩瑾：《中国 18 省市自治区城市高中生性行为现况分析》，《中国学校卫生》2008 年第 29 卷第 12 期，第 1079—1081 页。

[9] 张礼：《上海市青少年性生殖健康认知及意外妊娠的现况研究》，复旦大学 2013 年硕士学位论文。

[10] 和亮坤：《上海市高中生应对方式、社会支持与心理健康的关系》，上海师范大学 2012 年硕士学位论文。

[11] 薛云云、肖煜吟、付航、袁素维、姚瑶、陈津津、杜亚松、张劲松、朱建征：《青少年心理健康现状及改善对策——基于上海市 3 家医院的调查结果》，《中国卫生政策研究》2019 年第 12 卷第 2 期，第 65—69 页。

上海市大学生心理发展特点及心理健康教育探析

徐玉兰

（华东理工大学）

一、引言

高校学生年龄大多在 18—28 岁，处于青年中晚期和成人早期，正是人格稳定和心理成熟的关键期，也是埃里克森（Erikson）人格心理社会发展理论中的自我同一性确立和建立亲密感的关键期。大学生的主要任务是为日后走上职业生涯、承担社会责任、成为社会人做准备，并为此做好认知与智能、情绪情感、自我与社会性、体质体能等各方面的发展准备，比如，在日常生活中学习与人建立和谐的人际关系；在行为上扮演适当的性别角色；选择适合自己能力和兴趣的职业，并为之积极准备；认真考虑如何选择婚姻对象，并开始为此做准备；在知识、技能、观念、社会参与等方面达到现代公民所需的标准；在个人行为导向上建立起自己的价值观与道德等。[1]

大学是知识与思想的殿堂，校园氛围自由而开放。大多数学生半年之内就能较好地适应大学生活，他们专业学习情况基本良好，学习动机比较端正、现实，在入学后经历兴奋激动—迷茫困惑—探索尝试—坚定目标—投入行动—有所收获六个阶段，大部分都能顺利完成学业。与中学时期相比，大学生在时间和金钱两大资源上可以自行支配。大学生闲暇时间较多，活动丰富多彩，尤其在低年级。部分学生自我提升意识明显，除校内学习之外，还报名参加一些校外培训，积极获取证书、储备技能；部分学生积极参与学校社团活动、勤工助学活动、志愿服务与社会工作、校外兼职或实习等，通过这些实践，大学生主动了解社会，锻炼实践能力，同时挣钱补贴生活费和学费，经济上逐步独立；当然也有部分学生对自己的学习发展目标及规划不清晰，依赖手机、网络现象严重，生活日渐消极闭锁。对研究生而言，学习与研究是在校期间的主要活动，超一半研究生认为学习研究负担繁重，使得他们对参加诸多活动没有兴趣也无暇顾及。

二、 大学生心理发展特点

(一) 大学生生理发育基本成熟，成人感增强，为独立适应大学生活提供身体基础

大学生生理发育基本成熟，身高、体重、体格和体力趋于稳定。他们朝气蓬勃、血气方刚、精力旺盛，积极参加各种活动，以显示和释放自己的精力与能量。[2] 此外，大学生渴望体像认同，非常关注自己的身材、容貌，尤其在意自己在异性中的魅力，不少学生会通过健身、微整形手术、适当节食等进行身材与形象管理；也会有学生会因体相不佳而产生自卑心理，甚至回避正常社交，形成某种性格缺陷。

大学生神经系统发育趋于健全，脑神经纤维的长度和厚度增加，脑重量达到峰值，智力发展达到较高的水平，逻辑思维与抽象思维能力大大提高，思维活跃，反应敏捷，善于思考，求知欲旺盛。这些为大学的专业学习、研究工作、社会实践等提供了重要的智能基础。

大学生性生理发育成熟,性激素分泌旺盛,不可避免地会产生性需求和性冲动。大学生的主要任务是学习,不可能随心所欲地实现性满足,部分学生通过自慰缓解,但因缺乏对该行为的科学认识,少数学生产生较大的心理冲突与困扰,为此紧张忧虑。部分同学会选择压抑性冲动,性能量的累积会引发一定的性紧张。因此,需要引导学生通过参加文体活动、开展积极健康的异性交往等来转移、升华积聚的性能量。

总之,大学生身体各器官系统已接近或达到成熟,他们不仅从体态上感到自己像个大人了,而且这种内心体验强化了成熟感;同时独立性明显增强,极力想摆脱成人对他们的约束和干涉,这些为他们尽快独立适应和应对大学生活提供了必要的基础和前提,也进一步促进了心理的发展。

(二)　大学生心理发展正在走向成熟,内心世界日益复杂、多元、开放

当代大学生绝大部分属于"90 后",他们成长于世界格局多极化、文化多元化、信息网络化、经济全球化以及中国经济转轨、社会转型和全面改革开放时期,这些给他们的世界观、人生观、价值观带来了巨大影响,思想已不像过去的年代那样封闭、简单,而变得日益复杂开放,呈现出多元化、多样性、不确定性及竞争性。当代大学生的心理发展特点折射出鲜明的时代特征。[3]正如国内学者张增杰指出的,大学生生理发展基本上已经成熟,但心理发展正在走向成熟而又未真正完全成熟,算是心理意义上的"准成人"。在即将由校园走向社会的过渡期中,他们还不能深刻体会社会的准则及他人的思想情感,想当然地以为别人和自己设想的一样。大学生在认知、情感、意志、自我发展上表现出以下心理发展特点。

1. 认知丰富活跃,系统性、深刻性不足

较中小学生,大学生的认知发展有了长足的进步,已经具备较高的智力水平,但认知发展的整体水平参差不齐,专业认知、社会认知等有待提高。

当代大学生出生于中国经济高速发展时期,成长于网络媒体全面普及的新时代,他们一出生就拥有较好的生活条件,父母一代("60后"与"70后")注重孩子的教育和全面发展,物质需求和精神需求能得到较多的满足,获取资讯也更加便捷,所以大学生知识面广,眼界开阔,思维活跃,想象丰富,善于学习,容易接受新鲜事物,具有创新精神,富有创造力。但另一方面,他们对于从网络媒体获取知识的依赖度高,微博、微信、QQ等成为不可或缺的学习、交往平台。简短的文本讯息、图片、小视频、秒拍等碎片化网络信息的输入[4],使得他们的认知碎片化和感受表面化,影响了对事物认识的系统性、完整性和深刻性。

专业认知方面,大学阶段强调自主学习,大学生具备一定的独立学习能力,但他们依然以接受性和理解性认知活动为主,通过理解、掌握专业知识与技能,形成专业认知能力。[5]高年级或研究生阶段对认知的探究性、批判性、创造性、应用性要求增加,但由于培养体制中的诸多问题,进行高水平创造性研究活动还缺乏专业认知能力的支撑。

社会认知方面,由于大学生的人生经历基本上与学校相关,而与社会和现实生活接触较少,所以他们的社会认知发展相对滞后。不少大学生对某些社会现象是非莫辨,对网络上充斥的虚假信息和不良言论难辨真假,对社会上的某些人盲信盲从,更有少数大学生因为社会阅历太少、社会经验欠缺,轻易落入某些不法之徒设置的陷阱。[6]另一方面,他们对从西方涌进的多元甚至不良的社会思潮、价值观念、复杂的社会矛盾等缺乏全面的、系统的、客观的、辩证的认识和辨别能力,容易受到迷惑,盲目跟从。

元认知方面,随着思维能力的高度发展,大学生形成了对自己认知的反思性认知——元认知,他们能直接思考自己的认知活动及其过程,并对自己内心的认知和情绪活动进行较为深刻的反思,客观地看待自己的思维;此外,大学生不仅懂得规则的内容及意义,而且能由规则推导出规则,并加以比较。元认知的发展使大学生能更好地调节和控制自己的思维活动,提高学习与研究的效率与效能。[7]

2. 情感体验强烈,情绪易心境化

大学生充满青春活力,拥有真性情、富有正义感。随着校园生活的深入展开,个人社会性需要与期待增多,荣誉感与虚荣心增强,情绪情感体验强烈,且具有心境化特点。当受到外界环境刺激时,情绪很容易波动并表现出两极性,在短时间内可能从高度振奋变为十分消沉,从冷漠突然转变为狂热,这种情况会造成较多的情绪适应问题。同时,大学生的情绪还存在着外显性与内隐性的矛盾,时而爆发,时而压抑,由于情绪调适经验有限,常体验到挫折与焦虑、空虚与迷茫,外在张扬傲慢的背后常常是郁闷、无奈和无法宣泄的内心压抑之情。随着年龄的增长,研究生逐渐向老练、持重、沉稳和刚毅的方向发展,负性情绪明显低于本科生,但处理冲突情绪还不够成熟,少数个体情绪稳定性较差。

恋爱情感方面,大学生普遍处于青年中后期,生理发育成熟,性意识增强,渴望与异性交朋友,并收获爱情,这是正常的情感发展表现。大学校园恋爱的人数不断增多,但由于他们阅历较浅,缺乏生活经验,自控能力较差,情绪也不够稳定,遇到问题常常感情用事。[8]另外,他们对爱情缺乏理解,常把爱情想得过于简单和美好,欣然享受恋爱带来的甜蜜,却不愿接受恋爱冲突或挫折带来的伤感,时常会因恋爱受挫、不能正确处理恋爱问题而产生一系列烦恼、焦虑、迷茫、怨恨、懊恼、痛苦等复杂的负性情绪,由此引发更多的心理问题或困扰。

3. 意志水平明显提高但不平衡、不稳定

多数大学生能逐步自觉地确定奋斗目标,并为此付出努力,意志水平的自

觉性较高,但意志的坚韧性、果断性和自制性发展却相对缓慢,主要表现在,大
学生能独立迅速地处理好一般的学习、生活问题,但在处理关键性、复杂性问
题或遇到重大事件时,往往表现出优柔寡断、动摇不定或草率武断、盲目从众
的心态。[9]这与当代大学生成长生活环境较为优越,大都没有经历很多磨难
而导致心理素质偏弱、抗挫能力明显不足有关。当在学习、生活、情感等方面
遇到挫折时,心理上难以承受现实的困境,个别学生甚至引发恶性事件。此
外,作为"网络原住民"一代,大学生的学习、生活、交往等对网络和电子产品过
分依赖,加上社会浮躁之风的影响,大学生自我约束、自我控制能力不足,随时
间的推移容易对困难失去面对和克服的信心。

4. 自我意识强烈,自由意识提升,自我中心明显

大学生是同龄青年中的佼佼者,一般都具有较强的独立性、自主性、自信
心和自尊心。2012 年上海学生心理健康发展研究课题组采用"一般自尊问
卷"对高校学生进行调查,结果显示,上海市高校学生自尊均分为 30.69,高于
全国均分(28.75),亦高于辽宁地区(30.18,2008 年)、广东地区(21.08,2010
年)、江苏国防生与普通学生(29.23,28.32,2010 年)、湖南优秀生与普通学生
(30.12,29.11,2010 年)。

张海燕等学者研究发现,大学生有着正常的自我概念水平,整体上对自己
比较满意。他们具有较高的理想抱负和成就动机,乐于展现自我,渴望被关注
和认可。进入大学后,他们迫切要求深入了解自己、发展完善自己,比如大多
数学生能够根据所学专业和今后的工作要求来规划自己的学习生活、确立奋
斗目标,不断激励自己[10];越来越多的同学在遇到困难挫折时会主动求询、
求助。由于接触的时代文化更丰富,价值观念更多元,成长过程中父母大多采
用民主型教育方式,大学生对自由的理解和要求更高,渴望有自己的独立空
间,追求话语权,看重平等;这也导致他们更容易以自我为中心、过分强调自我

而不太考虑他人的需求和感受,凡事优先考虑自己,追求自我价值的实现,成为"精致的利己主义者"。

三、 大学生心理健康主要问题

高校大学生是中华民族伟大复兴的接班人,是促进社会发展的重要群体,其心理健康状况直接影响着个人的成长成才和家庭的幸福,关联着校园的安全、稳定与和谐,同时,更是与民族的命运和社会的发展紧密相关。大量文献与调研表明,总体上,大部分大学生心理健康状况良好,他们适应能力较强,具备良好的自我意识,人际交往能力与主动学习、参与意识较强。然而由于社会、家庭以及个体等因素的影响,少部分学生会出现不同程度的心理问题,如情绪管理能力不强,抗压能力弱,自我认可度低,存在较大的学习、就业、情绪情感压力。

(一) 心理问题比例及主要表现

1. 心理问题比例

张海燕 2005 年对上海某高校 1273 名研究生进行大学生人格问卷(UPI)心理健康调查,发现有严重心理问题的学生占全体参测研究生总数的 4.56%。[11]刘明波等 2011 年对研究生的心理健康调查发现,有 4.2%的研究生处于高心理障碍风险,16.5%处于较高心理障碍风险。[12]卫茹静等人 2011—2013 年连续三年对上海某高职院校 3 403 人进行了 UPI 新生心理健康测量,发现 89.74%的学生心理健康状况良好,2.64%可能存在严重心理困扰且需要重点关注,7.61%可能存在一般心理问题,另有 2.23%曾有过轻生念

头。[13]周欢欢采用 SCL-90 身心症状自评量表对上海某高校 2 435 人进行心
理健康调查,结果显示,7.1%的学生存在中度心理问题,2.4%存在重度心理问
题。[14]李娜娜等 2016 年对上海某高校 249 名研究生进行抑郁量表(PHQ-
9)调查发现,抑郁症状的总体检出率为 49.8%,其中轻度抑郁占 36.1%,中度
抑郁占 9.2%,中重度抑郁占 2.8%,重度抑郁占 1.6%,需要心理咨询或心理治
疗的中度以上抑郁共占 13.6%。[15]笔者 2019 年对上海某高校理工专业 1
396 名学生(含本硕博)进行"一般健康问卷(GHQ-28)"调查发现,在心理健康
方面,25.1%的学生为"好",62.2%为"正常",12.7%存在不同程度的心理问
题,其中中度问题占 11.5%,重度问题占 1.1%。上述调查研究虽然采用的测
量工具不尽相同,但普遍发现大学生中有 10%—20%存在心理问题,心理健康
现状不容乐观。

2. 心理问题内容表现

上海学生心理健康发展研究课题组 2012 年对上海地区 16 722 名高校大
学生(含专科、本科、研究生)的调查显示,困扰大学生前四位的主要问题是对
未来迷茫、学业成绩、就业压力、个人情感问题,其中 36.9%对未来感到迷茫,
其他三方面各有 10%—13%的比例。与国内其他地区相比,上海大学生焦虑
状况较高,抑郁状况较低(见表 1)。林磊等以积极心理学与全人发展取向,从
自我意识、人际和谐、环境适应、乐学乐活、成长发展五个维度,对上海 24 所高
校的 3 800 名学生(含专本研)进行心理健康现状调查研究,结果发现,大学生
的心理健康总体在中上水平,其中人际和谐、乐学乐活方面较好,而在环境适
应、成长发展方面略差,即有较多学生在人生目标与生涯规划方面存在困惑迷
茫;另外,人际和谐虽然总体得分相对较高,但较低人际和谐水平的人数相对
较多,说明人际关系也是大学生成长的重要主题。[16]

表 1　国内不同地区大学生一般健康量表(GHQ-12)数据对比

	2003 年湖南	2007 年四川	2009 年东北	2009 年河北	2012 年上海
抑郁均分	0.54	0.44	0.69	0.99	0.31
焦虑均分	1.06	1.25	1.19	1.16	1.46

(二)　心理健康状况的年级差异显著

不同年级大学生心理健康状况差异显著,张海燕等学者调查发现,大一新生相对健康,大二大三学生健康状况有所下降,但大四毕业时出现回升。[17]这可能是由于大一新生刚开始大学生活,满怀美好憧憬加上考上大学的喜悦,心理状态较好;进入二三年级后,学习任务加重,对未来感到不确定,体验到现实与理想间的差距,部分学生会心理失衡,健康状况下降;大四历经几年的调整与历练,心态日趋平稳与成熟,不少学生的发展逐渐明朗,心理健康状况得以改善。研究生群体心理问题比例比同期本科生略低,并未呈现出一些报道所描述的学历越高心理健康水平越低的情形。但鲍立铣等人研究发现,研究生心理问题往往更为复杂,问题累计时间更长,处理起来也更为棘手。[18]笔者对两个群体的心理咨询对比发现,研究生人均咨询次数高于本科生,说明咨询问题更为复杂。相较而言,本科生大部分心理问题源于心理不成熟造成的交往、学习等困惑及情绪波动;而研究生心理问题主要表现为内在抱负期待较高与外在学业、就业、情感等多重发展任务的煎熬,他们承受了更大的现实压力,对未来不确定而产生的不安、焦虑感更强烈,受挫也更明显。林磊等学者调查发现,大一学生的自我意识、人际和谐、环境适应、乐学乐活均高于其他年级学生,大二学生的自我意识与环境适应水平最低,大三学生人际和谐水平得分最低,研究生群体的成长发展水平相对较低,且显著低于大一和大四学生,需要引起足够的重视。[19]

(三) 家庭情况对心理健康发展影响显著

张海燕研究发现,家庭情况对学生心理健康发展有显著影响,特别是家庭的经济状况、教养方式和家庭类型影响更为明显。如家庭月收入低于 2 000 元的学生中,随着收入的减少,学生心理不健康的比例上升,对个人能力、印象管理及自我评价相对较低。[20]此外,上海学生心理健康与发展课题组 2012 年研究发现,家境富裕的学生心理健康状况同样堪忧。这启示我们,高校应充分关注家庭经济困难或富裕学生的心理健康,特别是在经济发达的上海,由于全国各地的经济文化差异,学生近距离接触会有强烈对比,容易引发内心冲突。不同家庭类型方面,核心家庭的影响比较积极,但是单亲家庭的影响并不像一般认知的那般消极。沈翔鹰调查发现,融洽或平和家庭氛围的学生心理健康状况优于冷淡与冲突家庭氛围的学生。[21]

(四) 心理健康状况其他群体间差异

张海燕与上海学生心理健康与发展课题组均研究发现,生源地方面,外地城镇大学生心理健康水平最高,而上海农村学生心理健康水平最低。[22]这与农村学生成长背景与生活环境、农村学生就业、经济压力更大、家人的期望值较高等有关。此外,上海农村生源学生入学成绩相比外地要低,在和上海城镇生源的横向比较上容易产生自卑心理。此外,独生子女的心理健康与发展水平整体上优于非独生子女,干部学生心理健康显著优于非干部学生。性别方面,目前研究文献中的结论不一致,但上海学生心理健康发展课题组研究发现,男生在焦虑方面比例低于女生,但在抑郁方面比例高于女生。专业方面,学者们普遍认为,体育艺术类学生心理健康状况好于理工类、文史类。这可能与他们有更多参与体育训练与艺术表演的机会有关,这些活动本身有益身心健康。

四、 加强大学生心理健康教育的对策分析

（一） 遵循学生心理发展与健康特点规律，创新"线上＋线下"教育形式，增强工作实效

如前所述，当代大学生心理发展与心理健康呈现出鲜明的时代特征和一定的特点规律，学校心理健康教育工作必须考虑学生所处时代背景、年龄特征和身心发展水平，遵循新一代大学生心理健康发展规律。大学生心理健康教育是一项根据学生身心发展特点而开展的旨在促进学生心理健康、人格完善和全面发展的教育活动，其内容与形式需根据学生身心发展特点和实际需要进行设计。大学生心理健康工作者需要深入研究、准确把握新时代背景下大学生心理发展特点、发展需求及发展趋势，真正以大学生为中心，以人为本，贴近学生实际，更有针对性地为学生服务。比如当今大学生熟悉并喜欢网络新媒体，这就提示我们要积极拓展心理健康教育网络平台，创新"线上＋线下"服务形式，充分利用网络、微信公众号、手机应用程序等新媒体，用学生喜闻乐见的形式进行心理健康教育，拓展教育服务内容，增强工作的针对性与实效性。

（二） 持续加强心理健康教育专业人才队伍的规范建设，提升心理健康服务效能与水平

心理健康教育与服务工作需要依托整支心理健康工作队伍，工作队伍的专业化规范化发展直接决定着教育服务质量与水平。所以要严格把控心理健康工作者从业资格及资质的申请考核，完善学科制度、学历教育和人才培养体系，重视心理健康工作者的助人态度伦理与实践操作技能，加强业务培训、督导及规范管理。与此同时，还要不断加强组织领导和工作保障，激励心理健康

工作者永葆职业胜任力,避免职业枯竭,促进心理健康工作队伍与心理健康教育事业健康、持续、良性发展。

（三）　加强资源整合，构建大学生心理健康教育的"学校—家庭—社会协同体系"，培育有益学生身心健康发展的生态环境与文化氛围

为更好地开展大学生心理健康教育工作,还需要进一步整合资源,梳理机制,开展"家庭—学校—社会"多方合作、齐抓共管的良好局面。具体来说,主要应加强以下两方面工作:

第一,进一步推动上海心理健康"医教结合"机制,充分整合医疗资源,建立健全医教转介绿色通道,提升心理障碍识别诊断、心理危机处置与心理健康教育队伍提升的效率与效果。资源整合有赖于一个由政府主导负责、高效的组织管理平台,来承担组织、协调、扶持、推进和监督的职责。

第二,加强家校社联动,培育人文关怀的生态环境与文化氛围,促进学生身心健康发展。调查显示,原生家庭对学生心理健康与发展产生着直接或间接的重要影响,而社会环境与文化时刻潜移默化地影响着学生。大学生健康发展是一项系统工程,需要家长、学校、社会的共同参与、发力和密切配合,为学生发展培育支持性生态环境,创造人本、关怀的场域氛围,合力培养学生健全人格,促进学生身心健康发展。

注释

［1］张海燕:《上海市大学生心理健康与发展状况研究》,《思想理论教育》2008 年第 9 期,第 70—74 页。

［2］林文丰:《浅析大学生生理、心理的发展与变化》,《山东工业大学学报（社会科学版）》1999 年第 2 期,第 73—74 页。

［3］孙冰：《论高等教育大众化背景下大学生青年思想及心理呈现的新特点》，《教育前沿》2019 年第 8 期，第 49 页。

［4］修稳君：《网络时代下"95 后"大学生的心理特征与应对策略》，《太原城市职业技术学院学报》2018 年第 8 期，第 75—77 页。

［5］［6］杨晶晶、宋霞主编：《教育心理学》，辽宁大学出版社 2013 年版，第 100 页。

［7］石岩主编：《高等教育心理学（第 2 版）》，山西人民出版社 2014 年版，第 122 页。

［8］郭可：《高校大学生心理健康的现状分析及对策研究——以武汉三所大学为例》，武汉工程大学 2015 年硕士学位论文。

［9］孙红梅：《试论当代大学生心理发展状况及对策》，《攀枝花学院学报》2004 年第 4 期，第 62—64 页。

［10］张海燕：《上海市大学生心理健康与发展状况研究》，《思想理论教育》2008 年第 9 期，第 70—74 页。

［11］张海燕、李蓉、赵雨、朱育红、戚蕊：《研究生心理健康调查及对策研究》，《化工高等教育》2006 年第 4 期，第 71—75 页。

［12］刘明波、丁志强、曹高举：《简易心理状况评定量表 Kessler 10 在研究生新生心理健康普查中的应用》，《思想理论教育》2012 年第 1 期，第 80—84 页。

［13］卫茹静、马子凤：《高职院校新生心理健康状况调查与教育对策研究》，《开封教育学院学报》2014 年第 6 期，第 204—205 页。

［14］周欢欢：《上海市民办高校大学生心理健康现状及对策研究——以上海师范大学天华学院为例》，《神州教育》2019 年第 16 期，第 70、72 页。

［15］李娜娜、寿涓：《上海某高校研究生抑郁状况及其危险因素调查》，《中华全科医师杂志》2018 年第 6 期，第 443—446 页。

［16］林磊、陶思亮、王群：《大学生心理健康状况调查与分析——以上海高校为例》，《思想理论教育》2015 年第 5 期，第 89—92 页。

［17］张海燕：《上海市大学生心理健康与发展状况研究》，《思想理论教育》2008 年第 9 期，第 70—74 页。

［18］鲍立铣、陈增堂、祁明：《当今高校研究生心理健康状况及对策分析》，《思想政治教育研究》2012 年第 4 期，第 125—128 页。

［19］林磊、陶思亮、王群：《大学生心理健康状况调查与分析——以上海高校为例》，《思想理论教育》2015 年第 5 期，第 89—92 页。

［20］张海燕：《上海市大学生心理健康与发展状况研究》，《思想理论教育》2008 年第 9 期，第 70—74 页。

［21］沈翔鹰：《"00 后"大学生心理健康水平的现状调查与应对策略》，《佳木斯职业学院学报》2019 年 9 月，第 270、273 页。

［22］张海燕：《上海市大学生心理健康与发展状况研究》，《思想理论教育》2008 年第 9 期，第 70—74 页。

【范例一】

大中小不同学段学生心理健康测量

吴青芳

（华东理工大学）

　　"心理健康"这个概念具有丰富的内涵和广泛的外延，其判断标准并非唯一。研究古今中外学者对心理健康概念的定义可以发现，人们所站角度不同，会导致对心理健康的理解有一定差异，但也有其共同之处。归纳起来可以将"心理健康"定义为：在正常发展的智能基础上所形成的一种表现出良好适应、良好个性、良好处事能力和良好人际关系的身心协调发展的心理状态。

　　如何科学判定心理健康，评判工具的科学有效非常重要。个体在不同发展阶段有相应的发展任务。生命在成长，社会在变化，心理发展也会有相应的改变。心理健康测量应针对个体人生发展的各个时期制定不同的特定的科学标准来评判。由于篇幅所限，本文不能穷尽所有学者研制的测量工具，只能在兼顾科学性及易操作性的基础上，在每个学龄段各选取一个有代表性的心理测量工具供大家参考。

一、 小学生心理健康测量：小学生心理健康评定量表

小学生，特别是低中年级小学生的自我意识、自我认知水平不高，尚难客观、准确地评价自己的心理健康状况或心理/行为障碍。因此，对小学生心理健康的测量宜采取自评与他评相结合的方式。有关这方面的测验量表，目前开发出来的不多。这里介绍的"小学生心理健康评定量表"是由中国心理学工作者同部分小学教师共同研究开发出来的，对筛选、诊断小学生的心理健康问题有一定的成效。

"小学生心理健康评定量表"由八个分量表组成，共 80 个项目。每十个项目组成一个分量表，用英文字母 A、B、C、D、E、F、G、H 表示，分别代表：A——学习障碍，由 1—10 题组成，其中前六题主要反映小学生学习困难综合征的症状，后四题反映儿童厌学症的症状。B——情绪障碍，由 11—20 题组成，其中 11—14 题反映小学生的焦虑状态，15—17 题反映小学生的恐惧症状，18—20 题反映小学生的抑郁情绪。C——性格缺陷，由 21—30 题组成，基本上涵盖了教育实践中常见的小学生的性格缺陷或障碍。D——社会适应障碍，由 31—40 题组成，其中 31—37 题主要反映小学生的人际适应障碍，38—40 题涉及挫抑、应激等内容。E——品德缺陷，由 41—50 题组成，排序由轻至重，所选项目是教师或家长公认的品德缺陷或障碍。F——不良习惯，由 51—60 题组成，其中 51—57 题反映小学生的不良抽动习惯，58—60 题反映学生的吮吸、嚼咬习惯。G——行为障碍，由 61—70 题组成，其中 61—64 题反映小学生的强迫行为，66—70 题反映小学生的多动行为。H——特种障碍，由 71—80 题组成，其中第 71 题反映小学生的排泄障碍，72—73 题反映小学生的言语障碍，

74—78 题反映小学生的睡眠障碍,79—80 题反映小学生的进食障碍。

"小学生心理健康评定量表"没有编制智力测验的项目内容,因此,在运用该量表对小学生进行心理健康测量时,需结合其他智力测验共同进行。

以下是"小学生心理健康评定量表"的基本内容。

【指导语】

1. 这是一份有关小学生心理健康状况的评定量表。了解您的孩子或学生的心理健康状况,对于提高他们的心理素质、促进其全面发展是很重要的,因此,希望您能同我们密切合作,如实、认真地加以评定。

2. 在您正式评定之前,请将问卷正文前有关儿童概况或学生概况的项目表填好(选择家长用或教师用),注意不要遗漏。

3. 请您仔细阅读问卷中的每一道题目,然后根据您对孩子或学生的日常观察、了解的情况,在相应题目右面,按照"经常、偶尔、没有"三个等级划分标准,选择其中一个打"√"。

没有——没有此种症状、缺略或障碍;

偶尔——存在此种症状、缺陷或障碍,但表现不频繁、不严重;

经常——此种症状、缺陷或障碍在被试身上已经成为习惯,反复出现,频度、程度均较严重。

例如,问卷中第 59 题的题目内容是"咬指甲",如果您的孩子或学生经常出现这种情况,那么就请您在答卷纸第 59 题右边选择"经常"打"√"。

儿童概况表(家长用)

儿童概况	姓名_____ 性别_____ 年龄_____ 兄弟姐妹几人_____ 排行第几_____ 习惯用手_____ 是否双胞胎_____ 出生时情况(在有关项目上画圈):正常 早产 难产 有产伤 患过何种疾病_____

续表

家长概况	父亲姓名_____　　父亲年龄_____　　父亲职业_____　　父亲文化程度_____ 母亲姓名_____　　母亲年龄_____　　母亲职业_____　　母亲文化程度_____ 母亲孕期状况(在有关项目上打"√")： 身体健康　有病　营养欠佳　情绪不好 养育子女状况(在有关项目上打"√")： 非常疼爱　温和　民主　父母一致　支配　严厉　忽略　严重忽略

儿童概况表(教师用)

学生概况	姓名_____　　性别_____　　年龄_____　　学校_____　　班级_____ 是否班、队干部_____　　学习成绩(好、中、差)_____　　是否留过级_____ 有何特长_____

填表日期

评定人

A

(1) 不能正确认识字母或拼读音节	经常	偶尔　没有
(2) 不能正确辨认汉字	经常	偶尔　没有
(3) 不懂得数的大小和序列关系	经常	偶尔　没有
(4) 计算困难	经常	偶尔　没有
(5) 绘画时定位不准,涂色不合规范	经常	偶尔　没有
(6) 图画作品中有前后、左右位置颠倒的现象	经常	偶尔　没有
(7) 一提学习即心烦意乱	经常	偶尔　没有
(8) 课堂讨论或与家长谈论学习问题时不感兴趣	经常	偶尔　没有
(9) 不能按时交作业或作业质量差	经常	偶尔　没有
(10) 考试不及格	经常	偶尔　没有

B

(11) 遇到一点小事也担忧	经常	偶尔　没有
(12) 心神不定,坐立不安	经常	偶尔　没有

(13) 食欲不振,心慌气促   经常   偶尔   没有

(14) 头痛,失眠,汗多,尿频   经常   偶尔   没有

(15) 害怕上学,多方逃避   经常   偶尔   没有

(16) 不敢独自出家门   经常   偶尔   没有

(17) 一人独处时恐慌害怕   经常   偶尔   没有

(18) 无缘无故地闷闷不乐   经常   偶尔   没有

(19) 精力下降,活动减少   经常   偶尔   没有

(20) 受到重大刺激不激动、不流泪   经常   偶尔   没有

C

(21) 心胸狭窄,猜疑   经常   偶尔   没有

(22) 依赖他人   经常   偶尔   没有

(23) 嫉妒他人   经常   偶尔   没有

(24) 胆怯,害羞   经常   偶尔   没有

(25) 自卑,自责   经常   偶尔   没有

(26) 遇事犹豫不决   经常   偶尔   没有

(27) 固执,任性   经常   偶尔   没有

(28) 容易发火   经常   偶尔   没有

(29) 孤僻,不合群   经常   偶尔   没有

D

(30) 与人对立   经常   偶尔   没有

(31) 交新朋友困难   经常   偶尔   没有

(32) 在集体场合适应困难   经常   偶尔   没有

(33) 自我中心,不遵守集体规则   经常   偶尔   没有

(34) 不能融洽地与同学相处   经常   偶尔   没有

（35）与教师或家长发生冲突　　　　　　　　经常　偶尔　没有

（36）被别人误解后耿耿于怀　　　　　　　　经常　偶尔　没有

（37）不能和常人一样与异性交往　　　　　　经常　偶尔　没有

（38）受到挫折后反应过分强烈或压抑　　　　经常　偶尔　没有

（39）闯祸　　　　　　　　　　　　　　　　经常　偶尔　没有

（40）面对新环境（迁居、转学）适应困难　　经常　偶尔　没有

E

（41）骂人　　　　　　　　　　　　　　　　经常　偶尔　没有

（42）搞恶作剧　　　　　　　　　　　　　　经常　偶尔　没有

（43）起哄，无理取闹　　　　　　　　　　　经常　偶尔　没有

（44）打架斗殴　　　　　　　　　　　　　　经常　偶尔　没有

（45）故意破坏　　　　　　　　　　　　　　经常　偶尔　没有

（46）考试作弊　　　　　　　　　　　　　　经常　偶尔　没有

（47）说谎　　　　　　　　　　　　　　　　经常　偶尔　没有

（48）偷窃　　　　　　　　　　　　　　　　经常　偶尔　没有

（49）逃学　　　　　　　　　　　　　　　　经常　偶尔　没有

（50）离家出走　　　　　　　　　　　　　　经常　偶尔　没有

F

（51）习惯性眨眼　　　　　　　　　　　　　经常　偶尔　没有

（52）习惯性皱眉或皱额　　　　　　　　　　经常　偶尔　没有

（53）习惯性努嘴或嗅鼻　　　　　　　　　　经常　偶尔　没有

（54）习惯性点头或摇头　　　　　　　　　　经常　偶尔　没有

（55）习惯性吞咽或打呃　　　　　　　　　　经常　偶尔　没有

（56）习惯性咳嗽　　　　　　　　　　　　　经常　偶尔　没有

（57）习惯性耸肩　　　　　　　　　　　　　经常　偶尔　没有

（58）吮吸手指，咀嚼衣服　　　　　　　　　经常　偶尔　没有

（59）咬指甲　　　　　　　　　　　　　　　经常　偶尔　没有

G

（60）吸烟或饮酒　　　　　　　　　　　　　经常　偶尔　没有

（61）反复数课本或其他图书上人物的数目　经常　偶尔　没有

（62）反复检查作业是否做对了　　　　　　　经常　偶尔　没有

（63）睡觉前反复检查衣服鞋袜是否放整齐了　经常　偶尔　没有

（64）一天洗手十几次，每次持续十几分钟　经常　偶尔　没有

（65）注意力不集中，做事有头无尾　　　　　经常　偶尔　没有

（66）上课时小动作多，干扰他人　　　　　　经常　偶尔　没有

（67）不分场合，特别好动　　　　　　　　　经常　偶尔　没有

（68）做作业时边做边玩　　　　　　　　　　经常　偶尔　没有

（69）冲动，行动鲁莽　　　　　　　　　　　经常　偶尔　没有

H

（70）不知危险，喜欢伤人或自伤　　　　　　经常　偶尔　没有

（71）尿床　　　　　　　　　　　　　　　　经常　偶尔　没有

（72）口吃　　　　　　　　　　　　　　　　经常　偶尔　没有

（73）沉默不语，甚至长时间一言不发　　　　经常　偶尔　没有

（74）入睡困难　　　　　　　　　　　　　　经常　偶尔　没有

（75）睡觉不稳，好讲梦话　　　　　　　　　经常　偶尔　没有

（76）睡觉时好磨牙　　　　　　　　　　　　经常　偶尔　没有

（77）睡觉时突然哭喊、惊叫　　　　　　　　经常　偶尔　没有

（78）睡觉时突然起床活动，醒后对此无记忆　经常　偶尔　没有

(79) 厌食、限食或拒食　　　　　　　　　　　　　经常　偶尔　没有

(80) 身体无病却反复呕吐　　　　　　　　　　　　经常　偶尔　没有

【计分规则与结果解释】

"小学生心理健康评定量表"采用三级累加计分模式，即，选"没有"计 0 分，选"偶尔"计 1 分，选"经常"计 2 分。将各量表项目的分数分别累加，即可得到各量表的合计分数。若一个量表的合计分数达到 10 分以上，一般可认为存在该方面的心理健康问题。

二、 中学生心理健康测量：中学生心理健康诊断测验

"中学生心理健康诊断测验"是中国心理学工作者根据日本铃木清等人编制的"不安倾向诊断测验"修订而成的，可用于综合检测中学生的心理健康状况。该测验共有 100 个项目。在这 100 个项目中含有八个内容量表和一个效度量表（即测谎量表）。八个内容量表分别是学习焦虑、对人焦虑、孤独倾向、自责倾向、过敏倾向、身体症状、恐怖倾向、冲动倾向等。每个项目后面有"是"和"不是"两个答案，要求被试根据自己的真实情况进行选择。

"中学生心理健康诊断测验"属于团体测验（也可个别施测）。测验实施时，先发给被试每人一份"心理健康诊断测验（MHT）回答用纸"，要求填写上省、市、区、县、学校、年级、班级、学号、姓名、性别、测验日期等。上述各项务必要求填写准确无误。待每个人填写好上述各项后，再发下测题，要求被试根据指导语来进行，边看边听主试朗读，同时做好"例题"练习。待被试掌握了答题方式之后，方可开卷进行正式测试。

【指导语】

1. 这些测题是调查你的心情和感受的，不是测验智力和学习能力，与学习

成绩无关,答案也没有好坏之分,请按照你平时所想如实回答。

2. 回答方法。本测验每一问题都只有"是"和"不是"两种可供选择的答案,答卷上相应地附有 a、b 两个可供选择的英文字母。请把你所选择的答案在答卷相应的英文字母上画个"○",即,选择"是"答案,就在回答纸相应的"a"字母上画"○";选择"不是"答案,就在回答纸相应的"b"字母上画"○"。按此方法,对下列两个"例题"进行练习。答案做在"MHT 回答用纸"左上角"例题"的回答部分。

(1) 早晨起来,你是否感到头痛?

a. 是   b. 不是

(2) 你是否想起今后的事情就感到担心?

a. 是   b. 不是

3. 注意事项:

(1) 按你平时所想的如实回答。

(2) 每一个问题都要回答,但只能选择一个答案,难以决定时,请选最接近的答案。

(3) 有不明白的地方可以举手问老师。

(4) 修改答案时,要用橡皮擦擦干净。

(5) 回答时间没有限制,但不要过分考虑,请写出你最初想到的答案。

【问卷项目】

(1) 你夜里睡觉时,是否总想着明天的功课?

a. 是   b. 不是

(2) 老师在向全班提问时,你是否会觉得是在向自己提问而感到不安?

a. 是   b. 不是

(3) 你是否一听说"要考试"心里就紧张?

a. 是   b. 不是

（4）你考试成绩不好时，心里是否感到不快？

a. 是　b. 不是

（5）你学习成绩不好时，是否总是提心吊胆？

a. 是　b. 不是

（6）考试时，当你想不起来原先掌握的知识时，你是否会感到焦虑？

a. 是　b. 不是

（7）你考试后，在知道成绩之前，是否总是放心不下？

a. 是　b. 不是

（8）你是否一遇到考试，就担心会考砸？

a. 是　b. 不是

（9）你是否希望考试能顺利通过？

a. 是　b. 不是

（10）你在没有完成任务之前，是否总担心完不成？

a. 是　b. 不是

（11）你当着大家的面朗读课文时，是否总是怕读错？

a. 是　b. 不是

（12）你是否认为学校里得到的学习成绩总是不大可靠的？

a. 是　b. 不是

（13）你是否认为你比别人更担心学习？

a. 是　b. 不是

（14）你是否做过考试考砸了的梦？

a. 是　b. 不是

（15）你是否做过因学习成绩不好而受到爸爸妈妈或老师训斥的梦？

a. 是　b. 不是

（16）你是否经常觉得有同学在背后说你的坏话？

a. 是　　b. 不是

（17）你受到父母批评后，是否总是想不开，放在心上？

a. 是　　b. 不是

（18）你在游戏或与别人的竞争中输给了对方，是否就不想再试一次了？

a. 是　　b. 不是

（19）人家在背后议论你，你是否感到讨厌？

a. 是　　b. 不是

（20）你在大家面前或被老师提问时，是否会脸红？

a. 是　　b. 不是

（21）你是否很担心叫你担任班干部？

a. 是　　b. 不是

（22）你是否总是觉得好像有人在注意你？

a. 是　　b. 不是

（23）在工作或学习时，如果有人注意你，你心里是否紧张？

a. 是　　b. 不是

（24）你受到批评时，心情是否不愉快？

a. 是　　b. 不是

（25）你受到老师批评时，心里是否总是不安？

a. 是　　b. 不是

（26）同学们在笑时，你是否不大会一起笑？

a. 是　　b. 不是

（27）你是否觉得到同学家里去玩不如在自己家里玩？

a. 是　　b. 不是

（28）你和大家在一起时，是否也觉得自己是孤单的一个人？

a. 是　b. 不是

（29）你是否觉得和同学一起玩，不如自己一个人玩？

a. 是　b. 不是

（30）同学们在交谈时，你是否不想加入？

a. 是　b. 不是

（31）你和大家在一起时，是否觉得自己是多余的人？

a. 是　b. 不是

（32）你是否讨厌参加运动会和文艺演出？

a. 是　b. 不是

（33）你的朋友是否很少？

a. 是　b. 不是

（34）你是否不喜欢同别人谈话？

a. 是　b. 不是

（35）在人多的地方，你是否觉得很害怕？

a. 是　b. 不是

（36）你在排球、篮球、足球、拔河、广播操等体育比赛中输了时，是否认为
是自己不好？

a. 是　b. 不是

（37）你受到批评后，是否总认为是自己不好？

a. 是　b. 不是

（38）别人笑你的时候，你是否会认为是自己做错了什么事？

a. 是　b. 不是

（39）你学习成绩不好时，是否总认为是自己不用功的缘故？

a. 是　b. 不是

（40）你失败的时候，是否总认为是自己的责任？

a. 是　b. 不是

（41）大家受到责备时，你是否认为主要是自己的过错？

a. 是　b. 不是

（42）你在乒乓球、羽毛球、篮球、足球、拔河、广播操等体育比赛中，是否
一出错就特别留神？

a. 是　b. 不是

（43）碰到为难的事情时，你是否认为自己难以应付？

a. 是　b. 不是

（44）你是否有时会后悔做了某件事？

a. 是　b. 不是

（45）你和同学吵架以后，是否总认为是自己的错？

a. 是　b. 不是

（46）你是否总想为班级做点好事？

a. 是　b. 不是

（47）你学习的时候，思想是否经常开小差？

a. 是　b. 不是

（48）你把东西借给别人时，是否担心别人会把东西弄坏？

a. 是　b. 不是

（49）碰到不顺利的事情时，你心里是否很烦躁？

a. 是　b. 不是

（50）你是否非常担心家里有人生病或死去？

a. 是　b. 不是

（51）你是否在梦里见到过死去的人？

a. 是　b. 不是

（52）你对收音机和汽车的声音是否特别敏感？

a. 是　b. 不是

（53）你是否总觉得好像有什么事没有做好？

a. 是　b. 不是

（54）你是否担心会发生意外？

a. 是　b. 不是

（55）你在决定要做什么事时，是否总是犹豫不决？

a. 是　b. 不是

（56）你手上是否经常出汗？

a. 是　b. 不是

（57）你害羞时是否会脸红？

a. 是　b. 不是

（58）你是否经常头痛？

a. 是　b. 不是

（59）你被老师提问时，是否总是很紧张？

a. 是　b. 不是

（60）即使你没有参加运动，心脏是否也经常扑通扑通地跳？

a. 是　b. 不是

（61）你是否很容易疲劳？

a. 是　b. 不是

（62）你是否很不愿吃药？

a. 是　b. 不是

（63）夜里你是否很难入睡？

a. 是　b. 不是

（64）你是否总觉得身体好像有什么毛病？

a. 是　b. 不是

（65）你是否经常认为自己的体形和面孔比别人难看？

a. 是　b. 不是

（66）你是否经常觉得肠胃不好？

a. 是　b. 不是

（67）你是否经常咬指甲？

a. 是　b. 不是

（68）你是否舔手指头？

a. 是　b. 不是

（69）你是否经常感到呼吸困难？

a. 是　b. 不是

（70）你上厕所的次数是否比别人多？

a. 是　b. 不是

（71）你是否很怕到高的地方去？

a. 是　b. 不是

（72）你是否害怕很多东西？

a. 是　b. 不是

（73）你是否经常做噩梦？

a. 是　b. 不是

（74）你胆子是否很小？

a. 是　b. 不是

（75）夜里，你是否很怕一个人在房间里睡觉？

a. 是　　b. 不是

（76）你乘车穿过隧道或路过高桥时，是否很怕？

a. 是　　b. 不是

（77）你是否喜欢整夜开着灯睡觉？

a. 是　　b. 不是

（78）你听到打雷声是否非常害怕？

a. 是　　b. 不是

（79）你是否非常害怕黑暗？

a. 是　　b. 不是

（80）你是否经常感到后面有人跟着你？

a. 是　　b. 不是

（81）你是否经常生气？

a. 是　　b. 不是

（82）你是否不想得到好的成绩？

a. 是　　b. 不是

（83）你是否经常会突然想哭？

a. 是　　b. 不是

（84）你以前是否说过谎话？

a. 是　　b. 不是

（85）你是否偶尔会觉得，还是死了好？

a. 是　　b. 不是

（86）你是否一次也没有失约过？

a. 是　　b. 不是

（87）你是否经常想大声喊叫？

a. 是　b. 不是

（88）你是否不愿说出别人不让说的事？

a. 是　b. 不是

（89）你是否偶尔想过自己一个人到遥远的地方去？

a. 是　b. 不是

（90）你是否总是很有礼貌？

a. 是　b. 不是

（91）你被人说了坏话，是否想立即采取报复行动？

a. 是　b. 不是

（92）老师或父母说的话，你是否都照办？

a. 是　b. 不是

（93）你心里不开心时，是否会乱丢、乱砸东西？

a. 是　b. 不是

（94）你是否发过怒？

a. 是　b. 不是

（95）你想要的东西，是否就一定要得到？

a. 是　b. 不是

（96）你不喜欢的课，老师提前下课，你是否会感到特别高兴？

a. 是　b. 不是

（97）你是否经常想从高的地方跳下来？

a. 是　b. 不是

（98）你是否无论对谁都很亲热？

a. 是　b. 不是

（99）你是否会经常急躁得坐立不安？

a. 是　b. 不是

（100）对不认识的人，你是否都喜欢？

a. 是　b. 不是

【计分规则与结果解释】

1. 凡是在"a"上画"○"，即选"是"答案者记 1 分；在"b"上画"○"，即选"不是"答案者记 0 分。

2. 在整个问卷项目中的（82）（84）（86）（88）（90）（92）（94）（96）（98）（100）项，即组成效度量表的这些项目，如果它们的得分合计起来比较高，则可以认为该被试是为了获得好成绩而作假的，所以测验结果不可信。在解释测验结果时，对得高分的人需要特别注意，尤其是得分在 7 分以上者，可考虑将该份答卷作废，并在适当时候重新进行测验。

3. 除去效度量表项目，将余下的全部问卷项目得分累加起来，即可得到全量表分。全量表分从整体上表示焦虑程度强与不强、焦虑范围广与不广。全量表分在 65 分以上者，即可被认为存在一定的心理障碍，这类人在日常生活中有不适应行为，有的可能表现为攻击和暴力行为等，因而需要制定特别的个人指导计划。

4. 除效度量表外，由测验项目组成的八个内容量表的组成与含义如下。

第一，学习焦虑。由（1）（2）（3）（4）（5）（6）（7）（8）（9）（10）（11）（12）（13）（14）（15）项组成。

高分（8 分以上）：对考试怀有恐惧心理，无法安心学习，十分关心考试分数。这类人必须接受为其制定的有针对性的特别指导计划。

低分（3 分以下）：学习焦虑低，学习不会受到困扰，能正确对待考试成绩。

第二，对人焦虑。由（16）（17）（18）（19）（20）（21）（22）（23）（24）（25）项

组成。

高分（8分以上）：过分注重自己的形象，害怕与人交往，退缩。这类人必须接受为其制定的有针对性的特别指导计划。

低分（3分以下）：热情，大方，容易结交朋友。

第三，孤独倾向。由（26）（27）（28）（29）（30）（31）（32）（33）（34）（35）项组成。

高分（8分以上）：孤独、抑郁，不善与人交往，自我封闭。这类人必须接受为其制定的有针对性的特别指导计划。

低分（3分以下）：爱好社交，喜欢寻求刺激，喜欢与他人在一起。

第四，自责倾向。由（36）（37）（38）（39）（40）（41）（42）（43）（44）（45）项组成。

高分（8分以上）：自卑，常怀疑自己的能力，常将失败、过失归咎于自己。这类人必须接受为其制定的有针对性的特别指导计划。

低分（3分以下）：自信，能正确看待失败。

第五，过敏倾向。由（46）（47）（48）（49）（50）（51）（52）（53）（54）（55）项组成。

高分（8分以上）：过于敏感，容易为一些小事而烦恼。这类人必须接受为其制定的有针对性的特别指导计划。

低分（3分以下）：敏感性较低，能较好地处理日常事物。

第六，身体症状。由（56）（57）（58）（59）（60）（61）（62）（63）（64）（65）（66）（67）（68）（69）（70）项组成。

高分（8分以上）：在极度焦虑的时候，会出现呕吐失眠、小便失禁等明显症状。这类人必须接受为其制定的有针对性的特别指导计划。

低分（3分以下）：基本没有身体异常表现。

第七,恐怖倾向。由(71)(72)(73)(74)(75)(76)(77)(78)(79)(80)项组成。

高分(8分以下):对某些日常事物,如黑暗等,有较严重的恐惧感。这类人必须接受为其制定的有针对性的特别指导计划。

低分(3分以下):基本没有恐惧感。

第八,冲动倾向。由(81)(83)(85)(87)(89)(91)(93)(95)(97)(99)项组成。

高分(8分以下):十分冲动,自制力较差。这类人必须接受为其制定的有针对性的特别指导计划。

低分(3分以下):基本没有冲动。

三、 大学生心理健康测量:大学生人格问卷—人格测定量表

对大学生心理健康状况进行综合诊断所使用的量表,目前国内使用比较多的是大学生人格问卷(UPI)。大学生人格问卷(UPI)是"University Personality Inventory"的简称。UPI是为了早期发现、早期治疗有心理问题的学生而编制的大学生精神健康调查表。

UPI主要以大学新生为对象,入学时作为精神卫生状况实态调查而使用,以了解学生中神经症、心身症、精神分裂症以及其他各种烦恼、迷惘、不满、冲突等状况的简易问卷。

【指导语】

以下问题是为了解你的健康状况并为增进你的身心健康而设计的调查。请按题号顺序阅读,在最近一年中你常常感觉到或体验到的项目上画"○"。为了使你顺利完成大学学业,身心健康地迎接新生活,请如实选择。

1. 食欲不振。

2. 恶心、胃难受、肚子痛。

3. 容易拉肚子或便秘。

4. 关注心悸和脉搏。

5. 身体健康状况良好。

6. 牢骚和不满多。

7. 父母期望过高。

8. 认为自己的过去和家庭是不幸的。

9. 过于担心将来的事情。

10. 不想见人。

11. 觉得自己不是自己。

12. 缺乏热情和积极性。

13. 悲观。

14. 思想不集中。

15. 情绪起伏过大。

16. 常常失眠。

17. 头痛。

18. 脖子、肩膀酸痛。

19. 胸痛憋闷。

20. 总是朝气蓬勃。

21. 气量小。

22. 爱操心。

23. 焦躁不安。

24. 容易动怒。

25. 想轻生。

26. 对任何事都没兴趣。

27. 记忆力减退。

28. 缺乏耐性。

29. 缺乏决断能力。

30. 过于依赖别人。

31. 为脸红而苦恼。

32. 口吃、声音发颤。

33. 身体忽冷忽热。

34. 常常注意排尿和性器官。

35. 心情开朗。

36. 莫名其妙地不安。

37. 一个人独处时感到不安。

38. 缺乏自信心。

39. 办事畏首畏尾。

40. 容易被人误解。

41. 不相信别人。

42. 过于猜疑。

43. 厌恶交往。

44. 感到自卑。

45. 杞人忧天。

46. 身体倦乏。

47. 一着急就出冷汗。

48. 站起来就头晕。

49. 有过昏迷或惊厥。

50. 人缘好，受欢迎。

51. 过于拘泥。

52. 对任何事情不反复确认就不放心。

53. 对脏很在乎。

54. 摆脱不了毫无意义的想法。

55. 觉得自己有怪气味。

56. 觉得别人在自己背后说坏话。

57. 总是注意周围的人。

58. 在乎别人的视线。

59. 觉得别人轻视自己。

60. 情绪易被破坏。

61. 至今，你曾感到自身健康方面有问题吗？

62. 至今，你曾觉得心理卫生方面有问题吗？

63. 至今，你曾接受过心理咨询与治疗吗？

64. 你有健康或心理方面想咨询的问题吗？

【计分规则与结果解释】

UPI 总分的计算规则是将除测伪题以外的其他 56 题的得分求总和。UPI 总分最高为 56 分，最低为 0 分。

第一部分是学生的基本情况。包括学生的姓名、性别、年龄、住址、联系办法、家庭情况、兴趣爱好、入学动机等。这部分内容作为问卷分析时参考之用。

第二部分是大学生人格问卷问卷本身。问卷本身由 60 个项目构成(60—64 题为开放题)。其中四个项目是测伪尺度(lie scale)，其题号是 5、20、35、

50。另外 56 个是反映学生的苦恼、焦虑、矛盾等症状项目。56 个项目中有 16 个属于与身体有关的症状,即 1、2、3、4、16、17、18、19、31、32、33、34、46、47、48、49。其他 40 个属于精神状态的项目。这 60 个项目基本概括了大学生的各种烦恼。

第三部分是附加题,主要是了解被测者对自身身心健康状态的总评价以及是否受过心理咨询的治疗、有什么咨询要求。

从问卷可以看出,四个测伪项目属于健康尺度,而其余 56 个是症状项目,即不健康尺度。如果不健康尺度上有许多是画了圈的,而健康的尺度也大多画了圈,说明学生没有如实、认真地填写,这份问卷结果的可信度值得怀疑。一般说来,不健康项目画圈多,健康项目打叉,说明心理健康存在问题;健康项目画圈多,说明心理健康状况比较好。

(一) 问卷编辑特点

1. 简便易行,便于推广

大学生人格问卷采用是非问答,从两种选择中择一。当项目和自己的情况相符时选 A,不符合时选 B。填写大学生人格问卷所需时间一般是 10 分钟,快者 5 分钟,慢者 15 分钟可以完成。问卷既可用于个别调查,也可用于团体测量。事前无需做特殊准备,对测量场所亦无特殊要求。

2. 信息量大,筛选有效性高

大学生人格问卷是一种非标准化的健康筛选量表。通过大学生人格问卷问卷分析,不仅可以了解被测者身心健康程度和主要问题所在,而且可以了解其家庭情况、入学动机,以及目前最重要的是提供什么帮助,从而在短时间内获得大量宝贵资料,特别适用于建立新生心理档案。通过筛选规则可筛选出可能存在心理问题的学生,请这些学生来接受咨询,可及时发现他们的心理障碍并提供援助。

3. 测量过程不易引起心理抵抗

大学生人格问卷问题都是症状项目,所以语言不易引起被测者的心理抵抗。填写时无需反复揣量,有则选 A,无则选 B。被测者能很快理解被测方法,问卷真实可信程度易保证。

4. 对施测人员无特殊要求

有许多心理测验对施测人员要求较高,不经过专门训练是无法胜任的。而大学生人格问卷简洁明了,容易掌握,经过简短的说明就可以施测,无特殊要求,既经济又实用。

(二) UPI 的筛选规则

UPI 的筛选标准视研究需要和使用者的具体情况而定,国内高校普遍采用的筛选标准如下。

1. 第一类筛选标准

满足下列条件之一者应归为第一类:

(1) UPI 总分在 25 分(包括 25 分)以上者;

(2) 第 25 题做肯定选择者;

(3) 辅助题中同时至少有两题做肯定选择者;

(4) 明确提出咨询要求者(由于此条选择人数较多,有时不用)。

2. 第二类筛选标准

满足下列条件之一者应归为第二类:

(1) UPI 总分在 20—25 分(包括 20 分,不包括 25 分)之间者;

(2) 第 8、16、26 题中有一题做肯定选择者;

(3) 辅助题中只有一题做肯定选择者。

3. 第三类筛选标准

不属于第一类和第二类者应归为第三类。

其中第一类为可能有较明显心理问题的学生，应尽快约请进行咨询。

（三）　UPI 结果的评价与分类

在请来咨询的第一类学生中，通过进一步的诊断被认为确有心理卫生问题的学生称为 A 类学生，该类学生需要进行持续的心理咨询。没有严重心理卫生问题的学生称为 B 类学生，该类学生可作为咨询机构关注的对象。没有任何心理卫生问题的学生称为 C 类学生。A、B、C 三类的判定，主要是根据咨询员的经验。下面的特征可供诊断时参考。

A 类：各类神经症（恐怖症、强迫症、焦虑症、严重的神经衰弱等），有精神分裂症倾向、悲观厌世、心理矛盾冲突激烈，明显影响正常生活、学习者。这类学生可立即预约下次咨询时间，每周或隔周面谈一次，直至症状减轻。

B 类：存在一般心理问题，如人际关系不协调、新环境不适应等。这类学生有种种烦恼，但仍能够维持正常学习和生活。为他们提供帮助的同时，请他们有问题随时咨询。

其余为 C 类，对他们通过面谈可以起到预防的作用。他们的症状暂时不明显或已经解决，以后若出现症状，他们就知道咨询机构可以提供帮助。

把握 A、B、C 分类也可以从比率入手。目前各种调查表明，大学生中心理障碍发生率在 20% 左右，其中心理症比较严重者约占 1%—2%。一般在大学生人格问卷调查中，A 类学生约占总体被测的 1%—2%。

第二篇
学生心理健康教育课程的
大中小衔接研究

心理健康教育课程是学生心理健康教育的重要组成部分。在心理健康教育课程的建设中，无论是教学内容、教学方法还是评价反馈的设计都需要基于学生所处年龄段的心理发展特点来进行。本篇根据小学、初中、高中和大学这四个学段学生不同的心理特点梳理了上海市大中小学心理健康教育课程的发展建设情况，并就大中小学心理健康教育课程一体化的同课异构进行了研究，同时结合时代的特点介绍了上海高校心理微课程的建设与发展。

基于学生心理特点的小学心理健康教育活动课建设研究

盛秋蓉

（上海市第六师范学校第二附属小学）

章学云

（上海市浦东教育发展研究院）

徐　涛

（上海市闵行区教育学院）

心理健康教育是以学生自身的社会需求以及身心发展特点为依据，对学生进行有目的的指导，从而帮助学生适应学校生活以及社会生活的一门教育。心理健康教育活动课属于活动课范畴，它是以学生的心理发展特点为立足点，以学生的心理需要为基础，以培养学生健康心理为主线而设计和组织实施的，旨在关注学生当前的心理状态。因此，小学心理健康教育活动课的开展若想取得较好的成效、实现既定的目标，就必须在了解小学生心理发展特点的基础上，以学生为主体，设定灵活丰富的教学内容，打造高效活泼的教学方式，探索多样有效的评价手段，在活动中进行情感体验，在体验中获得经验支持，以达到提高小学生心理素养、促进小学生身心健康发展的目的。

一、 设定灵活多样丰富的小学心理活动课教学内容

小学阶段年级跨度大,不同年级段学生的心理发展差异也很大。小学生的认知发展水平处于从无意注意向有意注意、形象记忆向抽象记忆、观察模糊笼统到定向有序逐步发展的过程,因此在教学内容的设定上需要灵活、多样、丰富,才能满足不同年级小学生的心理发展需求。

(一) 明确目标定位

小学是人才培养的第一步,对小学生进行心理健康教育十分有必要。《中小学心理健康教育指导纲要》指出:"心理健康教育的形式在小学可以以游戏和活动为主,营造乐学、合群的良好氛围。"[1]心理健康教育的主要内容包括:普及心理健康基本知识,树立心理健康意识,了解简单的心理调节方法,认识心理异常现象,以及初步掌握心理保健常识,其重点是学会学习、人际交往、升学择业以及生活和社会适应等方面的常识。由于小学阶段年级跨度大,应在低、中、高各年级段设定不同的教学内容目标(见表1),以上海市小学一到五年级进行划分,低年级为一到二年级,中年级为三到四年级,高年级为五年级。

表 1 上海市小学心理健康教育活动课教学目标

	低年级	中年级	高年级
自我认知	初步了解自己,能够进行简单的自我介绍	了解自我,能从多个方面进行自我介绍	能够正确认识自己的优缺点和兴趣爱好,在生活中悦纳自己
学习能力	初步感受学习的乐趣,养成良好的学习习惯	初步培养学习能力,激发学习兴趣和探究精神,树立学习的自信心,乐于学习	端正学习动机,调整学习心态,正确看待成绩,体验学习成功的乐趣

续表

	低年级	中年级	高年级
人际交往	乐于与老师、同学交往,掌握基本的交友礼仪,感受友情,初步形成集体意识	树立集体意识,善于与同学、教师交往,愿意参与各种活动,初步形成开朗、合群的性格	恰当地与异性交往,建立并维持好异性同伴的关系,扩大人际交往范围
情绪调适	感受学校生活的乐趣,克服上学焦虑,通过体验集体生活获得安全感和归属感	感受解决学习困难带来的快乐,能够表达自己的情绪	初步形成解决问题和分析问题的能力,产生更多的亲社会行为
社会适应	适应新环境、新集体和新的学习生活,初步形成纪律意识、时间意识和规则意识	形成正确的角色意识,能够适应不同的社会角色,能够正确处理学习与娱乐的矛盾,形成稳定的时间管理意识	初步形成解决问题和分析问题的能力,产生更多的亲社会行为

(二) 丰富课程内容

小学心理健康教育活动课的内容,涵盖智能、情绪、意志、学习、社会等方面,在具体教学过程中必须根据不同地区的实际情况和小学生身心发展特点出发,设定灵活、多样、丰富的活动内容,做到循序渐进,设置分阶段的具体教育内容,确保心理健康教育活动课真正起到心理教育的意义。通过小学的心理健康启蒙教育,帮助学生在未来的发展中成为品格健全、善于学习、性格积极、团结自爱的人。

1. 小学低年级教学内容

帮助学生认识班级、学校、日常学习生活环境和基本规则;初步感受学习知识的乐趣,重点是学习习惯的培养与训练;培养学生礼貌友好的交往品质,乐于与老师、同学交往,在谦让、友善的交往中感受友情;使学生有安全感和归属感,初步学会自我控制;帮助学生适应新环境、新集体和新的学习生活,树立纪律意识、时间意识和规则意识。本文参考上海市《小学生心理健康自助手册》小学低年级教学目标和教学内容进行整理,具体见表 2。

表 2　上海市小学低年级心理健康教学内容

课　时	内　容	目　标　要　求
第一课时	我要上学啦	让低年级学生有初步的"我是一名小学生"的自我意识
第二课时	我们的学校真漂亮	通过对学校的了解,让学生对学校环境有个适应的过程
第三课时	"为你服务"	让学生初步感知同学之间相互帮助是一件快乐的事
第四课时	铃声叮咚	让学生懂得:上课了,做好课前准备
第五课时	"老师,您好!"	老师是我们的好朋友
第六课时	上课这回事	适应学校学习环境
第七课时	你我好朋友	与同伴和睦相处,是一件快乐的事
第八课时	班会上的"演说"	通过才艺展示,培养学生自信品质
第九课时	请牵我的手	通过活动让学生懂得,帮助别人的时候,也能获得快乐
第十课时	要玩耍,更要学习	通过活动,让学生初步懂得,学习将伴随我们的一生
第十一课时	"分数"和我	让学生懂得,做一个全面发展的人更重要
第十二课时	我爱明天	"为了美好的明天,我们可以做好哪些准备",培养学生积极向上心态

2. 小学中年级教学内容

帮助学生了解自我,认识自我;初步培养学生的学习能力,激发学习兴趣和探究精神,树立自信,乐于学习;树立集体意识,善于与同学、老师交往,培养自主参与各种活动的能力,以及开朗、合群、自立的健康人格;引导学生在学习生活中感受解决困难的快乐,学会体验情绪并表达自己的情绪;帮助学生建立正确的角色意识,培养学生对不同社会角色的适应;增强时间管理意识,帮助学生正确处理学习与兴趣和娱乐之间的矛盾。本文参考上海市《小学生心理健康自助手册》小学中年级教学目标和教学内容进行整理,具体见表 3。

表 3　上海市小学中年级心理健康教学内容

专题	课　时	内　容	目　标　要　求
我想大家喜欢我	第一课时	会飞的"欢乐"	朋友多,快乐多
	第二课时	不同的你我	每个人都有特点,试着从对方的角度考虑问题,才能加深了解,彼此喜欢

专题	课　时	内　　容	目　标　要　求
我想 大家 喜欢我	第三课时	男生女生	培养男女学生之间相互尊重、相互接纳和相互信任的良好品质
	第四课时	伙伴"碰碰车"	同学一起难免会有矛盾,有矛盾时不能光看别人的不足,也应想想自己的不足
我想 学习 更有趣	第五课时	观察与注意	让学生懂得无论在生活上还是在学习上都要养成集中注意、仔细观察的好习惯
	第六课时	"记忆达人"	懂得记忆的重要性,初步掌握一些科学的记忆的方法,并运用于学习中
	第七课时	和"?"交朋友	多与"?"交朋友,养成主动探究的好习惯
	第八课时	换个角度思考	不同的角度将会看出不同的结果,让学生懂得遇事要多角度思考
我想 生活 更快乐	第九课时	情绪侦察机	生活处处多留意,能够读懂别人的情绪和表情,成为明智而快乐的"读心达人"
	第十课时	快乐宝典	帮助一个人,开心两个人;快乐可以在互助中不断延伸;宽容别人,还能快乐自己
	第十一课时	驱散心中的乌云	生活中经常会有不开心的事,只要勇敢地迈出沟通的第一步,就会发现事情远没有你想象的那么糟
	第十二课时	假期巧设计	愉快的假期,需要快乐而有意义的主题
我想 未来 更精彩	第十三课时	我是一片小树叶	每一个人都像是一片树叶,既不同,又相似;每个人都拥有与众不同的特点
	第十四课时	走过时光隧道	生命的成长是一个神奇的过程,一定会经历摔倒、犯错……这样才有了成长的意义
	第十五课时	我的千万种可能	每个人都有无限的潜能,关键要善于发现,灵活利用,可别轻易对自己说"不可能"
	第十六课时	成功的召唤	遇到困境,积极面对不退缩,困难也能变为助你成就精彩明天的舞台

3. 小学高年级教学内容

帮助学生正确认识自己的优缺点和兴趣爱好,在各种活动中悦纳自己;着力培养学生的学习兴趣和学习能力,端正学习动机,调整学习心态,正确对待成绩,体验学习成功的乐趣;开展初步的青春期教育,引导学生进行恰当的异性交往,建立和维持良好的异性同伴关系,扩大人际交往的范围;帮助学生克服学习困难,正确面对厌学等负面情绪,学会恰当、正确地体验情绪和表达情绪;积极促进学生的亲社会行为,逐步认识自己与社会、国家和世界的关系;培养学生分析问题和解决问题的能力,为初中阶段学习生活做好准备。本文参考上海市《小学生心理健康自助手册》小学高年级教学目标和教学内容进行整理,具体见表4。

表 4　上海市小学高年级心理健康教学内容

专题	课　时	内　容	目　标　要　求
我想大家喜欢我	第一课时	寻找"心钥匙"	懂得与父母、老师等长辈的交往中,也难免会有摩擦,要学会寻找"心钥匙"
	第二课时	自己的那点事	要学会区分自己的那点事,争取自己的事要自己做
我想学习更有趣	第三课时	兴趣魔方	兴趣是最好的老师,不仅带给我们快乐,还会帮助我们增长知识和能力
	第四课时	习惯推进器	让学生懂得养成好习惯的重要性
我想生活更快乐	第五课时	不要不理财	"量入而出,细水长流",培养学生具有初步的理财理念
	第六课时	保护好自己	身体是部精密的机器,缺少了任何一个部件,都会影响我们的生活,在生活中要不断提高自我保护能力
我想未来更精彩	第七课时	走近"花季"	长大是一件值得自豪的事,每个人早晚都会长大;长大了,更要有保护自己的意识
	第八课时	未来始于脚下	畅想未来,要从了解现在开始。一切始于脚下,始于现在

二、 打造高效活泼有感的小学心理活动课教学过程

教学过程是指教师和学生为实现教学目标共同进行的动态活动过程,由相互依存、相互作用同时不断展开的教和学两方面构成。因教育对象年龄和需求不同,课题的选择、教学目标的设定、课堂教学的组织、课堂技巧的运用都有很大差别。小学生活泼好动,思维更多依赖于形象思维,所以教学过程设计需要突出简明、生动、有感三个特点。

(一)　小学心理辅导课教学过程设计需简明

1. 教学逻辑需清晰易懂

小学生的认知水平还处在具体运算阶段,思维以形象思维为主,逻辑思维能力还有待发展,所以小学心理辅导课的教学逻辑设计一定要简明清晰,易于理解。逻辑设计的简明清晰包括两个方面:一是教学各环节之间的逻辑要清晰,层层递进,简单明了。二是各环节活动设计、素材选择的逻辑也要简单明了。比如笔者曾经给小学三年级上过一节关于情绪的心理辅导课,导入环节用的是动画片《猫和老鼠》的一段小视频,学生在看视频时就表现出各种不同的情绪,马上就猜到这节课要讲的是情绪,引入课题非常自然流畅,简单明了。

2. 活动设计需简洁精练

小学生活泼好动,注意力持续时间较短。为此,很多教师往往喜欢用各种活动吸引学生的注意力,反而出现过犹不及的情况,使心理课堂成为活动的堆积,玩得很热闹,感触却有限。小学心理辅导课的教学活动设计尤其宜精不宜多,去除冗余,在活动操作上注意简明,便于操作,难度不宜过大。如老师想在课上设计让学生们扮演小老虎表达内心感受的环节,为了形象就给每个小朋友发一个毛绒老虎。这的确吸引了学生的注意力,但是同时也会造成不必要的干扰,学生会在老师不注意的情况下拿着玩偶打打闹闹。事实上,在这个环节,教师只需要给每个学生发一张卡通老虎图片就可以达到教学效果。

3. 教学规则需动中有序

心理课因其轻松活泼的氛围很受小学生的喜爱,但也对教师的控班能力提出了更高的要求。要想取得好的教学效果,基本的课堂教学秩序是基础,而小学生活泼好动,在游戏和表达讨论中都可能十分兴奋而无视课堂纪律,从而影响整节课的授课效果。其他学科的教师遇到这种情况经常"一吼了之",以权威的角色压制住学生的活跃状态,如果心理辅导教师也采取这一措施,无疑会降低学生的表达愿望,也会影响教学效果。所以,小学心理辅导课教师尤其要关注课堂教学基本规则的树立,课前就要和学生强调什么时候可以发言、什么时候需要安静、发言需举手等,如有学生犯规也要有亲和中立但严厉的回应。这些规则应简单明了,可编成儿歌,每节课前作为上课仪式进行强调,直到学生养成良好的课堂习惯为止。

(二) 小学心理辅导课教学过程设计需生动

1. 关注有创意的动态互动

动态性互动是指让学生在行为上动起来,有肢体活动,有相互协作与配合。游戏是动态性互动的主要方式。小学生活泼好动,静态的教学方式容易让学生厌倦,游离于课堂之外。有创意的动态性互动可以吸引学生的注意力,调动学生参与的积极性,在动中加深体验,在动中促进学习。学生通过动态性互动,在轻松、和谐、愉快、生动的氛围中自由表露自己的情绪,投射自己的内心世界,体验和反思自己的行为,分享同伴的经验和感悟,从而使心理辅导的目标以"润物细无声"的方式达成。

2. 关注表达性方式

小学生的思维还处在具体运算阶段,对事物的理解更多地依赖形象思维,只要有形象载体,他们会迸发出丰富的想象力和创作力,生成感悟,获得成长。另一方面,小学生语言表达能力还在发展中,尤其是表达能力稍弱的孩子,单纯的语言表达模式根本无法帮助他们呈现内心的感受。表达性方式如绘画、舞动、音乐、演绎等可以让学生自然沉浸于形象表达之中,自然流露出内心的喜怒哀乐和心中的疑惑,自然地接受教师的指引,获得心灵的成长。

3. 选择生动有趣的教学素材

教学素材的选择直接影响课程效果。选择素材的第一标准是围绕是否有助于教学设计意图的达成，这是各学段教学素材选择都要首先考虑的问题。在此基础上，小学段的教学素材选择尤其要关注是否生动有趣，可以来源于学生关注的直接经验，也可以来源于学生喜爱的音视频绘本等，更可以来源于教师挖掘的适合授课年段学生特点的新颖内容，是学生们完全没有接触过的、令他们耳目一新的。只要是符合设计意图又生动有趣，能够抓住学生的心，就是好的素材。

（三）　小学心理辅导课教学过程需有感

1. 关注营造愉快轻松的教学氛围

要让心理辅导课触及小学生的心灵，愉快轻松的课堂氛围十分重要。愉快轻松的教学氛围会让小学生产生安全感，将精力完全投入对教学内容的体验中。为小学生营造愉快轻松的教学氛围要注意以下三个方面：第一点是要营造轻松愉快的教学环境，如用彩色可拆拼的桌椅、分小组的活动方式等；第二点是如前文所说课程环节设计和素材选择活泼生动；第三点也是最重要的，就是教师真诚、尊重、理解、支持的教学态度，以及贴近学生感受的教学语言。

2. 重视情感体验的提问和反馈

小学阶段的心理辅导课教学尤其要关注情感体验，学生在情感体验的过程中感受自己心理的变化，形成感性的认识，促进领悟的产生。而教师的提问和反馈对促进学生体验和表达情感起着至关重要的作用。好的提问紧贴学生的情感体验，促进情感的深入，不当的提问如"为什么"一类的问题则可能让学生关闭情感体验的大门。反馈技术亦是如此，好的反馈及时帮助学生澄清情感，用询问、征求意见的语气启发学生的情感，让学生体会到教师的热情和真情；坏的反馈会让学生觉得被评价、被忽视，从而影响课堂效果。

3. 关注课外延伸和体验

心理辅导课上的教学所得要能够运用于学生的实际生活，才是真正达到了教学效果。小学生形象记忆能力强，对课堂上感兴趣的内容和活动体验会铭刻在心，只要有合适的机会，就会在生活和学习中反应出来，从而得到巩固，真正获得心灵的成长。所以教师要关注课外拓展内容的设计和反馈，为学生创设课外学习和体验的空间。

三、 探索多样有效的小学心理健康教育活动课评价手段

（一） 小学心理健康教育活动课评价的特点

小学心理辅导活动课与普通的学科教学不一样，它没有纸笔甚至口头的考试，评价的内容又是心理发展这一较难测量的标的物，因此要评价一节小学心理辅导活动课是有难度的。综合多项研究，我们发现，小学心理辅导活动课的评价有以下几个特点。[2]

1. 评价角度的多维度

对这一课程的评价可以按评价对象来进行，包括教师和学生。其中，教师部分可以评价其活动内容、活动设计、活动准备、活动组织、辅导技巧、作业布置等各环节的设计情况，可见对教师的评价主要是对辅导活动本身的评价；学生部分可以评价其在每个活动主题中的成长，比如自我概念的改善、自控力的提高、人际交往的改善、考试焦虑的缓解等，可见对学生的评价主要是对辅导活动效果的评价。按评价时间来，可以包括活动结束后即时性评价、单元结束后评价、期中评价、期末评价或学年评价等。按评价主体来，可以包括教师评价、学生评价、学生团体评价、学生互评、家长评价、领导评价和督导评价等。

2. 评价方法的多样性

由于小学心理辅导活动课的活动性、体验性特点，其评价方法也比较多样，可以采用质性评价和量化评价，也可以采用达成性评价和过程性评价。质性评价通过观察和记录学生在课堂上的各种表现、收集学生在课堂上的发言、活动感受等进行质性分析，以获得对课堂效果的评价。量化评价通过学生课前课后（或学期前学期后、学年前学年后等）在某个量表上的变化，来分析课程效果。达成性评价是根据课程目标来考察辅导过程，按目标达成情况来评价辅导活动课。过程性评价则是关注整个辅导过程，评价辅导过程中的师生互动、学生的收获与反馈、学生课后的成长等。

3. 评价结果的多元化

从上面的论述可以看出，同样一节小学心理辅导活动课，不同的评价角度和评价方法得出的评价结果会很多元。比如通过不同的评价主体，上课教师本人对一堂课或一个单元课程的评价，与授课对象学生自己的评价以及家长的评价会有不同；采用达成性评价，或许会发现课堂目标的达成度比较高，但用过程性评价会发现学生在师生互动中比较拘谨、发言倾向于迎合教师；通过对学生作业的质性评价，可以发现学生对课的评价比较满意，但通过单元前后的量化对比评价，却并未发现学生有较为明显的成长；等等。

评价结果的多元虽然给授课教师的教学改进带来了一定的难度，但却能比较全面地提供教学改进的建议与视角。

（二）　小学心理辅导活动课多样化评价手段的选择与运用

多样化的评价视角和评价方法，给小学心理辅导活动课的评价工作带来了一定的困难。授课教师、听课教师、校级领导和各级专家在面对一节生动的心理课时，如何选择和运用不同的评价手段？本文建议可以尝试从以下几个角度进行思考。

1. 评价目的是以评促教而非以评定教

由于小学心理辅导活动课是动态的、多元的和多样的,其评价角度和评价方法也是多元的,不同的评价角度和方法服务于不同的群体,起到不同的作用,达成不同的目的。因此,无论选取哪种评价方法,评价人员都要确定这样的基调:所有的评价都是以评促教,而不是以评定教,只要心理教师的辅导理念正确,辅导技术合格,辅导过程合理,就应该对教师的付出和努力给予肯定与鼓励。改进技术、方法和手段是为了提升辅导的效果,一定不能贬低教师的付出,将一些所谓的"先进"的技术方法等强加给教师。如果教师的辅导理念有所偏差,或课堂上出现伤害学生心理的情况,则需要严肃指出,以免出现更多类似的情况,防止心理辅导活动课的效果与初衷背道而驰。

2. 评价方法依据当下的教育环境

评价基调为以评促教,那么具体的评价方法如何选择? 这需要根据学校、教师和学生当下的教育环境灵活选择。比如,若是校级教学评比或考核,可以对辅导活动本身进行评价,但由于心理辅导活动课与一般的学科教学差别比较大,为了更全面了解课程效果,还可以进行学生评价,从学生的角度获得对课堂效果更详尽的评价;若是区内同行学习、切磋,由于只能听到、看到一节课或某一单元的课程,对辅导活动本身(即活动内容、活动设计、活动准备、活动组织、辅导技巧、作业布置等)和学生课堂上表现的评价就显得更加重要,同行间的切磋互助对教师的进步有非常重要的作用和意义;若是心理教师或学校想更加细致地了解一堂课、一个单元或一个学期的课程效果,可以将学生的课堂作业、发言等收集起来,在遵守专业伦理、保密的前提下进行质性分析,或对学生开展量表的前后测,或将每堂课进行录像,课后分析录像,从而更加系统全面地加以评价和提升。

3. 评价方法结合教学内容与过程

不同的心理辅导活动课,采用的评价方法也不一样。比如,小学低年级学生很重要的心理主题是入学适应[3],围绕这个主题可以开设学习适应、人际适应、环境适应等小主题,但由于适应是一个涉及知情意行、比较系统的心理主题,因此除了课堂上学生的发言、投入、各项表现等,课后班主任、其他科任教师和家长的反馈等,也是评价心理辅导活动课开设效果的重要指标。再比如评价考试焦虑主题的心理课,对小学高年级学生讲解焦虑的部分可以较少,更多地则是采用表达性艺术手段,评价时需要侧重表达性艺术手段的设计合理性、活动时和活动后学生的反应及焦虑程度的降低情况,而对高中生则讲解的部分可以增多,评价时需要考察讲解的科学性、学生面对考试时焦虑程度的变化等。因此,对于同样的内容,不同学段的评价方法也不一样。

4. 评价方法鼓励创新

由于心理辅导活动课是一门创新性非常强的课程,评价方法也鼓励创新。比如,有研究者为了做好课堂上的过程性评价让学生做一些笔记,笔记的格式根据每节课的主题做一个大致的规范,根据学生笔记的情况,教师可以获得课堂效果的反馈。[4]也有研究者为了促进学生的投入度,在课堂上布置一些"作业",使学生在课堂上的思考、发言等落诸笔端,产生巩固、认同等作用,既可以作为课堂效果评价的有效手段、教师及时的反馈和评语,还能作为师生互动的重要桥梁。[5]可见,只要教师用心钻研,创新评价方法就能够非常好地提升课堂效果和师生互动,成为小学心理辅导活动课中重要的一环。

总之,心理健康教育活动课的实施,旨在帮助小学生进行准确的自我认识、客观的自我评价、有效的自我管理,做到自知、自尊、自信、自我控制、自我约束;帮助学生树立在出现心理行为问题时的求助意识,促进学生形成健康的心理品质,促进学生人格的和谐发展。

注释

[1]《教育部关于印发〈中小学心理健康教育指导纲要(2012 年修订)〉的通知》(教基〔2012〕
      15 号)。

[2] 钟志农:《心理辅导活动课操作实务》,宁波出版社 2007 年版。

[3]《教育部关于印发〈中小学心理健康教育指导纲要(2012 年修订)〉的通知》(教基〔2012〕
      15 号)。

[4] 周西翔、张佩媛:《小小笔记本发挥大作用——心理课活动笔记的应用探索》,《中小学心理健
      康教育》2019 年第 10 期,第 19—21 页。

[5] 丁岑维:《我在心理课上布置"作业"》,《中小学心理健康教育》2017 年第 15 期,第 18—19 页。

基于学生心理特点的初中心理健康教育活动课建设研究

徐　涛

（上海市闵行区教育学院）

张艳秋

（上海市老港中学）

曹宏婉

（上海市黄楼中学）

　　初中生处于生理和心理都逐渐成熟的过渡阶段。不断增强的自我独立意识与尚不能完全独立的能力形成的矛盾，给初中生们带来了各种困扰，例如青春期成长困扰、学习困惑、人际困扰等。面对这些困扰，有的学生能够顺利应对，而有的学生可能会因为这些困惑而停滞不前，甚至从此一蹶不振或自暴自弃。初中心理教育活动课作为学校心理健康教育的重要阵地，在普及心理健康知识、提升学生心理健康水平、保护学生心理安全方面起着举足轻重的作用。中学心理健康教育活动课的开展若想取得较好的成效，就必须围绕初中生心理特点来设定聚焦实效的教学内容、打造有趣入心的教学过程和探索以学生为本的评价手段，以达到提高初中生心理素养、促进初中生身心健康发展的目的。

一、 面对心理"狂飙"、提高心理弹性——初中心理健康教育课程内容建议

初中生正值青春期发育高峰,身体迅速发育,个性加速发展,青春期性心理辅导、情绪调节和人际关系辅导是初中心理辅导课内容的重中之重。

(一) 青春之花别样俏——青春期性心理健康教育内容的设计

初中阶段的青春期教育不仅需要帮助学生了解正常的生理变化特点,还需要指导学生们学习健康的性心理知识。

1. 青春之花模样

青春期少男少女的身体成长快、变化大。让学生了解生命诞生的过程,了解青春期正常的生理变化特点,培养学生学会感恩父母,学会珍爱自己和他人的生命,有利于学生发展出自我统合的意识(具体内容见表 1)。

表 1 青春之花模样

课　时	内　　容	目　标　要　求
第一课时	我从哪里来?	了解生殖系统的组成和功能,了解人类生命个体的形成和诞生过程。向父母了解自己出生前后的故事,感恩父母赐予自己生命,珍惜自己的和他人的生命
第二课时	我的身体长大了!	进入青春期后,自己的身体发生了变化,辨别出哪些是正常的变化,接受这些变化,学会爱护自己的身体。正确看待外表形象,正确理解外表和内在的关系,悦纳自己的不足

2. 青春之花心思

进入青春期,随着生理的变化,学生的心理也发生着变化。性心理健康是指一个人的精神状态符合正常的心理发育程序。让学生了解性心理健康的表现和重要意义,培养学生树立健康的性心理意识(具体内容见表 2)。

表 2　青春之花心思

课　时	内　容	目　标　要　求
第三课时	初识性心理健康	了解性心理健康的含义和价值,知道性心理健康的表现,养成健康性心理意识
第四课时	再看性心理健康	通过身边的事例,辨别健康性心理的表现,反观自己和身边同学的性心理表现,形成健康性心理

3. 青春之花成长

成长的环境中,学生可能会遇到困扰自己的异性交往、性骚扰以及性传播疾病等问题。让学生了解这些可能会碰到的情况,培养学生自我保护意识,保障自己的人身权益不受侵犯(具体内容见表 3)。

表 3　青春之花成长

课　时	内　容	目　标　要　求
第五课时	拒绝"性骚扰"	学会辨别"性骚扰"行为和现象,了解"大灰狼"的百变手段,学会保护自己的方法,增强性防范意识,拒绝做软弱的"小绵羊"
第六课时	学会说"不"	了解异性交往中需要注意的准则,了解异性交往中应把握的尺度,学会说"不"
第七课时	预防性传播疾病	了解艾滋病,正确看待艾滋病患者,尊重生命。了解性传播疾病的危害,远离性传播疾病,珍爱生命

(二)　我的情绪我做主——初中生情绪辅导课程内容设计

青春期是人生的"第二次断乳期"。处于青春期的初中生们情绪体验强烈,易冲动,情感活动广泛且丰富多彩。引导初中生们认识和管理自己的情绪、做自己情绪的主人,是初中阶段心理健康教育活动课的重点内容之一。

1. 情绪"万花筒"

让学生从客观的角度认识情绪,了解情绪的各种类型和特点,能有效地识别情绪、接纳情绪,有利于帮助初中生掌控情绪,从而顺利度过青春期这段"非常"时期(具体内容见表4)。

表4　情绪"万花筒"

课　时	内　容	目　标　要　求
第八课时	情绪"家族"介绍	了解情绪的类型和特点,知道各种情绪的影响和作用,初步认识关注情绪的重要性
第九课时	给情绪起"名字"	学习丰富的情绪词汇,并练习运用这些词汇来描述自己曾经产生过的情绪,理解情绪对健康、认知、人际交往等诸方面的影响
第十课时	和情绪共"生存"	理解情绪是人的正常反应,每一种情绪对人的适应和健康都有积极意义,但不当的情绪或者不当的情绪处理会给人带来负面影响

2. 情绪"我你他"

初中生的自我认知能力在逐渐的成熟过程中。心理课程中需要培养他们从旁观者的角度观察自己情绪的产生过程,探索情绪发生的过程,学习控制自己的情绪,并由己及人,觉察他人的情绪及情绪产生的过程(具体内容见表5)。

表5　情绪"我你他"

课　时	内　容	目　标　要　求
第十一课时	"我"的情绪	培养学生觉察自己的情绪,学会观察情绪发生时自己会产生的身体反应和想法,了解自己常有的情绪及其反应方式
第十二课时	"你"的情绪	让学生学习觉察他人的情绪,能够正确判读他人的情绪,了解他人情绪产生的前因后果,同时能作出正确的回应
第十三课时	"挫折"的情绪	让学生感受在挫折中的消极和积极的体验,帮助学生正确看待挫折,认识心理弹性

3. 情绪"ABC"

管理情绪的能力可以通过调整认知而获得,学生在掌握了情绪"ABC"理论的基础上,学习一些调整认知的方法,从而可以提升管理情绪的能力(具体内容见表6)。

表6　情绪"ABC"

课　时	内　容	目　标　要　求
第十四课时	情绪"ABC"理论	让学生深入认识情绪和生理反应间的关系,明白激发事件(activating event)只是引发情绪和行为结果(consequence)的间接原因,而引起 C 的直接原因则是个体对激发事件 A 的认知和评价而产生的信念(belief)
第十五课时	认识负面认知	认识认知歪曲的类型,提高学生建立积极认知的意识和正确表达情绪的能力中;示范如何纠正歪曲的认知,引导学生学会积极自我对话,消除不合理信念
第十六课时	感受积极情绪体验	讲解积极情绪体验的重要作用,让学生练习并掌握情绪稳定化的方法,通过体验活动让学生感受到积极情绪
第十七课时	调整认知——管理情绪	了解同一件事情可以有多种想法和反应,尝试从不同的角度看问题;练习使用积极的想法来替代消极的想法,以获得正面的情绪和应对方式,建立理性认知
第十八课时	用好资源——管理情绪	通过对人际支持系统的探讨,让学生意识到支持系统在个人发展中的重要作用;引导学生觉察自己拥有的资源,在遇到困难的时候学会求助

(三)　青春的我们手拉手——初中生人际关系辅导课程内容设置

随着自我意识的不断发展,初中生们对群体归属感的体验更加强烈。他们开始重新审视家庭中的关系并提出更高的要求,拓展社交范围,寻求更多群体的认可。在不断的尝试和挑战中,初中生们逐渐通过自我反省和他人反馈来认识自我,同时也认识他人和环境。在初中生们不断探索的过程中,学校的心理课程需要提供一些方式和方法来引导学生,帮助他们获得积极的人际关系。

1. 亲子关系主题的内容设计

良好的亲子关系在人生的任何发展阶段都非常重要。自我意识的不断发展让处于青春期的初中生在心理需求上更在意自我主张的表达和满足,与父母的关系需要在依赖和独立中寻找平衡。初中阶段的心理课程需要帮助学生们完成这个过程(具体内容见表7)。

表7 亲子关系主题的内容设计

课　时	内　容	目　标　要　求
第十九课时	走近父母	通过观察、调查、访谈等多种方式,了解父母对自己的爱及爱的表达方式,记录父母为自己做的事情和心情,理解父母、走近父母
第二十课时	不一样的爱	同伴间分享亲子故事,互相发现亲子之间不一样的爱和不一样的表达方式,尝试理解不同的表达方式背后的原因
第二十一课时	亲亲一家人	在理解的基础上,学会使用合适的方式和父母家人沟通,努力从自我的情绪、言语和行为等方面去建设温馨的亲子关系,同时尝试通过自己的行为影响父母家人,以使全家人都能努力构建和谐的亲子关系

2. 同伴关系主题的内容设计

同伴关系是青少年在自我同一性形成与发展阶段必不可少的。积极的同伴关系能够给初中生提供社会支持,促进其人格的整合与发展。因此,初中阶段的心理课程需要设计同伴关系主题的内容,帮助学生建立更友善的同伴关系(具体内容见表8)。

表8 同伴关系主题的内容设计

课　时	内　容	目　标　要　求
第二十二课时	认识你	通过价值观澄清活动,让学生学会正确的认识自己,知道自己的个性特点,进而知道如何去了解同伴,能用客观的角度去接受不同的人及其行为的存在,能够初步确认和自己同质的人群特点
第二十三课时	倾听你	通过体验和交流互动等方式,学习倾听他人的技巧,提高人际交往中互相尊重的意识
第二十四课时	赞美你	学会赞美,恰当地使用赞美有助于改善同伴关系

3. 师生关系主题的内容设计

小学阶段的师生关系更多的是权威—服从的模式,初中阶段的学生会有更多元的思维和更多的自我主张,与老师的相处相对于小学阶段会更容易产生"碰撞"。因此,初中阶段的心理课程中需要有师生关系主题的内容设计,帮助学生增进师生之间的理解,促进师生关系的和谐(具体内容见表 9)。

表 9　师生关系主题的内容设计

课　　时	内　　容	目　标　要　求
第二十五课时	走近老师	通过观察和访谈,了解老师的工作内容和工作特点,形成对老师立体的认识
第二十六课时	如果我是老师	通过角色扮演,体验不同情境中老师的心理和行为,对现实中身边老师的行为进行分析,理解教师的工作心情,培养对教师的共情
第二十七课时	师生面对面	和老师共同参与一项社会实践活动,通过与老师面对面的交流沟通,增加与老师间的情感与心灵的接触,促进师生双方在知识、情感、观点等方面的理解与共鸣,跨越师生文化代沟,共建良好的师生关系

4. 云关系主题的内容设计

在互联网时代下出生和成长的这一代初中生已经普遍在使用 QQ、微信等各种社交软件和微博、抖音等新媒体,这些云关系正逐渐扩大对青少年身心健康的影响。初中学段的心理课程需要设置相关主题的内容,帮助学生学会合理管理网络的使用,学会在网络社交中做好自我保护等(具体内容见表 10)。

表 10　云关系主题的内容设计

课　　时	内　　容	目　标　要　求
第二十八课时	我的明星梦	探索"明星"生活,正确看待当前影视人、娱乐人、网红等;树立崇高的理想,追逐并实践自己的明星梦
第二十九课时	自媒体时代	正确认识自媒体使用中发生的各种状况,正确辨识有害的信息和行为,通过学习和交流,规范自己的网络使用行为,培养安全的网络意识,不沉迷网络
第三十课时	网络交友可靠吗?	识别自己网络交友的行为动机,了解网络上他人的行为动机,学会辨别网络陷阱,提高网络安全防范意识,学会选择适合的交友对象,确立自己的交友原则,避免被网络交友伤害

二、 打造有理有趣入心的初中心理辅导课教学过程

心理辅导课的教学是一种创造性的教学过程[1]，因教育对象年龄和需求不同，课题的选择、教学目标的设定、课堂教学的组织、课堂技巧的运用都有很大差别。初中生正值青春期发育高峰，学业压力逐渐增大。这个年龄段的学生自我意识增强、逻辑思维能力快速发展，但仍需感性经验的支撑，在心理辅导课教学过程设计中尤其要注意有理、有趣、入心三个特点。

（一） 初中心理辅导课教学过程设计需有理

1. 需要有相关心理学理论的支撑

心理辅导课教学过程相较其他学科更加灵活，可以说"教无定法"。然而，心理辅导课教学设计是以团体心理学理论、发展心理学理论和社会学理论为基础的，教学过程要体现以人为中心的教学思想，这些基本的教学理论和思想是要贯穿教学过程始终的。无论授课内容如何，从教学环节的设计到教学技巧的运用，都必须要考虑初中年级学生的心理发展特点、他们在团体互动中的特点、他们的同伴交往特点。同样，在教学过程中运用的各种教学方法和教学技巧也有相关理论作为支持。例如，心理剧是很受老师们欢迎的一种主题展开方法，虽然课上可能只需要进行不足十分钟的心理剧表演，但是如果授课教师没有学习心理剧理论，那么运用这一方式也很难取得理想的效果。

2. 需要以对初中生的调查为基础

不仅心理辅导课教学目标的确定需要以对学生的调查为基础，教学过程的设计也需要以对学生的调查为基础。初中生思维活跃、个性强，又处在一个信息丰富、更迭迅速的时代。尽管发展心理学理论已经告诉我们处在初中学

段的学生的心理特点,但是学生对每一种教学方式的接受程度、对每一种教学素材的喜爱程度却不是理论书籍可以穷尽覆盖的,而这又直接关系到课程的设计是否能够符合学生的需求,真正走到学生的心里。所以在课程实施之前,需要对授课对象做充分的调查,可以通过以下三种方式:第一,问卷调查法。心理教师在准备某一个主题的心理活动课时,可以先设计相应的调查问卷广泛搜集学生的想法和需求。第二,访谈法。找一些有代表性的学生进行一对一的交流,询问如果是他来设计这节课,会用什么样的方法,选择哪些素材加入课程中。有时候学生们的建议会让教师耳目一新。第三,实验法。征集一小部分学生进行小范围的试课并调查他们的课程反馈意见。

3. 需要关注逻辑性和科学性

与小学生相比,初中生的逻辑思维能力更强,思维更具批判性,对课程结构的逻辑性和科学性要求也更高。初中生会去猜测教师某个教学环节背后的设计意图,如果教学过程环环相扣、水到渠成,学生会心悦诚服,而如果他们发现一点点牵强的痕迹,就可能会产生逆反的情绪,游离于课堂之外。初中心理辅导课素材的选择需要更具科学性。经典的心理学实验、心理学理论、心理学效应等符合初中生的认知特点,可以增强课程的科学性和说服力。

(二)　初中心理辅导课教学过程设计需有趣

1. 教学主题展开方式需更新颖丰富

与小学生相比,初中生的认知能力进一步提升,思维更加理性,但仍需要形象思维的支持。这样的思维特点也让初中心理辅导课的课程组织方式更加多样、新颖。小学常用到的心理游戏、绘本故事、角色扮演、绘画等情境创设和主题展开方式在初中阶段依然可以有效运用,同时辩论、竞赛、心理剧、空椅子技术、正念冥想等更具专业性的技术和方法也可以有更广泛的运用。

这为初中心理教师的教学设计提供了更广阔的空间，也提出了更高的要求。一方面，只要教师足够了解学生的心理特点，有足够的创造力，初中心理辅导课的课堂就可以更加新颖和丰富；另一方面，初中生在小学阶段接触过的课程展开方式，如果初中教师不加以改进和创新，学生就会觉得幼稚无聊，影响课堂效果。

2. 情境创设需贴近生活

一位德国学者提出了一个形象的比喻：将5克盐放在你的面前，你无论如何也难以下咽，但将5克盐放入一碗美味可口的汤中，你在享用佳肴时，就将5克盐全部吸收了。如果说知识是盐，那么情境就是汤，盐溶入汤中，才能被吸收。知识融入情境中，才易于被掌握。可见情境创设在初中心理辅导课教学中的重要性。贴近初中学生生活实际的情境创设会让学生有身临其境之感，勾起学生学习探究的愿望，而过于简单的情境创设会让他们感觉幼稚可笑，脱离实际的情境创设会让他们觉得空洞乏味。

3. 素材选择需与时俱进

初中生追寻流行新潮，如果教师对他们喜爱的内容一无所知，则很难设计出学生喜欢的心理辅导课。这方面的素材从哪里搜集呢？主要是来自对学生的观察。学生平时爱看的电视节目、喜欢的流行歌曲、钟爱的漫画书籍、使用的网络潮语、崇拜的偶像明星等，都是宝贵的流行素材。

值得提醒的是，流行素材更新迭代很快。就拿学生们"追星"来举例，2019年六年级学生中的大部分喜欢的是蔡徐坤、肖战。再早两年的六年级学生更多喜欢的是鹿晗、李易峰。再早几年呢？更多喜欢的可能是少女时代、EXO等韩国组合等。所以，心理教师需要注意时尚素材的流行变化，需要通过各种途径了解哪些才是学生真正感兴趣的流行素材。

（三）　初中心理辅导课教学过程设计需入心

1. 需营造安全的课堂氛围

初中生已经过了童言无忌的年龄，他们很多时候会把话藏在心里，不轻易敞开心扉，同时他们也会有很多困惑，渴望得到接纳和理解。所以安全的课堂氛围对促进初中生敞开心扉尤其重要。教师要以平等真诚的态度面对初中学生，在学生面前亦师亦友，赢得学生的信赖。初中生对同伴评价十分敏感，教师需要注重课堂规则的建立，尤其要强调保密和互相尊重的原则，禁止学生随意评价其他学生的发言。

2. 需鼓励学生真诚分享

心理辅导课要让学生真正有所体验和感悟，分享的环节尤其重要。通过分享，学生将自己的感受与他人的感受进行整合，从而产生新的发现和领悟。只有情感体验充分、讨论分享深刻，才能有效地将课上的感悟迁移到课下。[2]但对于处在青春初期的初中生来说，在心理课上将内心的真实感受与他人分享绝非易事。所以，教师要恰当地运用教学手段来鼓励学生真诚分享，尤其要关注提问和反馈。在提问方面，要注意用明确、具体的问题，让学生知道说什么；提问时更多地使用开放性的问题，促进学生更多地表达；问题要尽量贴近学生的感受，让学生有感而发。在反馈方面，要以学生为中心，尊重学生的感受，重视现场生产资源的把握，使学生的话题更为深入。

3. 需促进学生理性提升

依据初中生的认知特点，初中学段心理辅导课的要求与小学段不同，不能仅停留在感受阶段，理性提升非常重要。及时到位的理性提升就像"心锚"，能够帮助学生升华课堂中的情感体验，激发学生自身的思考，将课堂所学应用于课堂之外。所以在教学过程中，教师每完成一个教学环节，都要给予及时、精练、有感染力的小结，课程最后的总结环节更是不能忽视，通过课堂总结环节回顾本节课的内容,让学生重温整节课最重要的情感体验,鼓励学生将课上所学应用于今后的学习与生活。

三、 探索以学生为本的初中心理辅导课课堂评价

伴随着自我意识的不断觉醒和发展,初中学段的学生越来越有个人主见,也越来越会坚持自我主张。因此,在初中学段衡量一门心理课的教学效果需要更注重"以学生为本"。要做到这一点,就需要在教学目标的制定上注重授之以"渔"而不是授之以"鱼",在评价维度上要贴近学生的实际生活,在评价过程中要提倡和鼓励学生主体的自主积极参与。

(一) 教学目标注重授之以"渔"

初中学段的心理健康教育课是一种活动课,它的教学内容不只是纯粹的知识,更重要的是通过活动让学生体悟出策略和方法。在活动中强调学生的主体性,注重学生参与、体验和感悟,鼓励学生"助人自助"的行为。也就是说,心理教师如果一味进行心理知识的填鸭式灌注,忽略以学生为主体的体悟内化过程,最后简单地用一张卷子进行测试来了解学生对心理知识的掌握程度,这种简单粗放的课堂评价方式是违背我们开展心理健康教育课程的初衷的。

初中生正处于青春发育期的高峰阶段,心理健康教育课堂针对他们性发育带来的情绪、人际交往等困惑开展专题教学,促进学生的自我认知,改善其行为方式,提高其适应环境和处理人际关系的能力。有经验的心理教师都很清楚,要实现这些教学目标,往往不是一两节课就能达到的,而是一个循序渐进的过程。这个过程要看学生是否通过体验进行内化,将心理技能、知识内化

吸收,并运用到实际的生活中去帮助自己成长。这是一个学"渔"的过程。"渔"是一个过程,需要我们用动态、发展、变化的眼光来看待学生,这是过程性评价;"渔"也是一个结果,是否"渔"到,是否在原有的基础上发生转变,这是总结性评价。课堂评价的最终目标是提升学生的心理素质,学生会"渔",助己成长。

(二) 评价维度紧贴学生实际

1. 教学内容关注学生的年龄特征

根据心理学家埃里克森的观点,个体的每个发展阶段都有一定的发展任务和要求,完成发展任务则能顺利过渡到下一个阶段,否则就会影响个体的发展。因此评价教学内容时需要关注是否着眼于学生进入青春期可能存在的心理困惑或问题,例如性的困惑、情绪管理、人际交往等。

2. 教学过程关注学生的互动和反思

在教学过程中关注是否进行了教师和学生、学生和学生之间心与心的交流,教师是否发挥了对学生心理发展的引导作用。例如教师有没有引导学生反思自我是否存在心理困惑和问题;学生愿不愿意将这些疑问进行分享交流,来主动学习维护心理健康的技能等。

3. 教学效果关注学生的变化和成长

有研究者认为,通过对学生在辅导课中的参与状态、情绪状态、思维状态以及认知、行为等各种状态是否在原来的基础上有所转变,可以衡量课堂教学目标的达成度。[3]因此,在课堂教学中要关注学生的变化和成长,通过对比评价,阶段性跟踪学生,关注学生是否有参与课程意愿增强、对课程内容感兴趣、情绪变稳定、心理弹性增强等变化,来检验课堂的教学效果。

（三） 评价过程注重学生主体参与

1. 善用学生自我评价

初中生随着认知水平的提高,他们对自我有着更多更全面的反思和评价,对心理课堂上老师的教学和自己的表现与收获有着自己的想法和意见。他们自己如何评价自己在课堂上的表现、自己如何看待自己在课堂上的收获是非常重要的。因此,在"以学生为本"的课堂评价中,需要设计合理的课堂自评表邀请学生课后填写,自评表的维度可以包括自己的部分,例如课程的兴趣程度、投入程度、收获程度等,以及对老师教学的部分,例如对课程内容的有用程度、教学方法的有趣程度、课堂效果的满意程度等。

2. 鼓励学生互相评价

前文提到过同伴关系对初中生的身心发展有着重要的影响。如何客观全面地看待同学和自己是初中生的重要成长课题。在课堂评价过程中,可以通过同桌互评、小组内互评、组间互评等方式,鼓励学生真诚开放地表达在心理课堂上同学的哪些方面让你印象深刻、你从哪些同学身上学到了什么等。这个课堂评价过程既能够促使学生学会观察、练习表达,也能够加深同伴之间的理解,增进同学之间的情谊。当然,值得提醒的是,心理教师在引导学生相互评价的时候需要提前建立好规则,例如要求同学们在评价过程中做到"不批评、不建议",积极资源取向,等等。

3. 邀请第三方参与评价

一个孩子的发展变化不是一蹴而就的,也不是单一片面的。要全面客观地评价学生的成长变化,可以适当引用第三方的评价。例如邀请学生的父母或其他任课教师等,在自然环境中观察学生在情绪、认知、行为各种状态上的转变。也可通过家长开放日,或通过开设公开课并由教研员、校领导及同行老师进行评课等方式多角度地去了解课堂教学的不足,促进课堂教学的改进,提升课堂教学质量，服务学生。

4. 创设情景动态评价

一个学生的成长是不断发展变化的，是动态的。心理教师可以通过创设与教学主题相关的情景，例如学习动力、人际交往、自我认识、青春期情绪等来观察学生的变化，这样的观察是直观、生动的。当然，也可以通过访谈学生，进行"高频词"量化，记录学生描述课堂活动场景及其体验，寻找高频词。通过上述动态的过程性评价，心理教师可以为每一位学生建立成长记录袋，也可以邀请学生本人自主参与成长记录袋的建立。

当然，心理教师既是评价的成员，也是被评价的对象。心理教师也可以对自己的课堂教学进行自评，例如各个环节的完成情况、教学效果等。评价手段上可以利用"问卷星"等资源，开展在线评价，提升课堂评价的效率。

注释

［1］蒋薇美：《怎样上好心理课》，上海科技教育出版社 2016 年版，第 19 页。
［2］温小欧：《分享促成长——提高初中心理课堂分享环节有效性的思考》，《中小学心理健康教育》2017 年第 14 期，第 22—23、25 页。
［3］田丽：《基于学生发展的心理健康教育课堂教学评价探究》，《教育探索》2010 年第 12 期，第 138—139 页。

基于学生心理特点的高中心理健康教育活动课建设研究

——以积极心理学视角为例

王　娟

（上海市三林中学东校）

李卓辰

（华东师范大学第二附属中学）

心理健康教育活动课是一种发展性的心理辅导模式,着眼于每个学生的健全人格培养和潜能开发,在辅导的过程中充分考量学生的发展特点和成长需求。高中阶段的学生处于青年初期,他们的生理和心理发展初步成熟,抽象逻辑思维也已经获得较为充分的发展,会为自己的未来学业和生活进行初步的规划。[1]在这一阶段,学生的"自我同一性"获得快速的发展和确认,要求独立的愿望日趋强烈,很可能会面临价值观的差异与冲突,也可能会在人际关系中产生困扰。

积极心理学是以个体自身的积极因素为研究重心,以个体潜在的力量为出发点,提倡用积极的心态来面对心理问题,激发个体自身潜在的积极力量和积极品质,同时利用这些积极的因素去帮助个体学会创造积极的生存环境、学会感知生命的快乐与美好、学会体验生活的成功与喜悦,努力获得健康、幸福、有价值的人生。

　　因此,应当把积极心理学的研究成果与高中阶段的心理健康教育相结合,以学生外显和潜在的积极力量、积极品质为出发点,以增强学生的积极体验为主要途径,最终达成培养学生个体层面和集体层面的积极人格。[2]这与高中生的心理需求相契合,不仅能够引导学生追求积极的情感、发展自我肯定,而且能够使学生以积极的态度面对现实和未来的挑战、以积极的姿态追求更长远的发展。

一、 以培养积极心理品质为目标的高中课程体系设计

　　高中阶段学生的自我意识明显增强,独立思考和处理事务的能力快速发展,情感日益深厚、含蓄而稳定,对于人际关系的处理也有更多思考,是人格发展和价值观形成的重要阶段。教育部《中小学心理健康教育指导纲要(2012 年修订)》指出,心理健康教育的总目标是:提高全体学生的心理素质,培养他们积极乐观、健康向上的心理品质,充分开发他们的心理潜能,促进学生身心和谐可持续发展,为他们健康成长和幸福生活奠定基础。因此,高中阶段的心理健康教育活动课围绕培养积极心理品质为目标进行系统的设计,是符合高中生的心理发展特点和需求的。

(一) 幸福的追寻——高中心理健康教育的课程目标设置

1. 注重激发积极的情感体验

在独立性和成人感方面,高中生自我意识发展比初中生更为突出,自我意识的内容也更加丰富和深刻,更有自己的见解和特色。很多资料表明,高中生面临升学压力和沉重的课业负担,使得相当一部分高中生缺乏自我效能感,对

自己没有信心，对学习缺乏热情，对外界没有兴趣，厌学情绪严重，并感到自己没有价值。因此，高中阶段要以培养学生积极的自我意识为首要目标，引导他们观察和体验自己的言语、思想和行为，观察和体验自己的好恶、选择和追求，将高中生的生命意义感、价值感、创造感唤醒。

积极的情感体验包括了积极情绪和积极情感。积极情绪包括喜爱、满意、愉悦、顺心、兴奋等。积极情感包括热爱、美满、乐天、理想、自强等。这些体验可以是个体当下的感受，也可以是对过去的品味和对将来的憧憬。另外，积极心理学认为个体对待过去的满足和幸福感以及对未来充满希望是积极情感体验的重要条件。

高中生已经有了自己独特的情绪情感体验，他们时刻都在利用自己的这些体验处理问题、和别人相处，但是作为高中生也特别容易出现情绪波动，在面对压力情境时容易受到困扰。他们对这些情绪情感是非常陌生的，在出现困扰时，也很少会主动去理解和关注自身那些复杂的情绪情感。高中生如果能够充分体验、感受自身积极的情绪和情感，也就具备了自主调节压力的基础能力。

2. 注重培养积极的人格特质

高中生存在的心理问题大部分为成长过程中的适应性问题，教会学生正确面对固然有助于学生心理快速成长和成熟，但是这些适应性成长问题是成长中的必要环节，高中生通过自我的调节和努力做出的改变往往更具意义。因此，高中阶段尤其要重视学生的人格培养，使学生在课堂的参与、体验和感悟过程中获得解决成长问题的方法和途径，为终身发展奠定心理基础。

每个人的智慧和能力水平都有两个状态：一个是潜在状态，也就是我们说的潜能；另一个是实际表现状态，也就是现实生活中表现出来的能力状态。高中生处于自我同一性发展的关键时期，很多高中生在理想自我和现实自我之间都存在着很大的差距，因此积极心理健康课程的一大目标就应该是挖掘高中生的个体潜力和创造力,促使高中生积极主动探索中间状态,最大限度地发挥潜能。

促进高中生潜能发挥主要体现在以下两个方面:一是心理素质教育,培养高中生的抗挫折能力;二是创新创造能力的教育,丰富高中生的求知欲。从而保障高中生有足够的创新创造动机,重视培养高中生在未来生活中不怕失败的信心及坚强的意志。

3. 注重建构积极的社会关系

高中阶段的学生渴望自己的内心世界被他人所了解,也渴望了解他人的内心。在这一阶段,如何正确地审视自我与他人、如何处理自我与社会的关系,成为高中生自我意识发展中的重要议题。尽管表现方式不尽相同,但是获得他人的认同、接纳、欣赏的愿望是共通的,如果能够处理好与周围环境的关系,能够从父母、教师、同学和朋友那里获得最优的支持,则更有可能健康成长和自我实现。

高中是中学到大学过渡的重要阶段。高中生在完成学业的同时,另一项重要任务就是思考如何选择未来的学业和生活道路,未来需要承担怎样的社会角色,如何在社会中发挥个人潜能、获得自我实现。通过生涯规划明确个人目标和选择也会促进学生自我意识的确立。

(二)　幸福的组成——高中心理健康教育课程内容设计

1. 激发积极情感体验的内容设计

高中生的情感体验会受到来自学业、家庭、人际关系等不同因素的影响,因此在课程内容的安排上,需要从上述多个维度引导学生获得积极的情绪体验,帮助学生积累满足、愉悦等体验,提升感受快乐和创造幸福的力量;客观对待过去,积极对待当下,乐观面对未来。

结合高中生的思维特点，这一部分主要分为积极的适应变化、积极的学业
体验、积极的人际关系等不同部分，结合心理学的基本原理，引导学生对智力
的本质建立科学的认识，能够对学习进行有效管理，发展出积极的友情、亲情、
爱情，快速适应环境的变化（具体内容见表1）。

表1　激发学生情感体验的心理课程内容设计

课程单元	课　时	标　题	课　程　内　容
适应变化	第一课时	高中，"高"在哪儿？	从学业要求、学习能力、个人目标等方面澄清对于高中生活的期待，明确对于高中的愿景
	第二课时	变化的世界	学会用发展的眼光看待学习和生活中的变化，积极地应对来自学业、生活和人际的挑战，学会悦纳变化
	第三课时	幸福多面观	了解幸福是一种主观体验，能够更加理性地看待幸福，并学会创造幸福，保持积极向上的生活态度
	第四课时	智能时代与我	了解智能时代对学业和生活的影响，学会利用先进的智能设备和软件辅助学习，提升学习效率
把握学业	第五课时	多元智能理论	通过多元智能理论的介绍帮助学生了解自己的优势智能，以更加全面、积极的态度对待学业，发挥潜能
	第六课时	我的学习风格	了解自己的学习风格、学习策略，突破现有学习中的思维定势，提升认知能力、优化学习效果
	第七课时	破解记忆密码	结合心理学中对于记忆的最新研究成果，帮助学生提升记忆效率，从而更高效地达成学业要求
	第八课时	做时间的主人	学会时间管理的基本理论，合理分配学习时间，达到事半功倍的学习效果
和谐关系	第九课时	合作与共赢	培养合作意识，认识自己在团队中的角色，学会在不同情境下与他人有效合作的技能
	第十课时	交友之道	了解友谊的本质，学会建立更加深入、稳固的友谊关系，正确看待友谊中的冲突、矛盾、嫉妒等议题
	第十一课时	沟通的技巧	结合"PAC沟通理论"了解自己的沟通状态，培养更加成熟的性格、处事方式和行为风格
	第十二课时	成为受欢迎的人	了解影响人际关系的常见因素，学会有效管理自己的言行举止，提升自己在人群中的受欢迎程度

2. 培养积极人格特质的内容设计

积极的人格特质内容通常包括以下五个方面：对周围的环境和世界始终

抱有积极的思维和心态；在与他人相处过程中，能够从积极层面上看待；能够悦纳自我，欣赏他人；面对挫折、失败，能够保持积极心态，心境良好；对过去、现在、未来始终抱有乐观积极的态度。[3]

心理健康的高中学生在学习和生活中有自觉的目的性，能有效地调节和控制自己的行为，能运用正确的方法解决学习生活中的问题。为了培养学生积极的人格特质，心理健康课程需要帮助学生逐步确立"我是谁"，形成清晰的自我概念，发现和悦纳自己的优势和不足，培养自信，建立良好的自我形象等，学会进行情绪管理，提高独立性、进取心和抗挫折能力等（具体内容见表2）。

表2　培养学生积极人格特质的心理课程内容设计

课程单元	课　时	标　题	课　程　内　容
自我探索	第一课时	独一无二的我	了解自己的性格特质，了解心理学中对于气质类型、性格特征的相关理论，更加全面地了解自我
	第二课时	我是谁？	结合"乔哈里窗理论"了解自己、改善关系、优化沟通
	第三课时	我的优势特长	结合"优势识别器"中的相关维度，了解自己的优势和特长，从而明确如何发挥优势、扬长补短、突破自我
	第四课时	价值拍卖	了解什么是价值观以及价值观在个体职业选择和生活方式中的影响，澄清自己的价值观，培养健康合理的生命价值
情绪管理	第五课时	认识情绪	在情境下对不同情绪进行分析，了解情绪对认知、对言语、对心境的影响，知道情绪的意义和价值
	第六课时	情商是什么？	通过对"情商"概念的引入，了解同理心，学会换位思考，能够通过恰当的方法调节和管理情绪
	第七课时	肢体语言的奥秘	了解非言语信息对于情绪的辅助表达，学会非语言的人际交往技能，能够通过非言语信息对他人的情绪有更加准确的理解
	第八课时	情绪的调节	在初中"情绪ABC"理论的基础之上，进一步学习认知行为治疗中对于情绪的观点，辩证地看待问题，把握情绪线索，主动调节情绪

续表

课程单元	课　时	标　题	课　程　内　容
挫折应对	第九课时	和压力做朋友	认识压力的来源,了解压力对于生理和心理状态的影响,正确地看待压力,学会调节压力
	第十课时	拥抱多彩世界	了解社会中不同人群的生活状态,学会接纳疾病、接纳贫穷、接纳与自己不一样的个体,以欣赏的眼光看待差异
	第十一课时	责任与担当	认识自己承担的角色,以及每个角色的责任与担当,能够对自己的言行负责,能够承担后果,培养担当意识和社会责任感
	第十二课时	正念初体验	通过课堂上正念的初步体验,学习通过冥想的方法帮助自己放松身心、缓解压力

3. 建构积极社会关系的内容设计

社会文化环境对人的身心发展有着重要的影响。环境塑造着人类积极与自然界相互作用的经验,改变着人的心理与行为,建立积极的社会关系,理性、辩证地对待差异,接纳不同,并从同伴、家庭、社会中获得支持,能够有效地降低学生的抑郁,提升幸福感,也能使学生更好地融入社会,并提前做好生涯规划,在认知和行为上做好准备。反之,如果不能正确地看待社会现象,会对高中生的心理健康发展造成重大的阻碍(具体内容见表3)。

表3　建构积极社会关系的心理课程内容设计

课程单元	课　时	标　题	课　程　内　容
感悟生命	第一课时	健康的定义	了解心理健康对于衡量健康状态的重要意义,更加全面地界定健康,学会追求生理和心理和谐发展的生活状态
	第二课时	走近抑郁症	初步了解心理疾病,学会识别心理疾病,尤其是抑郁症对于生活的影响,学会帮助自己和他人缓解抑郁情绪
	第三课时	直视骄阳	通过学习直面死亡,学会珍惜生命,热爱生命,接纳生活中的负面事件,在失去中获得成长
	第四课时	我的支持系统	了解支持系统的三个维度,梳理自己支持系统的组成,能够从支持系统中获得情感心理支持,提升自身对环境的适应能力

续表

课程单元	课　时	标　题	课　程　内　容
两性关系	第五课时	性别角色	了解不同的性别角色，了解男女特质的互补与优化，培养性别平等的观念，学会更好地与异性相处
	第六课时	爱情是什么？	结合"爱情三角理论"了解爱情的组成部分，了解异性交往的原则和方法，对于爱情有更加深刻的理解
	第七课时	不一样的爱情	了解 LGBT 群体的生存状态，学会包容和接纳不同的性取向
	第八课时	我的爱情选择	了解爱情与性行为的关系，学会在充分考虑的基础上理性作出选择，了解需要承担的责任，学会对自己和他人负责
生涯规划	第九课时	生涯与职业	了解职业分类和特征，了解职业内涵及价值，结合生涯彩虹图了解生涯发展的各个阶段，初步思考和规划自己的职业发展
	第十课时	我的职业倾向	通过霍兰德职业测试多角度了解自己的职业倾向，探寻符合职业倾向的相关职业，整合职业倾向，作为志愿填报和未来职业规划的重要考虑因素
	第十一课时	选择与规划	对理想的职业状态进行展望，合理规划不同阶段的生涯内容，形成职业发展规划"金字塔"，并落实到高中三年的具体行动中
	第十二课时	"约会"成功	了解成功的定义，了解自己与成功的距离，了解成功有不同的途径，学习获得成功的方法

二、 以增加积极情感体验为核心的教学过程设计

高中生作为自主能力比较强的群体，正处于希望表达自己观点、希望别人看到自己和重视自己的阶段。利用积极心理学理论，构建积极心理学取向的高中心理健康教育活动课，创设积极的课堂氛围，引导积极体验，运用积极资源和积极经历，提高积极心理品质，促进高中生个体的积极发展，关注高中生的主观幸福感、优势、美德，可以满足高中生的这一心理需求。

在教学过程的设计上，需要改变学生传统观念中的学习模式，避免对学生

进行单纯的灌输和讲解,充分发挥学生的主体作用,帮助学生实现自我探索、自我发展和自我完善的目的。

(一) 创设积极的课程情境

在教学过程中,心理教师需要营造一种平等、轻松、开放、愉悦的课堂气氛,让学生从中感受到课程的吸引力,带着积极的期待和希望进入课堂角色。例如,可以通过设计一些开放性的、有利于学生表达自己感受的问题,然后留给学生思考的时间,接下来就是让学生大胆地表达自己的观点和感受,让每一位学生都能有发言的机会,对于表现良好的学生可以给予一定的鼓励;可以通过"如何做、怎样做才是合适的"这样的思路和方法来引导和教育学生。

积极心理品质的形成同积极心理体验是相辅相成的。在设计心理活动的时候,需要仔细思考课程的培养目标是什么,要如何通过课堂教学来引导培养学生这方面的心理特质。在教学设计的过程中,教师可以通过让学生体会情绪放松、快乐合作、顺利完成任务、体会爱和幸福等方式,体会积极的心理体验。

(二) 建立积极的师生关系

良好的师生关系是有效课堂的基石。心理教师首先自身需要对每个学生有积极的信念,相信每个学生都是有潜能、有资源的。在实际的教学过程中,心理教师需要克服和消解对部分学生的负面情绪和评价,鼓励每一位学生的积极参与。其次,心理教师需要注意启发和引导学生解决问题的主动性,要通过启发和暗示,让学生自己发现问题,产生活动兴趣,主动寻找解决问题的途径和方法。最后,心理教师需要对师生关系有准确的定位,心理教师的角色不仅仅是教育者,还是辅导者和陪伴者,师生之间更应该倡导"平等、真诚、合作"

的关系。例如,在课堂上适当地自我表露,不用担心这样会降低自己的威信,这反而会拉近师生之间的距离,激发学生对课堂活动的参与。

(三)　营造积极的总结分享

心理健康课一般都是以主题的形式设计课堂教学,总结分享一般在一个主题结束时进行。心理课程结束时,不像学科教学那样是对所学知识进行归纳和考察,但是课程结束需要有一定的总结。心理健康教育课程是一个以"他助—互助—自助"为规律的教育过程。一个好的课堂总结分享可以起到"画龙点睛"的作用,能够深化和升华教学效果。例如,师生共同回顾讨论和活动,教师可以邀请学生总结自身情绪感受最明显的部分,或者以小组为单位,大家互相交流。这个简单的活动可以加强学生对情绪的感受能力和表达能力,也能从别人的表达中看到不同的情绪可能。这样的活动就像一个小小的仪式,给学生留下美好的回忆,巩固其中美好的情绪体验;可以引导学生就当时的主题对以后进行规划和展望,也可以让学生对以后的课程提出希望和建议。这样做可以激发学生积极改变的动机,激发学生自身潜能的发挥。

三、以促进生命积极转变为标准的高中课程动态评价

积极心理学理念下的课程评价模式应实行多维度、过程性、量质化相辅的评价机制。高中生对于课程的科学参与已经有了独立自主的价值观和看法,因此,课程评价过程中应以学生主观体验为基础,实施动态性、过程性评价。评价手段可以包括自我分析报告、朋辈正向互评、师生积极交流等。通过角色扮演、讨论、辩论、演讲以及心理测评等形式客观地多角度进行评价,关注高中生在课程活动中积极思维理念的获得、积极人格品质的培养与主观幸福感的

形成。

（一） 课程评价关注情感体验

心理健康教育课程关注学生的阶段性发展需求，考虑全体学生的共同需要和共性问题，活动安排上也尽可能兼顾全体学生，做到全员参与。新课程改革也倡导"以学生发展为本"的新课程理念。因此，课程的评价应关注学生的学习兴趣和经验，倡导学生积极参与，关注学生的积极情感体验，促进形成积极主动的学习态度。

学生在课堂中的投入程度将直接决定活动的效果，学生在课堂中是否真正有感悟决定了活动的价值。心理健康课程不应是知识的堆砌，也不该是简单活动的累加，而应围绕主题开展活动，活动不宜过多，活动环节要紧扣主题，活动之后注重分享。发挥学生在课堂活动中的主人翁意识，使其体会到个人价值，能够被重视，从而在活动中直面自己内心的真实想法和体验感受，引发更加深入的思考。

（二） 课程评价注重过程性

心理健康教育课程是面向全体学生的，旨在解决学生成长中的问题和困扰，以心理感受和心理体验为核心，以学生的心理发展和心理成长为归宿，以学生学会自助和助人为目标。心理健康课程不应单一关注学生的知识掌握和记忆程度，而应关注学生在知识讲解和活动体验中的生成性内容，把学生作为评价主体，通过自评、他评、分享、总结等引导学生主动表达、聚焦问题，结合个人既有的经历，澄清内心的想法。

关注生成性内容能够真正将课程内容和学生需要相结合，以正面引导为主，注意认知与行为相统一，激励每个学生的发展，了解和掌握学生的积极心理品质发展状况,动态进行评估,促进每个学生的积极心理品质发展与幸福能力提升,也能激励学生全身心投入,产生更加深刻的体验和心理共鸣,内化成独特的心理感受。

(三)　课程评价手段应多元化

心理健康课程不追求活动结果的一致性,更注重课堂的开放性和自主性。一堂心理课是否有效,可以从多个角度进行评价,比如教师理念是否正确、活动设计是否有效、课堂气氛是否和谐、师生互动是否充分,等等。此外,学生心理自助能力的形成,以及心理问题积极预防、积极干预的措施和效果也是心理健康教育评价的重要内容。

同时,对教育效果和学生学习效果的评估考核也要强调实证性。除了课堂上采用即时分享、感悟总结、调查问卷等方式进行评价外,还可以结合科学的心理测试对课堂教学引发的学生心理成长的影响进行量化评估。在课后还可以对开设的课程进行深入、全面的心理学跟踪调查,并予以多样的统计分析,比如,可对学生的幸福能力进行前测和后测,对学生的感悟和收获进行定期访谈,等等。

(四)　课堂效果应体现实践应用性

高中阶段的每一节心理活动课只有 40 分钟,如何在有限的时间中组织和实施有针对性和实效性的课堂教学是课程评价非常需要关注的。课程内容是否能够回应高中生在实际学习生活中的普遍困扰、课堂教学是否能够帮助学生将所学应用到日常的学习生活中,这些是课堂评价需要重点考察的。

心理健康课程是心理辅导的一部分,同样强调以生命影响生命,强调积极的生命体验。课程内容是固定的,而学生的需求是动态多元的,教师应提升对学生分享的回应能力,通过对感悟的澄清和追问将内容与学生实际相结合。必要时教师需要根据学生实际对内容进行再创造,真正让学生学有所得、学有所成,对于实际生活和问题的应对有所借鉴和启发。

注释

[1] 上海市中小学(幼儿园)课程改革委员会:《高中心理健康自助手册》,上海教育出版社2015 年版,第 6 页。

[2] 黄璐璐:《积极心理学研究综述》,《四川职业技术学院学报》2012 年第 2 期,第 162—165 页。

[3] 韩旭东、王青:《积极心理学融入大学生心理健康教育课程的教学研究》,《科教文汇》2018 年第 18 期,第 150—151 页。

"互联网+"时代上海高校心理健康教育课程建设研究

张兰月

（上海建桥学院）

江　娥

（东华大学）

心理健康教育课程建设是高校心理健康教育工作的重要组成部分，是对高校师生进行心理健康教育知识宣传普及的重要途径。"互联网＋"时代给高校心理健康教育的课程建设带来了机遇和挑战。丰富的网络资源和先进的网络技术帮助高校在心理健康教育课程的开设上节约了教学资源，打破了时间空间的限制，拥有了更多的选择和参考，但同时也面临海量资源选择困难、网课质量参差不齐、互动体验温情不足的问题。通过推进线上线下联动补充、教学效果及时反馈、课程数据智能更新等方式，可以帮助高校在使用互联网技术和资源时扬长避短，有利于提升高校心理健康教育课程的效率，从而更有效地促进大学生身心健康发展。

一、 上海高校心理健康教育课程现状

教育教学、实践活动、咨询服务、预防干预"四位一体"的心理健康教育工作格局中,教育教学为重点之一,是高校心理工作中不可或缺的一部分。《教育部办公厅关于印发〈普通高等学校学生心理健康教育课程教学基本要求〉的通知》(教思政厅〔2011〕5 号,以下简称《基本要求》)中也有明确要求:各高校应当根据学生培养目标,结合本校实际情况,设计心理健康教育课程体系。《基本要求》还提出两种可参考的课程开设方式,皆强调了"必修"要求。然而由于心理课程专业性要求高而师资不足、心理课程受众较多而资源有限、心理课程学时要求高而课时有限等原因,上海高校在全面推进和实现心理健康教育必修的过程中面临着挑战。

(一) 授课专业要求高而师资不足

从上海各高校开设的心理课程情况来看,承担心理健康教育教学工作的主要是专任心理教师。教育部规定心理健康教育专职教师要具有从事大学生心理健康教育工作的相关学历和专业资质,要按照师生比不低于 1∶4 000 配备,每校至少配备两名。然而,即便按照规定配备符合比例要求的专任心理教师,这样的师资配备也很难满足必修课的开设需求。教育部鼓励有兼职教师作为补充,专兼结合、专业互补。事实上,上海很多高校通过组建心理教研室或者教研团队,招募例如辅导员、思政课教师等符合一定资质和条件的教师加入教研室,经过不断培养和教研实践以扩充心理课程的师资队伍。这样的形式很大程度上解决了高校心理课程师资不足的困难,然而也会存在一些挑战。最大的挑战是心理课程的教育教学需要心理学专业基础作为支撑,因此在兼

任教师可以正式走上心理课堂的讲台之前,需要投入大量时间精力进行培养。在这样的情况下,就很有可能出现培养的速度不能满足心理课时的需求。有研究者曾指出,有的辅导员、思政教师由于专业所限、知识不足又缺乏系统培训和学习,属于勉强上阵教学,实际效果不佳。[1]此外,很多高校的兼任心理教师是由辅导员组成的,辅导员队伍的岗位流动也给心理课程师资队伍的稳定带来了挑战。再有,兼任心理教师都有本职工作,时常会遇到临时有工作安排与教学安排时间冲突的情况,也会给排课的协调工作带来挑战和压力。

(二)　课程受众多而资源有限

对新生开设心理健康教育公共必修课,面向全体学生开设心理健康教育选修和辅修课程,实现大学生心理健康教育全覆盖,对全校学生心理素质的整体提高定会大有裨益。必修就意味着全校的学生都需要接受心理课程的教育,课程受众多。但课程师资不足,为了解决排课的困难,很多高校的公共必修课通常会安排开设为选课人数规模在150—200人的大课堂。在这样的情况下,心理课程的教学形式就会受到限制,更多地以知识讲授的形式开展。这给高校带来的挑战是,学校在排课时要充分考虑是否有充足的大教室资源,教室内的硬件设施是否完备、桌椅是否可以活动等;对授课教师带来的挑战是,面对人数众多的课堂需要如何调动课堂气氛,如何组织课堂讨论和互动,如何有效增强学生的心理体验和学习效果等。

(三)　心理课程学时要求高而课时有限

《基本要求》指出,心理健康教育的公共必修课程原则上应设置2个学分、32—36个学时。上文已经提到了师资不足和课程受众多给高校心理必修课的开设带来的挑战,对心理课程学时数的要求无疑是增加了挑战的难度。目前上海很多高校已经开设了 1 学分 8—16 个学时的必修课程,并正在努力向 2 学分 32—36 学时迈进,但上文中提到的挑战依然存在。与此同时,随着中小学心理健康教育活动课的不断普及和完善,大学生在中小学阶段也接受过一定程度的心理健康教育,对高校的心理健康教育有着更高的要求和期待。如何在增加学时的基础上保障教学质量也是给高校带来的挑战。因此,各高校仍需要不断探索新的开课路径,开拓新的课程资源,加强心理师资建设。而互联网的迅猛发展和网课平台与技术的不断开发,为高校心理健康教育课程建设带来了机遇。

二、 网络教育给高校心理健康教育课程建设带来的机遇与挑战

所谓"互联网 + "指的是"互联网 + 传统行业",也就是利用先进的信息和互联网技术,与传统行业进行融合,创造新的发展机会,从而推动社会不断地向前发展。网络教育(简称"网课")就是互联网与教育行业融合发展的产物,它的出现为整个教育行业带来了变革,推动了高校心理健康教育课程的建设。上海高校在心理健康教育网络教育方面一直在不断探索与实践,可以说走在了全国的前列。丰富的网络资源和先进的网络技术给高校心理健康教育课程建设带来了机遇与挑战。

(一) 网络教育兴起与发展

网络课程早已有之。2002 年美国麻省理工学院便启动开放式课程(Open CourseWare)计划,提出将大学基础课程的基本概念和主要内容制作成网上可以下载的课件。2012 年慕课(MOOC)在美国取得空前的成功,Coursera、Udacity、edX 三大课程提供商异军突起,给更多学生提供了系统学习的可能。

西风东渐，2013 年，北京大学、清华大学相继加入 edX 项目，吹响了国内慕课启动的号角。很快，清华学堂在线、东西部高校课程共享联盟、上海课程共享中心、果壳网相继出现，数百门课程上线供全世界的求知者选择。[2]

（二）　当代网络教育现状

当代网络教育资源极其丰富。据统计，2015 年全球在互联网上已有 4 400 万台服务器，全球活跃的社交媒体账户有 207.8 亿户，并以每年 12% 的速度快速增长。[3] 网络教育资源是网络中可以被教育所使用的那部分信息资源。2015—2020 年是信息技术快速发展的时期，可以想象当下网络教育资源会有多么丰富。慕课、可汗学院、TED 公开课、超星（学银）在线、智慧树、BB 平台、蓝墨云、中国大学慕课、钉钉、经世优学、学堂在线（雨课堂）、翻转课堂、微课……网络课程的平台和模式花样百出，数不胜数。承载资源的平台形式常见的是慕课以及微课。

当前主流的慕课模式包括两种：cMOOC 和 xMOOC。两种慕课在教学理念上存在不同。cMOOC 侧重基于关联主义的知识建构，促进学习者通过社群网络、师生互动问答获取知识；而 xMOOC 更侧重于传统教学模式，通过网络视频传授知识，同时通过线下活动的方式巩固知识。[4]

现今热议的"微课"（micro-lecture）概念是由美国新墨西哥州圣胡安学院的戴维·彭罗斯（David Penrose）于 2008 年首创，他将其称为"知识脉冲"（knowledge burst）而产生的聚焦型学习。现如今对于"微课"概念，很多学者推崇新加坡南洋理工大学国立教育学院的微型课程项目的说法：微课一般是指长度不超过十分钟，教学目标明确，内容短小精悍，能集中说明一个小问题的小课程。[5]

(三) 网课教育对高校心理健康课程建设影响

《高等学校学生心理健康教育指导纲要》(以下简称《纲要》)要求,创新心理健康教育教学手段,有效改进教学方法,通过线下线上、案例教学、体验活动、行为训练、心理情景剧等多种形式,激发大学生学习兴趣,提高课堂教学效果,不断提升教学质量。网络教育的蓬勃发展为各高校完成《纲要》的要求提供了极大助力。当然,网络教育也有自身的不足,过度依赖网课资源会带来很多问题。

1. 网络教育对高校心理健康课程建设作用

(1) 资源丰富,学习无限。网络上的心理课程资源丰富,学习途径便捷,可以供学生随时自主选择,闲暇时间得以利用,弥补课堂时间缺失的不足,精简课时,满足个性化需求。若是针对某些网络课程资源有再次观看的需要,可以不限制时间、地点满足学生多次观看的要求,甚至可以下载分享,朋辈互助。

同时,海量的网络资源也丰富了课程教学的内容和手段。例如,如果课堂过程中需要辅之以测量环节,网络不仅可以较快速度显示测量结果,更可以比较精确地记录学生回答不同题目的反应时间,收集更加全面的信息;在日常生活中,"异常"心理是学生相对较少接触的,在讲授"异常"部分的内容时,针对大学生常见的各种心理障碍可以以视频的形式展现,这样比单纯的语言与图片更能说明问题、更引人入胜;音乐治疗是表达性艺术治疗的一种,如果只通过理论讲解,而在课堂中没有加入音乐亲身体验,那么个体内心的冲突可能无法更好地呈现,被压抑的情绪也无法尽情地宣泄。[6]

(2) 翻转课堂,增加互动。网络下的心理课程并非仅仅可以在线上开展,而是打破教学模式限制,根据实际需求融合线上与线下授课形式。研究显示,将翻转课堂和在线教学结合才能保证高质量的教学。翻转课堂强调学习知识在课外,课堂是用来内化知识的,其做法是将课堂由教师中心翻转为学生中心，由学生提出与课程主题相关的论点进行讨论，开展课堂活动，老师侧重引导，帮助学生建构知识体系。[7] 教师不再是课堂的"独裁者"，仅仅讲授知识点，学生不再只能"静坐"接受知识，师生双方聚焦在知识内容上，可以充分地对问题进行探究、探讨、答疑，增加具有启发性的指导互动，调动学生的积极性。

（3）整合资源，发挥最优。网络课程资源不仅可以填补传统课堂的空缺，还可以整合最优资源，将心理课程的质量推向新高度。骨干教师更能够结合学生身心发展的特点，针对学生最关心、最迫切的问题进行教授。对骨干教师的授课内容进行录制等技术处理，通过网络不限时间、地点、年级、专业进行分享，惠及学生，节约高效。甚至授课教师可以整合优化许多优秀的心理健康课程网络教育资源，结合自己学生的特点需求进行改编，提高教学效果。同时，丰富的网课资源也是心理教师们学习交流、相互借鉴的宝贵资源。

值得一提的是，在 2020 年新型冠状病毒肺炎疫情期间，上海学生心理健康教育发展中心集结上海各高校优秀的心理教师录制推出了聚焦心理防疫、返校复学心理调适等一系列网络课程，在"上海学校心理"和其他平台陆续上线。刚刚推出一周时，便有超过五万人点击听课。授课教师都是沪上各大高校长期负责心理健康教育的优秀教师。上海各高校也通过网络平台实现了心理健康教育的"停课不停教、停课不停学"。

2. 网络教育对高校心理健康课程建设挑战

（1）海量资源选择困难。网络课程资源十分丰富。据不完全统计，2020年春季学期超星尔雅课程清单（不含思政课）有 488 门，智慧树 2020 春夏全国共享课程清单第一批有 1 791 门，第二批课程清单有 1 432 门……但并不是每一门线上课程都可以保证老师们所使用的平台资源与学校人才培养目标匹配，或符合教学计划、课程大纲，或支持老师对课程内容进行修改。

（2）网课质量参差不齐。有的大学生认为心理健康课程与专业无关，可有可无；有的大学生认为心理健康课程是服务有心理问题的同学群体，自己可以不学。面对这些问题，应思考如何保证教学质量。保证教学质量有如下三点考量：其一，平台是否可以监督学生的学习行为，如何确保学生在线听课，老师们是否熟悉掌握操作办法。其二，平台服务器是否为本校服务器，是否较稳定，学校网络带宽有没有瓶颈，老师是否可以大量使用视频点播的方式，是否可以集中上平台学习。其三，每个平台都有各自的运作方式，老师们是否熟悉教学平台的使用。若是可以保证以上三点，相信教学质量会得到进一步保障。

（3）互动体验温情不足。学生通过网络课堂学习知识时，若是教师被提前录制好的教学视频所代替，那么会几乎没有互动，这会是一堂没有温度的课。据调查，心理课程在学生心目中是实用、轻松放松、有趣风趣、生动的。[8]仅仅使用网络资源进行授课的课堂是无法替代传统课堂的。

三、"互联网＋"时代下高校心理健康教育课程建设路径

既然网络教育既能为高校的心理健康教育课程建设带来很多机遇与推进，同时又带来不足和挑战，那么高校就需要不断地探索和研究新的路径，更有效地将互联网技术与心理健康教育进行融合与创新，做到扬长避短。

（一）线上线下联动补充

心理课程的教学具有一定的专业性。面对丰富的网络课程资源，我们不应拈来就用或不加指导，让学生随意选择使用，而应该加强调研，找到符合大学生需求、学校人才培养目标、教学计划、课程大纲的教学内容。老师们也可以经过多轮磨课，自主开发符合本校校情和本校学生心理特征的心理网络课

程资源,补足传统课堂教学形式的短板,调动学生的视听感官,增加互动,让心理课堂更加生动。比如上海建桥学院的心理"线上线下联动课堂",授课教师在每次课堂结束时,布置学生选学"上海学校心理"公众号上的相关心理微课程,线上与线下的课程学习心得都要求体现在"大作业"中,作为考核依据。

（二）　教学效果及时反馈

在网络课程学习中,学生们的学习痕迹会被即时保留下来。为了促进学生自主网络学习的有效性,目前的网络技术可以做到在学生学习的进程中弹框出现前一段学习内容的知识点考核题目,请学生在线作答,答对后才能进行后面的课程学习。整个一节课完成后,课程平台会反馈学生在该节课中所有的学习数据。但如果学生对课程内容不理解导致无法完成进程中的弹框题,就会影响后面的学习进程。而心理健康教育的课程尤其注重学生的主观体验和感受,学生学习效果的及时反馈更加重要。如果有线下翻转课堂的有力补充是最有利的,但若受条件限制,无法安排线下翻转课堂,建议可以在平台建立学习互动的网络社区,学生可以在这个网络社区中相互交流答疑解惑。所有学习该门课程的学生的学习数据由平台及时向授课教师反馈,教师可以根据数据有针对性地安排在线答疑时间或者录制专题的答疑视频作为课程的补充学习资源。

（三）　课程数据智能更新

信息化是社会的发展趋势。2015 年,李克强总理在十二届全国人大三次会议上首次提出"互联网＋"行动计划。"互联网＋"就是将互联网作为当前信息化发展的核心特征提取出来,并与各行各业全面融合。[9]大学生心理健康课程在各大高校中已经或将会以"公共必修课"形式开设,结合时代发展,在网络心理课程中大量使用视频等资源点播、集中上平台学习、反馈每位学生的过程性学习、根据学生的不同特点进行教学内容更新等都是可以进一步发展的角度。在技术暂时没有跟上理想效果之前,翻转课堂模式具有不错的理论意义和实践价值。

"互联网＋"时代给大学生心理健康教育课程带来了机遇与挑战,如何在时代的浪潮中乘风破浪,让大学生心理健康教育课程的改革得以成功,让学生们学有成效,让老师们教有所悟,推进大学生心理健康教育工作科学化,是心理健康教育教学需要紧跟时代发展不断探索的新任务。在"互联网＋"时代下,要打破时间、空间的限制,推动高校心理健康教育课程升级,让大中小学心理健康教育循序渐进地开展,实现不同学段心理健康教育差异性与递进性的统一[10],减少课程内容互相重复,减少邻近学段授课内容的脱节错位。结合各个学段心理活动一体化、心理咨询一体化等,全面推进大中小学心理健康教育一体化,切实提高学生心理素质,促进其身心健康和谐发展。

注释

[1] 孟然:《慕课＋翻转课堂模式下高校心理健康教育课的建设探索》,《教育教学论坛》2016 年第 22 期,第 232—233 页。

[2] 孟然:《慕课＋翻转课堂模式下高校心理健康教育课的建设探索》,《教育教学论坛》2016 年第 22 期,第 232—233 页。

[3] 张东东:《网络教育资源管理研究》,《湖北农机化》2019 年第 16 期,第 108—109 页。

[4] 孟然:《慕课＋翻转课堂模式下高校心理健康教育课的建设探索》,《教育教学论坛》2016 年第 22 期,第 232—233 页。

[5] 胡晓:《微课教学在高校研究生心理健康教育中的可行性探讨》,《高等建筑教育》2015 年第 3 期,第 154—156 页。

[6] 陈洁:《现代教育技术在心理健康教育课堂中的应用》,《中小学心理健康教育》2019 年第 28 期,第 36—39 页。

［ 7 ］孟然：《慕课＋翻转课堂模式下高校心理健康教育课的建设探索》，《教育教学论坛》2016 年第
　　　22 期，第 232—233 页。

［ 8 ］张海燕、徐玉兰、陈进、金蓓蓓：《学校心理健康教育与咨询热点问题研究》，格致出版社
　　　2018 年版。

［ 9 ］张海燕、徐玉兰、陈进、金蓓蓓：《学校心理健康教育与咨询热点问题研究》，格致出版社
　　　2018 年版。

［10］俞国良、王浩：《大中小学心理健康教育一体化：理论的视角》，《教育研究》2019 年第 8 期，第
　　　108—114 页。

【范例二】

大中小学段心理健康教育课程中的同课异构
——以"情绪管理"主题为例

　　大中小学心理课程有着不同的目标、内容和方法,基于不同学段学生的认知特点,不同的侧重点通过不同的教学设计来实现。我们选择情绪管理这一主题,通过呈现不同学段的范例,发现大中小学段心理课程的异同。小学学段侧重认识和理解情绪,主要通过游戏体验、绘本阅读,打造高效活泼有感的小学情绪心理活动课;初中学段侧重接纳情绪,打造高效、有趣、入心的初中心理活动课;高中聚焦认知调整,打造思辨深层共感的高中心理活动课;大学学段则更注重一门课程的整体性和逻辑性,会将情绪管理与人际交往、自我意识等章节进行分配与结合,做到承上启下。

生气汤(学段:小学)

计　云

（上海市东昌东校）

◇ 学情分析

　　小学生的情绪比较外露,容易激动,具有很大的冲动性。他们不善于掩饰。进入高年级后,情绪的冲动性和受暗示性大为减少,情绪的自我调节能力有了明显的进步。随着对学校生活的适应,小学生的情绪逐渐稳定下来,他们的情绪状态总体上是平静而愉快的。小学生以学习为主导活动,因而大量的情绪情感都与学习活动紧密相关。学习的成败、在班集体的地位、同伴间的关系,都会使小学生得到各种各样的情绪体验。

◇ **教学目标**

(1) 知道生气是正常的情绪反应,了解经常生气会影响人的健康。

(2) 能积极交流生气时的情感体验,尝试用恰当的方式排解情绪。

◇ **教学重点**

认识情绪。

◇ **教学难点**

尝试用恰当的方式排解情绪。

◇ **教学准备**

课件、录音、儿歌《幸福拍手歌》、心情小卡片、镜子。

表 1 课堂流程预设

环 节	内 容	学生活动	设计意图
儿歌热身 激发兴趣	(1) 儿歌《幸福拍手歌》 (2) 介绍故事主人公——霍斯 (今天给大家带来一个小朋友霍斯,他不快乐,到底发生了什么故事?)	学生动起来,一起唱一起跳	儿歌热身,调动学生积极性,导入《生气汤》,激发对故事主人公的兴趣

环 节	内 容	学生活动	设计意图

绘本品读
体验情感
	(1) 呈现《生气汤》绘本
	(2) 提问,霍斯遇到哪些不如意的事?
	  • 他想不出第三题的答案
	  • 琳达给他情书
	  • 表演时被牛踩了一脚
	  • 珍珠阿姨开车,差点压死三只狗,
	   他不喜欢珍珠阿姨来接他
	(3) 心理小游戏:情绪对对碰
	(就前面几件不如意的事,帮霍斯贴上他的
	心情小卡片)
	(4) 霍斯生气了,他做了些什么?
	  • 他用力踩了一朵花
	  • 妈妈对他说"嗨",霍斯发出"哼"的
	   声音
	  • 妈妈问他今天过得好不好,霍斯吼
	   了一声
	  • 妈妈说:"你有没有谢谢珍珠阿姨
	   呀?"霍斯"咚"的一声趴在地上
	(5) 我来演一演:当我生气时
	(6) 团体活动——"生气汤"
	(我们手拉手,围成一锅汤,今天我呀很生
	气,我来煮个生气汤,大声叫,啊啊啊,呲呲
	牙,嘶嘶嘶,吐舌头,噜噜噜,敲敲锅,咚咚
	咚,喷出一口火龙气,啊!我便快乐啦!)
		(1) 欣赏绘本
		(2) 思考问题,分享交流
		(3) 贴心情小卡片,体验
		不同情绪
		(4) 讨论霍斯生气的时
		候做了些什么
		(5) 表演生气时的语言、
		表情、行为、情绪
		(6) 共同体验"生气汤"
		(7) 分享感受
			通过观看绘本故事,交流
			主人公不如意的一天;通
			过心理小游戏,体会每个
			人都有不同的情绪;通过
			角色扮演游戏,知道每个
			人都会生气;了解经常生
			气会影响人的健康;通过
			"生气汤"小游戏,学会用
			绘本中的方法排解情绪

合作分享 找回快乐	(1) 头脑风暴:小朋友们,我们生气时会用 什么方法找回快乐? (2) 心理小游戏:照镜子 (3) 一起对着镜子想一想开心的事,笑一 笑,说一说:"笑一笑,我很快乐!"	(1) 思考问题,交流分享 (2) 共同体验照镜子游戏	通过找回快乐方法的探 讨,掌握排解情绪的好办法
游戏再现 迁移拓展	每小组选择喜欢的游戏方式,再玩一玩,体 验快乐	学生玩游戏	学会迁移,当生活中遇到 类似事件时,能够很好应 对,培养积极乐观的生活 态度

插上积极的翅膀飞翔（学段：初中）

计　云

（上海市东昌东校）

◇　**学情分析**

初中阶段是人生发展的关键期，生理和心理都得到飞速的发展。生理上，第二性征的出现带来了性的觉醒，身体出现了巨大的变化；心理上，自我意识萌芽，自我感和独立意识逐渐增强。这些变化也使初中学生的情绪发展呈现情绪变化迅速但不持久、相对脆弱、多愁善感等特点。他们有时会产生一些消极偏激的想法，影响自己的情绪、行为。因此，非常有必要开展情绪认知调整的学习，引导初中生认识到不同想法对于情绪、行为的影响，在实践中学会认知挑战的方法，尝试寻找积极的替代性想法，最终帮助学生插上积极的翅膀飞翔。

◇　**教学内容分析**

本课来自《初中生心理健康自助手册》专题七《情绪的天空》，聚焦积极心态的培养。通过《狮子王》视频片段的导入，激发学生兴趣，同时呼应本课最后环节——设计自己的"快乐咒语"；通过心理剧小游戏，调动学生积极性，思考不同想法对于情绪、行为的影响，发现认知上的消极部分，尝试质疑消极想法。最后，根据课前调查中同学的烦恼，通过分组讨论、角色练习，解决学生的实际问题。

◇　**本课时（三维）目标预设**

（1）知识与技能。

　　• 了解情绪 ABC。

- 学会认知挑战的方法,并且在实际生活中能够应用。

（2）过程与方法。

- 通过心理剧游戏与角色扮演,发现认知上的消极部分,尝试质疑消极想法,寻找积极的替代性想法。

（3）情感态度价值观。

- 尝试运用符号化(语言)的方式来表达情绪的主观感受。
- 接纳消极情绪,发展积极的自我意象。

◇ **教学重点**

发现认知上的消极部分,尝试质疑消极想法,寻找积极的替代性想法。

◇ **教学难点**

在实际生活中能够应用认知挑战的方法。

◇ **教学准备**

课件、课前调查、小组讨论用纸、彩笔等。

表 2 课堂流程预设

环 节	内 容	学生活动	设计意图
导 入	(1) 播放动画视频 (2)《哈库呐玛塔塔》想要表达什么感受? (3) 导入主题	(1) 欣赏动画视频片段《哈库呐玛塔塔》 (2) 思考问题	有趣的动画视频巧妙地导入主题,活跃课堂气氛,有效调动学生积极性,激发愉悦的情绪体验
心理定格 (学习篇)	(1) 情境: 早晨,你看到一个同学,马上热情地跟他打招呼,但是他只是冷漠地看了你一眼 (2) 利用情景剧中的案例以及老师的烦恼,探讨不同想法对人的情绪、行为的影响,找到一些积极的替代性想法	(1) 邀请两个学生到讲台前,根据情景,定格某个动作 (2) 邀请若干学生站在某一个学生的背后,按照自己的理解,说出此时表演者内心的想法,并且选择代表此时心情的表情图片	通过心理剧小游戏,发现不同的人有不同的想法,初步了解我们的情绪受想法信念的影响,发现认知上的消极部分,尝试质疑消极想法

续表

环 节	内 容	学生活动	设计意图
解忧杂货店 （实践篇）	呈现课前收集的同学们写下的烦恼（别人家的孩子比我好、学习不好、同学嘲笑、想做的事总感觉做不好、原来跟你很要好的朋友渐渐疏远你……） 发现认知上的消极部分，尝试质疑消极想法，寻找积极的替代性想法	（1）根据各自小组抽到的烦恼，共同探讨，完成讨论纸 （2）每组选一位同学交流分享	通过分组讨论，尝试共同分析、解决问题；通过福尔摩斯、律师等形象化的角色练习，实践认知挑战的方法，为今后在实际生活中更好的应用打下基础
快乐咒语 （拓展篇）	发现属于自己的"快乐咒语"，也就是比较短小精悍、积极向上的几个字，一说起它，你就会充满希望与力量	（1）设计自己的"哈库呐玛塔塔" （2）学生交流分享	唤醒自身存在的积极信念，感受乐观积极向上的态度

拥抱你的情绪（学段：高中）

姜雅菁

（复旦附中浦东分校）

◇ 学情分析

高中生年龄分布在 15—18 岁，属于青春期后期，又称心理的暴风骤雨期，处于这个时期的学生情绪体验更加强烈，具有冲动性、爆发性和不稳定性。同时，随着高中生认知水平的发展，他们对情绪的理解力和调节能力也逐渐增强，表达趋于理性化。但在面对日益复杂的人际关系（同辈、师生、亲子）和学业压力时，学生对于消极情绪的理解仍存在误区，认为愤怒、悲伤、恐惧、厌恶等消极情绪是不好的，甚至很多学生在产生消极情绪时的第一反应是消除和压抑。因此，非常有必要开展情绪管理模块的学习，引导高中生正确看待、理解和接纳情绪，从而发展积极的自我意象、建立和谐的人际关系。

◇ **教学内容分析**

本专题分为四个模块,本节课是该专题的第一课时,旨在通过分组讨论和情境扮演五种情绪角色,让同学们尝试辨别情绪体验,用符号化(语言)的方式进行情绪表达,并能够进一步运用思维导图和头脑风暴的形式探究每种情绪产生的心理机制,了解每种情绪独特的作用和存在意义,最终接纳和拥抱情绪。在本节课的基础上,学生还将继续学习情绪的自我调节(情绪 ABC)、挫折应对和心理自助(危机干预)三个模块的内容。

◇ **课程设计理论基础**

情绪聚焦疗法[1](emotion-focused therapy,EFT)认为"情绪转换只有在个体接纳这些情绪的时候才能够发生"。该疗法通过仔细地探索和辨别来访者的情绪体验,分析情绪体验的起因与动力关系,鼓励来访者遵循和接纳情绪为他们提供的信息,而不是为了摆脱情绪进行重复的情绪发泄,反思情绪并用符号化的方式表达,从而创造新的叙事意义。

◇ **本课时(三维)目标预设**

(1)知识与技能。

- 认识情绪有积极和消极之分,但没有好坏之分。
- 了解情绪是我们与生俱来的内在评价体系。

(2)过程与方法。

- 通过模拟情景的角色扮演,学习情绪辨识、表达情绪的主观感受。

---

[1] 莱斯利·格林伯格(Leslie Greenberg)的情绪聚焦疗法与南希·威廉姆斯(Nancy Williams)的精神动力治疗、朱迪·贝克(Judith Beck)的认知行为疗法(CBT)并列为当代美国心理治疗的三大流派。

- 运用思维导图和头脑风暴探索每种情绪深层的心理机制和存在意义。

（3）情感态度价值观。

- 尝试运用符号化（语言）的方式来表达情绪的主观感受。
- 接纳消极情绪，发展积极的自我意象。

◇ **教学重点**

能够体会情绪没有好坏之分，每种情绪都有作用和存在的意义。

◇ **教学难点**

接受情绪提供的信息，并接纳消极情绪。

◇ **教学准备**

彩打《头脑特工队》情绪图片，准确彩笔、情绪帽、小组讨论用纸等。

表 3　课堂流程预设

环　节	内　容	学生活动	备　注
导入	（1）直接引出主题——情绪 （2）使用电影《头脑特工队》中五个情绪卡通形象的图片素材	（1）学生选自己喜欢的颜色入座，分五组 （2）随机采访两位学生情绪状态 （3）打开颜色席卡，看反面图片猜情绪	约三分钟
抛出问题 （引发思索）	（1）喜欢自己小组代表的情绪吗？ （2）情绪有积极和消极之分，那情绪有好坏之分吗？ （3）当意识到自己产生消极情绪时你会怎么做？	请同学们集体回答第一个问题	约两分钟
《头脑特工队》	播放影片，启发学生思索每种情绪存在意义	观看影片	约三分钟

续表

环　节	内　　容	学生活动	备　注
情绪大作战 （角色扮演）	情境：乐于助人的学霸小然渴望友情，不懂得如何拒绝同学们的要求，花费大量时间帮同学答疑，导致成绩下滑，家长和老师不理解，小然愤怒情绪失控，后悔又苦恼，不知如何面对 • 我感觉……（帮助小然表达情绪感受） • 我之所以感到……，是因为我希望……（探究情绪背后的需求）	（1）五个情绪小组通过讨论仔细地探索和辨别小然的情绪体验，分析情绪体验的起因与动力关系，并设计自己代表情绪状态在情境下的台词（运用符号化语言进行情绪表达） （2）每组选一位同学代表自己小组的情绪参与情景表演	约12分钟 （5—8分钟准备台词，情境表演五分钟）
头脑风暴 （思维导图）	大家一起运用思维导图和头脑风暴的形式探究每种情绪产生的心理机制，了解每种情绪独特的作用和存在意义，最终接纳和拥抱情绪（教师适当引导） 例：悲伤大多伴随丧失／缺失而产生，悲伤的尽头是接纳，放下悲伤才能开始新的生活	小组成员头脑风暴，运用思维导图深入探讨日常学习和生活中每种情绪的"when""why"和"what"，探究每种情绪传递的信息和存在意义	约15分钟
结语	"情绪转换只有在个体接纳这些情绪的时候才能够发生"，情绪就像一个送信人，传递一封由我们内心寄出的信件，信的内容包含我们内心的需求。生活中无法做到永远快乐，只有认识到消极情绪也有存在的意义和作用，学会接纳和拥抱我们的情绪，情绪转换才可能发生	每个情绪小组找一位学生用一句话分享本节课的收获	两分钟
作业布置	请同学们课后选择目前或曾经引发自己比较强烈情绪反应的一件事，并根据这节课的学习完成自己情绪的思维导图	课后完成思维导图	一分钟

幸福在对情绪的把握中（学段：大学）

——情绪是我们生命的晴雨表

江　娥

（东华大学）

◇ 学情分析

中国普通高校大学生的年龄大多在18—23岁之间，属于青年初期末和青年中期。青年期是个体生理和心理迅速发展的时期,也是个体心理迅速走向成熟而又尚未完全成熟的一个过渡期。大学生处于个体生命的黄金阶段。就大学生整体的心理发展来看,他们正处在迅速走向成熟而又未真正成熟的水平上,逻辑思维能力有了显著提高,相对于大学之前的年龄段有了更多的反思能力和更强的学习自主性,所以大学学段心理课在教学内容、教学方式和教学时间的设置上都与中小学的有所不同。大学的课堂更主张搜集和提供更多的知识、素材和线索,带领和启发大学生自发地讨论反思,让同学们在思维的碰撞中获得学习和成长。

◇ 教学内容分析

《幸福在对情绪的把握中》是东华大学文化素质类公共选修课《幸福心理学》中一个章节的内容。《幸福心理学》这门课是 32 学时 2 个学分,分为八周授课,每周三小时的教学设置。该课程为小班化教学,人数上限为 40 人,集知识传授、心理体验与行为训练为一体。课程内容分为探索篇"幸福是什么?"(两周)、解读篇"幸福在哪里?"(四周)、行动篇"怎样更幸福?"(两周)。

解读篇的四个章节分别从个体心理世界中的情绪、需要、关系和信念四个重要的核心概念入手进行教学内容的设计。本章节《幸福在对情绪的把握中》是解读篇的第一篇,后面三篇解读篇分别是《幸福在需要的满足里》《幸福在与他人的联结中》《幸福在信念的自我预言中》。这四个篇章之间是有着逻辑关系的。情绪是一种信号,它提醒着我们内在的需求是否得到满足,而需求往往是在关系里满足的。我们的需求是否被满足又取决于我们的认知,也就是我们如何看待自己的需求有没有被满足。所以解读篇由对情绪的把握开始,使学生们学会把握自身的情绪首先要对自我的情绪有觉察和接纳,这是本章节的内容重点,而情绪具体的调适途径会在需求篇、关系篇和信念篇章这三个层面给予回应。

◇ **教学目标**

(1) 认识压力与压力状态下的身心反应。

(2) 理解和接纳情绪,意识到情绪没有好坏之分。

(3) 学会体察自身的情绪状态并为自己的情绪命名。

◇ **教学设计**

每周的课程都将按照团体动力学的规律,从热身活动—主题知识传授＋
主题探索活动—分享讨论的结构设置进行课程活动的开展,让同学们在学习
和练习体验的过程中了解自己、觉察自己。在情绪篇的设计上,也遵照了这样
的结构进行教学设计。

◇ **教学准备**

可以移动桌椅的教室,使用多媒体设备,准备彩色 A4 纸若干张。以下工
具每组各一份:剪刀、胶棒、蜡笔、白板纸、白板笔。

表 4　课堂流程设计

环　节	内　　容	学生活动	设计意图
热身活动 (十分钟)	团体活动:抓逃大作战 活动规则:全体同学站着围成一个圈面朝圆心,每个同学伸出双手,左手张开掌心向下,右上伸出食指朝上顶住右边同学的左手掌心 老师在圈中间念一段文字,读到"乌鸦"这个词语的时候,每一位同学都需要迅速完成两个动作:左手需要抓住左边同学的右手食指,右手食指避开右边同学左手的抓捕;食指被抓住的同学淘汰,回到椅子上坐好;坚持到最后的五位同学获取胜利	由老师宣布活动规则,带领学生完成活动,请同学们自发分享在刚才的过程中身体有什么反应,有什么情绪感受	(1) 让学生团体进入课程状态,活跃课堂氛围 (2) 引导学生体察自己的身体感觉和心理感觉,为进入应激的学习做好铺垫

续表

环　节	内　容	学生活动	设计意图
知识点讲解：应激与应激反应（15 分钟）	通过活动分享、图片分析和知识讲解，让学生理解人在面对威胁或者挑战时身体会进入应激状态、应激状态下的反应有哪些，以及应激与效率的关系	热身活动结束后回到自己的小组，学生从第一周的课程开始就通过活动分成了五个小组；聆听讲解	让学生理解应激反应是生物体的本能，是帮助我们应对挑战的，将压力情境下的各类反应正常化处理
小组漂流活动（40 分钟）	小组讨论关于压力和压力反应的主题，五个主题分别是： （1）现在的大学生们可能有哪些压力源？ （2）人在压力状态下的生理反应有哪些？ （3）人在压力状态下的情绪反应有哪些？ （4）人在压力状态下的行为反应有哪些？ （5）有哪些方法可以缓解压力？ 讲解：通过"应激猴"的心理学实验讲解慢性压力对人身心的影响	每组抽选一个讨论的题目，在白板纸上写下至少三个答案，每组成员写完自己组的主题后按照题目顺序移步到另一个组的白板纸面前，帮助其补充这个组的题目的答案，至少一个，再继续移动到下一组，直至所有的组都完成了五个题目的解答；最后每个小组派代表分享自己组的主题，再由教师总结和讲解	通过组内讨论、漂流互助、组间分享，让同学们对自身群体常遇到的压力有充分的了解，对压力下生理、心理和行为的反应有充分的了解
课间休息（15 分钟）	前十分钟学生可自由活动/播放苏打绿的 MV《你在烦恼什么》，后五分钟进行放松活动	请每组派一名代表，五人决定好先后出场顺序，老师轮流播放一段一分钟的音乐（共五段，每个学生代表一段），学生代表随着音乐节奏自发做动作，其他同学跟着一起舞动	三小时的课程中间会设置课间休息环节，音乐舞动是本周的特别设置，让学生通过舞动感受身体的变化，了解音乐、舞动、运动都可以带来解压和身心放松的效果
认识情绪（30 分钟）	（1）讲授人的"喜、怒、哀、惧"四种基本情绪分别对人的积极和消极的影响 （2）通过一段视频播放（无对白）让同学识别三个人物不同的情绪变化，并邀请学生代表进行配音。通过这个环节学习为情绪命名	通过向同学们提问引发讨论后进行讲解： （1）情绪是天生就有的吗？ （2）快乐的体验对我们都是好的吗？ （3）负性情绪都是不好的吗？	让同学们理解情绪本身没有好坏，了解各种不同情绪对人在积极和消极两方面可能的影响，学会为情绪命名
体验活动：我的情绪地图（40 分钟）	（1）为每组提供剪刀、胶棒、各种颜色的 A4 彩纸、蜡笔 （2）请每位同学利用现有材料在 A4 白纸上绘制自己的情绪地图（不同的颜色代表自己的不同情绪，颜色的面积和形态代表情绪的强烈程度和持续时间）	同学们可以将自己所选的颜色的纸张按照自己的感觉剪裁粘贴在白纸底板上，之后可以通过蜡笔进行绘制完善，最后为自己的情绪地图命名；组内分享后每组派一名代表进行组间分享	通过这个体验活动让同学增强对自己情绪的觉察和命名，增强对自己的理解和接纳

环　节	内　　容	学生活动	设计意图
布置课后练习：情绪日记（五分钟）	一周内挑选至少一件引起自己情绪波动的事件，记录下当时的情景，有哪些情绪并对其强烈程度评分（0—10 分），当时脑海中浮现出的念头、想法或者画面	作为下节课的素材带到课堂上分享	为下节课让同学们体会和理解情绪背后自己的需求做准备
总结与下节课程预告（三分钟）	情绪是一种信号，提醒我们需要关注的部分，这和我们内在的需求紧密相连	聆听	让学生对下周课程有一个期待
课程反馈（两分钟）	课程反馈表从内容设计和教学过程两方面设置不同的条目进行0—10 分的打分，还可在开放题中留下自己的感受、疑问、评价或建议	填写本周课程反馈表上交后离开教室	了解同学们对今天课程的评价和建议

【范例三】

上海高校心理微课程建设与发展

江　娥

（东华大学）

张兰月

（上海建桥学院）

　　微课程这个概念是由美国圣胡安学院的戴维·彭罗斯在 2008 年正式提出的。随着网络通信和新媒体技术的飞速发展，微课程被逐步广泛地应用到了众多学科领域的教学传播中，覆盖了各个学段，尤其是在高校的课程教学运用中。微课程，顾名思义是微小的课程，也就是时间短（一般 10—15 分钟）、知识点少、内容浓缩精辟的课程。微课程的出现使得学习者可以"随时、随地、随身"地利用移动终端便捷地学习，使学习者可以利用碎片化的时间进行学习，深受青年人的欢迎，也是高校心理健康教育的有力补充。

　　微课程在中国兴起于 2010 年 11 月广东佛山市教育局启动的首届中小学新课程"优秀微课"的比赛。上海市教委早在 2013 年就将心理微课程应用到了高校心理健康教育课程大赛中，并在之后的六年中不断促进心理微课程的建设和发展。

一、"以赛促建"——上海高校心理健康教育课程大赛的发展

为贯彻落实文件精神,充分发挥课堂教学在大学生心理健康教育工作中的主渠道作用,鼓励广大心理健康教育教师不断探索行之有效的教学方法和教学模式,切实提高大学生心理素质,促进全面发展,自 2010 年起,由上海市教委德育处、上海学生心理健康教育发展中心主办(2012 年后)、华东政法大学承办了九届上海高校心理健康教育课程大赛。

这九届的大赛每一届都设置了初赛、复赛和决赛三个环节。初赛在各个高校校内举行,在初赛中胜出的教师根据大赛要求提交课程资料参加复赛,每校最多可以选拔两名参加复赛的选手。复赛由上海市教委组织相关专家进行评审,最终选拔十名教师进入决赛。决赛除由承办单位华东政法大学组织本校学生观摩外,各个参赛高校由心理健康教育教师带领学生(人数限定)参与听课,决赛的评委由专家、同行教师和学生共同组成,每届比赛均决出一等奖一名、二等奖两名、三等奖三名,优秀奖四名。

在历届的比赛中,课程的呈现形式经历了说课—微课—移动微课的变化,这恰恰见证了心理微课程从酝酿萌芽到发生发展的全部过程,既培养和选拔了一批优秀的心理健康教育的师资,同时又打磨出了一批高质量的精品课程。

(一) 萌芽初探——15 分钟的现场说课评比

第一届(2010 年)至第三届(2012 年)课程大赛要求参加复赛的教师提供45 分钟的完整教学录像、教学课件和教案,经过专家评选出进入决赛的教师以现场说课的形式进行评比。

因为大赛要求参赛教师必须是在学校独立开设过心理健康教育课程的教

师,需要提供完整的一节课的教学视频,同时附上教案、教学课件和课程大纲,当时参赛的教师绝大多数是心理咨询中心的专职咨询师,极个别独立开设过心理健康教育课程的辅导员老师也会报名参赛。

(二) 见微知著——15 分钟心理微课程的现场教学评比

第四届(2013 年)和第五届(2014 年)课程大赛进行了改革,大赛的名称由"上海高校心理健康教育课程大赛"改为了"上海心理健康教育微课程大赛",参赛的要求由原来的必须是独立开设过心理健康教育课程的青年教师改为了心理健康教育的专兼职教师。

比赛内容的要求也改为了提交一个 15 分钟的微课程视频,课程内容主要针对高校学生的心理发展,内容直指具体问题,关注"小现象、小故事、小课题、小策略",主题突出,层层剖析,有深度,有针对性,亦有相对完整性。进入决赛的教师会在现场直接讲授这 15 分钟的微课程,由现场的评审打分评选出各个等级的奖项。

(三) 线上互动——15 分钟移动心理微课程的现场教学评比

随着移动互联网及其应用的不断更新迭代,越来越多的年轻人乐于接受和采用移动学习的方式进行在线学习与交流。在这一大背景下,如何将心理健康教育课程移植到网络上、依托现代教育技术进行课程教学,成为心理健康教育课程发展需要面对和解决的问题。2015 年,上海市教委德育处、上海学生心理健康教育发展中心与网班公司合作,将网班公司开发的网班教育平台运用到了课程大赛的评比中。课程大赛的名称再一次发生变化,变成了"上海高校心理健康教育移动微课程大赛",对参赛选手的要求也由原来的心理健康教育专兼职教师扩大到了辅导员队伍。

从 2015 年第六届课程大赛开始,参赛的选手不再是将自己要参赛的微课程作品录刻成光盘寄送到大赛组织方,而是直接使用网班教育的平台在线制作自己的心理微课程,直接在线提交参赛作品。而评审老师也只需要获得作品的链接,就可以在自己的手机或者电脑平板等移动终端直接观看参赛老师的微课程作品,不再需要凑时间线下集中在一起观看视频光盘进行复赛评审。决赛现场,参赛教师在讲述 15 分钟微课的同时,需要通过网班平台展示课程中线上下线的交互性部分。

从上述的大赛发展历程我们可以看到,在上海市教委德育处的大力支持下,在上海学生心理健康教育发展中心的直接指导下,上海高校心理微课程得到了不断的建设和推广。在九届大赛成功举办的基础上,2019 年上海市教委德育处、上海学生心理健康教育发展中心集结了 12 位在大赛中表现出色的心理教师进行《大学生心理健康》精品公开课建设。

二、"平台建设"——上海高校心理健康移动微课程的建设

自 2015 年上海市教委德育处、上海学生心理健康教育发展中心与网班教育平台合作以来,网班教育平台经历了不断的技术改变和完善,通过四届比赛也涌现出了一批通过网班教育制作的精品微课程。以张海燕于 2017 年主持申报的上海市教委项目"上海高校心理健康教育微课程建设"为例,该项目连续建设了三年并仍在进行中,迄今为止累计开发建设了微课程作品 144 个,打破了心理健康课堂教学的时空壁垒与限制,不仅为学生和家长提供了优质的心理健康教育资源,也为广大专兼职心理健康教育工作者提供了很好的教学示范资源,将有效促进上海高校心理健康教育课程的建设和发展,成为上海市高校心理健康教育的有力补充。

（一） 心理微课程的内容设计

2011 年教育部颁发的文件《普通高等学校学生心理健康教育课程教学基本要求》对高校心理健康教育课程从心理学知识、自我认知和自我调适技能三个版块规定了 12 个章节的内容。上海高校心理健康移动微课程的建设按照 12 个章节作为框架，在每个章节内选择一个知识点的内容设计心理微课程（具体内容见表 1）。

表 1　上海高校心理移动微课程的内容框架

课程版块名称	课程章节名称	心理微课程名称（举例）
第一部分 了解心理健康的 基础知识	大学生心理健康导论	生活中的心理学——刻板印象
	大学生心理咨询	心理咨询是什么？
	大学生心理困惑及异常心理	滚蛋吧，拖延君
第二部分 了解自我，发展自我	大学生的自我意识与培养	选择，让我们活出成长的姿态
	大学生人格发展与心理健康	解开你的 DNA 气质密码
第三部分 提高自我心理 调适能力	大学期间生涯规划及能力发展	处"面"不惊——大学生面试求职的心理及行为调适
	大学生学习心理	学弱逆袭攻略——脑神经科学告诉你如何成为"学霸"
	大学生情绪管理	今天你"柠檬"了吗？ ——解读"羡慕嫉妒恨"
	大学生人际交往	如何实现宿舍"都挺好"
	大学生性心理及恋爱心理	当维尼熊丢失了蜜罐 ——谈谈失恋那些事
	大学生压力管理与挫折应对	考前心理辅导 ——如何化解考前不良状态
	大学生生命教育与心理危机应对	从《我的父亲母亲》体会生命叙说

从表 1 可以看出，本项目建设的心理微课程在选题上很贴近大学生日常生活中常见的困扰或者话题，并能结合年轻人时下关注的主流热点，使用年轻人的语境；在内容设计上，紧扣主题进行问题导入、心理诠释、案例分析和策略应对等进行设计，贴合大学生的心理需求，受到大学生的欢迎。

例如心理微课程作品《如何实现宿舍"都挺好"》，这是讲授大学生人际交往的主题的，授课者选择了一个较小的主题"寝室人际交往"，并且贴合当时热播的电视剧《都挺好》进行了作品的命名。在内容设计上，先从"你在寝室经常会做些什么"的问题进行课程导入，接着呈现一个女生寝室的案例，引发学生的思考"为什么会发生寝室的冲突"。接下来进行相关心理学知识的讲解：从"刺猬法则"到"人和人的边界尺度"再到"三种不同的心理边界风格"，并让大家根据学习和自我对照选择自己对应的风格类型，接着在应对层面讲解萨提亚"自我—他人—情景"的沟通模式，并举例讲解在具体的寝室情景中我们可以如何在兼顾我和他人的情景下进行人际沟通。课程的最后给出三点人际交往的小建议。

当然，目前在微课程内容的选题和内容设计上，主要是由心理教师根据自己的兴趣、专长等自助选择某一个章节内的知识点进行设计和制作，其次是课程项目的负责团队根据课程的框架体系邀请心理教师完成指定的章节知识点内容。就目前已经完成的 144 个心理微课程来看，分布在 12 个章节内的作品数量还不够均衡，每个章节内的作品也暂时没能覆盖该章节的全部知识点。

（二） 心理微课程的教学呈现

心理微课程的教学呈现与传统的课堂教学有很大的区别。传统的课堂教学是教师与学生在同一个空间，教师即时地与学生面对面地完成教学的过程。而心理微课程是借助互联网和新媒体技术提前进行课程的设计和制作，在网络上发布后，学生可以在任何时间、任何地点通过移动终端点开链接开始学习。因此，如何设计和制作需要呈现的教学内容，很考验教师的教学能力和制作能力，同时也考验着网络平台的技术水平。

网班教育平台经过与上海市教委多年的合作，其课程制作界面和功能在不断地完善。教师可以通过平台在线制作心理微课程。平台不仅有日常制作课件 PPT 的各项功能，可以插入配合课件内容呈现的音频和视频，授课教师可以提前将讲课的音频或者视频录制好，嵌入相应的课件页。平台还可以实现让学生在线学习时直接答题和填写问卷调查的功能，并能即时地呈现学生的答题或者调查的统计情况。在学生完成了微课程的学习后，平台会自动生成学习报告，反馈学习的时间、作业的正确率和课程得分，并通过树状图在每一个页面反馈学习速度，在此基础上提出学习建议。

例如，微课程作品《嘿，大拇哥！——解读学习中的手机依赖》在课程导入的部分首先嵌入了一段 30 秒的有趣生动的动漫视频，让我们理解"大拇哥"的含义。紧接着通过图文并茂的页面呈现了关于手机的一系列大数据之后，授课者嵌入了一页提前录制好的时长为 16 秒的关于一个学生手机使用情况的小视频。接下来的页面设计了一个关于过去 24 小时手机使用时长和使用内容的小调查，只有完成了该调查，课程才能继续，并且页面会先呈现所有学员答案的饼状分布图。接着，页面分别通过男生和女生过度使用手机的两个案例进行心理解析，在此基础上提出合理使用手机的应对策略。当学生完成所有的学习内容后，页面会提示"恭喜您完成进度 100％"。

页面的右上角一直显示着两个小按钮，分别是"小结"和"操作"。点击页面右上角的"小结"按钮可以了解该课程的学习进度，点击"操作"可以进行"中途退出""跳转下一页""课程评价"和"进入讨论区留言"等动作。如果在课程学习中途退出，之后再进入课程，可以直接从退出的部分开始继续学习。

（三）　心理微课程的获取途径

上海高校心理移动微课程已经纳入"上海学校心理"微信公众号。"上海学校心理"是上海学生心理健康教育发展中心的官方微信公众号。从公众号主页面下方的"活动风采"下拉菜单中点击"心理微课程"即可进入"上海高校心理移动微课程"的主页面。主页面图文并茂,设有"首页""课程导航""精品课程""留言板""在线留言""QQ客服"等主要版块,供浏览的学生在线学习、互动交流、寻求技术支持等。从课程导航中可以看到12个章节,点入其中一个章节就能看到该章节所有的微课程作品目录,点击任一作品,就可以看到作品的课程简介、主讲人简介和课程二维码,扫描二维码就可以进行该课程的学习。

此外,课程库中所有心理微课程作品都可以通过分享链接或者转发课程二维码在移动终端传播,快捷方便。

三、"百花齐放"——各高校在心理微课程建设方面经验举措

在上海市高校心理健康教育课程大赛和上海市高校心理微课程建设项目的引领和推动下,上海市各高校在心理健康教育领域尤其是心理微课程的建设和推广方面各显神通。有的高校致力于课程师资队伍的培养,有的高校致力于心理微课程的研发设计,有的高校致力于将心理微课程纳入整个学校心理健康教育课程体系,等等。

(一) 华东政法大学承办"高校心理健康教育课程教学能力提升"市级培训

一流的课程离不开一流的师资。华东政法大学作为上海市心理健康教育与咨询中心的示范中心,在上海市高校心理健康教育课程的发展上一直勇担重任。除了连续承办九届上海高校心理健康教育课程大赛以外,还长期负责承办上海市级心理健康教学教法的培训。

　　为落实《高等学校学生心理健康教育指导纲要》等文件的精神,有效促进
上海市各高校心理健康教育师资队伍建设,加深教师对高校心理健康课程体
系的系统理解,提升心理健康教育课程的教学水平和能力,华东政法大学自
2012 年起在上海市教委德育处、上海学生心理健康发展中心的指导下,每年
上半年承办上海市级高校心理健康教育课程教学能力提升的培训。

　　每期培训的内容都是经过精心设计的。除了邀请知名专家主讲相关主题
课程外,还在培训中穿插了基于网络技术的心理健康课程现场互动演示、参训
教师间的教学交流比赛、小组讨论等活动,有效丰富了培训的形式和内容,参
训教师纷纷表示获益良多。

　　培训班面向全市高校的专兼职心理咨询师和学生辅导员招募学员,每期
规模在 50—60 人之间,为期 4—5 天。2012 年以来,该培训项目累计为来自全
上海市各大专院校近 500 名教师开展了心理健康教育课程教学教法的培训,
为上海高校心理健康教育师资的培养作出了巨大的贡献。

(二) 东华大学实施辅导员队伍心理育人能力提升工程

　　辅导员队伍一直是高校心理健康教育师资队伍中一支不可或缺的力量。
东华大学非常注重辅导员队伍在心理育人能力方面的培养。自 2017 年初起,
东华大学学生处就启动了为期两年的"辅导员队伍心理专项培养计划",两年
的培养计划结束后,又在 2019 年提出实施"辅导员队伍心理育人能力提升工
程"。两轮项目都是通过辅导员自主报名,由东华大学心理健康教育与咨询中
心(以下简称"中心")进行选拔和培养。

　　中心为入选的辅导员老师们设计了培养计划,包括提升心理学素养的知
识培训和提升心理健康教育教学能力的培训。尤其是在心理健康教育教学能
力的培养方面,中心通过心理微课程的研发设计让辅导员们在实践中学习和

成长。从选题到内容的设计，再到内部试讲、请专家指导，直至最后的视频录制，这个团队以每周一次的活动频率开展心理微课程的教学研发设计。

经过三年多的悉心培育，一批辅导员在心理微课程的设计和教学能力方面有了很大的成长。他们中有五名辅导员参加了 2017 年上海市第八届高校心理健康教育课程大赛，其中一名辅导员进入决赛获得三等奖，两名获最佳人气奖；有三名辅导员参加了 2018 年上海市第九届高校心理教育课程大赛，一名进入决赛获得一等奖。东华大学连续两年获得"优秀组织奖"。七位辅导员在 2019 年参加了上海高校心理健康移动微课程建设的项目，设计和制作了七个高质量的移动心理微课程并已通过审核在线上平台发布。另外，有一位辅导员成立了自己的辅导员心理育人品牌工作室"sunshine 微课程工作室"，专注于开发和设计青年人喜欢的心理微课程。团队中所有辅导员研发录制的心理微课程作品都将在东华大学于易班平台建设开发的东华大学"易心理"频道上发布。

（三） 上海建桥学院建设心理健康教育线上线下互动课程体系

心理微课程因学习耗时短、知识点聚焦、内容紧凑有趣并且学习途径便捷而受到青年学子的欢迎，但这并不能完全取代整个高校心理健康教育课程，它只是高校心理健康教育课程中的一部分。上海建桥学院在如何将线上移动心理微课程与线下心理课程教学有机结合方面做了探索和尝试。

自 2017 年下半年起，上海建桥学院学工部开始筹划开设覆盖全体学生的心理健康教育必修课程。该课程采用按照主题横切的方式，囊括教育部教学大纲要求的 14 个主题，16 学时（1 学分）的八次课程中主要以课堂教学和体验式互动为主，并且结合上海建桥学院负责主持的"上海高校心理健康教育移动微课程建设"项目，以移动心理微课程与课堂教学线上线下互动的模式进行。

在完成了师资准备、说课磨课、修订教学计划、策划与课程同步的教学研究工作、学校教学主管部门组织专家组进行听课把关等工作之后，2018级新生自2018年9月起实现全覆盖开课。

上海建桥学院《大学生心理健康》课程组与课题组就线上线下学习互动如何持续开展进行课程前期研讨，确立了学生利用"上海学校心理"公众号里的"心理微课程"来协同学习的基本框架。课程组成员利用暑期对现有的微课程课件进行了遴选，确定了与每个教学专题相匹配的线上线下互动学习网上微课程的最终清单及布置给学生的思考题。同学们对这样的学习形式和内容产生好奇，对体验式学习和网上资源学习开始了全新的探索，在网上微课程的学习中了解了许多贴近自己的心理现象，这种主动式学习能使学生更快打开心扉了解自己，获得成长。

除此之外，上海其他多所高校也都在心理微课程的建设和推广方面实施了有特色的举措。例如，上海海关学院将上海市心理微课程精品库中的课程作品作为了心理委员的必修课程，并纳入心理委员的培训考核中；上海师范大学、上海工程技术大学、上海理工大学等高校每年都会在校内开展心理微课程的评比；华东理工大学在组织教学团队开展心理健康教育必修课建设的同时也积极参与上海市心理微课程精品课程库的建设；等等。

第三篇
学生心理健康教育实践活动的
大中小学衔接研究

心理健康教育活动是班级、学校、区域实施心理健康教育的有效途径之一，在达成预防性发展性心理辅导方面有一定优势，但如何设计符合学生年龄和心理特点的活动、如何有效开展这些活动、如何评价反思并提升这些活动，需要进行系统而全面的思考。本篇梳理了上海市大中小学在班级、学校、区域、社会四个层面开展心理健康教育活动的思路与方法，并呈现了两个具有操作性的案例，通过理论与实践相结合的方式为更多的大中小学开展心理健康教育活动提供视角与参考。

班级心理健康教育活动的实施与评价

张仙云

（上海市奉贤区洪庙中学）

　　班级心理健康教育活动是指以班级为单位，就学生面临的心理发展的一些共同课题专门设计的、面向全体学生的专门性教育活动。班级心理健康教育实践活动是学校"心育"发挥其发展性、预防性功能的重要载体[1]；它立足班级面向全员，有利于心理健康教育知识的迅速普及，促进学生心智发展和心理健康；它以活动为载体，重感受不重认知，有效避免了传统说教，有利于激发学生参与活动、探索自我的热情；它提倡全员参与，给学生提供了一个开放自我、了解彼此的机会，有利于促进班内交流、增加成员理解、提高集体凝聚力。

　　开展形式多样、丰富多彩、生动活泼的班级心理健康教育活动是实施学校心理健康教育的有效途径之一，对那些专职心理健康教育教师师资紧张的学校来说更是最佳切入点。心理健康教育活动相对于其他课程，有其自身特点[2]：一是活动性，高效互动动感第一；二是主体性，以生为本互助自助；三是开放性，体验感悟心灵外化；四是辅导性，自我觉察自我成长。心理健康教育活动在设计实施时，也有其本身特有的性质，它以学生的当前心理发展特点为立足点，以学生的实际心理需求为基础，关注学生的心理状态，以培养学生健康心理为主线。鉴于以上这些特点，本文拟从方案设计、操作要领和效果评价等方面对班级心理健康教育活动作一些探讨,并提出一点建议。

一、 班级心理健康教育活动的方案设计

(一) 主题确定

由教育部《中小学心理健康教育指导纲要(2012年修订)》可知,心理健康教育的主要内容包括:普及心理知识,树立心理健康意识,了解心理调节方法,认识心理异常现象,掌握心理保健常识和技能;其重点是认识自我、学会学习、人际交往、情绪调适、升学择业以及生活和社会适应等方面的内容;心理健康教育应从不同地区的实际和不同年龄阶段学生的身心发展特点出发,做到循序渐进,设置分阶段的具体内容。班级心理健康教育活动也是围绕着这些内容来进行的。

为保证班级心理健康教育活动的效果,在设计活动方案时,应依据学生的发展目标,根据不同年级学生的心理特点和各年级学生常见的成长中的困惑和问题,结合班级的实际情况和当下热点来确定活动主题。若是比较大的主题,则要对主题进行进一步细分。以"认识自我"这个主题为例,它可以细分为"我是谁""我的昨天、今天和明天""悦纳自我"等版块。班级心理健康教育活动的主题确定时,一方面要有针对性,要针对班级学生的共性问题,符合学生的年龄特征,得到学生的一致认同;另一方面选题要小,小问题小角度更利于挖掘问题的深度,促进学生对该问题的认识和理解,也方便活动的操作实施。

不同学段的心理健康教育内容前后相连、各有侧重,在设计班级心理健康教育活动时,也要确定不同的重点。据此,在确定活动主题时,可以根据班级团体的发展历程确定主题,如初创期侧重消除陌生、制定班规、建立目标、创设

氛围等,发展期侧重增进了解、增强凝聚力等,成熟期侧重学生自主管理、自助互助等;也可以根据学期时间确定主题,如起始年级开学时侧重"学校适应""学习管理"等主题,重大考试前侧重"考前焦虑""复习策略"等主题;还可以根据时间维度确定活动主题,如小学低年级的合群及适应、小学中高年级的挫折教育、预初年级的习惯养成、初一年级的自我认识、初二年级的青春期教育、初三年级的升学辅导、高一年级的环境适应、高二年级的学业指导、高三年级的生涯规划、大一年级的环境适应、大二年级的压力调节、大三年级的自我发展、大四年级的毕业规划等。[3]结合工作实际,班级根据自身需求自发组织班级心理健康教育活动,按照时间维度确定活动重点,相对比较清晰合理。

此外,同一主题的辅导在各年龄段贯穿始终,但不同阶段的辅导各有侧重,在设计班级心理健康教育活动的主题时,也要考虑到这一元素。以人际交往为例,小学低年级侧重让学生感受朋友多快乐多的交友体验,小学中高年级侧重交友冲突的调节及与家长、老师交往的辅导,初中阶段侧重异性交往,高中阶段侧重室友交往,大学阶段侧重恋爱交往。

需要注意的是,有别于班级自发组织的心理健康教育活动,为配合学校、区等上级层面的活动而组织实施的班级心理健康教育活动,在设计时既要结合上级活动要求,又要顾及班级自身特点和学生心理需求。

(二)　目标拟定

心理健康教育的总目标是:提高学生的心理素质,培养他们积极乐观、健康向上的心理品质,充分开发他们的心理潜能,促进学生身心和谐可持续发展,为他们的健康成长和幸福生活奠定基础。在拟定班级心理健康教育活动的目标时,要根据心理健康教育的总目标和不同年段学生的心理需求及其成长中常见的问题和困惑确定年度目标、学期目标,在此基础上再确定本学期的各主题单元目标,然后,根据主题单元目标的要求选择和确定各小单元目标。目标拟定时,教师可以通过调查、访谈等让学生参与制定,这样制定的目标学生更乐意接受。

在设计某个具体的班级心理健康教育主题活动时,目标拟定要围绕主题进行设计,具体要求如下。[4]

1. 具体明确

"健全人格""调控情绪"等太笼统抽象,应具体化,如"调控情绪"可细化为"认识不良情绪给自己的生活、学习带来哪些危害,学会缓解和消除不良情绪的几种方法,增强对情绪的调控能力"。

2. 符合实际

目标应定位在实际生活中可以观察到的、可以训练养成的心理和行为特征上,如了解自己、接受自己、肯定自己、表达自己等。

3. 三维显现

目标设计要体现三个维度,要让学生明白"在认知上了解或懂得了什么,在行为上学会或养成了什么,在情感上体验或感悟了什么"。

(三) 形式选择

心理健康教育活动的形式与方法越来越多,可以根据心理健康教育活动的类别选择与之匹配的活动形式。常见的班级心理健康教育活动类别及其常见活动载体如下。[5]

1. 知识宣传普及类

心理专题讲座,讲座主题根据各年段的心理发展任务设置;班级心理刊物,班级学生创办心理主题黑板报、手抄报、电子小报进行心理健康教育知识的宣传普及;心理主题班会,组织班级学生就感兴趣的话题发表意见,交流经验,探讨技巧,提高心理调适能力。

2. 心理游戏活动类

心理知识竞赛,搜集心理卫生知识方面的题目并组织班级学生进行知识竞赛;心理拓展游戏,设计一些联合游戏并由学生制定游戏主题和方案,在游戏中训练学生体察合作者的情感反应,增强信任、分享乐趣、增加心理互动、营造融洽向上的心理氛围;定向"寻宝"游戏,组织者事先在校园或规定的范围内"藏宝",学生在规定时间内自愿结伴或分组寻找宝物,结果无胜负之分,旨在通过活动激发学生的好奇心和探索欲望、促进学生间的通力合作;手语操,学生可以几人一组,也可以全班共同进行,通过歌曲吟唱和手语表达使相互之间产生强烈的情感共鸣。

3. 团体辅导活动类[6]

游戏运用,根据团体辅导的目标和设计选择游戏,让学生学习游戏规则,在游戏中观察行为、调节情绪,对游戏进行澄清讨论并再来一次;角色扮演,如心理情景剧、行为训练等,根据学生的需求设计特定的情境,让学生在其中以某一角色的身份表达言语、行为等,进而深入体验相应角色的内心感受,促进心理体悟;故事讨论,学生阅读、聆听故事后,对故事进行互动讨论或趣味改编,并产生感悟;音乐调适,聆听音乐做冥想或放松练习,歌曲讨论、歌曲改造增强对某一主题的理解与感受,配合音乐活动身体促进身心放松;书写探索,如自由书写、房树人等,通过文字、图画等引导学生探索反思;心理作业,如写下参加团体辅导活动的体会与感悟、识别并记录自动想法等,帮助学生巩固辅导效果,促进自我成长。

4. 主题艺术欣赏类

心理影片赏析,组织学生观看主题影片并按赏析要求进行分享,促进感悟成长;心理漫画展览,组织学生用画笔进行主题探索,表达内在感受,并进行展示;心理书籍阅读,设立班级心理图书角,选择合适的书籍供班级学生借阅,组织学生进行阅读分享会,促进交流和感悟。

5. 班级沟通互动类

线上互动,借助微信、钉钉、晓黑板等网络平台组建班级群,在博客或论坛上开辟班级空间,方便学生及时沟通互动、宣泄情绪、分担压力、获得心理支持;线下互动,给学生过生日增强学生的集体归属感,建心情日志,用文字记录班级学生的心情话语、经典语录、生活趣事等美好回忆,做班级纪念册,用图片留下学生班级运动会、学农、军训等生活剪影;自助互助,设班级"悄悄话"信箱、建班级半月心理档案等方便学生及时求助、方便老师了解情况提供帮助。

班级心理健康教育活动形式的选择确定,一方面要围绕活动的主题与目标,另一方面也要依据客观条件、学生的年龄特征和心理发展水平等,灵活选择一种或多种形式进行。不同的活动主题会有与之相应的活动形式,如自我探索的最佳方式是自由书写等;不同的活动形式对学生的要求不同,如班级"悄悄话"信箱不适合在识字量有限的小学低年级学段设置。不同的活动形式也会有与之相应的活动场地的要求,如心理拓展的一些游戏要求在室外进行等。开展班级心理健康教育活动时,我们需要综合考虑各方因素,灵活选择活动形式,有些活动虽然对于某个主题来说是合适的,但若是班级或者学校条件不满足、班级整体心理期待不足时,只能创造条件和等待合适的机会再进行。

(四) 文本撰写

班级心理健康教育活动方案的设计文本一般围绕以下几个方面进行撰写:活动主题;活动目标;活动形式;活动准备,包括物质上的、心理上的;活动过程,包括活动内容的前后顺序、过渡连接等;活动后记,留待活动后记录活动效果、感想、经验、反思等。

二、 班级心理健康教育活动的操作要领

（一） 把握活动三个阶段

每一个班级心理健康教育活动都会经历策划启动、组织实施、总结评价的发展过程。在整个活动过程中，各个阶段都是连续的、相互影响的。一个有效的活动领导者，必须采取适合不同阶段的活动策略，才能有效地带领成员们健康地向既定目标前进。

策划启动阶段是班级心理健康教育活动的宣传发动阶段。活动领导者结合学校层面的活动方案和本班的具体情况策划班级心理健康教育活动的主题、内容、形式及具体安排，完成班级活动方案设计，并通过教室环境布置、班级公告栏告示、主题班会宣传启动等方式在班级内营造浓厚的活动氛围，帮助班级学生充分知晓即将开展的班级心理健康教育活动并积极参与到活动中，拉开活动序幕。

组织实施阶段是班级心理健康教育活动的开展落实阶段。活动领导者根据班级活动方案组织班级学生开展和落实系列活动：通过贴近学生生活实际、反映学生成长困惑的活动或情境，引导学生在参与活动的过程中进一步感受、体验、思考；同时营造氛围促进学生的自我开放；鼓励学生在活动目标的引领下相互倾听、交流观点、共同研讨、互相促进。

总结评价阶段是班级心理健康教育活动的总结提升阶段。活动领导者一方面在班级心理健康教育活动后撰写活动总结，内容包括活动效果、活动感想、活动经验、存在问题、改善建议等；另一方面引导学生总结本次活动的收获，鼓励学生将认知、经验加以生活化与行动化，使自己的收获向课外延伸，对学生在活动中的表现开展班内评比等；还可设置富有新意、余音袅袅的团体结

束活动,为班级心理健康教育活动画上一个圆满的句号。

(二) 精心营造活动氛围

班级心理健康教育活动中,活动领导者最主要的职责之一是创造活动氛围,使学生在理解、温暖、支持、鼓励、信任的班级氛围中真诚、坦率地开放自己,进行有序、活跃的互动,在同学彼此接纳中获得成长。活动领导者可以通过选择热身活动、设计开场旁白、挑选背景音乐、调整座位排列等方法去营造辅导活动的氛围,也可以推行团体规范强化团体意识、维护团体凝聚力。[7]

(三) 塑造良好辅导形象

活动领导者的辅导形象对活动的效果影响很大,一个有效能的领导者应具有以下特点:令人信赖的个人特质,真诚、尊重、同理心、热情、人性化;开放的体态语言,表情亲和、面部自信、目光真诚、举止得体、沉稳灵活;亲和的口头语言,亲切、鼓励、诚恳、简洁、明确、连贯、响亮;较强的组织能力,掌握全局关注局部、周密思考随机应变、环环相扣组织严密。

(四) 认真控制活动过程

具体活动内容组织实施时,活动领导者活动前要设计好活动板块,活动中要清楚活动细节,控制讨论时间,注意分合节奏;精心提炼引导性语言,指令明确、问题聚焦;注意照顾全体,及时制止调侃或伤害。

(五) 把握八条操作要领

重感受,不重认知;重真话,不重对错;重引导,不重教导;重氛围,不重结构;重分享,不重记忆;重生成,不重预设;重目标,不重手段;重觉察,不重总结。[8]

三、 班级心理健康教育活动的效果评价

(一) 评价内容

一是对班级团体进行评价,评价班风是否有积极的转变;评价班集体的凝聚力是否增强;评价学生对班级的满意度、荣誉感是否增强。二是对学生个人进行评价,评价学生的态度,对班级心理健康教育活动是否乐于参与、积极进取;评价学生的能力,人际交往能力、语言沟通能力、协调合作能力、自主创新能力等有无发展;评价学生的认知,认知风格是否得到改善,是否具有积极取向的价值观;评价学生的情绪,情绪监察、情绪管理能力是否得到提高;评价学生的行为,是否消极行为减少、积极行为增加。

(二) 评价方式[9]

1. 自我评估

活动带领者或班级心理委员在班级心理健康教育活动后撰写活动总结,内容包括活动效果、活动感想、活动经验、存在问题、改善建议等,使班主任和心理老师能及时了解班级心理健康教育活动中遇到的难题并推进活动完善。

2. 学生反馈

班级学生在活动后自评互评,打分评价自己参与活动的收获或书写活动参与感想,内容包括参加活动前后的对比情况、参与活动的体验与收获以及期许愿望等。

3. 问卷调查

针对班级组织开展的心理健康教育活动设计一系列有针对性的问题,让班级学生填写,搜集学生对活动过程、活动内容、同学关系、活动氛围、活动目标的达成、活动领导者的态度及工作方式等方面的意见。

4. 班级评比

由学校根据自身的规模、经费投入来设置奖励机制,班级参与评比,展示班级在开展心理健康教育活动方面的闪光点,树立班级榜样作用的同时,更好地推动心理健康教育活动的开展。

5. 社会性评价

班级学生的任课教师、家长、同学、朋友等的评价是对心理健康教育活动长期的泛化性效果的有力评价之一。校园网站、学校公众号等对班级心理健康教育活动的报道也可以让大众更好地理解活动的意义和效果。

班级心理健康教育活动评价的主要目标是将过程性评价与总结性评价相结合,协助班级学生总结学习得失、进行学习迁移、适应外部世界,在活动中不断总结、反思、改进,以促进学生的成长。在实际评价操作中,需按照学生的学段特点灵活选择评价方式。就"自我评估"而言,小学、初中学段通常是活动带领者在班级心理健康教育活动结束后对活动进行梳理并撰写活动总结,撰写的过程中可以访谈班级学生参与活动的心得体会、活动改进建议等;高中、大学段则可以充分发挥班级心理委员的作用,请班级心理委员以活动参与者的视角来撰写活动总结,给活动带领者提供完善活动的建议。就"学生反馈"而言,小学、初中段较多采用打分方式自评活动参与的程度,例如班级心理健康教育活动结束后,设计打分评价表,请班级学生就活动收获进行 1—5 星自我评价,并请班级同学互动留言进行他评(如表 1);高中、大学段则较多采用撰写参与活动的心得报告的方式来对活动效果进行评价。

表 1　班级心理健康教育活动效果评价

	内　　　容	评　　　价
参与交流	积极参与小组与班级的活动或讨论	☆☆☆☆☆
深入思考	在活动中勤思考、好提问、能质疑、会归纳	☆☆☆☆☆
促进成长	在团体和同学的帮助下有成长、有收获	☆☆☆☆☆
互动留言		

四、 关于班级心理健康教育活动的一点建议

(一) 实施团队要加强培训[10]

结合我国大中小学班级活动实际,如果我们把班级作为一个团体的话,通常情况下,很多班级活动都是以班主任为中心、为领导者。目前,班级心理健康教育活动通常由班主任、辅导员和心理健康教育教师进行组织领导和实施,其中前两个人群是实施主体,但班主任和辅导员一般由学校的学科教师或专业教师担任,他们往往缺乏相关心理学知识及辅导技能。要保证班级心理健康教育活动高质高效规范开展,而不是混同于一般的主题班会活动,就需要对活动领导者进行培训,力使他们具有一定的专业能力保证活动顺利进行并达到预期目标。

培训时,一方面要进行团体心理辅导基本理论的学习,使领导者了解学生的心理特点,知道班级团体成长的过程,知晓团体心理辅导的基本原理,掌握班级心理健康教育活动的设计与实施的基本原理与技术,能独立设计班级心理健康教育活动方案;另一方面要进行团体心理辅导基本技能的训练,使领导者掌握常用的技能技巧,包括积极倾听、共情、问题澄清、观点归纳、给予支持、保护隐私、善于发问、善于调节、适时建议和以身示范等,并在实际应用中反复训练以至真正掌握且能灵活运用。

(二) 活动形式要半结构化[11]

目前,班级心理健康教育活动多数采用结构化的活动方式,事先做好充分的计划和准备,并安排一系列固定程序的团体活动,有明确的目标导向、预设的讨论问题和严密的组织环节。结构化的设计与组织提供了一个完整稳定的结构模式,有利于活动领导者学习和复制,便于迅速推进活动,但过度结构化容易限制教师,难以满足学生的多元发展及需求,使班级心理健康教育活动形式化和机械化。班级心理健康教育活动不是只由活动组成的,活动后的分享和总结是班级心理健康教育活动不可或缺的环节,过度的结构化和预设将影响教师对现场的察觉和与学生的共情,限制学生的自主空间和自由表达。另一方面,目前班级心理健康教育活动的领导者仍以班主任、辅导员为主,他们较少受过专业训练,再加上缺乏实践锻炼机会,若完全采用非结构化的活动方式,则对他们而言难度大、要求高。鉴于以上这些原因,半结构化的班级心理健康教育活动更能适应当前学校心理健康教育的客观需求,它既有利于领导者机动灵活地组织开展活动,又有利于促进学生的自我探索,值得实践和推广。

注释

[1] 王勇:《班级心理健康教育活动的设计与操作》,《中小学心理健康教育》2001年第8期,第30—40页。

[2] 卞舒云:《浅谈班级心理健康教育活动的组织》,《华章》2011年第36期,第142页。

[3] 强健:《高校班级团体心理辅导方案设计》,《山西大同大学学报(自然科学版)》2015年第6期,第66—68页。

[4] 黄丽清:《班级团体心理辅导的目标、内容与方法》,《教学与管理》2011年第24期,第59—60页。

[5] 黄艳:《班级心理健康教育活动的类型及其效果》,《时代教育(教育教学)》2010年第9期,第

289 页。

［6］邬巧:《浅谈班级为本的高效心理辅导》,《经营管理者》2012 年第 24 期,第 384 页。

［7］樊富珉、何瑾:《团体心理辅导》,华东师范大学出版社 2010 年版。

［8］钟志农:《班级心理辅导活动课的操作要领》,《思想·理论·教育》2001 年第 10 期,第 48—
　　51 页。

［9］张冬梅:《大学班级心理辅导活动的设计与评价》,《教育探索》2006 年第 4 期,第 104—
　　105 页。

［10］田瑞琪、黄莺:《大学生班级心理辅导的实施及建议》,《西南交通大学学报(社会科学版)》
　　2010 年第 3 期,第 25—28 页。

［11］麦莉:《半结构化班级心理辅导活动模式初探》,《重庆与世界(学术版)》2018 年第 4 期,第
　　55—57 页。

大中小学心理健康教育活动的实施及一体化思考

章学云

（上海市浦东教育发展研究院）

盛秋蓉

（上海市第六师范第二附属小学）

张兰月

（上海建桥学院）

广义上来讲，所有有利于学生心理素质提高、促进其身心健康和谐发展的校园活动，都可以算作校园心理活动。狭义上来讲，学校心理健康教育活动，形式是活动，主体是学生，基础是学生的年龄及身心发展特点，理论是心理学原理与辅导技术，策略是激发学生的内心体验与感悟达到自我教育、提高学生心理素质的目的。在大中小学中开展形式多样、生动活泼的心理健康教育活动是学校实施心理健康教育的有效途径之一，也是目前我们开展心理健康教育的一个切入点。广泛开展这项活动，使它成为学生在校活动的一部分，心理健康教育就能更好地促进全体学生的心理健康发展，从而促进学生全面素质的提高。

一、 学校心理健康教育活动的目标

(一) 学校心理健康教育活动的重要性

教育教学、实践活动、咨询服务、预防干预"四位一体"的心理健康教育工作格局中,实践活动为重点之一,是高校心理工作中不可或缺的一部分。中共教育部党组关于印发《高等学校学生心理健康教育指导纲要》的通知明确要求:要加强宣传普及,通过举办心理健康教育月、"5·25"大学生心理健康节等形式多样的主题教育活动,组织开展各种有益于大学生身心健康的文体娱乐活动和心理素质拓展活动。[1]《中小学心理健康教育指导纲要(2012 年修订)》在"心理健康教育的途径和方法"部分明确指出"要将心理健康教育与班主任工作、班团队活动、校园文体活动、社会实践活动等有机结合……学校要充分利用校外教育资源开展各种有益于中小学生身心健康的文体娱乐活动和心理素质拓展活动,拓宽心理健康教育的途径"[2]。两者都强调了心理健康教育活动在学生健康成长中的重要性与实施的必要性,因此,大中小学应该在尊重学生心理发展特点的基础上,科学设计、开展心理健康教育活动。

(二) 学校心理健康教育活动的目标设定

自 2012 年以来,由于上海学生心理健康教育发展中心和各区县心理健康教育发展中心的倡导与推动,每年 5 月,全市大中小学会根据市、区级活动方案和精神开展学校心理健康教育活动,因此,大中小学校心理健康教育活动的目标,应该是遵循教育部《中小学心理健康教育指导纲要(2012 年修订)》和中共教育部党组《高等学校学生心理健康教育指导纲要》(以下简称"两大纲要")的要求,同时结合市、区心理健康教育活动的要求,尤其要立足于本校学生心理发展特点来设定。

1. 增长学生的心理健康知识,提高学生的心理健康意识

在《中小学心理健康教育指导刚要(2012 年修订)》中,中小学心理健康教育的内容之一是普及心理健康知识;在《高等学校学生心理健康教育指导纲要》中,高校学生心理健康教育的主要任务之一也是加强宣传活动,增长心理健康知识;而每年 5 月市、区心理健康教育活动月的目的之一就是推动大中小学通过各种形式的心理健康教育活动宣传心理健康教育知识。心理健康教育活动具有参与面广、推广度高、形式丰富等优点,因此,各大中小学开展心理健康教育活动时应充分利用这些优点,增长学生的心理健康知识,提高学生的心理健康意识。

2. 营造良好的校园心理健康氛围与环境,提升校园的心理健康浸润效应

校园环境是学校内部及周围对学生的教育和学校发展起着重要作用的条件,是由学校师生和管理人员经过长期建设形成的。[3]除了家庭环境,校园环境是影响中小学生健康成长的最重要环境之一;大学生虽然成年,但进入大学后,绝大部分学生待在学校的时间比在家庭中的时间多。因此,充分利用大中小学环境的积极、正面的影响,将对大中小学生的健康成长产生重大的影响。

学校每年利用心理健康教育活动月或活动周开展一定主题的心理健康教育活动,或根据学生的心理需求不定期开展其他心理活动等,在有形和无形中营造了学校重视心理健康教育的良好氛围,也让学生在参与活动的过程中收获有形和无形的积极影响,强化了校园的心理健康浸润效应,帮助学生将心理健康纳入学习、生活和一生的成长中,具有润物细无声的效果。

3. 强化家校育人合力,引导家长和教师树立正确的心理教育观念

"两大纲要"都强调家校合力育人,而学校心理健康教育活动可以利用学

生大范围参与的效应,开展家长心理知识普及宣传、家长心理健康意识提升、家长心理沟通技巧学习等工作,也可以在校园开展心理活动形成的浓郁氛围中惠及教师的心理健康,开展教师心理调适、师生沟通技巧学习等方面的工作,引导家长教师与学生共同成长,为学生的健康成长创设健康的人际环境。

4. 增强心理健康教育的吸引力和感染力,探索更为多样的学校心理健康教育途径

目前,学校心理健康教育工作包括心理健康教育课程、个别心理辅导、团体心理辅导、学生心理档案的建设、教师心理建设等,心理健康教育活动作为其中的有机组成部分具有独特的优势:形象化和直观性、生动性和活泼性、教育性和成长性、形式和内容丰富多样[4]等,活动的开展对学生具有比较大的吸引力和感染力,因此学生的参与度和投入度都比较高。从一定程度上说,每年开展心理健康教育活动,让学生对心理健康教育的认识不再局限在心理课堂和心理咨询室内,拓宽了心理健康教育的途径,增强了心理健康教育的吸引力和感染力。

二、 学校心理健康教育活动的内容和形式

学校心理健康教育活动以学生为主体。中小学生是未成年人,为了促进其心理发展,设计针对家长和教师的心理活动也非常必要;大学生是成年人,为了发挥学生的主体性、主动性和积极性,内容基本以学生为主,可适当添加一些对家长和教师的心理活动内容。虽然大中小学生的年龄层次有差异,但作为"人"的心理发展需求有一致性,因此,学校心理健康教育活动的内容和形式可以概括为以下几点。

（一）　学生方面

应该以预防性发展性心理辅导为原则,遵循本校学生身心发展特点和心理发展需求。内容和形式可以归纳如表1所示。

表 1　学校心理健康教育活动内容

		小　学	初　中	高　中	大　学
	内　容	小学生心理健康、入学适应、学习习惯培养、自我意识、情绪调节、人际交往、时间管理等	初中生心理健康、入学调适、青春期身心发展、异性交往、职业规划、应对挫折等	高中生心理健康、学习潜能开发、应对考试压力、探讨职业志向、升学准备等	大学生心理健康、大学学习、生活的适应,人际关系、情绪调节、性心理及恋爱心理、压力管理与挫折应对等
形式	心理知识的宣传与普及	心理小报宣传、心理广播、心理讲座、心理电影及微视频展映等			
	竞赛评比类	根据不同年龄学生特点,小学阶段可以采用心理绘画评比、心理小故事评比、心理游戏评比等;初中阶段可以采用心理宣传品制作、心理小论文评比、心理小报评比等;高中阶段可以采用心理情景剧评比、心理微视频制作评比、心理知识竞答等;大学阶段可以采用动漫制作评比、心理公益广告评比、心理微电影制作评比等			
	纯活动类	社团活动、社区互动、户外拓展等			

（二）　家长方面

青少年是中小学心理健康教育的主体对象,他们的心理健康发展是一个系统工程,其中,家庭的支持有着至关重要的作用。因此,将家长纳入中小学心理健康教育活动中来,具有非常重要的意义。大学生虽然已经成年,但由于其成长与发展与原生家庭密不可分,因此,高校开展心理健康教育活动时,也需要强化家校育人合力,引导家长树立正确教育观念,以健康和谐的家庭环境影响学生,有效提升心理健康教育实效。[5]

目前,中小学校都需要开展系列规范的家庭教育工作,比如新生入学的家访、定期对重点学生和家庭的家访、开学期中期末的家长会、家长学校、家长沙龙、家长培训等,很多学校会根据本校的情况,在每年心理健康教育活动月或活动周期间开展家庭心理宣传、家长心理培训、家校心理合作等工作,推动家长对青少年心理健康的重视、学习亲子心理互动的方法与技能,强化学生心理健康的家校合力。大学在开展心理健康教育活动时,会针对家长开展心理健康知识的宣传,包括微博、微信、校园网等线上宣传和宣传单等线下宣传;也会开展大学生心理健康、亲子心理沟通等方面的家长讲座,有些学校还会邀请一部分家长参加学生的心理活动,与孩子互动,促进亲子关系的发展。但与中小学相比,可能由于大学生是成年人,与家庭的关系相对独立,大学开展的家长心理活动相对较少,今后可以在心理知识的宣传普及方面进行加强。

(三)　教师方面

教师心理健康建设是 2013 年上海市教委开展中小学心理健康教育达标校示范校评估工作、2017 年开展达标校示范校复评后非常重视的一块。[6]"有对专兼职心理辅导教师、班主任和任课教师开展心理健康教育培训(活动)的经费支出""学校每学期组织一次以上全体教师的心理健康教育活动""每学期定期对班主任、全体教师开设心理健康教育专题讲座等宣传活动"等,都是明确的评估指标,上海市心理健康教育达标校都按照这些指标开展教师心理活动,活动形式丰富多样,有的学校开展教师心理沙龙,有的学校邀请专家开展心理讲座,有的学校组织教师开展心理研讨,有的学校开展教师心理拓展活动等。上海市各大学的心理健康教育中心在服务学生的同时,会根据本校教职工的心理需求开展相应的活动,比如有的大学针对教职工的压力开展减压沙龙,有的为教职工开展心理健康知识的宣传栏目,有的开展教师心理讲座,还有的则开展教职工团体心理工作坊,在工作坊中开展正念解压、团体心理游戏和心理拓展游戏,等等。

中小学教师对青少年心理健康的影响非常大,在注重师源性心理健康的理念下,各中小学相对规律和规范地开展教师心理活动,大学中教师与学生的联系相对松散,但由于教职工本身的心理需求,教师心理活动也比较丰富和多元。针对教师的心理活动也是大中小学整体心理健康教育活动的重要组成部分。

三、 学校心理健康教育活动的组织与实施

(一) 做好学校的顶层方案,并鼓励各年级、各班、各院系形成下一级方案

学校心理健康教育活动作为每年 5 月上海学生心理健康教育发展中心和各区心理健康教育发展中心力推的项目。全市大中小学会根据市、区级活动精神开展相应的学校活动,做好学校顶层设计和方案,是力保整个活动顺利开展、有序高效的前提。

由于每年市区级心理活动月都有规定的主题和形式,因此学校在规划顶层设计时应综合考虑市、区的活动要求,结合学校自身的特色和需求,形成常规加特色相结合的方案。有条件的学校除了市区的规定动作,也可以在活动月以外的其他时间,结合本校特点和特色,为学生的身心发展提供更加多样的心理活动机会,同时,在遵循学校顶层方案的前提下鼓励各年级、各班、各院系结合学生的特点和心理需求形成下一级方案,真正达成心理健康教育的功效。

(二) 形成高效、有序的组织协调,层层落实推进

学校心理健康教育活动是一项系统工程,为确保活动效果和质量,需要整个学校自上而下层层设计与推进,在推进过程中分工具体、责任到人,同时保证足的经费与物质的支撑。

在中小学中,不同学校推进心理健康教育活动的机制会有不同,但基本上

都是由学校心理健康教育工作小组牵头,由德育室或学生心理健康中心等部门落实,由心理教师(或心理教师团队)具体设计、班主任与其他教师共同参与,学生心理委员辅助参与,分工具体,责任到人,层层推进,保证效果。大学更多的是由学工部统领学生心理健康教育发展中心的心理团队来设计和落实,并由各院系辅导员、学生心理委员层层落实。

近年来,由于组织有序、高效推动,大中小学涌现了大量优质的学校和活动,每年上海学生心理健康教育发展中心都要表彰大量优秀组织奖学校和优秀项目奖学校,并且将他们的优秀经验集结成册,发给各大中小学存留学习,作为上海市开展心理健康教育活动的优秀经验与资料,值得向全国推广运用。

(三)　加强活动宣传,完善活动前、活动中和活动后宣传

学校心理健康教育活动的核心要素是活动,活动的广度和深度直接影响到活动的效果。对于扩展活动广度、推进活动深度,活动宣传非常重要。为了增强宣传效果,应该在活动前、活动中和活动后,对学生、家长和教师都开展宣传。活动前的宣传,目的是让学生、家长和教师对学校即将开展的心理健康教育活动有一个前期的了解、准备和热身,营造良好的准备氛围;活动中的宣传,目的是汇总活动的情况,推动活动的进展,营造热烈的活动氛围;活动后的宣传,目的是反馈活动效果,宣传活动典型,营造令人期待的后续效应。有了充实完善的宣传,学校心理健康教育活动才能达成良好的效果。

四、 学校心理健康教育活动的评价

学校心理健康教育活动是一个动态的过程。对心理健康教育活动进行评估,可以及时发现、纠正存在的问题,提炼值得借鉴的经验,为教育者提供即

时反馈,从而全面促进学校心理健康教育活动的理论创新和技术改进。可以采用学生反馈、学校自评和上级部门测评三种形式来评价学校心理健康教育活动的效果。

(一) 学生反馈

学生评价具有直接性、生动性的特点,是对活动效果的最有力评价之一。学生的反馈信息可以通过问卷调查方式来搜集,最好是匿名的、开放式的、描述性的,这样可以获得丰富的信息,对于提高活动的效果具有重要意义。学生评价心理健康教育活动主要包括两个方面:对活动进行评价和对自身进行评价。对活动的评价可以询问学生对活动的形式、内容、参与意愿、收获多少等的反馈;对自身的评价主要询问学生参与活动后发现了什么、了解了什么、学会了什么、懂得了什么和感悟了什么。体验的状况、行为的表现和素质的发展都是学生自身评价的重点。[7]

(二) 学校自评

学校自评可从心理健康教育活动的策划、开展和效果三方面进行评价。对活动策划,可以根据活动是否契合学校师生的心理需求、活动方案是否结合了上级要求并具有本校特色、活动方案的操作性等方面进行评估;对活动的开展,可以根据组织人员的配合度、整个活动进展的顺畅度、参与活动的师生数等进行评估;对活动效果,可以根据活动作品的数量和质量、师生对活动的评价、师生参与活动后的收获与成长等进行评估。

评价方法有学生调查问卷、师生满意度评价等。可以根据学校心理健康教育活动的要求、目标编写测评表,方便具体方面的直观量化,方便对突出和不足的地方进行分析总结。

（三）　上级部门测评

上海市教委、各区教育局会通过心理健康教育达标校（示范校）评估（高校主要开展的是示范心理中心评估）以及心理健康教育活动月活动评比来对学校的心理健康教育活动进行评估。在达标评估的指标中，明确要求学校积极开展校内外心理健康教育活动，可组织心理健康教育活动宣传月（周），有计划、有活动、有记录，并通过家长电话访问、教师访谈、学生访谈和书面测评等形式进行核实。目前上海 90％以上的中小学都已成为达标校，可见大部分中小学都能积极开展心理健康教育活动并取得一定成效。

每年 5 月是心理健康教育活动月。上海学生心理健康教育发展中心和各区青少年心理健康教育中心会开展相应的评比，通过观察参与评比的数量与质量，能够较好地把握活动开展的情况，这是推动各大中小学积极开展心理健康教育活动的举措，也是测评各校开展活动效果的方法。

五、　大中小学心理健康教育活动一体化的思考

从上文可以看出，大中小学心理健康教育活动一体化已经具备雏形，具体表现在：第一，"两大纲要"都明确了开展学校心理健康教育活动的重要性和必要性；第二，大中小学心理健康教育活动由上海学生心理健康教育发展中心统一部署领导；第三，大中小学心理健康教育活动的目标具有一致性，内容具有延续性，能够根据不同学段学生的心理特点设置相对适宜的形式；第四，大中小学组织开展校内心理健康教育活动的机制和过程也比较相似。

为了更好地推进大中小学心理健康教育活动一体化，还可以从以下几个方面进行思考与改进。

(一) 加强顶层设计和建设，构建目标内容一体化

虽然大中小学心理健康教育活动一体化已经具备雏形，但这一雏形主要是学校根据各自学段学生的心理特点自发形成的，并不具备系统性和科学性，在实施过程中也会出现各学段活动目标的错位、活动内容的重复等不足。为建构更为科学有效的一体化系统，上级职能部门应加强顶层设计，组建专家团队研究大中小各学段心理健康教育活动的目标、特点、内容和任务，构建大中小学心理健康教育活动目标、内容的一体化并形成官方的指导意见，帮助学校把握心理健康教育活动的实施策略，真正推动心理活动的实施与落实。

(二) 强化学段融合研讨，提升教师一体化意识

为推动大中小学心理健康教育活动一体化，大中小学心理教师的交流不可或缺。目前，各学段教师有一定的交流，但因各种限制大多仍是各自为政，为了让心理活动更有序有效，除了通过制度建设明确各学段心理健康教育活动的目标、内容和任务，还可以组织各学段教师进行经验交流和研讨。这种交流有助于避免活动内容的重复、减少邻近学段活动内容的错位，有助于教师们了解其他学段心理活动工作的情况，避免"盲人摸象"，从而改进自己的工作。也可以定期开展活动案例研讨，邀请专家进行工作督导，使一线教师主动思考，提升站位，将自己开展的心理活动与学生全程心理健康教育结合起来，提高"一体化意识"。

注释

[1]《中共教育部党组关于印发〈高等学校学生心理健康教育指导纲要〉的通知》(教党〔2018〕41号)。

［ 2 ］《教育部关于印发〈中小学心理健康教育指导纲要〉（2012 年修订）》的通知（教基—〔2012〕
15 号）。

［ 3 ］马金城、杨筱：《浅析加强校园环境建设的重要性》，《高等教育研究》1999 年第 5 期，第 91—
92 页。

［ 4 ］廖静瑜：《怎样开展学校心理健康教育活动》，上海科技教育出版社 2004 年版。

［ 5 ］《中共教育部党组关于印发〈高等学校学生心理健康教育指导纲要〉的通知》（教党〔2018〕
41 号）。

［ 6 ］《上海市教育委员会关于开展新一轮上海市中小学心理健康教育达标校和示范校评估工作
的通知》（沪教委德〔2017〕37 号）。

［ 7 ］廖静瑜：《怎样开展学校心理健康教育活动》，上海科技教育出版社 2004 年版。

区域心理健康教育主题活动的实施体系研究

——基于浦东新区十年经验的实践研究

章学云

（上海市浦东教育发展研究院）

心理健康教育主题活动是一种以活动为主要载体，使学生的内心在自然、安全、开放、尊重的氛围中得以打开，最终达到自我教育效果的一种心理健康教育途径。心理健康教育主题活动是心理辅导活动课的补充，实施的条件与门槛相对不高，能面向全体学生、部分教师和家长实施，是上海市中小学心理健康教育达标评估的重要内容之一。

当前，全国各地建立了不少心理辅导站或中心，在一定区域内发挥了相应的专业作用。心理辅导活动课、团体心理辅导比较适合在学校开展，而心理健康教育主题活动比较适合区域心理辅导站或中心开展，起到宣教、辐射、推广、提升等作用。上海市浦东新区青少年心理健康教育发展中心成立后，在全市率先开展了区域层面的心理健康教育主题活动——浦东新区"中小学心理健康教育活动月"，至今已经开展了十届，积累了丰富的经验和素材。本文精心梳理和思考这些经验，希冀为全国其他区域开展相应的活动提供理论与实践参考。

一、 区域心理健康教育主题活动的目标设定

区域心理健康教育主题活动的目标，应该在遵循教育部心理健康教育总目标和具体目标的基础上，遵循上海市心理健康教育主题活动的目标，结合心理健康教育主题活动的特点和区域学生的心理特点等来具体设定。

（一） 区域心理健康教育主题活动目标设定的依据

教育部《中小学心理健康教育指导纲要（2012 年修订）》对心理健康教育的总目标和具体目标有非常明确的说明。[1]

1. 上海市学校心理健康教育主题活动的目标分析

上海市学校心理健康教育主题活动是由上海学生心理健康教育发展中心在 2012 年开始于全市开展，以"上海学校心理健康教育活动月"的形式逐渐铺开，迄今开展了九年。上海市心理健康教育主题活动的目标主要有以下几个要点：指导理念：以积极心理学理念与发展性心理健康教育为主导；参与对象：各层面、各级、各类学校（含大学）；活动形式：围绕主题广泛开展内容丰富、形式多样、针对性强、参与面广的心理健康教育活动；活动目的：宣传普及心理健康知识，营造良好心理健康教育氛围，提升学生对自身、对他人心理健康的关注，促进大中小学心理健康教育的系统衔接和共同发展。

2. 心理健康教育主题活动的特点

心理健康教育主题活动有别于其他学科课程或者心理辅导活动课，具有一定的特殊性，主要表现在以下几个方面：（1）活动重点是学生的内在体验和自我启发；（2）活动方式是体验、分享和共情；（3）活动关键是无条件接纳和尊重；（4）活动目的是培养良好的应对态度；（5）活动是潜移默化的漫长过程。[2]

3. 区域学生心理健康状况及特点

本文主要介绍浦东新区中小学生心理健康状况及特点,根据多项研究结果,归纳如下。

(1) 小学生。

一般心理发展特点:生理方面,小学生身体在缓慢而稳定地发展。认知方面,以具体运算思维为主,能主动且恰当地将逻辑运算运用于具体问题中。人格发展主题是"勤奋—自卑",在学业中不断取得进步和肯定,从而形成"能力"的美德。

区域特点:有研究对浦东新区 1 310 名小学生的心理卫生状态进行调查分析,结果发现,浦东新区小学生的行为问题发生率为 16.49%,学习困难为 9.92%,多动症为 4.05%,具有某种性格特征为 10.25%,智力低下为 2.06%。这些问题与多种家庭因素有关,因此应通过综合干预预防和减少心理问题。[3]

(2) 初中生。

一般心理发展特点:生理方面,初中生刚刚步入青春期,身体发育迅速。认知方面,处于具体运算思维向形式运算思维转化的阶段,能够较好地使用逻辑思维处理各种问题。人格发展方面,开始探索自我同一性,即探寻"我是谁,我能够成为谁"。

区域特点:有研究从浦东新区两所初中随机选择初二八个班共 800 名学生,使用中国科学院心理研究所王极盛教授的《中国中学生心理健康自我检测量表(初中版)》对学生心理健康状况进行调查。调查结果显示,浦东新区初中生在学习压力、情绪不平衡、焦虑、适应不良、总分五方面因子均分超过 2,存在轻度问题,且随着年级升高,心理问题有扩大趋势。[4]

(3) 高中生。

一般心理发展特点:生理方面,高中生基本完成青春期的身体发育,逐渐迈入成年行列。认知方面基本具有了形式运算思维,能够运用逻辑思维解决大部分学业问题。人格发展方面,深入探寻自我同一性,思考自己将成为怎样的人、进行怎样的未来规划。

区域特点:有研究采用《症状自评量表(SCL-90)》对上海市浦东新区远郊某地区1 179名中学生进行心理健康调查,结果显示,心理问题检出率为9.41%,检出率排在前三位的是强迫症状、敌对和偏执。高中生心理问题检出率显著高于初中生($p<0.05$)。年龄、是否独生、家庭关系、学习成绩、同学关系是中学生心理健康状况的重要影响因素。[5]

以上研究结果说明,浦东新区小学、初中和高中生的心理健康状况应该引起学校和青少年心理健康教育部门的重视,而不同年级的不同特点决定了区域设计心理健康教育主题活动时要根据不同年龄、不同学段设计不同的活动,以达成相应的效果。

(二)　区域心理健康教育主题活动的具体目标

综合以上内容,结合十届浦东新区心理健康教育活动月的目标,本文认为区域心理健康教育主题活动的目标主要应包含以下几点。

1. 促进各学段学生探索自身的心理发展主题

如前所述,各学段学生在其发展过程中要面临不同的心理主题,区域心理健康教育主题活动能够通过较专业的活动设计、较丰富的活动形式、较广的参与面、较大的辐射面,为"各自为政"的各校心理健康教育工作做连接和补充,帮助各个学段的学生探索自身的心理发展主题,获得人格的发展与进步。

2. 进行心理健康知识的宣教

在《中小学心理健康教育指导纲要(2012年修订)》中,学校心理健康教育的内容之一是普及心理健康知识。区域进行心理健康教育知识的宣教具有较大辐射范围和广度的优势,进行宣教的对象应该包含学生、教师、家长,帮助他们对心理健康有所了解,打消对心理健康的一些误解,在自己、家人、朋友等遇到心理健康方面的困扰时,能够有意识地寻求帮助。

3. 营造心理健康教育的氛围与环境

著名心理学家马斯洛、罗杰斯等人指出,当孩子们的周围环境和师友提供了最优的支持、同情和选择时,他们最有可能成长和自我实现;反之,这些孩子容易出现异常的情感和行为方式。[6]

区域心理健康教育主题活动在共情、接纳等前提下展开,通过体验、分享等形式,启发学生的内在体验和自我感悟。这些特点让区域心理健康教育主题活动在营造心理健康教育的氛围与环境、为青少年提供积极的社会支持环境方面具有独特的优势。

4. 建立学生心理成长的家庭—学校—社区金三角组合支持系统[7]

社区作为家庭—学校系统外又一大支持体系,在提高学生和家长的心理健康意识方面也起着非常重要的作用。目前,上海市大多数社区都设有相应的心理辅导工作机制及人员,学生的健康成长越来越离不开社区的支持与帮助,而区域心理健康教育主题活动由于参与面广,将社区纳入,能够发挥社区的力量,建立学生心理成长的家庭—学校—社区金三角组合支持系统,能够为学生的健康成长建立全方位、多角度的支持体系。

二、区域心理健康教育主题活动的内容设计

区域心理健康教育主题活动的内容,要根据不同目标、针对不同服务对象进行设计。心理健康教育的服务对象主要是学生,但要全方位促进学生的心理成长,教师和家长的成长必不可少。梳理上海市和浦东新区多年来心理健

康教育活动月,可以发现区域心理健康教育主题活动的内容多以学生为主,兼顾教师和家长。

（一）　以学生为服务对象

为促进不同学段学生的心理发展,区域心理健康教育主题活动的内容会根据不同学段进行不同的设计。以浦东新区第十届心理健康教育活动月为例,活动内容如表 1 所示。

表 1　浦东新区第十届心理健康教育主题活动月学生活动

学段	设　计　依　据	具体内容
小学	依据小学生心理发展特点,内容应聚焦行为习惯和学习习惯的培养,且具有具体形象、趣味性强、参与体验等特点	心理绘画评比、心理小故事评比、心理游戏征集等
初中	依据初中生心理发展特点,内容应聚焦在学习压力、情绪管理、人际交往等方面,且具有具体形象兼顾逻辑思考的特点	心理手语操比赛、心理宣传品制作、心理小论文评比等
高中	依据高中生心理发展特点,内容应聚焦于自我探索、学习焦虑、人际交往等方面,具有引发学生逻辑思考、深入探寻自身发展等特点	心理剧评比、心理小论文评比、心理微视频制作评比等

（二）　以教师为服务对象

教师包括学校心理教师和其他学科教师(含随迁子女学校教师和班主任)。

对于心理教师,在开展区域心理主题教育活动中提升他们的专业化水平能够促使他们更好地落实校级活动。

对于其他学科教师,主要提升他们关注学生心理特点、心理问题的意识,尤其是班主任,应要求他们具备一些心理辅导的知识,能够开展心理主题班会课,能够及时发现和关注遇到心理困扰的学生并给予基本的心理关怀,并及时转介有心理咨询或治疗需求的学生等。

在浦东新区第十届心理健康教育活动月中,活动设计内容如表2所示。

表2　浦东新区第十届心理健康教育主题活动月教师活动

教师种类	设计意图	具体内容
全区心理教师	提升其专业化水平	中小学心理社团活动方案征集与评选、团体心理辅导活动方案征集与评选、心理优秀科研成果评选、校园心理剧体验活动、生涯辅导展示与交流、心理活动月优秀项目奖和优秀组织奖评选等
心理骨干教师	心理咨询某一专业技术的提升,加强其对全区心理教师的专业引领	心理骨干教师高端培训,培训主题涵盖认知行为疗法、沙盘、催眠技术、家庭治疗等
其他学科教师(含随迁子女学校),尤其是班主任	提升其心理健康教育意识和关注学生心理健康的能力	心理主题班会征集、农民工学校心理主题教育活动展示与评比、教师的心理学各项培训等

(三) 以家长为服务对象

在区域心理健康教育主题活动中,开展家长活动的目的是宣传心理健康知识,将家长纳入教育活动,营造更为浓厚的心理健康教育氛围,与学校、社区一起建立全面积极的心理支持系统,落脚点仍然是学生。

以浦东新区十届心理活动月为例,在预防性发展性心理教育方面,区域每年都会根据各个社区的地理位置,安排临近的、有资质的心理志愿者为社区的家长开展各类主题的心理讲座,为家长和学生开展高考、中考考前公益咨询活动;在治疗性心理教育方面,会联合上海市著名的青少年心理专家、医生开展医教结合的心理健康知识公益讲座和大型心理咨询活动,引导家长关注和了解青少年的若干心理疾病及预防、处理方法等。

三、 区域心理健康教育主题活动的实施方式

区域实施心理健康教育主题活动需要投入的比较多，可以说是一个系统复杂的工程。在操作方面，结合浦东新区十年来的经验，可以归纳为以下几点。

（一） 区域心理健康教育主题活动的实施思路

1. 推进模式

区域开展心理健康教育主题活动，由于需要调动学生、教师以及部分家长和社区的参与，且开展活动的过程中需要调动多方资源，并借助教育行政力量的推动。例如，浦东新区在上海市率先开展心理健康教育活动月，且十年来参与面都非常广泛，一直采用的都是区—署—校三级推进模式（后教育署取消，改为中小学教育指导中心），即在浦东新区教育局德育处的领导下，由浦东新区青少年心理健康教育发展中心主办，浦东新区教育局各教育署（后为指导中心）协办，基层各校广泛参与。

2. 专业支撑

教育行政部门的推动是基本保证，但心理健康教育具有较强的专业性，因此，区域心理健康教育工作的专业引领部门（有的是区教师进修学院的心理教研部门，有的是区域青少年心理健康教育中心）应该起到专业引领、专业支撑、专业指导的作用，制定专业的活动方案，为各校提供专业的指导，保证整个活动的专业性。

（二） 区域心理健康教育主题活动的实施流程

1. 活动准备

设计和开展心理健康教育主题活动是一项系统工程，区—校各个层面都

应该做好充分的准备[其他区域并没有浦东新区设立的教育署（指导中心），因此仅描述区—校两个层面]。

第一，区级层面。区心理专业引领部门通过调查、访谈校长和心理教师等方式，了解基层学校在心理健康教育方面的需求，设计专业的区域心理健康教育主题活动；发布区级活动通知，尽早让学校把握活动要求。

第二，校级层面。首先，心理教师认真准备，仔细研究区级主题活动，掌握活动的目的、要求以及重点活动项目等；其次，教师提前向学生讲明活动要求和应做好的准备工作；最后，教师提前布置好活动的环境。此外，对学生在活动中可能出现的超出常规的认识和行为，教师如何处理也应做到有所准备和预见。

2. 宣传发动

第一，区级层面。通过制作和分发宣传图册、在网络各种渠道（包括网站、微信等）宣传，让全区中小学校都能对区域活动有全面深入的了解，帮助心理教师更好地在学校开展和落实。

第二，校级层面。加强宣传与发动，提高学生的参与度。对于囿于现实条件不能覆盖到全校的活动，可以以活动小组的形式来组织，教师要做好小组活动的分工、协调等工作。

3. 心理激活

第一，区级层面。区域心理健康教育主题活动的主题要与学生的现实生活、学校的心理工作相联系，且能够激发心理教师的专业力量。对学校领导层和心理教师产生了心理激活，才能调动学校领导层的重视与落实，促进心理教师发挥专业性和积极性，确保区—校层面的衔接。

第二，校级层面。为使活动的内容与学生的兴趣之间建立直接联系，心理教师还需设置一些有吸引力的情境，调动学生参与的积极情绪，即提高学生的心理激活水平，来保证心理健康教育活动的效果。

4. 回顾与升华

第一，区级层面。区级组织者要加强总结与回顾，引导学校对经验和做法、收获与不足，以及今后活动的思考等进行全方位的考量，进一步提高学校开展活动的专业水平。

第二，校级层面。活动收尾时，学校组织者要加强总结，引导师生回顾活动中经历过的心情愉悦的体验，让学生在自己的心理发展和积极的情绪体验之间建立起紧密的联系；在活动之后，教师对活动的影响给予方向性的、符合社会主流价值观的正面引导。

四、 区域心理健康教育主题活动的评价方式

研究和完善心理健康教育工作的评价体系可以促进心理健康教育工作的发展。20 世纪 10 年代以来，国外心理健康教育工作的效能评估被推到突出的地位。20 世纪 80 年代中期以来，中国学校心理健康教育工作逐步开展，由于还没有达到全体会、社会化、规范化，因而没有形成对其规范的评价体系。目前，国内心理健康教育专家对学校心理辅导活动课、个别心理辅导、学校心理健康教育组织管理、学生心理档案等的评价都有专门的研究与探讨[8]，但没有涉及对心理健康教育主题活动的评价，更没有区域心理健康教育主题活动评价的相关研究。这更凸显了研究这一主题的重要性与迫切性。

结合浦东新区十年来的经验，本文认为，区域心理健康教育主题活动的评价方式可以从以下几点思考和操作。

(一) 形成性评价与总结性评价相结合

形成性评价，其特点是通过及时揭示问题、及时反馈以促进工作的改进，

一般以反馈调控和改进完善为主要目的。总结性评价指对评价对象一定时期内的全面状况所进行的价值判断,旨在对教育活动作出评价,甄别优劣,鉴定分等,为各级决策人员提供参考依据。[9]

心理健康教育主题活动,其落脚点在"活动",强调学生、教师、家长在活动过程中的参与、体验、感悟与成长,因此,必须通过形成性评价及时了解活动的开展,把握区域开展活动中的方方面面,同时对基层学校的开展进行形成性的指导、把握和反馈。

另一方面,为了推进全区参与的积极性、主动性和专业性,总结性评价不可或缺。通过各种征集、评比、展示,将优秀的学校、教师、学生甚至家长的做法与经验进行奖励和分享,提升整个区域活动的水平。以浦东新区为例,其心理健康教育主题活动评价见表 3。

表 3　浦东新区心理健康教育主题活动评价方式

评价种类	评价对象	评价方式举例	评价者
形成性评价	学生	在各学段举办的活动中,学生的参与人数、参与的积极性、参与作品的质量等	学校区域
	教师	区域活动在学校中落实推进的情况;在区域各项教师评比活动中,参与的人数,参与的积极性;在活动过程中,区专业引领部门开展相关专业培训中,教师的参与度	区域
	学校	在区域活动开展过程中,学校的参与落实情况,学校开展心理主题活动展示的意愿、积极性和准备情况	区域
总结性评价	学生	学生参加各学段的评比、征集活动中的获奖情况	学校(校级评比)区域(区级评比)
	教师	在教师参与的各项评比、征集活动中(比如小团体辅导评比、科研评比等)的获奖情况	区域
	学校	在活动总结评比(比如优秀项目奖、优秀组织奖评比等)中的获奖情况,学校开展心理主题活动展示的情况	区域

(二)　定量评价与定性评价相结合

定量评价主要是一种数量化的评价,运用统计与测量的方法,对被评价的资料信息进行数字化处理；定性评价主要是在描述的基础上进行评判，通常表现为书面的"鉴定"或"评语"。

区域心理健康教育主题活动关注区域心理工作的推进与辐射，因此要在量上有一定的辐射面，这就需要定量评价，而活动本身的情况与质量，就需要进行定性评价。以浦东新区为例，两种评价方式见表4。

表4　浦东新区心理健康教育主题活动评价方式

评价种类	评　价　指　标	评价目的
定量评价	参与各项评比、征集、讲座培训等活动的学生数、教师数、学校数、家长数、社区数、获奖数、开展心理主题活动展示的学校数、规模等，一般都能获得比较准确的数目	这些数量可以非常直观地反映活动的广度
定性评价	参与各项征集或评比作品的质量；学生、教师、学校、家长等参与对象对各项活动的反馈及评价等	这些材料可以反映活动的深度

以上评价方式可以从过程到结果，从广度到深度，多方面、多维度反映区域心理健康教育主题活动的开展情况，有利于不断提升和促进这项工作的改进与深入。

浦东新区在开展区域心理健康教育活动的过程中，还多次尝试借助大学的专业力量与资源开展相关的活动。比如，浦东新区青少年心理健康教育发展中心组织12个中学的心理社团建立社团联盟，2012年与上海金融学院开展"大手牵小手"团体活动；临港片区的中小学校与上海海洋大学组建了临港大中小心理健康工作联盟，在线上线下都开展了心理健康教育相关工作的研讨；开展区心理健康活动月期间，为提升教师开发和设计心理活动的水平，曾多次邀请上海海洋大学、上海金融学院心理咨询中心的专家为全区中小学心理教师开展专业培训；等等。上海各高校心理咨询协会有更为专业的师资，能够为各区开展心理活动提供专业的力量支撑，因此，区域心理健康教育活动如何更好地借力大学的专业力量，在今后的实践中可以做更多、更广、更深入的尝试与研究。

注释

［1］参见《教育部关于印发〈中小学心理健康教育指导纲要〉(2012 年修订）的通知》(教基一
〔2012〕15 号），教育部官方网站,http://old.moe.gov.cn/publicfiles/business/htmlfiles/moe/
s3325/201212/145679.html。

［2］孟雁鹏、支愧云、杨晓东:《大学生心理健康教育活动课的实施探讨——以生命之歌活动课为
例》,《黑龙江生态工程职业学院学报》2013 年第 5 期,第 52—54 页。

［3］瞿正万、朱晓锋等:《浦东新区小学生心理卫生状态的调查分析》,《健康心理学杂志》2001 年
第 1 期,第 35—37 页。

［4］姚琳、潘丽红:《上海市浦东新区初中生心理健康状况及心理干预对照研究》,《中国民康医
学》2011 年第 23 期,第 2963—2964 页。

［5］韩伟斌:《2013 年上海市浦东新区远郊 1 179 名中学生心理健康状况及其影响因素调查》,
《预防医学论坛》2013 年第 12 期,第 13—15 页。

［6］严标宾、郑雪、邱林:《自我决定论对积极心理学研究的贡献》,《自然辩证法通讯》2003 年第
25 期,第 94—99 页。

［7］刘宣文:《论学校发展性心理辅导》,《教育研究》2004 年第 10 期,第 55—59 页。

［8］吴增强、沈之菲、冯永熙:《学校心理辅导通论》,上海科技教育出版社 2004 年版,第 335—
343 页。

［9］卢健:《形成性评价与总结性评价理论探究》,《福建教育学院学报》2011 年第 5 期,第 30—
33 页。

第三课堂实践活动的实施与研究

裴美婷

（上海田家炳中学）

　　社会实践活动是学校教育教学的重要形式，是育人的重要手段和有效补充，是教育改革与发展的客观要求，也是加速学生社会化进程、培养高素质人才的重要途径之一。

一、社会实践活动的定义

　　对社会实践活动含义的理解，目前在教育领域存在几种不同的阐述[1]，主要有如下几种表述：有学者认为，社会实践活动是在校外的社会活动中，对学生进行有目的、有组织的教育活动。另有学者认为，社会实践活动是青年学生按照学校培养目标的要求，利用节假日等课余时间参与社会政治、经济、文化生活的教育活动，如远足、军训、访问、参观、社会公益服务、专题冬令营、夏令营等活动。此外，还有学者认为，社会实践活动是指学生参加的各种具有教育价值的、面向社会、接触群众、联系实际的校内外活动。从教学层面看，有学者认为社会实践活动是培养、训练学生观察社会、认识社会，提高学生分析和解决问题能力的重要教学环节，它要求学生综合运用书本中所学的知识和技能,对一些社会关注的问题进行社会实践活动,最终使理论联系实际,完成学习计划,实现教学目标。

综上所述,本文认为社会实践活动是指学生有目的、有计划、有组织地走向社会、深入实际,识国情、受教育、学知识、长才干、做贡献的一系列物质与精神活动过程的总称。

二、 社会实践活动的目标制定

纵观社会实践活动的总目标,我们会发现,小学阶段的社会实践活动,以了解和尝试为主;初中阶段的社会实践活动,以体验为主;高中阶段的社会实践活动,是在体验的基础上,寻找与未来发展的相关性。

(一) 小学阶段的社会实践活动目标

小学阶段社会实践的目标包括:让学生亲近社会、学习知识、开阔眼界;提高学生自身的综合素质,增强学生的学习意识和吃苦耐劳的精神;提高学生独立生活能力,培养学生的实践体验能力和团队协作精神。

(二) 中学阶段的社会实践活动目标

中学阶段社会实践活动的目标主要有以下四点。

第一,满足学生成长的需要,培养学生良好的思想品质,充实学生的精神生活。中学阶段正是青少年逐步趋向成熟,独立走向社会生活的准备时期,也是人生观形成的重要阶段,但中学生的心理特征还不稳定,可塑性很强。丰富多彩的社会实践活动,使他们通过亲身参与实践的积极体验,形成对自然、社会、自我之间内在联系的整体认识,发展对自然的关爱和对社会、对自我的责任感,养成合作、分享、积极进取等良好的个性品质。

第二,增强服务意识,强化社会责任。开展社会实践活动有利于学生了解国情、了解社会,增强社会责任感和使命感,认识到自己对家庭、社会和国家的责任,形成强烈的社会意识。通过自主、合作、探究等多样化社会实践活动,促进学生综合实践能力、探究能力、社会责任感等多方面的情感、态度和价值观的发展,形成负责任的社会观念和基本的服务社会的方法,使学生的生活更为充实、更为进取,从而促进学生全面协调发展。

第三,推进学生、社会与自然的和谐发展。学生生活于现实世界和社会实践中,生活于自然中。教育不能让学生远离现实世界,而要通过社会实践活动建立课堂、学校与生活、社会的联系,强化知识与社会联系的气氛,为学生开辟一条与生活的世界交互作用、持续发展的渠道,使学生和现实生活的世界形成一个有机的整体,学生在体验与探索自然中不断完善。谋求学生自我、社会与自然的和谐发展是社会实践活动的终极追求。

第四,适应社会发展的需要。在当今社会科学技术不断进步,社会生活方式变革不断加剧的社会背景下,必须全面实施素质教育,克服片面的书本教育的弊端,引导学生开展综合实践活动,培养他们的综合能力、创新精神和探究能力,以适应信息化社会和改革开放时期社会发展对人才的要求,适应每个学生终身学习的需要。

(三)　高校阶段的社会实践活动目标

高校阶段社会实践活动的延伸目标是聚焦将专业知识与社会实践、工作、未来职业相结合的模拟演练。通过社会实践,大学生可以巩固所学知识,培养对书本知识的应用、传播和创新能力,既丰富课堂教学的内容,又磨炼意志,开阔眼界,明确责任,同时还体验自身的价值。作为一种教育形式,高校社会实践活动应当达到"四学会"的效果:学会认知——掌握认识世界的工具;学会做事——学会在一定的环境中工作;学会共处——培养在人类活动中的参与和合作精神;学会生存——适应和改造自己的环境。

三、 社会实践活动形式

为了保证社会实践活动得以实施,社会实践活动也会采取一定的方式方法。目前,大中小学的社会实践活动的形式归纳起来有以下六种。

(一) 志愿服务

开展志愿服务活动,主要包括两类,即志愿者行动和社区服务活动。志愿者行动主要是指由学校相关部门或学院牵头,让学生参加的一些公益性劳动,如维护交通秩序、社会治安、扶贫帮困、环境保护、宣传纪念活动、助残送暖等;学生的社区服务活动,也是由学校相关部分或学院具体负责联络和组织,活动内容包括社区劳动服务、尊老助残、社区文化建设以及相关的调研活动。

(二) 生活实践体验

生活实践体验包括集体组织的军训、学农活动。由学校与部队、社会实践基地各单位联系,利用新学年组织新生的军训工作,或是学期中组织学生参与学农活动等。

(三) 职业考察

中小学阶段,大多会选择了解家长的工作单位和工作内容。家长始终关

注学生的成长,学生却很少了解家长工作的艰辛、持家的忙碌。借助家长所在
单位参观的机会,可以让学生体验家长的工作环境、工作强度,增强对父母的
体谅和理解,并在这个过程中学习技能,开阔视野;大学生大多会选择与自己
专业相关的工作岗位进行职业体验、考察和实习。

(四)　参观体验

参观体验主要是指学生到各德育基地进行参观体验活动。中小学校德育
工作领导小组根据教育规定有计划、定期地组织学生到德育基地参观体验各
类场馆,参加社会实践活动。

(五)　研究性学习

当前,大中小学均倡导学生利用寒暑假自主参与社会实践活动,以项目化
学习的方式,形成小团队,就具体问题展开研究,撰写假期研究性学习小结或
调查报告。除假期外,平时的学习中也可以开展研究性学习,主题和方式可以
适当简化,或与各科学习结合起来,以免给学生造成太重的学习负担。

(六)　社会实习

社会实习主要是高校学生参与的社会实践活动方式,通过实习积累经验
增加就业储备。[2]大学生参加社会实践活动往往具有明确的目标,即强调积
累经验、追求内在价值的自我实现和个人才能的发挥。例如,心理学专业的学
生可以选择学校参加心理教师的见习,也可以选择医院参加心理咨询的见习,
或选择公司参加人员测评、管理心理方面的见习工作。

四、 社会实践活动内容

社会实践活动是广大青少年学生接触社会、了解社会、增长知识、增加才干的有效载体,主要包括以下具体内容。

(一) 与共建单位形成合作机制

大中小学段的社会实践活动是学生了解社会的窗口。目前中学阶段的社会实践活动已逐步形成规模,市级、区级认证基地均已上线,此外,部分学校逐步建立自己的签约基地,开展校本化的社会实践项目;高校主要以实习基地为主。虽然各校开展的内容略有差异,但从具体内容上归纳,主要有以下六种。

1. 游学基地

根据各校情况的不同,很多学校都会定期组织假期游学的活动,由学校联系地点,开展游学体验活动,在开拓学生视野的同时,增强研究性学习的意识。

2. 职业体验基地

各校借助共建单位等平台,增加实际动手体验实践的过程,尝试、体验、学习生产劳动、工艺制作、日常生活实务、未来职业等方面的基本技能,接受适应社会能力教育。

3. 学农基地

学习军事知识,通过军训活动,进行热爱人民解放军的教育和革命传统教育,增加学生的国防意识,提高学生执行革命纪律的自觉性。

4. 爱国主义教育基地

根据学校提供的爱国主义教育基地,扩充活动内容,如参观黄炎培故居、泥城革命史迹馆等,通过活动进一步加深学生的爱国主义情感。表 1 罗列了上海市某小学的教育实践基地推荐。

表 1　上海市某小学的教育实践基地推荐

年　级	地　点	详细地址
1—2 年级	国歌展示馆	荆州路 151 号
	中国科学院上海昆虫博物馆	枫林路 300 号
	黄炎培故居	川沙新镇兰芬堂 74 弄 1 号
	江南造船博物馆	鲁班路 600 号
	上海大自然野生昆虫馆	浦东丰和路 1 号
	上海自然博物馆	延安东路 260 号
	极地科普馆	金桥路 451 号
	上海市气象局	藏南路 166 号
	上海公安博物馆	瑞金南路 518 号
3—5 年级	上海城市规划馆	人民大道 100 号
	外滩历史博物馆	中山东一路 475 号
	千阳森活馆	杨浦区锦建路 18 号
	上海博物馆	人民大道 201 号
	雀巢加工基地	宁桥路 88 号
	上海市历史博物馆	汉口路 193 号
	上海蔡元培故居	华山路 303 弄 16 号
	浦东展览馆	合欢路 201 号
	上海益民食品一厂历史展示馆	香烟桥路 13 号

5. 志愿服务基地

立足于所在社区,开展敬老爱幼、助残帮困、保护环境、公益宣传等各种形式的志愿服务活动,参与道德实践,接受社会公德教育。

6. 校外实习基地

大学生希望通过社会实践活动提早体验岗位角色(不至于临场彷徨不适),从而真正增强其就业能力和进入职场的砝码,主要包括岗位见习、挂职锻炼、专业实习等。

(二) 开展相关的心理实践活动

除了上述方式,我们还会开展一些活动性较强的心理实践活动,帮助学生获得心理成长。

1. 开展主题性强的团体心理辅导活动

通过团体心理辅导促使个体在人际互动中观察、学习、体验,学会换位思考,了解他人的相似处境,分享他人的有益经验,享受人与人互相关爱的温暖,重新评价自己的思想、情感和行为,调整改善与他人的关系,提高自我认识和心理健康水平,促进自身的成长,例如亲子沟通主题的工作坊活动、考前减压团体心理辅导活动等。

2. 开展场馆参观类活动

中小学阶段充分挖掘家长场馆资源,在家委会的组织和带领下参观博物馆、科技馆、解放阁、英雄纪念馆等场馆,在游览中增加学生的知识储备,培养热爱家乡、热爱学习、热爱生活的品质。部分中小学还会组织踏青郊游等课外活动。

3. 开展生涯教育活动

生涯访谈活动,是通过与一定数量的职场人士(通常是自己感兴趣的职业从业者)会谈,获取关于一个行业、职业和单位"内部"信息的一种职业探索活动。通过访谈,了解该职业岗位的实际工作情况,获取相关职业领域的信息,进而判断自己是否真的对该工作感兴趣。帮助学生进行职业探索和职业环境认识,有效进行职业生涯规划。这项活动对于中学生而言无疑是了解未来感兴趣职业的重要途径之一;对于没有工作经验和社会阅历的大学生来说,也是了解职业的一个较好的方法。

4. 开展职业体验活动

职业体验是指学生在实际工作岗位上或模拟情境中见习、实习,体验职业角色的过程,如军训、学工、学农等,注重让学生获得对职业生活的真切理解,发现自己的专长,培养职业兴趣,形成正确的劳动观念和人生志向,提升生涯规划能力[3](参见表2)。

表 2　学生职业体验活动推荐

年　　级	学生发展特征	推荐主题
3—6 年级	主要处于职业幻想期	找个岗位去体验 喜爱的植物 栽培技术 来之不易的粮食 我是小小养殖员 走进立法、司法机关
7—9 年级	主要处于职业尝试期	职业调查与体验 军事技能演练 走近现代农业技术
10—12 年级	主要处于职业尝试期和 职业现实期	高中生生涯规划 走进军营 创办学生公司

5. 开展职业预演活动

当前大学生岗前预演的形式是多种多样的,包括创业活动、社团开展的物品拍卖、职场应聘、案件审理、生产锻炼等模拟活动,学院组织的"未来教育家"等演习竞赛活动等。

6. 开展研究性学习活动

通过社会调查、志愿服务等形式,增强与社会的联结,为步入社会做好充分的准备。

五、 社会实践活动组织管理

从社会实践活动的组织管理看,主要包括制度建设、保障机制两方面:一是建立校外社会实践的基本制度，如志愿服务制度、校外实习制度等；二是建立校外社会实践保障机制，如前期培训、人员安排、时长设置等。

(一)　社会实践活动制度建设

完善的社会实践活动制度对于有序开展社会实践活动有着规范、制约等重要作用。本文从社会活动实践单、志愿者服务制度、校外实习制度等三方面进行介绍，为社会实践活动制度的建设做一个概要的介绍。

社会活动实践规范方面，可以从实践活动的宗旨、活动主题、活动口号、主体项目、社会实践公约、社会实践团队守则、组织原则等方面加以考虑，设计完善的社会活动实践规范。

志愿服务制度方面，在推进志愿服务工作的过程中，要努力建立健全志愿服务制度，用制度化的成果让志愿服务持续健康发展，让学生的志愿服务培育起"我为人人，人人为我"的社会风尚。志愿服务制度主要可以从志愿者管理制度、志愿者服务制度、志愿者培训制度、志愿者组织领导、志愿者考核激励制度等角度设计。

校外实习制度方面，主要从校外实习的组织领导和管理职责、家长应履行的职责、指导教师的配备、实习的方式和要求、实习成绩的评定以及学生校外实习守则等方面加以考虑。

(二)　校外社会实践保障机制

为了更好地开展校外实践活动，应该开展好前期培训，做好人员安排，设置好活动时长。

1. 前期培训

为了使学生更好地参与社会实践活动，而不是单一地参加一次独立活动，活动开展前需要对参与实践活动的学生进行活动的前期培训,例如游学的前期培训、职业体验的前期培训、职业生涯人物访谈的前期培训等。

2. 人员安排

每次活动前,需要做好统筹、组织、实施、效果评估的人员安排工作。这里需要强调的是,小学阶段班主任的作用尤为重要,各班主任需要认真做好学生的参观、生活安排,让学生学有所获,保证学生在学习、活动时的绝对安全。在活动过程中,还需加强对学生生活常规的教育和良好习惯的培养,在组织学生参观过程中一定要教育孩子服从老师安排,自觉遵守秩序,爱护文物和公共设施,并时刻关注学生的安全,加强学生的安全管理,确保学生安全出行、安全返回。

3. 时长设置

活动能否系列化、主题化,需要结合每个学段的实际情况而定。例如,学生在初中阶段需完成社会考察136课时(平均每学期约两天半)、公益劳动80课时(平均每学期约一天半,一般每学年不少于20课时)、职业体验32课时(平均每学期半天,其中在上海市职业院校的职业体验不少于16课时)、安全实训24课时(初中阶段共三天,一般在上海市级公共安全教育场馆的安全实训不少于8课时)。根据课程计划,可安排在每学年两周的社区服务社会实践课程中完成,时间上可集中安排,也可分散安排。社会考察、公益劳动、职业体验和安全实训可在整个初中阶段统筹安排。社会考察(含社会调查)可主要安排在六七年级,职业体验可主要安排在八九年级,学校可根据教学计划做适当调整。

六、 校外社会实践活动评价

目前小学阶段还未设置学时考评,大多均以过程性的活动记录为主,初高中目前都已经有线上社会实践平台。

（一） 学时计分

每次活动之后的学时计分，需要根据每个学校的实际情况而定，初高中是将学生的社会实践活动记入社会实践平台的，一方面是有过程性的记录，另一方面也激发了学生参与社会实践活动的积极性。

（二） 档案记录

学生活动档案的记录，可采用电子档案或纸质档案记录的方式，记录活动过程、活动方案、活动收获等，并辅以照片、视频、作品实物等，丰富和充实档案。

（三） 过程性评价计入相应的学生平台

目前，初高中阶段均已有线上社会实践平台，如初中主要评价内容为学生参加社会考察、公益劳动、职业体验、安全实训等综合实践活动的情况。社会考察是指学校组织学生到爱国主义教育基地、革命历史类纪念地，大型公共设施、重大工程基地，国防、科技、农业基地，自然保护区等资源单位进行考察、调查、探究和研学实践等。公益劳动是指学校组织学生参加校内及校园周边社区的公益劳动，主要包括校园内公共设施的卫生保洁、绿化美化、普及文明风尚、为孤残老幼服务、送温暖献爱心等。职业体验是指学校组织学生到职业院校等场所参观、学习、体验等。安全实训是指学校组织开展各类安全演练及实训体验，安排学生在学校开展火灾、地震、校车等突发事件逃生演练，组织学生在学校公共安全教育体验教室、区域公共安全教育体验中心、市级公共安全教育场馆等地进行安全实训。高中主要评价的内容是志愿服务以及社会实践活动，根据指定的市级、区级或是学校签约基地的任务，完成相应学时的社会实践活动，录入指定平台。

七、一体化衔接的思考与建议

作为新课程改革一大亮点的社会实践活动,在渗透心理健康教育上有着不可比拟的优势:强调学生通过实践,增强探究和创新意识,发展综合运用知识的能力;增进学生与社会的密切联系,培养学生的社会责任感。综合实践活动与心理健康教育的思想内核有许多一致之处,主动探索、注重过程、强调体验是它们共同关注的重点。如何有效发挥综合实践活动学科优势,促进学生心理健康教育,是摆在教育工作者面前的新问题。

关于大中小学生社会实践活动的衔接问题,我们的思考是,小学阶段的社会实践活动注重了解与尝试,初高中注重感知与体验,大学注重知识与实践的结合,但学生的社会实践活动形式存在很多重叠,这是由于不同学段的活动要求和目标是螺旋式上升的。因此,在开展社会实践活动的过程中,大中小学需要根据具体学段的活动目标,设计系列化、主题化的社会实践活动,以达到相应学段的社会实践活动目的。当前,各学段之间的关联性并不高,高中社会实践活动是否可以与高校做一些联系和合作,比如高中生的专业考察是否可以进入高校实地考察等,是值得探讨的议题。

注释

[1] 杨晓虹:《中学社会实践活动的现状分析及对策研究》,华东师范大学出版社 2006 年版。

[2] 周彩姣、林寒:《大学生社会实践活动现状调查与完善策略》,《高等教育研究》2012 年第 9 期,第 74—79 页。

[3] 黄琼:《中小学职业体验活动要抓住关键要素——〈中小学综合实践活动课程指导纲要〉"职业体验"主题解读》,《人民教育》2018 年第 3 期,第 69—72 页。

【范例四】

心理辅导活动案例

——生涯教育之职业体验大中小幼一体化实践

张晓冬

（上海市建平中学）

计　云

（上海市东昌东校）

一、　生涯教育实践缘起

进入 21 世纪后，中国已经走向了高等教育大众化及高中教育普及化的新阶段，但缺少生涯教育的 12 年寒窗苦读，很有可能让学生在人生重要选择关头要么茫然，要么盲目，这对学生本人、对学校教育、对国家发展都是不负责任的。

早在 1994 年，国家教育部就在《普通中学职业指导纲要（试行）》中明确提出"职业指导是普通中学教育的一个重要组成部分"，它的任务是：帮助和引导学生了解社会、了解职业和专业；了解自己的生理、心理、兴趣、才能和体质等特点；教育学生正确处理国家、社会需要和个人志愿之间的关系；增强职业意识和对未来职业的适应能力，使学生能够正确地选择符合社会需要及其身心特点的职业或专业方向。2017 年 9 月,教育部《中小学综合实践活动课程指导纲要》也将职业体验作为重要的综合实践活动课程之一,认为"职业体验的关键要素是设计或选择职业情境;实际演练;总结、反思和交流体验经历过程;概括提炼经验,行动运用"。同年 9 月,中共中央办公厅、国务院办公厅颁发的《关于深化教育体制机制改革的意见》也明确提出要培养学生"职业能力"。2018 年《上海市教育委员会关于加强中小学生涯教育的指导意见》强调要形成生涯教育合力。2019 年,《国务院办公厅关于新时代推进普通高中育人方式改革的指导意见》把"坚决扭转片面应试教育倾向,切实提高育人水平,为学生适应社会生活、接受高等教育和未来职业发展打好基础,努力培养德智体美劳全面发展的社会主义建设者和接班人"作为主要目标,并要求加强学生发展指导,尤其应注重学生理想、心理、学习、生活、生涯规划等方面指导实效;帮助学生树立正确理想信念、正确认识自我,更好适应学习生活,处理好个人兴趣特长与国家和社会需要的关系,提高选修课程、选考科目、报考专业和未来发展方向的自主选择能力。

虽然国家各级各类文件一直在强调生涯教育很重要,也有一些有远见的学校早就结合学校实际开展了生涯教育尝试,形成了一些特色经验,如生涯辅导课程、校内主题周、模拟面试、项目设计、生涯人物访谈、行业专家讲座、生涯主题班会、职业体验等。这些生涯教育实践有效引导了学生进行自我、职业与社会等探索,也有效提升了学生的生涯规划能力。但是,在基础教育领域,各个学校的实施、落实仍存在许多问题。第一,有些学校依旧采用较为封闭的教学模式,仅仅看重学科知识的学习,没有专业的师资或相关课程。第二,有些学校虽有相关指导文件,但却形同虚设,未见成效。第三,有些高中虽然也开展职业生涯教育,但是在情境性和真实性上存在较大的欠缺,学生无法在真实的情境中进行职业体验,缺乏对职业的直观感受和体验。第四,大多数学校的生涯教育参与者,尤其是老师、家长和社会,参与度明显不足,在生涯教育中缺乏过程性引导、管理制度以及效果研究,职业生涯教育体系不完整,过程不严密,效果更是无从考证。第五,有些学校的生涯教育仅仅聚焦学生近期发展,而没有考虑到学生长远乃至终身发展的需要。第六,大多数生涯实践探索既缺少同类学校的普及性,又缺少不同学段之间的连贯性,在家庭—学校—社会一体化、大中小连贯性方面还缺少整体设计和可操作的经验。

　　面对生涯教育实践过程中的种种问题,如何开发和构建体系健全、情境体验真实、过程指导细致,并切实满足学生长远职业生涯发展需求而非仅仅聚焦于高考的学生职业生涯规划指导体系,成为学校在学生职业生涯教育培养工作必须面对的任务和挑战。

二、 生涯教育之职业体验大中小幼一体化实践案例

　　生涯教育是一种连续不断的历程,也是一种统整的教育构想,它通过生涯认知、生涯安置、生涯进展等步骤,培养学生的生涯能力。而职业体验是生涯认知的重要途径,学生可以通过接触真实职场人物、浸润真实职场情境,深入了解职业,获得直接学习经验,加强自我探索,其效果远大于传统意义上的间接职业教育,有助于学生形成生涯规划和自我发展的职业能力。

　　根据美国著名职业生涯规划大师舒伯于1953年提出的职业发展理论,人的职业选择不是一次完成的,而是随着环境以及个人的成长而不断动态地发展变化的。0—14岁是职业生涯成长期,该阶段孩童开始发展自我概念,开始以各种不同的方式表达自己的需要,且经过对现实世界的不断尝试,修饰自己的角色。15—24岁是职业生涯探索期,其任务是使职业喜好逐渐向具体化、特定化发展并确定职业喜好。

　　因此,无论从外在的教育改革要求以及内在的学生发展需求来看,探索适合大中小幼学生的职业生涯教育体系显得十分重要。职业体验也需要这样系列化、连贯性的设计,并以这样的载体形成学校—家庭—社会共同参与的教育形式,促进学生在开放的教育环境中学习、探索、实践并成长(见表1)。

表 1　各学段职业体验实践活动设计

学 段	活动名称	建议年级	建议实践时间
幼儿园	了解爸爸妈妈的职业	大 班	不限
小 学	家长职业汇	不 限	家长会或中午
初 中	跟家长上一天班	不 限	寒暑假
高 中	深度职业体验	高 二	学工学农时间或寒暑假
大 学	跟岗专业实习	大三、大四	大三下学期、大四上学期

(一)　幼儿园"了解爸爸妈妈的职业"

　　活动主题:了解爸爸妈妈的职业。

　　活动目标:能用连贯的语言介绍自己爸爸妈妈的职业特点,初步了解部分职业。

　　活动准备:观察自己爸爸妈妈的日常生活。

　　参与对象:大班孩子皆可。

　　建议时间与场地:幼儿园教室。

　　活动步骤:第一,事先观察自己爸爸妈妈的日常生活,比如上下班时间,上班装备等。第二,了解爸爸妈妈的职业。第三,互相交流分享爸爸妈妈的职业。第四,通过职业角色扮演游戏,体验职业。

　　活动评估:幼儿的参与活动情况、表达情况。

　　建议与提示:建议幼儿园大一点的孩子参与这个活动,对职业的认知更好。根据幼儿兴趣点,设置相应的游戏情境,进行角色游戏。

(二) 小学"家长职业汇"

活动主题:小学"家长职业汇"。

活动目标:通过家长分享让学生走近社会各行各业,了解工作岗位,拓展职业视野,培养职业探索的兴趣,增进对职业能力的理解,以期促进学生形成早期生涯规划意识与能力。

活动准备:设计并发放"家长职业汇"任务单。

参与对象:所有年级学生皆可。

建议时间与场地:家长方便来校的时间,学校教室。

活动步骤:第一,在家长群宣传活动,招募家长志愿者,给学生分享不同职业的岗位需求、工作特点等内容。第二,学生指导,明了活动意义。第三,家长进课堂,介绍自己的职业,学生完成任务单。第四,学生交流分享"家长职业汇"的收获。

活动评估:第一,学生"家长职业汇"任务单(见图1)。第二,学生班级分享情况。第三,参与的相关展示、评选活动。

建议与提示:可以邀请不同职业的家长进课堂讲述自己的职业,让学生了解各种各样的职业;组织学生分享,同时可以布置一些探究作业,让学生多去了解不同的职业。

职业:
工作地点:
工作内容:
你会怎么形容这个职业?
你对这个职业是否感兴趣?
你的收获:

图1 　"家长职业汇"任务单

(三)　初中"跟家长上一天班"

活动主题:跟家长上一天班。

活动目标:促进学生对家长工作岗位的了解;增进学生对岗位、职业、行业的认识,探索岗位职责与岗位人才要求;增强学生对自我和人生发展的认识与理解;初步培养学生形成生涯规划的意识。

活动准备:设计并发放"跟家长上一天班:学生职业见习记录"(见表2)。

参与对象:所有年级学生皆可。

建议时间与场地:寒暑假中的家长工作日,经家长向单位报备过的工作场所。

活动步骤:第一,家长讲座,达成共识,统一要求,并向所在单位报备。第二,学生指导,明了活动意义,准备好相关访谈问题。第三,作为社会实践活动,学生在寒暑假中,跟自己的家长去上一天班,完成职业见习记录。第四,家长撰写见习评语。第五,开学初学生上交记录表并进行班内展示、分享与交流,获得更多职业信息,澄清职业理解,增强自我认知。第六,学生在学习实践中有意识培养自己的综合能力。

活动评估:第一,学生职业见习记录表所记录情况。第二,学生班级分享情况。第三,参与的相关展示、评选活动。

建议与提示:班主任跟进每一个学生的见习情况,如家长职业不允许或者无适合职业可供学生见习,则建议在亲属成员中选择一人担当见习指导家长,也可以由班主任协调,可以由其他自愿的家长担当。

表 2 跟家长上一天班:学生职业见习记录

班级	学号	姓名

工作岗位/职位	所属单位与部门	所属行业

工作内容与职责:

岗位要求:
受教育程度(含专业要求):
经验:
基本技能:
基本素质:
特殊要求:

职业见习日记事及小结(可附页):

见习评语:

见习指导者签字:

见习单位盖章

(四) 高中"深度职业体验"[1]

活动主题:深度职业体验。

活动目标:在社会丰富职场形态下的真实情境中,学生通过有组织的系列职业体验,多次浸润职场,进行角色体认和岗位演练、加强责任担当、提升职业能力,拓展学生对社会分工、职业角色的体验与认识,协助学生充分自我认识和社会认知,进而发挥潜能,提升生涯规划和自主发展能力,促进终身可持续发展。

活动准备:一是思想共识,学生、教师、家长高度认同。二是资源保障,签约职业体验基地,并保证这些体验基地具有多行业特征。三是安全保障,进行安全教育并为每一位参与师生购买保险。四是队伍保障,对教师进行培训,体验基地专人负责指导。五是时间保障,调整学校课时安排,高二空出两周教学时间,通常为高二第一学期期中考试后。

参与对象:以年级为单位,全校师生参与,学生进行职业体验,教师负责跟进指导。

活动时间:学生三年五次参与,寒暑假四次＋高二第一学期期中考试后两周时间(见表3)。

活动地点:签约的职业体验基地。

表3　学生三年期间五次职业体验安排

次数	职业体验时间	职业体验时长	职业体验重点要求
第一次	高一寒假	三天	(1) 初步了解职业概况(岗位工作职责、人才基本要求、职员构成情况) (2) 初步了解行业(行业内最有影响力的企业与专家、行业人才能力要求、行业现状与发展)
第二次	高一暑假	三天	(1) 某一具体职业的日常观察、人物采访与职业发展评价
第三次	高二上学期期中考试后	两周	(2) 职业概况、职业发展、工作体验、人物访谈等职业体验任务 (3) 小组合作开展生涯课题研究
第四次	高二寒假	三天	感受职场人才要求
第五次	高二暑假	五天	锻炼提升职业能力

活动步骤:整个活动分为任务布置与指导—职业体验与实践—成果总结与展示三个环节。具体如下。

第一,任务布置与指导。(1)学校层面:制定系列管理制度;与已签约体验基地商讨,确定体验基地的具体指导方案。(2)学校指导教师层面:明确自己的指导任务;熟悉指导小组成员及基地;联络基地指导负责人。(3)学生层面:

报名体验单位；组成体验小组；讨论职业体验期间课题研究方案；熟悉体验单位（包括性质行业、发展历史、文化、上下班线路等）。

第二，职业体验与实践。（1）学生职业体验活动：组长负责小组签到与协调；学生按照职业体验任务书完成职业概况、职业发展、职业体验、访谈等职业体验任务以及需要合作进行的课题研究任务；学生每天在职业体验网站上上传体验日记。（2）职业体验基地带教指导：按照单位指导方案专人负责带教指导；对单位整体情况、岗位设置、人才要求等介绍，包括具体体验岗位职责和任务的指导；体验结束后给予学生评价并填写职业体验评语。（3）学校指导老师跟踪指导：每天去体验基地单位巡视自己所负责的体验小组；与单位进行沟通协调；指导学生适应环境、熟悉工作、发展个性、有效沟通、加强合作；每日批阅学生网上的体验日记。（4）学校领导与学生发展指导中心全程管理与监督：协调指导老师的工作并巡视看望各体验基地学生；抽查学生的职业体验日记及教师的指导批阅情况；及时通过网站和微信公众号进行体验通信宣传报道，学生互相借鉴学习。

第三，成果总结与展示。（1）学生总结反思：每个学生递交个人职业体验小结；职业体验小组递交小组总结、PPT、视频。（2）班级主题班会分享体验收获：选定分享主题；设计职业体验主题班会方案，学生以小组为单位汇报分享；邀请体验基地单位代表参与并点评；邀请家长代表参与并点评。（3）学校总结、展示、宣传：年级优秀体验小组汇报分享及评比；全校范围内 KT 板及橱窗宣传职业体验过程及成果；评选优秀职业体验基地并挂牌一批新基地；职业体验成果汇编成册。

活动评估：第一，评价分为过程性评价和成果性评价两种。第二，可以将评价纳入学分制管理与评估，指导学生更好地参与职业体验活动，如针对学生表现性评价制定评价细则（见表4、表5）。

表 4　"深度职业体验"课程评价方法

内　容	基础学分	绩效学分	
分　值	3	2	
说　明	参加活动者即可获得基础学分	获优秀组织奖的班级每个成员计 0.4 分,组织奖计 0.2 分	学生个人表现（最高 1.6 分）具体评价见表 5
评价者	班主任	课程教学中心	班主任、指导老师

表 5　活动表现评价(最高 1.6 分)

评价项目	评　价　标　准				教师评价
	优（5 分）	良（4 分）	中（3 分）	差（2 分）	
出勤情况	两周全勤	迟到或早退一次	迟到或早退三次	迟到或早退三次以上	
职业体验资料记录情况	提交活动中的辅助材料:照片、视频、音频,清晰反映职业体验过程并有优秀创新成果的资料	提交活动中的辅助材料:照片、视频、音频,清晰反映职业体验过程但无创新成果	提交活动中的部分辅助材料	没有提交活动中的辅助材料	
职业体验展示情况	担任组长	上台汇报	课题汇报PPT 制作者	汇报材料提供者,如文字稿、照片等	
职业体验汇报总结奖项	所在小组荣获"优秀课题奖"一等奖	所在小组荣获"优秀课题奖"二等奖	所在小组荣获"优秀课题奖"三等奖	所在小组只在班级汇报	
总和					

注:满分 20 分,以班级为单位,由班主任评价后按分值高低排序,依次是 1.6 分的占 30%,1 分的占 40%,0.5 分的占 30%。

建议与提示:第一,职业体验基地主要由家长提供,也可由社会企业报名,还可以由学生或学校根据需要联络组成,并经学校审核,尽可能涵盖不同行业,给学生提供可供选择的岗位。第二,需要加强沟通,学校职业体验要求和职业体验基地方案一致。第三,加强安全教育,提高安全防范意识。第四,注重过程中的指导与活动后的交流展示。

（五） 大学"跟岗专业实习"

活动主题：大学"跟岗专业实习"。

活动目标：通过实习，亲身体验职业，了解职场环境，明晰自己的职业目标，为进一步走向社会打下坚实的基础。

活动准备：跟岗实习单位。

参与对象：所有大学生皆可。

建议时间与场地：跟岗实习单位。

活动步骤：第一，联络跟岗专业实习单位。第二，学生报名，进行筛选，安排不同的实习单位。第三，学生指导，告知一些注意事项，帮助他们更好地适应跟岗实习。第四，撰写跟岗实习总结报告。第五，分享交流。

活动评估：第一，学生跟岗实习总结报告。第二，学生班级分享情况。第三，相关展示、评选活动。

建议与提示：做好跟岗结束后的总结、交流工作，对于大学生的帮助更大；总结跟岗专业实习中的得失，帮助学生更好地转化角色，从学生状态切换到职业人、社会人的角色；培养各种职业能力，强化岗位专业知识的运用能力。

三、 实践成效与思考

借助家长和社会资源，开展分学段有递进的职业体验，具有以下特点：顶层设计，整体规划，形成系统；面向全体，贯穿大中小幼全程；学校、家庭、社会联动，资源共建；等等。

（一） 学生的学习方式发生变革

深度体验式学习，打破了封闭学习的壁垒，增强了学习的实践应用性，激发了主动学习的动机。学生的生涯意识得到提升,生涯准备更加完善,生涯体验更加深入,生涯行动能力得到全面提高。

幼儿园孩子了解爸爸妈妈的职业可以让他们更了解父母,初步了解常见职业,萌发对社会职业的兴趣。

小学生通过不同的家长去班级的职业分享活动,可以增加对社会职业的了解,而且互动让他们可以尝试走近这些职业。

参与"跟家长上一天班"职业体验后,初中学生可以初步认识社会各行各业,至少知道了岗位、职位、部门、单位、行业的关系,知道了每个工作岗位是有明确要求的,岗位工作人员招聘除了学历以外,还有经验和素养等多方面的要求。但是也有学生感慨对家长的职业不感兴趣,在这种情况下,我们鼓励学生交换家长跟去上一天班,但是学生感觉资源还是太少;学生反映,只跟着家长上一天班,很难看到该岗位的全貌,譬如财会工作具有很强的周期性,也许每年11月和每个月月底才是财务工作人员最忙的时候,而学生去的那一天不一定能看到这样的工作状态;另外,家长难免要照顾自己的孩子,所以往往不能安心正常上班工作,有的则希望自己的孩子在办公室好好做作业,不太愿意或者因为只有一天时间而不能提供合适的实践机会,因此很多学生反馈感想不多,收获也不大,甚至极少数因为时间短、认识片面,对某些行业和岗位工作产生了误解。

而高中的三年五次深度职业体验则可以避免初中"跟家长上一天班"的不足。深度职业体验活动看起来是花费了学生本应在教室里进行学科学习的时间,但是职业体验在他们的人生历程上留下了深深的痕迹。有65%的学生认为职业体验促进了自己的学习,并且使他们在学校的日常生活中更注重自己多方面能力的培养,有21.25%的学生在职业体验后非常注重各种能力的培养,48.93%的学生比较注重。这是一种自我意识与学习动机的激发。学生意识到社会职业不仅需要相关学历与专业背景，也注重个性、人际关系、组织协调能力、沟通表达能力，意识到人才是一种综合素养，而不同的行业与职业、岗位需要的能力是有差别的。这使他们开始利用学校创建的各种舞台，如社团、项目设计、社会实践等，自发自愿自觉地培养自己的多种能力，越来越多的学生有了更明确的努力方向。举例而言，经历过职业体验的建平中学毕业生和没有经历过职业体验的非建平中学毕业生，在专业匹配度与专业兴趣、专业受益程度等方面均存在显著性差异（见表 6 和表 7），前者更少感到迷茫，生涯规划更明确（见表 8），知道自己想要从事的行业，有针对性地朝着目标岗位努力。

表6　经历过职业体验的建平毕业生与没有经历过职业体验的
非建平毕业生专业匹配度对比

专业匹配度	研究对象	n	平均值	F	p
心仪专业	建平毕业生	370	1.32	11.477	0.001 **
	非建平毕业生	81	1.48		
调剂专业	建平毕业生	370	1.90	9.067	0.003 **
	非建平毕业生	81	1.84		
转专业	建平毕业生	370	1.95	36.608	0.001 **
	非建平毕业生	81	1.85		

注：** $p = 0.05$。
资料来源：张晓冬、刘玄佛：《建平中学职业体验（毕业生版）调查报告》，2017 年 10 月，未发表。

表7　经历过职业体验的建平毕业生与没有经历过职业体验的
非建平毕业生专业兴趣及发展情况对比

专业发展	F	p
专业兴趣	8.338	0.004 **
受益程度	5.099	0.024 *

注：* $p = 0.1$；** $p = 0.05$。
资料来源：张晓冬、刘玄佛：《建平中学职业体验（毕业生版）调查报告》，2017 年 10 月，未发表。

表 8　各类学生未来规划明确程度

人群类别	I	II [Δ%]	II（I）[Δ%]	II（II）[Δ%]
平均得分	0.522 73	0.636 36 [+21.74%]	0.576 92 [+10.37%]	0.722 22 [+38.16%]
总体方差	0.169 94	0.140 50 [−17.33%]	0.186 39 [+9.68%]	0.061 73 [−63.68%]

注:(1) Δ%表示某列数值相对于第一列数值变化的百分比。
(2) I 和 II 分别代表未经历过和经历过职业生涯体验的调查对象类。
(3) II（I）和 II（II）分别代表经历非建平中学组织和建平中学组织的调查对象类。
资料来源:任浙豪:《建平中学职业体验的"试错"效果》,2017 年 10 月 26 日,未发表。

　　大学生通过与所学专业相关的跟岗专业实习,加深了对专业相关的岗位、职业与行业的了解,加强了专业知识的实践运用,巩固了专业理想与专业志向,对于专业人才发展的路径有了更清晰的认识,开始更注重专业知识以外的职业能力和综合素养的提升,如查找资讯、分析问题、解决问题、与人沟通交往、团队合作、适应社会规则、应急事件处置等综合素质和能力。

(二) 教师改变教育观念，促进教育教学

　　教师经过培训后,树立了新的学生教育与指导观。与国内其他同类学校相比,上海市建平中学教师在指导意愿和指导效能感方面得分都非常高。

　　此外,教师评价观更加多元化。过去,教师,尤其是普通任课教师,较多是在课堂上接触学生,所以对学生的评价更多以学习成绩为主。在所有教师分组带队指导学生进行职业体验活动后,他们发现,在课堂中很普通的学生在职场中却展现了完全不同的特点,他们的沟通与表达、创新与灵感、协调与组织等能力可能非常强,平时教师眼中的优秀学生在这些方面反而不一定很突出。

　　指导学生职业体验活动也让长期在象牙塔中的教师有机会接触现实社会,接触之前完全不了解的职业岗位与职场人物,对社会有了全新的认识,对职场中所需要的人才素养也有了更多的了解。这对他们的教育教学产生了巨

大的冲击。很多教师开始反思自己今后到底该教给学生什么知识、什么能力，到底该采用怎样的方式才更能让学生接受。

(三) 有助于构建和谐共建的学校—家庭—社会合作新形式

打破学校教育的围墙，让有社会责任感的企业和关心孩子成长的家长有机会共同参与到学生生涯教育系统中，有助于构建和谐共建的学校—家庭—社会合作新形式，解决为谁培养人、培养什么人、怎么培养人的难题，使学生真正成长为社会主义事业的建设者和接班人。

注释

[1] 数据和内容选自 2018 年 12 月国家级教学成果二等奖报告《普通高中学生"深度职业体验"的建平探索》。

【范例五】

校园心理情景剧在不同学段的不同呈现

张爱菊

（上海市浦东新区进才实验小学）

杜玉婷

（上海市川沙中学）

校园心理情景剧由心理剧衍生，由社会剧发展而来，有戏剧小品的特点。它作为一种心理健康辅导方法，是校园心理活动的一个重要内容。校园心理情景剧集治疗性、教育性、活动性、趣味性为一体，为学生提供了一种发现、思考和解决问题的思维方式。它带着心理辅导的功能，以戏剧化的形式将学生在生活、学习中所遇到的困惑、冲突、烦恼、问题用各种心理剧技术编成剧本表演出来。它在不同教育阶段发挥着独特和良好的作用与效果，无论是参演者还是观看者，都能从中获得深刻的启发和教育。

一、 校园心理情景剧的意义

校园心理情景剧立足于校园，和其他心理健康教育手段和心理辅导方法相比,有着不可替代的优势和广泛的实用意义。

(一) 能激发学生自身的能量

校园心理情景剧非常注重表演者及观看者的体验,其剧情来源于学生在现实生活中遇到的心理困惑,融入心理学的知识、原理和心理剧表演技术重塑故事情节,在剧中表现学生的细微心理变化,体验个人成长、心理转变,进而达到宣泄、释压和领悟的目的。另一方面,校园心理情景剧强调自发性和创造性,突出学生的自编、自导、自演,整个过程充分尊重学生的需求和喜好,其行为的改变不是被迫地接受新的理念和被动地改变,而是主动地自我感受。[1]因此,无论是过程还是初衷,学生都是在"自助"成长,其反思、感悟都是有感而发,其认知的转变、行为的调整,最终都落实到内驱力的推动。

(二) 可以打破个别咨询的局限,为更多人提供帮助

从题材上来看,校园心理情景剧是师生根据校园生活中的常见问题和典型案例自创剧本,学生在现实生活、学习中遇到的几乎所有问题都可以成为一部校园心理情景剧的素材。一个剧本不仅是主角的故事,也可能是观看者经历过或正在经历的事情,主角和辅角、表演者和观看者通过某些联结共同成长。

二、 校园心理情景剧的操作模式

(一) 确定主题

校园心理情景剧的主题如何选择? 首先,"一剧一主题"是原则,复杂的、不清晰的主线会增加表演的难度,对表演者挑战太大,校园心理情景剧的目的

在于解决心理问题,而不是考验表演者的演技。其次,主题内容应该是学生日常生活、学习、交往中的心理困惑、冲突、烦恼,主要是成长性问题。而这些热门主题的收集可以是心理老师在日常教育教学中的发现,也可以通过问卷调查,或者对网络热点问题进行收集和提炼。

(二)　编写剧本

剧本的创作由学生和指导老师共同完成,学生是主要创作者。创作的过程也具有心理疗愈作用,学生在创作中反思、修正、感受、观察、探索解决方案,理解主角的过程也是理解自己的过程。这样的剧本是具有思想和生命力的。

(三)　选定演员

演员的气质类型要符合角色,或者具有较强的同理心,这样才能理解角色的问题和诉求。所以演员可以是提供素材的人物原型,可以是具有表演特长的学生,也可以是有相关体验的学生。如果演员就是素材的原型或出处,那么排练、演出的过程其实就是治疗的过程。角色分配时,如果演员之间出现争着演、不愿演的情况,指导老师需及时协调、帮助。

(四)　指导排练

对校园心理情景剧表演者的表演素质不能期望过高,其中可能多数是初次表演,这非常正常。在排练阶段,专业的心理教师必须参与其中,对心理剧技术的运用、表演者的情绪情感表达、舞台场景设置、剧情的节奏和推动方面给予专业的、完整的指导,不过,心理教师的指导必须建立在充分尊重学生自发性和创造性的前提下。不同学段对指导老师的要求不同,学段越低,指导老师参与度越高。

（五） 演出与分享

校园心理情景剧演出时,学校可组织师生共同观看。演出结束后,鼓励学生交流观看的感受,进行讨论和分享。在互动过程中,学生能从各自不同的角度看待问题,了解彼此,或许就在潜移默化中完成认知的改变。值得注意的是,分享过程不强调绝对的对错,不针对某个人或某种人评价好坏、对错,而更多侧重于面对心理问题的可能解决方案的多角度探索,以及情绪、情感的表达。好的分享可以让表演者和观众都能聚焦问题本身,认识到剧中涉及的问题并不是只有自己才有,也不止一种解决方案。同时,大家能从中获得理解和心理支持,这本身也是一个团体治疗的过程。[2]

三、 校园心理情景剧常用技术

（一） 独白

独白是指主角直接面对观众说话,表达一些未觉察的感受和思想。独白给主角机会获得自己或他人正在思考和体验而未直接表达的感受。主角也可能被要求在扮演自己之后自言自语。这种做法可以让主角总结概括他的思想,表达他的情绪,更密切地检验情感。

（二） 替身

一个辅角站在主角的身后与主角同台表演,或替主角说话,这个辅角即是替身。替身可以模仿主角的内心思想和感受,并时常表达出潜意识内容。替身帮助主角觉察到内部心理过程,引导主角表达出非语言思想和感受。替身辅助主角,并充当导演与主角之间的联络人。替身可以发挥整合作用,加强主角与配角的相互影响,从而帮助主角更清楚地觉察到他们自己。

（三）　多重角色的自我

多重角色的自我也称多重替身。当主角有多重矛盾的感受时，多重替身技术可以被有效地运用。多重替身可以参与到心理剧中，展现主角的多面性，表现主角内部状态、渴望、优点和缺点。

（四）　空椅子技术

空椅子技术是将一张空椅子放在舞台中间，让每位成员将其想象为一位他想诉说的对象而展开对话，从这个角度说，空椅子也是一个辅角。空椅子技术也可以在预热阶段使用，通过让每位参与者与空椅子的对话，选择一位有强烈情绪困扰而其问题又具有普遍性的人做主角。

（五）　角色互换

角色互换属于角色扮演的一种，它是心理剧角色扮演理论的核心。简单来说，角色扮演是让主角和舞台上的其他人互换角色，从而更加深入地了解真实情况和对方的感受。莫雷诺强调这一技术鼓励尽量最大限度地表达冲突情境。在这些主角扮演与他们有冲突的其他人的角色过程中，这些人际关系的歪曲信念可以被解释、探究和进行行为矫正。通过角色互换，主角可以重新整合、消化和超越束缚他们的情景。角色互换可以充分表达他们对现实的理解，从团体中的其他人那里获得关于他们的主观态度的反馈，一定程度上修正人际关系的歪曲信念。

（六）　角色扮演

角色扮演是指暂时脱离当前角色，承担他人的角色或扮演另一个自我。比如，让当事人扮演自己或去世的人，让彼此对话，直到某种冲突获得解决为止。角色扮演可用于重新演出过去、现在或未来的情形，尤其是人际关系和处世技巧方面的问题,进而有机会检视和评估在该情境中的行为和角色表现。由此,特定的问题得以深入处理,或通过未来情景尝试不同的表达和回应。

(七) 镜观

镜观技术是指让辅角通过模仿主角的手势、姿势、表演中的语言,来反映主角的状态。在辅角的模仿过程中,主角观察由他人反映出来的自己的行为,像别人一样来看待自己。这个过程有助于主角形成更加准确、客观的自我形象。

(八) 雕塑技巧

雕塑技巧是从社会计量技巧中发展出来的,通常是让主角将他与家庭成员的关系以雕塑的方法表现出来。例如,某成员可能将自己放在父母之间,然后将其他成员排在他的后面或背向父母,而这些成员彼此之间的距离皆不同,每个成员的姿势亦由主角摆布。一切完成后,即可让主角陈述整个雕塑的意义,以及对每位成员的感受,或与成员对话,由此即可演绎一出心理剧。

(九) 未来投射

未来投射是一种非现实的、根据主角当下的状况预见其未来的技术。未来投射技术通过对未来的演绎,帮助主角表达、解释他对将来的看法(包括希望和愿望、对未来的恐惧,或是生活的方向),使主角能够从中觉察到自己的问题,或者使其积极面对现实。

(十) 魔幻商店

指导者让学生想象自己在一个小商店,由辅角扮演店主。魔幻商店是假想出来的,商店里面陈列的商品就是个人所具有的各种品质,这些品质就好比可以获得的魔幻愿望,但是主角必须用一些自己所拥有的品质去交换。

　　该技术的基本思想在于主角和扮演店主的辅角进行讨价还价的表演,店主可以决定主角是否能拥有那些被压抑的愿望。对于那些不明确自己的价值所在、不明确目标,或者是在赋予自我价值的优先权方面存在困难的人,该技术特别有效。因此,该技术可用于澄清目标、审视个人品质或价值观选择。

　　除了以上技术,校园心理剧中经常使用的技术还有:宣泄、顿悟、附加现实、具体化、象征、放大、重复表演、示范等。

四、 不同学段校园心理情景剧主题及内容设计

　　校园心理情景剧在小学、中学、大学的主题内容的选择,应根据该学段学生的认知发展水平、身心发展特点、现实中的突出问题和需求而有所不同。

(一)　主题的设计

　　环境适应:主要是新生入学阶段可能面临的适应问题,也包括转学、复学后的适应问题,包括(人际)环境不适应、自我认识偏差、生活自理能力差、地域差异带来的环境适应不良、亲子关系冲突。

　　人际交往:包括同伴交往、异性交往、亲子关系。

　　情绪调节:主要包括情绪不稳定、持续性的情绪低落、长期的孤独感。

　　学习方法:各学段学生都可能面临学习相关的困扰和烦恼,相关主题包括注意力无法集中(主要是小学)、拖延症、时间管理不佳。

　　自我认识:根据各学段学生的心理发展特点,这部分内容重在探讨学生在认识自我过程中对自我的困惑、不满、内心的冲突,探索如何增进学生的自我认识,帮助学生自我接纳。

　　生涯规划:包括自我探索、生涯准备、生涯抉择。生涯规划主题不仅是大学生面临的重要人生课题,随着生涯规划意识的崛起,生涯规划甚至从幼儿园

便开始了。

（二）内容的设计

表 1　不同学段校园心理情景剧内容参考

学段	主　题	内　　　容	适用年级
小学	环境适应	（1）如何适应新环境 （2）幼儿园身份转向小学生的身份	一年级
	人际关系	友谊的小船说翻就翻	所有年级
	情绪管理	情绪小怪兽	一至三年级
	学习方法	（1）无处安放的眼睛	一年级
		（2）打岔的同学请安静	一二年级
	自我认识	（1）老师不喜欢我怎么办？ （2）我是怎样的学生？	所有年级
	生涯规划	（1）等我长大了 （2）我的梦想	四五年级
中学	环境适应	（1）如何适应新环境 （2）童年向青少年稳步过渡	初一、高一
	人际关系	（1）不存在的"疤痕"	所有年级
		（2）可以说"不"	
		（3）异性交往	
		（4）无法沟通的父母	
	情绪管理	（1）我的情绪我做主	所有年级
		（2）情绪的"不速之客"	
	学习方法	（1）打开记忆之门	所有年级
		（2）和"拖延"说再见	
	自我认识	（1）我是谁？	高中
		（2）不完美的我	
		（3）说来就来的孤独	
	生涯规划	（1）我的理想	所有年级
		（2）走近大学	高中
		（3）职业体验	

续表

学段	主 题	内 容	适用年级
大 学	环境适应	如何适应大学生活？	大一
	人际关系	(1)"完美"的大学生活	所有年级
		(2)成年人之间的友谊	
	情绪管理	(1)做内心强大的自己	所有年级
		(2)自控力	
	学习方法	(1)满地皆是"熬夜党"	所有年级
		(2)告别"拖延"	
	自我认识	正确面对内心的那个我	所有年级
	生涯规划	(1)全新的我	大一、研一
		(2)我的未来不是梦	大二、大三、研二
		(3)理想工作	所有年级
		(4)向左走,向右走	大三、大四

五、 建议与提示

(一) 剧本创作需立足于校园且够"心理"

校园心理情景剧必须突出校园的情景性和心理学的专业性,揭示和解决学生存在的典型心理问题是校园心理剧创作的核心。一部好的校园心理剧剧本应该符合不同学段学生的认知特征,且具有心理健康教育的时效性,最重要的是,它应该是原创的、来源于校园生活的、具有心理辅导和心理教育的功能的。与社会剧、话剧等其他戏剧不同的是,心理问题是校园心理情景剧要探讨和解决的焦点,并推动剧情发展。校园心理情景剧在引出心理问题之后,使用心理学原理、技术和方法,将心理健康理念融入情节,使当事人有所领悟,调整认知,宣泄情绪,改变行为,达到自我成长的目的。[3]

(二) 增加题材中健康人格的内容

从目的上来看,校园心理情景剧侧重于心理教育而非心理治疗,旨在解决较浅层次但具有共性的心理发展问题。校园心理情景剧的表演者要演好剧中角色,则必然需要揣摩人物内心,模仿、反思、再模仿。同时,观看者对其中的角色,特别是他们喜爱的角色也会有意无意地模仿。两者都受到剧中角色潜移默化的影响。如果剧中角色具有健康的人格特点,就意味着表演者和观众都有可能通过模仿该角色而调整认知、改变行为。因此,校园心理情景剧可以提供健康的个性心理参照体系和行为模式,合理的需要、崇高的理想信念和正确的人生价值观等个性倾向性等,都可以通过剧中情景、人物刻画生动地反映出来,促进个体或集体的自我察觉、人际交往、价值判断与自觉行为,对学生产生一种积极的潜移默化的心理影响和人格影响,帮助学生形成健全的人格。[4]

(三) 注重指导者的专业性

校园心理情景剧作为一种心理辅导方法,与一般情景剧大不相同。一出有水平的心理剧,其指导的难度非常大,对指导者的专业性要求非常高。创作和表演的过程中牵涉到许多层面,稍不留神就可能引起成员的负面情绪,反而弄巧成拙,易破坏整个团体的动力。对指导者而言,这既考验其心理剧方面的专业性,又考验其自身的洞察力和自省能力。因此,指导者的专业性也是一部优秀的校园心理剧的前提和保障。

注释

[1] 刘嵋:《校园心理剧团体心理辅导与咨询》,清华大学出版社 2016 年版。

［2］刘籽艺：《校园心理剧在学生心理健康教育中的价值探索》，《佳木斯职业学院学报》2019 年第
204 期，第 194—195 页。

［3］项传军：《大学生心理情景剧的实践与探索》，《广东工业大学学报（社会科学版）》2009 年第
4 期，第 84 页。

［4］刘嵋：《校园心理剧团体心理辅导与咨询》，清华大学出版社 2016 年版。

【附录】

校园心理情景剧《给我一次机会》

作者：张爱菊

指导老师：张爱菊

单位：上海市浦东新区进才实验小学

一、 剧情介绍

学生苏媛媛家庭比较特殊：父母双亡，依靠年迈的爷爷奶奶打工供她读书，这使她成为了一个自卑、懦弱的女孩。与苏媛媛不同，严羽桐是一个自信骄傲、学习优异、热衷于参加各种比赛、以得奖为乐趣的"学霸"。由于两人性格与处事风格有着鲜明的对比，严羽桐处处与苏媛媛作对，以欺负苏媛媛为乐。与严羽桐为伍的还有"小跟班"叶欣檀。她们之间发生了种种事件。给了她们自己一次改过的机会。

二、 人物角色

女主角一：苏媛媛

女主角二:严羽桐

副班长:江思源

同学一:叶欣檀;同学二:杨诗涵;同学三:周雨琪;同学四:主持人;同学五:许悠扬;同学六:小尾巴

班主任:张老师

三、 剧本正文

第一幕 （教室里,下课）

开场:铃声响起。

副班长:起立!

所有学生:老师休息。

严羽桐:(骄傲地坐在苏媛媛的桌子上)哎哟?! 看书呢?

叶欣檀:切!（定格）

严羽桐:(内心独白)我叫严羽桐,她叫苏媛媛,我们都是第一,但我是全班第一,而她,是倒数第一。我也不知道为什么,我就是想欺负她。

叶欣檀:你看书就是浪费! 再怎么看也赶不上我们羽桐。(转向严羽桐讨好)羽桐,别让她碍你的眼!（把苏的书拨在地上）

苏媛媛:你……你们……

许悠扬:你们干什么?!（定格）(内心独白)我叫许悠扬,我觉得维护同学利益、团结同学、帮助同学是我的也是班级里每个同学的责任。(回原位,继续)

（严羽桐听到声音从桌子上下来,一副事不关己的样子站在一边,叶欣檀抱臂看他们。）

小尾巴:(跑过来帮苏媛媛捡起书)你们别太过分啊!苏同学自小失去双亲,家境贫寒,只有年迈的爷爷奶奶供她读书。(叶欣檀把抱臂的手慢慢放了下来,若有所思地看着苏媛媛)

(定格)

叶欣檀:羽桐,我……是不是做错了?我们是不是不应该这样对自己的同学?

许悠扬:所以,我们应该帮助她,而不是欺负她!

严羽桐:是呀小叶,你怎么这么坏!

叶欣檀:我……(想解释,但上课铃响起)

第二幕 (教室里,上课)

上课铃声响起。

严羽桐:(斜眼瞥了一眼苏)哼!

(叶欣檀若有所思地三步一回头看着苏媛媛站着的背影,回到座位低着头)

(老师走进教室)

副班长:起立!

所有学生:老师好!

张老师:同学们好,请坐。好,我们现在来发卷子,这次最高分,严羽桐,100分!大家鼓掌。叶欣檀90分;许悠扬95分;杨诗涵、周雨琪97分,不错;呃(沉默,看着卷子叹气)唉,苏媛媛啊,你到底在想什么?(无奈)你一个人,拉低了班级的整体平均分,我(生气)……

苏媛媛:对……对不起,老师……

张老师:你看看人家严羽桐,活动、比赛一个不落还能考满分,再看看你,就考这点成绩,还不如不要来上课了!

第三幕　（教室里，下课）

下课铃声响起，老师退场。

（所有人到讲台拿着卷子，只有苏媛媛低着头难过地走到舞台中间，蹲下，头埋进膝盖）

所有学生：（音乐起，歌舞《奇妙的约会》）（指苏媛媛，嘲笑）

（铃声又响起，大家回到座位。定格）

苏媛媛：（内心独白）我怎么了？

第四幕　（教室里，上课）

副班长：起立！

张老师：请坐，我们最近应学校要求要参加市区的"我是小小演讲者"的比赛，校领导很重视，这个比赛也是一个为个人、为班级、为学校争光的机会！

学生：哇！

张老师：我看看咱们班哪些同学愿意接受挑战呀？

严羽桐：老师，我想参加！

张老师：很好！ 严羽桐同学总是第一个报名的，我们要学习这种积极向上的精神。还有吗？

张老师：好，那严羽桐同学，请你……

（苏媛媛猛地站起来。）

苏媛媛：老师，我想试试！

张老师：什么？（迟疑）这……

杨诗涵：（先站起来鼓掌）老师，您给苏媛媛一次机会吧！

许悠扬：是呀老师，说不定这次比赛后，苏媛媛会改变自己呢！

周雨琪：对对对，老师，我们会帮助苏媛媛的！

苏媛媛：老师，可以给我一次机会吗？

张老师：(叹了口气)唉，好了好了，你们先坐下。

(杨诗涵、周雨琪、许悠扬坐下)

张老师：我知道你们的心。苏媛媛，很高兴你这么勇敢，老师没想到你的人缘竟然这么好！你好好准备，我期待听到你的演讲！

苏媛媛：(高兴地站起来，鞠躬)谢谢老师！谢谢大家！我会努力的！

张老师：嗯，加油！你也可以请教一下严羽桐同学！

(铃声响起)

老师：今天就这样，下课！

副班长：起立！

所有学生：老师再见！

第五幕 （教室里，下课）

(大家都在收拾书包，苏媛媛跑去抓住严羽桐的手)

苏媛媛：(诚恳)严羽桐同学……

严羽桐：(吓了一跳)你干什么?！吓死我了！小叶，我们走！

叶欣檀：(有点不忍心)羽桐，她……你……

严羽桐：哎呀！(定格)我知道我的反应有点激烈，我也没那么坏，也想帮助苏媛媛，可是……虚荣心让我放不下面子道歉……尤其，尤其是她也报了演讲，我既想帮助苏媛媛又怕输给她！啊！好纠结！哎呀！什么你呀我呀，快走！饿死啦！(拉着叶欣檀下场)

小尾巴：等等我！

苏媛媛：可，我……(难过)

许悠扬：别担心！我帮你！

副班长：我帮你补习功课！

周雨琪：媛媛，还有我还有我！

杨诗涵:嘿!(环住她的脖子)多大点事,天空飘来五个字——

所有学生:那都不是事儿!干起来吧!

(换场,换音乐)

第六幕 (演讲比赛现场)

主持人:感谢严羽桐同学的演讲,请评委打分。有请下一位参赛同学——苏媛媛!

(音乐起)

苏媛媛:(唱)当我长大,我就能够得着参天大树上/那根树梢/这是我们成长的必经之路;当我长大,我就能聪明地回答所有/我需要了解的问题,在这之前/都要解答;即使现在,但我依然坚强去面对、去承担生活赋予沉重的负担;即使现在,我依然勇敢地/站在阳光下,不怕晒伤,不怕面对生活的不公平;当我长大……(缓缓地说)即使我学习成绩不理想,我也还有梦想;即使我家境贫困,我身边依然充满爱。我知道我并不一定要微笑着忍受,我知道我的命运没有被决定,我知道我的未来还有无限种可能,我更知道,为自己争取一次机会,去证明自己!我的演讲结束,谢谢大家!

(音乐停,结束,台下雷鸣般掌声)

严羽桐:小叶,我肯定第一!

叶欣檀:(若有所思)羽桐,我觉得……(被打断)

小尾巴:羽桐,说实话,觉得苏媛媛这次的演讲还真挺不错的。哎,讲真,你为什么很讨厌她呀?

严羽桐:哎呀,哪有什么讨厌……只是不知道为什么想欺负她,虽然很想跟她道歉,但是……觉得很没面子……(低头)

三人:唉……

主持人:下面我来揭晓本年度全市"我是小小演讲者"比赛的获胜者!她

就是——（定格）

叶欣檀：羽桐，平时我都很听你的，但是这次真的希望你能认真听我说。

严羽桐：小叶，你没事儿吧？突然这么正式。

叶欣檀：羽桐，我知道你心不坏，每次欺负苏媛媛你肯定心里也并没有那么高兴。我当然更希望你赢！但是万一……羽桐，这次无论输赢，我们一起跟苏媛媛道歉吧！

严羽桐：小叶……哎！我都紧张死了你还这么多话！好啦好啦！我怎么会输。嗯……我考虑一下！

主持人：她就是——苏媛媛同学！

苏媛媛：什么？我不是在做梦吧！

严羽桐：什么?！怎么可能！

杨诗涵：媛媛！你太棒了！

苏媛媛：（不敢相信）我……我……我获胜了！

（同时间，另一边）

严羽桐：……小叶，天呐！

许悠扬：我就知道，媛媛，你不差的！（定格）

严羽桐：（难以置信）我竟然……输给了苏媛媛?！苏媛媛，我竟然输给了你?！我不服！（低头叹气微笑）唉，小叶，你说得对，那么骄傲的我，每次嘲笑完苏媛媛，心里其实一点也不高兴。（抬头，坚定）苏媛媛把握住了一次机会证明了自己，我想，我也得给自己一次机会，勇敢正视自己的错误，请求苏媛媛的原谅。小叶，一会儿我去道歉！

叶欣檀：真的吗?！羽桐，我跟你一起！

主持人：恭喜苏媛媛同学！请她上台说几句感想！

苏媛媛：（羞涩又真诚）谢谢大家，我是苏媛媛……是个考试倒数、常惹老师生气的差生。

副班长:媛媛,怕什么! 我现在觉得,我要变倒数第一啦! 哈哈!

苏媛媛:我虽然不优秀,但也真的正在通过努力一点点突破自己。很感谢
老师的不放弃和同学们的帮助,给了我一次机会,此刻,我觉得我很棒!

所有学生:对! 你很棒!

严羽桐、叶欣檀:苏媛媛!

苏媛媛:(惊讶转身)你们……

严羽桐、叶欣檀:对不起!(鞠躬)

苏媛媛:哎呀! 你们别……

严羽桐:苏媛媛,之前是我不对,以后再也不会嘲笑你了! 请你原谅我!

叶欣檀:(诚恳)也请大家给我们一次改正的机会!

所有学生:(围着严羽桐、苏媛媛)嗨,多大点事儿!

张老师:同学们如此相亲相爱,张老师也很感动! 来,所有的同学,让我们
一起——

所有学生:(手牵手,与台下互动)新时代,"心"成长,把握机会,证明自己!

(全剧终)

第四篇
上海市大中小不同学段学校
心理咨询一体化研究

心理咨询,又称个别心理辅导、个案辅导,是学校心理健康教育工作的重要组成部分。目前,上海各大中小学均开展了心理咨询服务,规范、有效的心理咨询为学生健康成长发挥了积极作用。大中小学段学生年龄介于6—28岁之间,年龄跨度大,学生特点迥异,但咨询的目标如一,即从全人发展角度,维护学生心理健康,促进学生身心健康发展与健全人格形成。本篇将分析不同学段学生心理咨询的主要问题、特点及规律,咨询流派与技术的选择及应用,探讨咨询过程中心理转介、医教结合、家校协同等机制的运用,并以认知行为疗法和表达性艺术(音乐)疗法为例,展现二者在大中小不同学段的应用要点与区别。

上海市大中小不同学段学生心理咨询特点及规律研究

徐玉兰

（华东理工大学）

张琪娜

（上海市浦东新区华高小学）

王　娟

（上海市三林中学东校）

张晓冬

（上海市建平中学）

姚　俊

（上海市建平世纪中学）

　　心理咨询是存在心理发展需求或心理困扰的学生向心理咨询师求助时，后者应用心理原理与方法，通过鉴别、分析、评估和干预，协助学生解决心理困惑的过程。[1]中国大陆地区心理咨询于 20 世纪 80 年代中期首先出现在大学校园内，随后扩展到中小学，虽然起步较晚，但是发展迅速。经过 30 多年的发展，学校心理咨询日趋规范，在帮助学生解决心理困扰、优化心理素质、增进心理健康、预防心理疾病方面发挥了积极的、不可替代的作用，成为学校心理健康教育工作体系中非常重要的一环。

个体处于不同年龄阶段决定了身心发展的不同水平,不同学龄阶段有着不同的学习发展任务,学生会表现出不同的心理问题,心理咨询亦表现出不同的特点及规律。本文尝试对此进行总结梳理。

一、 小学生心理咨询主要问题及特点

小学生正处在身心发展的重要时期,因其心理发展机制还不够完善,心理发展尚未成熟,很容易受外界因素的影响而发生变化。近几年,由于社会转型加快、竞争压力加大、父母期望较高、学生心理调节能力较弱等,小学生发生心理疾患的人数出现增加趋势。[2]

(一) 小学生心理咨询主要问题

以上海市浦东新区青少年心理健康教育发展中心 2019 年心理咨询服务情况为例来分析,年心理咨询共 9 261 人次,其中电话咨询 7 494 人次,面询 1 767 人次。面询中,小学生占 53%,初中生占 38%,高中生占 9%。

以面询统计来看,心理咨询主要分为学习心理、情绪调节、行为问题、人际关系问题和其他五类。小学生咨询主要集中在学习心理与行为问题两个方面。有些咨询虽然表面上是学习问题,但随着咨询深入会发现,学习问题的背后是家庭教育或亲子沟通问题。很多家长对孩子的心理特点不了解,无法给予正确的引导,经常沿用一些简单粗暴的教育方式,又因教育方式不当造成亲子关系不良,影响了学习;还有一些学习问题的根源是父母的关系问题或教育观念不一致,引发家庭矛盾冲突,导致孩子学习动力不足或无法专心学习、成绩下降等。由此可见,小学生的学习问题并不在于学习本身,而是家庭冲突所致。

　　行为问题咨询主要集中在小学生多动症和学习习惯方面,且低年级男生占比较高。一方面,家长发现孩子在家学习时注意力不集中,担心是多动症,主动寻求咨询;另一方面,老师在学生学习过程中发现学生注意力不够集中,建议家长带孩子进行多动症的相关检查和治疗。经咨询师了解,绝大部分小学生没有明显的多动症症状,只是活泼好动,符合小学低年级阶段孩子的身心发展特点;也有部分被转介到医院,经检查确诊为注意力缺陷多动障碍(ADHD,即多动症),其中部分孩子需要服药,并建议在区青少年心理健康教育辅导中心接受医教结合心理辅导。

(二)　小学生心理咨询主要特点

　　第一,小学生主动求助咨询较少,多数是在家长或老师建议下咨询。

　　第二,咨询内容多为学习问题或行为问题,其中注意力不集中、作业拖拉、磨蹭等问题尤为集中。

　　第三,小学生心理咨询多为短程,一般两周一次,咨询 3—4 次就能解决问题;但确诊为多动症的咨询疗程较长,咨询效果有时会有反复。

　　第四,在咨询效果方面,家长的主动性和改变意愿的强烈程度对咨询效果有显著影响。

(三)　小学生心理咨询工作思考

1. 学校层面

　　全面扎实推进学校心理健康教育工作,具体举措如下:(1)利用心理活动月、心理社团、心理广播、学校网站等形式,引导学生培养良好的学习动机、自我意识、抗挫折能力等,提升学生的心理素质。(2)营建全体教师参与心理健康教育使命的理念,充分挖掘教材中的心理健康教育内容,融入学科教学中进行渗透。(3)教师主动调整自身心态,以积极、乐观、平和的心态面对生活和工作,包容、接纳、公平地对待学生,减少师源性伤害对小学生的影响。(4)积极推进家校合作,利用家长会、家长学校、工作坊、微信公众号等形式进行家庭教育指导。

2. 家庭层面

家长再忙,也要抽出时间用心陪伴孩子,积极倾听,良好互动,提高亲子陪伴质量。父母恩爱,家庭和谐,营造良好的家庭氛围,让孩子感受到家的安全和温暖。父母尊重孩子,并对其抱有合理期待,减少小学生成长过程中因为父母的高期望产生压力。家长做好言传身教,与孩子共成长。

3. 社会层面

政府重视,将小学生心理健康教育作为国民素质教育的重要组成部分。社会及媒体平台做好正面引导和宣传,加强网络监管,净化学生的成长环境。要充分挖掘社区资源,举办多彩的社区活动,加强社区场馆、主题教育基地建设,为学生健康成长创造良好的环境。要进一步加强医教结合,继续推进转诊绿色通道。

二、 初中生心理咨询主要问题及特点

初中生年龄在 11—15 岁,正处于身体和心理急剧变化的青春期,生理发育的骤然变化也会给心理发育带来巨大的影响。初中生自我意识迅速发展,成人感和独立性增强,在生活、思想、学习上都越来越想摆脱家长和教师的束缚。同时,学业压力增大,对社会的好奇心增强,自我调适能力和自制力较弱,容易受周边环境的影响,再加上自我心理保健意识不够,得不到父母老师等成人的理解和支持,很容易使初中生产生心理问题。

（一）　初中生心理咨询主要问题

1. 焦虑

初中生常见的焦虑是考试焦虑和社交焦虑。从小学升入初中,学习内容增加,课业负担变多,面对这些改变,自我调节能力不够的学生就容易出现考试焦虑。社交焦虑在初中生中也较为常见,他们通常不敢与人对话和对视,不愿参加集体活动,不敢表现自己,常常独来独往。

2. 抑郁

初中生的一些心理问题正是抑郁的表现,如与同学关系不好、缺乏学习动力、产生家庭矛盾等。因此,心理教师要有一定的识别评估能力,必要时须及时将学生转介到医疗机构进一步诊断。

3. 自卑

进入青春发育期,初中生情绪冲动、情感逐渐丰富,自我意识迅速发展,特别在意别人对自己的看法,关注自身形象,比如思考"老师是怎么看待我的""在别人眼中,我是个什么样的人""我漂亮吗"等问题。发生不愉快的事情时,他们容易贬低、怀疑自己,放大自己的缺点和不足,还容易以偏概全,变得敏感、偏激、自卑、封闭。

4. 厌学

初中生厌学现象非常普遍,有的在进入初中后开始厌学,对待学习情绪消极,上课注意力不集中,对作业敷衍了事;有的小学时成绩不错,到了初中成绩下滑,因而回避学习。因此,初中生如何提高学习积极性,培养良好的学习习惯,学会自我管理、生涯规划等方面的咨询需求较多。

5. 亲子关系

初中生很少有单纯因为亲子关系进行咨询的情况。但无论学生出现学习还是情绪方面的问题,心理教师在深入了解其家庭情况之后,都能发现学生诸多问题背后的家庭矛盾和冲突。

6. 环境适应

环境适应问题在新生中比较常见。预初学生生活环境、学习环境和人际环境发生了很大变化，如何尽快适应和融入，如何与新的同学、老师和谐相处，建立新的人际关系，是他们迫切想要解决的问题。

（二）　初中生心理咨询主要特点

1. 能够感知到自己的心理状况，但主动求助意愿较弱

初中生自我意识发展迅速，自我探索也有了一定深度，能够感知到自己的心理状态，但是初中生缺乏主动求助意识，一方面是因为他们对老师和家长的依赖度很高，只有家长和老师发现了学生的异常之后，引导学生寻求心理老师的帮助；另一方面，初中生对学校的心理咨询室设置不了解，缺乏求助途径。很多初中学校都是六年级开设心理课，后续两三年的时间里学生很容易忽略心理咨询室的存在。

2. 不同年级学生问题分化明显

初中阶段的学生咨询在不同的年级有着不同的特点。六年级和初一的孩子还处于儿童期后期，心理咨询的问题多集中于人际交往、挫折应对、多动等方面；初二和初三年级是心理咨询问题最为集中也最为复杂的时期，厌学拒学、抑郁、焦虑等问题也多在这两个年级出现；初三年级面对中考压力，学业问题最为集中，同时会衍生出很多情绪方面的问题。

3. 需要家长的参与和配合

家庭在初中生的生活中扮演着重要角色。如果家长能够参与到心理咨询中，学生心理咨询的效果会非常明显。对于一些情况严重需要就医咨询的学生，家长的意识和做法起着决定性作用。很多家长对心理咨询的意识不够，认

为初中生还是小孩子，小孩子不会出现心理问题，这样孩子的问题也更容易发展成严重的心理障碍。

（三）　初中生心理咨询工作思考

目前上海市大部分初中已经建立了心理咨询室，配备专职或兼职心理教师，为学生提供心理咨询服务。初中生心理咨询工作日渐成熟，但也有一些问题需要改进。

1. 心理健康工作以发展性咨询为主

目前社会高度关注中学生的文化知识学习，在这种情况下，初中生很容易因为学习压力产生学习厌倦等心理问题，特别是遇到重要的考试时，学生很容易焦虑。同时，由于教师和家长对学习高度关注，初中生容易产生对抗逆反心理，而相互之间的不理解、不信任会使学生的心理问题日渐加重。因此，初中生心理健康教育工作除应对处理学生突发心理疾病外，应把重心放在压力管理、人际关系调节、家庭教育、青春期等发展性问题上，妥善解决潜在的心理压力与冲突，从根本上避免心理问题长期积累和恶化。

2. 促使学科教师形成心理健康教育理念

心理教师会对出现心理问题的学生进行专业的心理辅导，但学生的改变更多地发生在咨询室之外。学生在学校里接触最多的是学科老师，他们不仅负责课业知识的传授，也会对学生产生潜移默化的影响。因此，应对学科教师进行相关培训，使其掌握青少年心理发展的专业知识，具备心理健康教育意识和理念，于学科教学中自然地对学生进行言传身教、心理育人。

3. 正确引导师生家长对心理咨询的认识及态度

目前，不少家长、老师对心理问题"污名化"，甚至戴着有色眼镜去看待有心理问题的学生。初中生在这样的环境中成长，自然而然地认为接受心理咨询就等于被贴上了"精神病"的标签，从而拒绝心理咨询。即使部分学生意识到自己可能有心理问题，但受制于他人的偏见，也很难求助于心理教师，影响了问题的及时干预。

4. 提升家长在学生心理咨询中的参与意识

学生的心理问题与其家庭成长环境、父母影响等息息相关。学校可以通过"家长课堂"的方式，引导家长了解青少年心理方面的相关知识，觉察自身对待孩子的态度和行为，懂得从心理上尊重孩子、理解孩子，不过度干预孩子的成长和发展。学校在常规的家校沟通基础上，定期反馈学生的心理发展情况，鼓励家长积极关注孩子的心理健康发展，树立心理健康观念，正确引导家长认识心理咨询的作用。

三、 高中生心理咨询主要问题及特点

自 2013 年上海市启动中小学心理健康教育达标校和示范校评估工作以来，高中生心理咨询工作的普及率、规范性及工作成效都有了明显提高。高中学校通常在校园相对安静且便于学生来访的地点设置 1—2 间环境舒适而温馨的专用心理咨询室，由持证的专兼职心理教师接待来访。咨询时间通常在中午或放学后较固定的时间，每周总开放时间不少于五小时。学校通过校园广播、海报、微信公众号、博客、带领新生参观等途径介绍、宣传心理咨询室。学校心理教师应做好咨询来访登记、个案记录与整理，及时统计汇总整体工作向学校主管部门反馈，为改进学校教育教学工作提供重要参考。

高中生心理咨询服务对象主体是学生，有时也会因个案需要接待家长和教师，以共同促进学生身心发展。心理咨询的内容以发展性心理问题为主，如发现学生可能存在心理障碍或心理疾病，通常会按流程转介到正规医院或专

业心理治疗机构。在学生因心理问题休学、复学时,心理咨询师通常也会跟进
转介与辅助工作。

(一)　高中生心理咨询主要问题

这里以高中某位心理教师一周的咨询情况为例,说明高中生心理咨询的
常见问题:(1)情绪困扰。小 A 曾因抑郁症休学一年,复学后每周固定一次跟
进心理咨询。(2)校园适应。高一新生小 B 入校后有诸多不适应,学习跟不上
节奏,与寝室同学关系不良,难以融入新集体,在班主任建议下前来咨询。
(3)考试焦虑。高三学生小 C 学习成绩极其优秀,但是每逢考试就特别焦虑,
主动前来咨询。(4)个性发展。高二学生小 D 从小不善与人交往,性格内向,
进入高中后主动想通过心理咨询改变。(5)生涯发展与学科选择。学生会主
席小 E 正在为未来的生涯发展而苦恼,还推荐读高一的小 F 来咨询学科选择
问题。

(二)　高中生心理咨询主要特点

不同学校学生心理咨询问题会有所差异,但表现出一定的规律性。高一
学生人际关系问题最集中,高二学生个性发展问题最集中,高三学生的咨询主
要围绕学习、情绪管理、生涯发展三个方面。

近年来,高中生心理咨询的人数逐年递增,高一新生中就有 13.56% 表示
曾接受过心理咨询。高中生自我意识与探索意识比较强,求询意愿强烈,而心
理辅导教师的专业性、亲和力及他人的推荐也会增强求询意愿。任何成长中
遇到的困惑和想要改变的动力都可能让他们主动前来咨询,任何人都可能成
为咨询对象,任何成长性、发展性问题都可能成为心理咨询的内容。

相较学校,区心理中心高中生和家长咨询较少,但这并不意味着高中生问

题较少,而是因为高中学校基本上都配有专兼职心理教师,心理教师在给学生开设心理课的同时,也给家长开设心理讲座。学生对本校心理教师更加了解和信任,在本校咨询也更方便,所以很多学生选择在学校里进行咨询,家长也是如此。

(三) 高中生心理咨询工作思考

目前上海市高中学校普遍建立了心理咨询室,提供心理咨询服务,但在服务的规范性和专业性方面,尤其是心理咨询技术、心理咨询督导以及心理咨询师的作用最大化等方面还有待改进。

1. 服务规范待提高

心理咨询规章制度、工作流程、心理服务效果评估等方面还需要相关专业机构通过制定行业规范来加强与指导,而心理咨询师岗位职责、心理咨询室使用办法、预约登记表、来访登记表、个案记录表、转介登记表、结案登记表、家校联系表等工作制度和表单使用也有待统一和规范。

2. 咨询督导尚欠缺

目前大多数高中只有一名专职心理辅导教师,少数学校配备 2—3 名专兼职心理辅导教师,专业培训主要靠教师个人自觉或区域教研活动,尤其缺少及时有效的专业督导,故需要进一步强化同辈督导或者专家督导,提升专业咨询水平。

3. 咨询功效需增强

心理教师在学校的角色作用差异较大。吴增强教授认为心理教师要提高胜任力,也就是说,心理教师要做好学校的专业参谋、学生的心理辅导者、教师和家长的心理顾问、学校与医疗机构的协调者、学校心理健康教育的研究者。[3]唯有这样,才能更充分发挥心理教师在学校的作用。

四、 高校学生心理咨询主要问题及特点

上海几乎所有高校均设置心理服务机构,配备专兼职心理教师,面向本校学生提供免费心理咨询服务。心理咨询实行预约制,通常以 1—8 次短程咨询为主,前往咨询的学生有近九成是自主来访,其他是转介或危机干预。

(一) 高校心理咨询主要问题

高校学生心理问题多种多样,而且很多学生的心理问题类型并不是单一的,而是几种问题相交织。[4]各类心理问题均有情绪反应,也与学生内在的自我认同密切相关。也有来访者会出现多种心理症状共存的情况,如抑郁伴焦虑、抑郁伴强迫等,按问题严重程度可划分为发展性问题、神经症性问题和心理/精神障碍三类。发展性问题根据学生咨询主题和应激源,主要包括情绪、学业、人际交往、恋爱情感、自我意识与个性、家庭问题、校园适应、生涯就业、性困惑等。神经症性问题主要包括睡眠问题、焦虑、抑郁、强迫、疑病、恐惧、躯体化反应等。心理/精神障碍主要有情绪障碍、神经症、精神病性障碍、人格障碍、性心理障碍等,其中抑郁症、焦虑症、强迫症、双相障碍、精神分裂症是大学校园最常见的五种情况。可见,高校心理咨询以"发展性咨询为主,障碍性咨询为辅"。

(二) 高校心理咨询主要特点

1. 以发展性咨询为主,障碍性咨询为辅,咨询量增加明显

高校咨询问题多样且交织,但发展性问题占八成左右,障碍性咨询主要是对罹患心理/精神障碍学生在康复期提供辅助性、支持性咨询服务,咨询以发

展性为主,障碍性为辅。近几年,不少高校反映心理咨询量激增,一方面是因为咨询对象增加,在来访者中,除全日制在校生之外,还不同程度地扩展到部分国际留学生、教职工和非全日制学生。另一方面,部分学生的心理困扰累积时间较长,问题比较复杂,人均咨询次数增加。不少来访者反映自己某些心理状态在中小学就曾出现,甚至当时就进行过心理治疗。

2. 不同类别学生的心理咨询存在明显差异,需区别对待

笔者曾对 1 366 例咨询进行分析,发现不同学生群体咨询差异明显,具体表现为:(1)性别差异。女生咨询率(7.40%)显著高于男生(4.25%)。女生在人际关系、恋爱情感、求职等方面的咨询多于男生,而男生在学习问题、躯体化反应方面的咨询略高于女生。(2)学历差异。从咨询人数、次数、咨询率来看,本科生最多,硕士生居中,博士生最少。但从人均咨询次数(反映问题的复杂程度)来看,本科生最少,硕士生居中,博士生最多。本科生人际关系咨询突出,而硕士生恋爱情感咨询突出,博士生学业咨询更突出。(3)年级差异。心理咨询涵盖大一到博士延期毕业生各个年级,通常来说,大一、大三学生咨询人次较多;其次是大二、大四学生;研究生中以硕一、硕二学生为主体;博士生咨询总量较小,博二学生稍多。(4)学科差异。人文社科类学生咨询率显著高于理工类学生,人文社科类学生情绪与人际关系问题咨询较理工科学生多,而理工科学生学业和自我发展两方面咨询略高。

3. 主动求助比例不高,对心理咨询的态度知行不一

国内不少调查资料显示,有 10%—20% 的大学生存在不同程度的心理问题,且呈现逐年递增趋势,但大学生咨询人数占在校总人数的比例在 2%—4% 之间,甚至有学校不到 2%。这说明有一定比例的同学在遇到问题或困扰时并不寻求专业咨询。黄希庭、郑勇等通过调查指出,大学生寻求心理咨询的态度在一定程度上存在知行脱节、对己和对人的态度不一致的矛盾。[5]遇到心理

困扰时，大学生倾向于先独自解决，而后求助于亲朋好友，最后寻求专业咨询且比例不高。究其原因，主要是大部分学生对心理咨询、心理障碍等缺乏充分的了解，担心进行心理咨询会被误解。可见，心理咨询仍需要在大学生之间扩大宣传，帮助他们树立正确的认识。

（三）　高校心理咨询工作思考

1. 针对不同群体学生心理咨询特点，设计分类分层、主题鲜明团体辅导体系

高校心理咨询工作应依据学生实际情况及特点，以发展性咨询为主，构建基于学生发展需求、分层分类、主题鲜明的心理健康教育及咨询服务综合体系，从多途径提高学生的心理健康水平。可依据不同群体学生，有针对性地开展多门团体辅导或小组训练，如情绪管理、恋爱、人际交往、学习、自我接纳等主题，提高学生发展性心理咨询的效率。

2. 加强心理健康教育工作队伍建设，不断提升其心理咨询水平和胜任力

心理咨询问题的多样性、交织性与复杂性对学校心理咨询工作提出了更高的要求与挑战，需要心理咨询师不断提升咨询水平和胜任力，而这需要持续、系统的学习和督导来保障实现。学习提升与常规工作都需要时间投入，解决这一矛盾需要结合工作实际情况，综合长远考虑队伍发展需求，并进行精细周到设计，分步分期灵活实施。

3. 进一步推进医教结合机制，回应不同心理健康水平学生群体的心理健康需求

学校心理咨询强调发展与教育功能，同时需兼顾保健与预防功能，不仅要为学生提供咨询、缓解心理困扰，也需着眼于广大学生心理问题的预防与早期发现。实践证明，上海心理健康的医教结合机制能弥补学校心理咨询在有效

应对心理障碍、精神疾患的局限与不足,在防止学生心理问题加重、及早危机预防干预方面发挥重要作用。着力构建心理健康的"生物—心理—社会模式",能有效回应当前学生各类心理问题突出的态势,满足不同心理健康水平学生群体不同层次的心理健康需求。

注释

[1] 吴增强:《学校心理辅导通论原理·方法·实务》,上海科技教育出版社 2004 年版。

[2] 卫萍、许成武、刘燕、郭缨:《中小学生心理健康状况的调查分析与教育策略》,《教育研究与实验》2017 年第 9 期,第 91—96 页。

[3] 吴增强:《优秀心理辅导教师专业成长的若干问题》,《中小学心理健康教育》2017 年第 13 期,第 4—7 页。

[4] 马前广:《从心理咨询案例统计分析看当前学生心理健康状况》,《思想理论教育》2012 年第 15 期,第 64—67 页。

[5] 黄希庭、郑勇:《大学生心理健康与咨询》,高等教育出版社 2000 年版,第 24—25 页。

常用心理咨询流派技术在大中小不同学段的运用

徐玉兰

（华东理工大学）

刘月英

（上海市浦东新区航城实验小学）

梅晓菁

（上海市七宝中学）

姚　俊

（上海市建平世纪中学）

张晓冬

（上海市建平中学）

　　国际上心理咨询与治疗流派复杂多样，目前报告的就多达 500 余种。不同取向的心理咨询技术各有其产生的理论依据与背景，也各有所长与局限。通常情况下，心理咨询师采用自己最擅长的某一理论来开展个案工作，并逐渐形成自己的专业风格。随着新咨询/治疗理论和方法的产生与发展，以及现代人心理问题的日益复杂化，许多临床心理案例的解决已不是一种咨询疗法能独立完成的，需要将不同的咨询/治疗理论及技术联合运用，发挥它们各自的长处，以取得理想的效果。这是咨询师应具备的基本理念与技能。本文将重

点介绍学校心理咨询中常用的咨询流派技术,并探讨其在大中小不同学段的
适用情况。

一、 学校心理咨询常用咨询流派及其应用概述

(一) 学校心理咨询常用咨询流派

廖全明对我国中小学心理咨询和治疗从业人员的调查发现,最常用的是
行为疗法,其次是当事人中心疗法、认知疗法、精神分析、家庭治疗和森田疗
法。[1]胡月香在上海市高校心理咨询应用理论技术实践中研究发现,在不同
的理论和模式面前,高校咨询师的选择态度表现出极显著的差异,认知和行为
方法占 57.8%,精神分析方法占 20%,人本主义方法占 13.3%,其他占 8.9%,
绝大部分心理咨询师倾向于认知行为咨询模式,而较少采用精神分析、人本主
义等其他模式。[2]徐妍在 128 例高校心理咨询案例的调查中发现,88.28%运
用了两个及以上的理论流派技术,11.72%运用一种理论流派技术。其中,
81.25%运用人本主义理论疗法,77.34%运用认知理论,29.69%运用行为主义
理论,19.53%运用精神动力理论。[3]可见,在高校心理咨询理论流派与技术
中,最有影响的是认知行为主义、心理动力学、人本主义三大理论,被誉为心理
咨询和治疗理论发展史上的三大势力。咨询师越来越倾向于运用多种理论开
展咨询工作,即所谓的整合折中主义。

(二) 学校心理咨询流派技术使用原则

吴波研究发现,从业者在提供咨询服务时,选择何种流派技术主要受到三
类因素的影响:来访者因素、从业者因素和环境因素。来访者因素重视来访者
问题类型、年龄和个性特征;从业者因素中影响最大的是从业者自身的训练背

景、经验、掌握的方法种类及掌握程度；环境因素中咨访关系是首要考虑的问题。[4]

严由伟认为没有一种理论能够全面解释人类行为的复杂性，各种心理治疗理论或多或少都有一些不足，不同流派方法有不同的适用范围，在临床疗效上并没有明显的优劣差异。疗效的重要差异变量之一是咨询/治疗师的专业水平和从业风格，即运用疗法的人，而不完全是疗法本身。咨询/治疗师必须遵循咨询理论的基本理念，做到"治疗有法，但无定法，贵在得法"。[5]

所谓"治疗有法"，是指心理咨询与治疗必须依据一定的方法，按照方法所要求的步骤，严格操作程序和技术，以保障临床治疗成效。每一种方法都有自己的基本理论依据、基本的出发点、最初的理论假设。在临床操作过程中，心理咨询与治疗师必须从方法所设定的最初依据和假设出发，把握好相应的基本内涵与要求，充分体现该疗法的特色和风格。"但无定法"，是指咨询中没有固定不变的方法、模式或路线图供咨询师照搬照套，一种方法可适用于多方面心理问题或障碍，一种心理问题或障碍可能需要多种方法来协同解决，每一例个案的咨询都是一个独立的探索过程。"贵在得法"，是指在心理咨询过程中考察咨询与治疗方法是否恰当，关键在于是否适合来访者特点、是否行之有效，适合并有效就是得法。这可以从四方面来进一步说明：一是必须适合来访者的社会文化背景；二是必须适合来访者的人格特点与心理发展特点；三是必须适合来访者具体的临床症状和综合情况；四是方法必须明确有效，能切实改善来访者的心理社会功能、生活工作质量，能切实促进来访者的心理健康与成长。

可以说，吴波与严由伟的观点为在不同学段学生心理咨询中使用何种心理咨询流派指出了关键所在。

二、 小学常用咨询流派技术及应用情况

小学生的心理发展特点是,认知以形象思维为主,语言及自我意识尚未发展到一定阶段,注意力不够持久且与兴趣相关,因此,咨询技术的选择多为适合小学生的表达性艺术辅导(如沙盘游戏辅导、心理绘画等)。此外,因为小学生是未成年人,咨询时通常需要家长陪同,家庭治疗、家庭教育指导占有一定比例。

(一) 表达性艺术治疗方法

表达性艺术治疗主要以表达性艺术媒材为治疗工具,借由艺术作品的象征性表达,将当事人的内在心理状态予以外化或投射,从而进行探索、厘清、整合,同时,促进个体内外沟通与情绪宣泄。表达性艺术治疗可以突破年龄、语言、认知范围与艺术技能的限制,不仅适用于某些心理障碍,如抑郁症、强迫症、智力发育迟缓等,也适用于正常人的激发潜能、自我成长等。

表达性艺术治疗与小学生心理发展特点相吻合,可弥补小学生思维及语言能力发展的不足,减少焦虑与抗拒心理,让小学生以安全的方式在不知不觉、无预期的情境中将内心的真实状况表达出来,并从中产生新的发现及洞察,触动更深的感觉,释放被言语所压抑的情感经验,处理小学生情绪上的困扰,帮助小学生对自己有更深刻的对不同刺激的正确反应,重新接纳和整合外界刺激,达到心理咨询的目的。

(二) 小学常用的表达性艺术治疗形式

小学常用的表达性艺术治疗主要有:第一,绘画类,如心理绘画、拼贴画、曼陀罗、壁画等。绘画比较简单,能够让来访者自由、自发地描述自己的感受

和思想,以一种可控的方式表达情绪,感受到轻松,实现疗愈功能。第二,音乐舞蹈类,包括舞动和音乐。来访者听着鼓点或其他音乐器材,自发地跟着节奏舞动身体,释放情绪,发泄负能量,放松身心。第三,手工制作类,主要包含沙盘游戏、玩偶制作、黏土制作等。其中沙盘游戏在上海市中小学心理咨询室几乎是标配,是最常用的一种咨询技术。咨询师让来访学生自行选择沙具,自由摆放,创作出沙盘作品,并简要说明沙盘主题与内容,咨询师全程仅做观察记录,不指导。沙盘为孩子们创造出一个自由与受保护的空间,表面看是在做游戏,轻松且充满童趣,实际上沙盘作品模型及创作过程均具有特殊的象征与意义。"沙盘游戏治疗"是在无意识水平上进行分析与治疗的,是来访者内在心灵的一种自由探索和表达,在表达与创作的过程中实现疗愈与成长。

三、 中学常用咨询流派技术及应用情况

初高中学生咨询遵循学生的认知发展规律,整合各个疗法进行有效的干预辅导,其中较为常用的有认知行为疗法、沙盘疗法和意象疗法。中学生的逻辑思维发展迅猛,学业繁重,压力大,进行咨询的时间有限,通常适合选择有心理教育特色的认知行为疗法进行干预;一些习惯隐藏或回避问题的学生更愿意接受防御性较低的咨询方式,如沙盘疗法和意象疗法。

(一) 认知行为疗法 (CBT)

CBT 认为构成来访者心理问题的认知、情绪、行为三个成分并非单独存在,而是相互影响的,这种影响呈现出认知—情绪—行为与认知—行为—情绪两种双向循环模式,改变三者中的任何一个,其他二者也会随之改变,由此缓解来访者的心理问题。人的认知模式由浅层的"自动想法"与潜层的核心信念

组成,当核心信念是负性时,会生成负性自动想法,进而产生负性情绪和不适应行为,引发心理问题。CBT 就是通过改变来访者的认知、行为来改善情绪,缓解心理困扰,帮助学生深刻理解和全面掌握 CBT 的逻辑是实施和完成整个咨询过程的前提和基础。

中学生心理咨询主要以情绪、行为问题为主,比如考试焦虑、社交焦虑,抑郁,自卑,因过分关注自我形象、在意他人评价而变得敏感、偏激,甚或自卑、封闭、厌学、亲子关系与沟通不佳、环境适应等,这些都是 CBT 的适应证。CBT 强调"当下",着眼于"此时此刻",这对于成长和发展迅速的中学生来说更具有实用性。CBT 注重具体、清晰、明确、适合的目标,且咨询师与来访者一起讨论、设定目标,这充分尊重了学生的自主性与意愿,目标的可见性易于激发学生改变的信心,会极大地满足学生的自尊需求,也是积极赋能的过程。

CBT 在初中生与高中生的应用中有一定差异。由于初中生正处于青春期,自我意识与叛逆意识明显,情绪躁动不安、起伏不定,辩证理性思维发展有限,CBT 的应用有较大的挑战与一定的局限。而高中生的辩证认知有了一定的发展,CBT 的应用更为广泛。由于中学生中间信念、核心信念还没有完全形成,通常针对表层的自动想法开展工作。

(二) 沙盘疗法

沙盘疗法假设人有自愈能力及自我整合的倾向,当个体处于自由与保护的空间时,就不会压抑、隐藏心理问题和创伤经验,由此可以获得自性的体验和自性的发展,进而获得自我整合。在沙盘疗法中,咨询师更像"母亲"的角色,为来访者提供一个安全的港湾。当来访学生带着自身的问题,混合着焦虑不安、抑郁低落的情绪走进咨询室时,沙盘能够快速让其平静下来,感到被接纳、被支持。沙盘疗法的主要适应范围包括:第一,情绪类问题,如焦虑、抑郁、强迫情绪的甄别;第二,家庭动力关系不良,沙盘可以直接呈现家庭的情感现状、亲子关系状况等,通过几次沙盘能改善亲子沟通;第三,自我成长类,了解自我的优势与劣势,帮助探究自我,积极发展自我;第四,精神疾病发作期不适合沙盘。

中学阶段的沙盘主要用作体验与评估,长程治疗性沙盘较少,大多在后期会联合 CBT,挖掘学生的负性自动化想法、不合理信念,并通过家庭作业、行为激活来巩固强化咨询效果。

（三）　意象疗法

不少中学生被电视节目中的催眠画面所吸引而主动寻求体验,意象疗法应运而用。意象疗法尤其适合喜好逻辑思考、个性较偏执、对自我不接纳、易焦虑的个体,他们通过逻辑思考无力解决目前困境,而意象疗法能让来访者暂时放下理性,借用感性直觉来缓解症状,释放压力情绪。当然,短期意象疗法效果不易巩固,通常待情况有所改善后需配合 CBT 进一步调整。

意象疗法的设置及操作比较简单,提供一把舒适的椅子,通过语音让来访者进入放松状态,咨询师给来访者以积极意象引导去干预消极意象。和沙盘疗法相似,咨询师不做过多分析,要承接住来访者的消极意象,并进行积极意象的转变引导,赋予其能量。中学生常用的意象主要有:以"打扫房间"意象缓解焦虑、恐惧情绪;以"戳破气球"意象释放学业压力;"镜中人像"的典型意象帮助学生了解自我,获得自我成长;等等。

四、高校心理咨询常用理论取向

大学生在年龄上法定成年,生理发育趋于成熟,认知能力在同龄群体中是佼佼者。大学生心理问题多种多样,涵盖发展性、障碍性咨询问题。近些年,上海市高校心理咨询理论流派与技术依托示范中心建设培训,逐渐形成了几大流派体系:认知行为治疗(CBT)、辩证行为治疗(DBT)、接纳承诺疗法(ACT)、结构家庭治疗、中德家庭治疗与萨提亚家庭治疗模式、中美精神分析、表达性艺术治疗(沙盘、音乐、心理剧、舞动等)、人本主义治疗、后现代疗法(叙事、焦点解决短期治疗)、存在主义等。咨询师们不断自觉主动学习,致力于掌握更多的咨询流派及技术。以下为比较有代表性的几种流派和技术。

(一) 认知行为疗法

CBT 是目前最具影响力的心理疗法之一。人际交往、环境适应、自我认知与接纳等导致负性情绪与不适应行为现象在大学生中很是常见,这很大程度上是大学生的认知偏差或非理性信念造成的,而认知重建、以理性信念代替非理性信念正是 CBT 的优势与特色。心理咨询师们用认知行为技术来处理大学生多方面的问题,如调控负性情绪、减缓焦虑恐惧等神经过敏性反应、塑造良好行为或矫正不良行为、提升自我认同、帮助大学生掌握放松训练的技巧、教会他们减缓压力的方法等。CBT 适用范围广,因其具有框架清晰、逻辑清楚、实用性与操作性强、效果明显、兼容性强等特点,受到高校心理咨询师/治疗师的高度认可及广泛应用。[6] 近几年,在 CBT 基础上发展起来的 DBT、ACT 在高校咨询中也得到了一定的应用。

(二) 精神动力(精神分析)学派

精神动力学派致力于寻找心理冲突的根源,在咨询中消除来访者的心理阻抗,将压抑至潜意识中的东西挖掘出来并使之意识化,让来访者洞察、领悟症状的实质,从而使症状失去存在的意义。[7] 精神动力取向更适用于生命早期有创伤经历或人格偏差等复杂议题的来访者。精神动力疗法设置严格,培训需要接受足够的个人体验,对咨询师及来访者双方的领悟力要求都很高,上海市高校心理教师中系统接受精神动力取向培训的咨询师凤毛麟角;再者,由于高校学生咨询多为发展性问题,且通常是短程咨询,而精神动力取向疗程往往较长,在大学生心理咨询中的应用受到一定限制。但精神动力理论在寻找心理冲突发生根源时定位准确、挖掘深入,为咨询师提供了一种理解来访者行为、症状成因及功能的概念框架,有助于咨询师深入理解、准确评估来访者。这正是精神动力取向的价值和魅力所在。

(三) 人本主义治疗

人本主义疗法主张"以来访者为中心"的非指导性原则,强调人的自主性,认为人的行为是有目的、有意识的,个人的价值与目的是决定其行为的重要力量;人具有自我实现的需要,本能地向着有益于潜力持续有效发挥的目标发展进步。人本主义尊重来访者尊严与自主性,相信学生的潜能,着眼于学生独立性、主动性、创造性的发展和人格的"自我实现",给学生积极的导向和激励作用,合乎大学生自我发展水平及发展需求,在大学生心理咨询中得到了广泛的认同与运用。

(四) 家庭治疗

家庭治疗强调以家庭系统和家庭关系为视角,将学生的问题置于家庭背景下审视,并经由语言、互动等治疗行动促使家庭有所改变,达到家庭系统和功能更健康、个体分化更好、家庭沟通更清晰的目标,改变个体过往反复出现的、功能失调的情绪行为问题。家庭中的成员既是独立个体,同时又彼此影响,如果家庭成员关系互动不良,那么只针对个体的咨询治疗是不够的,因为当来访者回到互动不良的家庭关系中时,症状很容易再次出现。系统家庭治疗对咨询治疗效果的巩固优势是其他疗法不能取代的。

随着时代的变革和经济的发展,当代大学生的家庭结构与成长环境与之前差别很大,大学生虽已法定成年,但受经济等因素所限,尚不能脱离家庭而独立生活,家庭的高期望是造成大学生心理困扰的重要原因,家庭是影响大学生心理健康和人格发展的重要因素,大学生的不少心理问题可以追溯到原生家庭。因此,将家庭治疗引入高校心理咨询工作中是极为必要和重要的。李正云等总结了家庭治疗在青少年进食障碍、网络成瘾、抑郁与自杀冲动等临床工作及研究中的有效应用,并指出家庭治疗在学校心理咨询工作中的应用没有得到相应的重视。超过半数的被调查者认为有必要请学生家长一起参与咨询,55%的咨询师参加过以家庭治疗为主题的专业培训。可见家庭治疗在学校的运用具备一定的专业基础,尤其是中小学,因学生未成年还需要家长的监护,家庭治疗实践顺其自然。由于父母在外地,高校实施家庭治疗有一定的现实困难,可以创造性地运用家庭治疗的理念和方法,以系统视角和循环因果思维对学生和家长的问题和需求进行分析,将其置于家庭、学校和社会的层级系统中,探讨系统中各人的位置、动力、变化和角色功能,从而达成工作共识,形成工作合力,明显提升辅导效果。[8]

除系统家庭治疗模式外,萨提亚家庭治疗模式运用简明清晰的理论框架、实用易操作的技术,如沟通模式、温度读取、家庭规则转化等,增进来访者对个体心理行为的理解,促进个体在情境中与他人一致沟通,进而理解、接纳并发展出真正的自我。[9]萨提亚家庭治疗模式的特点以及自身具有的优势符合高校心理咨询工作的目标与要求,尤其适用于大学生最为常见的关系、自我发展等议题。

（五）　焦点解决短期治疗（SFBT）

SFBT 是一种以寻找解决问题方法为核心的短程心理咨询技术,它不用病理学的眼光看待行为,不特别去探究问题的根源,而是运用当事人资源,协助当事人达到有效改变的目标。SFBT 倡导积极的学生观、相信问题有正向功能、寻找学生的"例外"等基本理念,适合学校心理咨询,主要解决学生发展性问题的环境和要求,省时省力,能缩短整个咨询历程,具体技术操作简便易行,因此受到咨询师和来访者的欢迎。[10]

（六）　叙事疗法

叙事疗法就是用叙述故事的方式,帮助来访者重构积极故事,唤醒内在力量,增强自我认同。大学时代正是人生观、价值观逐渐形成的重要时期,很多大学生因缺乏正确的自我认同而产生不同程度的心理困扰。叙事疗法通过外化问题、改写对话、重塑对话等理念和技术,帮助学生将人和自身的问题区分开来,将困扰外化,不看重原因,而注重改变。叙事疗法以崭新的视野与来访者建立工作联盟,发掘每个个体独特的生命智慧,引导学生从更加理性积极的视角解读自我,拓展认知的多元视角,打破负向思维,重新构建积极的自我。[11]叙事疗法的特点与青年期大学生身心和认知发展水平高度契合;叙事疗法认为,每个人都是自己的问题的专家,大学生处于青年期,其发展具有高度的可塑性和自主性,叙事疗法鼓励大学生重新看待"问题",相信学生有解决"问题"的力量,体现出对学生独立自主发展的尊重与认可,因而广受大学生欢迎。

总之,学校心理咨询服务对象主要是在校有心理困惑的学生,使用教育和发展模式的目的是尽快缓解学生心理困扰,消除心理危机,培养健全的人格和良好的个性心理品质。校园最常见的心理问题是人际交往、学习、情绪和恋爱等,抑郁症、焦虑症等心理障碍占一定比例,精神疾病较少见。因此,学校心理咨询以发展性咨询为主,障碍性咨询为辅,基本定位是促进正常学生的心理适应和发展。基于此,校园心理咨询应以人本主义疗法的原则态度,强调学生个人发展和潜能发挥;以精神动力取向和家庭系统理论深入理解个案及其所处的背景;用认知行为疗法改变不合理认知,促进适应行为;引导学生重构叙事,拓展多元视角,建构积极自我。为应对可能遇到的各种来访者和复杂多样的问题,学校心理咨询师们需要不断学习充电,尽可能掌握多种疗法。

同样是系统家庭疗法,因来访学生的发展水平及咨询问题不同,在小中大不同学段的使用情况也表现出较大差异。在小学阶段主要是提供家庭教育指导,通过支持父母来传递给学生;中学很大一部分是亲子关系的沟通改善,引导家长和学生相互理解,缓解家长焦虑情绪,给中学生适当的个人空间;大学阶段则更注重引导学生理解父母,看到家庭系统对每一个个体的影响,同时邀请家庭对学生给予支持。

五、 关于学校心理咨询师应用咨询理论技术的思考

第一,政府相关部门、行业协会设计心理咨询理论与技术培训课程体系,规范相关培训市场,并提供一定的经费与政策支持,使从业者有机会系统、规范、全面地学习咨询理论,为咨询师队伍学习提供有效、持续的专业成长与支持方案,培养提升队伍的咨询服务水平,促进行业持续良性发展。

第二,心理咨询师应强化理论学习和技术训练,深入理解和透彻把握咨询理论体系、技术方法及操作要领,从而能够敏锐洞察和深刻理解来访者的心理问题,对心理问题做出恰当的干预和处理,保障理想的咨询效果,提振咨

询师队伍的专业胜任力和效能感,推进高校心理咨询工作专业化和规范化发展。

第三,咨询师在选择合适的咨询方法时,要综合考察来访者的问题是否符合该疗法的基本条件、自身是否具备该疗法所拥有的基本训练。在实际咨询过程中,必须依照某咨询流派的理论依据和技术要点,循序渐进,规范应用。受近年心理咨询与治疗领域各流派之间整合趋势的影响,心理咨询师要在某一种流派技术中融入其他多种取向模型及技术,灵活组合,整合应用,使咨询工作更加有效。

第四,目前学校心理咨询仍旧以"拿来主义"为主,学习西方心理咨询理念和模式。应大力鼓励咨询师结合中国优秀传统文化、结合中国学生心理健康发展特点需求及学校心理咨询实际情况,加大对本土心理咨询理论及疗法的创新与实践。

注释

[1] 廖全明:《我国中小学生心理健康服务从业人员及工作状况调查》,《心理学探新》2009 年第 3 期,第 77—81 页。

[2] 胡月香:《上海高校心理咨询现状研究》,华东师范大学出版社 2009 年版。

[3] 徐妍:《高校心理咨询理论与技术的应用探究》,华东师范大学出版社 2013 年版。

[4] 吴波:《我国心理健康服务方法的现状研究》,西南大学 2012 年博士学位论文。

[5] 严由伟:《心理治疗的整合理念:治疗有法,但无定法,贵在得法》,《医学与哲学(人文社会医学版)》2011 年第 11 期,第 33—34 页。

[6] 陈斯琪等:《认知行为咨询师和治疗师工作状况的初步访谈》,《中国心理卫生杂志》2017 年第 1 期,第 46—51 页。

[7] 陈洁、聂雪林:《精神分析疗法与大学生心理咨询》,《吉林广播电视大学学报》2013 年第 5 期,第 17—18 页。

[8] 李正云、徐欣颖:《论家庭治疗在学校心理咨询中的适用性》,《现代基础教育研究》2015 年第

12 期,第 78—84 页。

[9] 王坤:《萨提亚家庭治疗在高校心理咨询工作中的研究应用》,《青年与社会》2014 年第 7 期,
第 213 页。

[10] 杨璐:《焦点解决短期心理咨询在大学生心理辅导中的运用初探》,《思想政治教育研究》
2008 年第 5 期,第 125—128 页。

[11] 余皖婉、王继年、周晓:《叙事治疗在大学生心理咨询中的应用与启示》,《心理月刊》2019 年第
9 期,第 3—4 页。

医教协同框架下学校心理咨询转介探析

徐玉兰

（华东理工大学）

梅晓菁

（上海市七宝中学）

随着社会经济的急剧变化，寻求心理咨询的学生日益增加，学生心理障碍与精神疾病的发病率也有所上升，心理健康得到越来越多的重视。根据《中华人民共和国精神卫生法》与《中国心理学会临床与咨询心理学工作伦理守则（第二版）》的有关规定，学校心理咨询师不能从事心理治疗或精神障碍的诊断治疗，如发现来访学生可能患有精神障碍，应当建议其到精神医疗机构就诊。于是，转介成为心理咨询中必要且重要的一环，但对此尚无相应的细则。

近些年，上海市学校系统进行了一系列"医教协同"的探索和实践，转介就是其中一项内容。2014 年，在上海市教委德育处、上海市卫生和计划生育委员会相关部门及上海学生心理健康教育发展中心的积极推动下，松江大学城七所高校与上海市第一人民医院签署医教合作协议，这标志着上海市教育主管部门与医疗卫生部门层面推动的上海高校心理健康服务医教结合项目正式由探索到落地实施。[1]协议正式确立医教间的互动关系，搭建沟通平台，明确工作内容，约定双方行为，从而建立起有效的心理危机干预、转介、治疗、康复的机制和流程,为医教协同树立了样板。此后,杨浦片区十一校与杨浦区精神卫生中心、临港片区五校与浦东新区精神卫生中心、奉贤片区七校与奉贤区精神卫生中心等签署医教合作协议[2],进行医教合作的实践探索。2014年,上海学生心理健康教育发展中心与上海市精神卫生中心儿童青少年精神科、上海儿童医学中心儿童保健科在上海市浦东新区、杨浦区、黄浦区和静安区四个区的36所中小学开展了为期四年的"医教协同"学生心理健康服务模式探索,尝试建立"医教结合"学生心理卫生服务的网络和体系。四个区青少年心理健康教育辅导中心(以下简称"区中心")先后与市、区精神卫生中心及市儿童医学中心签订协议,建立医教协同长效机制,为心理障碍和心理危机学生提供绿色转介通道。[3]

上述实践在及早发现、及早转介和干预心理问题,为学生提供切实的心理咨询辅导与医学诊疗干预,维护学生心理健康等方面积累了有益的经验。本文将对大中小不同学段心理咨询服务中的转介工作进行梳理和探析。

一、转介的定义

转介(referral)是指在心理咨询中,当咨询师发现自己与来访者不匹配或遇到不擅长处理的问题时,在征得来访者同意的情况下,及时将来访者转给适合的咨询师,或中止咨询,将来访者推荐到其他更合适的机构,以免贻误时机,造成不良后果。[4]笔者认为这是心理咨询转介的核心内涵,从当前学校心理健康教育与咨询的实践体系出发,转介具备更为广泛的内涵,也包含心理健康教育相关工作者(如中小学班主任、大学辅导员等)心理健康服务的转介。

转介是心理咨询服务中的重要议题,是有效解决学生心理问题、防范心理危机的重要保护屏障。林孟平指出,转介是教育者或心理咨询师工作范围的一部分,需要用心和谨慎处理。适时、恰当的转介既是对来访者需求的尊重与关注,也是对咨询师的要求与保护,是教育者和咨询师忠于工作和负责任的表现。[5]杨颖认为转介意义重大,是心理工作者专业伦理的客观要求,是实施校园危机干预的重要策略,还是实现资源有效配置的重要手段。[6]

转介规范着心理教育、心理咨询与心理治疗的工作边界与流程,整合了校内外心理健康教育与治疗的资源,并通过内外结合、长短互补、术业专攻的方式,充分发挥不同专业机构的力量和优势,对满足学生不同层面的心理健康需求、提高心理咨询辅导效果、防范和降低心理危机发生、快速有效干预处理危机均具有重要的意义。

二、 学校心理咨询中的转介类型

(一) 中小学心理转介类型

在中小学心理咨询服务中,心理转介主要包括以下三类。

1. 向学校其他心理教师转介

如果当事学生有意愿更换心理教师,或心理教师不能承担当事学生的心理辅导,原心理教师应尊重或告知该生转介意向,经其知情同意后,制定转介计划,并与新心理教师做好该生的转介交接。由于中小学心理教师数量有限,不少学校往往仅有一名专职或兼职心理教师,故此类型不多。

2. 向区中心转介

这是目前中小学心理转介的常见类型。如果学校心理教师不能承担当事学生的心理辅导,或学生不愿意在学校接受心理辅导,原心理教师需向该生说明转介,征得其知情同意后,将学生转介至区中心。原心理教师负责制定转介

计划,经学校心理健康领导小组审定并备案。转介后,班主任及学校心理教师
需定期与家长、学生联系沟通,了解辅导进展,并做好记录归档。

3. 向市、区医院精神专科或者精神专科医院转介

如果当事学生可能患心理/精神障碍或有明显的自杀、伤人征兆,或学生
及家长有意愿转介就医的,学校心理教师须向该生及家长说明转介,经他们知
情同意后,由心理教师负责制定转介计划,学校心理健康领导小组审定并备
案,再转告家长转介就医的相关事项。对转介就医的学生,班主任及学校心理
教师需定期与家长、学生联系沟通,了解就医情况,并做好记录归档。如学生
因治疗无法上学,家长需到学校相关部门办理休学手续,学校做好相关记录。
学生复学后,班主任须跟进学生情况,学校心理教师对复学学生的心理状况进
行评估,告知家长和学生在复学后的注意事项,并向学校心理健康领导小组及
时汇报。

(二) 高校心理转介类型

在高校心理咨询服务中,心理转介主要包括以下六类。

1. 师生向心理中心的转介

教师(主要是辅导员/班主任/研究生导师等)发现学生有心理问题,如果
超出自己的工作范围或能力局限,负责该生的学院辅导员在学生知情同意的
情况下,向学校心理中心转介,由学校心理中心进行心理评估或咨询。

2. 学校心理咨询师之间的转介

对于咨询师来说,并非所有来访者都合适。当咨询师在了解个案的问题
之后,评估来访者属于自己不合适的咨询对象时,应在尊重来访者意愿的情况
下,及时将其转介给更合适的咨询师,使其获得更多和更有效的帮助。

不合适的咨询对象包括咨询师与来访者存在咨访关系之外的私人关系、

问题超出了咨询师胜任范围等。除此之外，咨访关系也会因某些客观原因而中止，比如来访者休学、毕业，咨询师因工作变更、个人生活变动等无法继续提供咨询服务；再比如，目前大学往往分设多个校区，因校区转换，原咨询师无法继续跟进个案，就需要不同校区间咨询师做好交接、转介。

3. 学校心理中心向精神专科医院转介

当来访者的咨询内容超越心理咨询范围，比如存在严重心理障碍或精神病性障碍、人格障碍等，再比如存在器质性病变，如阿尔茨海默症等，本着对咨访双方都负责的态度，咨询师须及时将来访者转介到精神专科医院接受诊疗；如评估发现学生处于危机阶段，心理中心须启动危机干预转介绿色通道，使危机学生快速得到医院评估、诊疗或住院，减少周转环节，保障学生的生命安全，提高危机干预的时效性。

4. 校心理中心与校医院之间的相互转介

对有身心症状的学生，校心理中心应按照转介原则和程序及时转介到校医院，由医生进行相关检查。校医院医生在日常接诊中发现有心理问题的学生，也应及时与心理中心沟通，转介到心理中心接受评估或咨询。

5. 校医院向精神专科医院的转介

一些具有明显心理问题但拒绝心理评估或咨询却求助校医院的学生，根据学校医疗外出就诊管理规定，由校医院开具外出就医转诊单，学生自行或由他人陪同前往指定的精神专科医院就诊，再回校报销符合规定的诊疗费用。

6. 学校心理咨询师向校外社会机构咨询师的转介

这种情况较为少见。若学生的问题属于心理咨询范围，出于来访学生的自主意愿（想到社会机构进行咨询）或面临毕业无法继续在学校接受免费咨询，咨询师可根据来访者的咨询情况与意愿，推荐正规、有资质、无利益关联咨询机构的合适咨询师,供来访者参考选择。

由上述分析可知,心理转介在不同学段有较明显的差异。中小学是以区中心为主体和中间枢纽,对上连接医疗机构(精神科医生),对下连接学校(心理教师),协调开展心理转介工作。而高校相对比较独立,通常与合作的医疗机构(精神科医生)直接联系,学校内部还涉及校医院等相关部门。

三、 学校心理咨询中的转介流程

心理转介整体流程在大中小学相似,通常包括转介前评估—沟通评估结果、协商实施转介—转介后反馈、追踪三大环节。

(一) 转介前评估

1. 中小学转介前评估

不少中学通过入校心理普测(《中学生心理健康量表》和《卡特尔 16PF 人格测试》)初步筛查出可能有心理问题的学生,对这一部分学生,心理教师与班主任交流其日常的学习、生活情况,进一步评估其心理状态;如有需要,心理教师还会对个别学生进行症状自评量表(SCL-90)、抑郁自评量表(SDS)、焦虑自评量表(SAS)、房树人等测试,二次评估学生心理状况。同时,对心理健康课、班主任老师等发现的有心理异常表现的学生也需要评估。当然,一些心理教师力量薄弱的学校会将学生转介至区中心,由区中心教研员进行评估。

2. 高校转介前评估

在高校心理工作中,心理教师主要凭借心理咨询经验、心理普测约谈(UPI、16PF),辅以某些信效度较高的简易测量工具[SAS、SDS、抑郁症筛查量表(PHQ-9)、焦虑症筛查量表(GAD-7)等]来判断评估学生的心理状况是否需要被转介。具体主要通过了解学生在学习与生活层面、心理与身体层面、行为与情绪层面等信息，重点关注是否遭遇突发事件、有无躯体疾病、学习和生活节奏变化、情绪稳定状态、能否拥有良好的人际关系、近期是否有异常突发行为、社会功能状况等。[7]若评估学生存在生命、安全危险，即有自杀、他杀、自残、攻击等行为，则需要启动紧急危机干预。

（二）　沟通评估结果、协商实施转介

1. 中小学：学校与家长沟通协商转介，区中心落实转介

当学校心理教师评估学生心理异常情况后，应采取以下措施：第一步，告知学生因其未成年需要与其家长联系，与其充分沟通取得理解后，与家长沟通学生在校的行为、情绪、言语表现，并结合心理测试结果进行说明，建议督促家长带孩子就医。如遇家长不配合，通常会再观察一段时间孩子的情况，适时再次联系家长，协商转介。第二步，填写《转介申请表》，简述学生的大致情况、心理测试结果等，上报区中心，由区中心协助联系精神卫生中心、儿科医院心理科等医疗机构，通过医教结合绿色通道进行转介。第三步，初诊时间由医院医生决定后告知区中心，区中心转达学校，心理教师通知家长陪同学生前往诊疗，学生及家长可自行与医生预约后续复诊时间。也有区中心把各学校转介来的疑难个案根据危机优先顺序，邀请医生来区中心开展联合就诊。这样，医生对个案获得的信息就不仅仅是家长或孩子的一面之词，还包括学校心理教师、区心理教研员对个案的多方面信息，确保诊断更准确，后续治疗更有效。[8]

2. 高校：经学生知情同意后转介

专兼职咨询师评估学生心理及精神状态，如确需要转介医疗（如果不十分确定，通常需要向中心负责人汇报商定），向来访学生解释说明并获得知情同

意,告知就诊相关信息;填写《转介记录单》,学生自行或由他人陪同前往相关
医院就诊。如果评估学生存在危机风险,还需要启动危机干预程序,向学生所
在学院的学生工作人员报备,适时联系家长寻求家校合力。

《转介记录单》在不同学校有校本化的文本,通常一式几联,涉及学生本人
或家属、心理中心/校医院、专科医院、学生所在学院。记录单中概要介绍学生
的人口学资料、在校情况、出现的主要问题和转介目的等,精神卫生机构安排
高年资的医师负责首诊,并在诊断后向学校反馈必要的就诊和用药信息,使医
教双方都能够及时地明确学生动态,在严遵工作边界的前提下高效配合并精
准地提供心理健康服务。[9]

(三) 转介后反馈、追踪

1. 中小学:诊后反馈及追踪

中小学生初诊后,家长需把就诊记录、诊断报告反馈给心理教师和班主
任,以便了解学生的明确诊断和用药情况,协同做好学生的心理支持。由于大
部分家长对药物有顾虑甚至排斥,心理教师需要协助进行一定的科普,帮助解
释药物的作用原理、起效时间、可能的副作用及注意事项等,叮嘱家长监护好
孩子谨遵医嘱,不可自行减药、断药,以巩固疗效。

关于诊后追踪,有些学生会边上学边服药,有些学生虽会离校治疗,经过
一段时间后也会返校复学。心理教师需要定期与这些学生交流辅导,了解其
药物的服用效果、情绪状态等,并定期提供心理疏导,同时与家长保持沟通,适
时做一些家庭教育方式的教育引导,帮助学生营造良好的家庭、学校支持氛
围,促进学生早日康复。

2. 高校:重点关注并适度追踪

在协商转介时,咨询师就会叮嘱来访学生将医疗机构的诊疗意见反馈给

咨询师,便于后续提供规范的心理支持或定期的辅助咨询。对转介医疗干预的学生,如果精神障碍比较严重,无法正常学习,则会住院或休学治疗。在复学时,学生应持病历到原医院进行复诊,由医生根据治疗情况及心理/精神状态开具相关说明,作为恢复正常学习生活的依据。

在整个诊疗期间,心理中心会根据来访学生的具体情况,依据相关法规与伦理,选择与学院、家长协同工作的程度与边界。一方面,告知家长有监护学生遵从医嘱,不随意停药、减药或加药的责任,也有监护学生生命、安全的责任。另一方面,将学生作为重点关注对象,进行定期回访和追踪,及时、准确地掌握学生的发展动向,建立重点关注学生档案,完整记录学生从转介到治疗以及终结医疗的过程。对于罹患精神障碍的学生,个案记录应包括转介理由、医生诊断、医疗过程、个案总结等内容;对于因心理危机而转介的学生,应记录心理危机的表现、医生的评估结论、危机处理的过程及结果。转介医疗和危机干预的结果主要有五类:疾病痊愈、危机解除;学生恢复正常学习生活;在接受医疗与在家长或辅导员的监管下在校坚持正常学习生活;请假、休学;退学、离开学校的管理范围。[10]

四、学校心理咨询中的转介原则

(一) 依据《精神卫生法》与行业标准进行转介

根据《精神卫生法》第 23 条,"心理咨询人员不得从事心理治疗或者精神障碍的诊断、治疗,学生如患有疑似心理或精神障碍,需将其转介到精神科医院进行诊疗"。为避免出现对转介处理过于敏感或过于迟钝,实施转介时需要借助相关诊断学知识与标准,审慎评估。如《中国精神障碍分类与诊断标准(第三版)》(CCMD-3)、《国际疾病分类(第十版)》(ICD-10)、《精神障碍诊断与统计手册(第五版)》(DSM-5)等。临床精神卫生专家建议,学生心理状态如符合上述标准,必须实施心理转介。

(二) 遵循伦理原则——知情同意与保密[11]

转介前,学校应遵循知情同意原则,及时明确地将当事学生的真实状态、潜在危险告知本人(未成年还需告知监护人),如遇危机还需要告知家长,阐明转介的必要性与重要性,取得他们的理解与同意。这既保护了学生的权益,也保护了咨询师与学校。如果当事人不愿接受转介,除非学生出现紧急状况(有伤害自身或他人的严重危险)外,否则心理教师不得强制学生接受转介。在转介过程中,要做好当事学生的个人信息及相关数据的保密,消除学生及家长的顾虑。同时,也要引导学生及其家长认识到保密原则的有限性,如涉及危机则保密原则例外,并告知保密例外的缘由——保护学生的生命及安全是最大的伦理。

(三) 注重关系建立,讲求沟通技巧

转介中,心理教师要认真倾听,理解当事学生及其家长对转介的态度,充分接纳他们的情绪感受,以真诚、专业的态度与当事人建立合作信赖关系,对转介释疑解惑,帮助他们缓解对转介的抗拒。另外,转介涉及多方面关系及互动,心理教师要讲求工作技巧,通过有效沟通,让当事学生及其家长认识到,转介能使其心理问题得到及时有效处理,防止问题恶化,这是对学生负责的表现,而绝不是推卸责任。

(四) 确保转介流程畅通、程序规范

为实现安全、高效地心理转介,需要确保在不同类型、不同层级间的转介

中关系清晰、程序规范,细化转介和接诊流程,并以《转介记录单》的形式完整记录转介过程,留存转介信息。如果不能保证转介过程的流畅性与规范性,就会让转介机制成为一纸空文。

(五) 加强家校医协作,充分发挥家长的监护作用

家长是学生的法定监护人,当学生出现心理/精神障碍或心理危机时,需要家长参与并发挥重要作用。但不少家长缺乏精神医学知识,对精神科治疗心存芥蒂。这就需要在转介时,增加对家长的培训指导,让家长理解医疗的必要性,消除对药物治疗的误解,遵从医嘱,积极配合治疗。对于存在心理危机学生的家长,应及时向他们介绍伤害预防的知识和方法,培养自杀预防意识和技巧,负起对学生安全的监护责任,协同学校、医院做好心理危机干预工作。

(六) 对学校心理咨询中转介工作的思考

第一,适时恰当的转介对维护学生心理健康、预防心理危机具有重要意义。学校心理健康工作要重视和加强对心理转介工作的整体指导与协调,制定科学完善的心理转介制度,将心理转介是什么、哪些对象在什么情况下需要转介、转介流程及具体操作实施等以文本形式确立下来,形成制度规范,确保转介有效实施。同时,要在全校师生中做好心理转介的宣传和培训,帮助师生树立转介意识,发展转介能力,在必要时能想到转介,转介时能规范、准确操作。

第二,增强心理咨询师配备,提升队伍准确评估的转介能力。为了更有效地开展心理转介工作,一方面,各学校(尤其高校)需要配备至少两名咨询师,以保障转介前评估得以准确实施。另一方面,遴选一批骨干教师去专科医院进行实习或见习,学习临床评估技术、用药等相关知识,以更好地胜任转介

工作。

第三,建立一校一心理医生顾问的制度[12],推动学校心理机构和精神科医院的双向交流与深度合作。学校可根据自身实际情况或独立或联合聘请医生顾问,专门对接学校心理健康的医教协同工作,适时为学校提供培训、心理转介、案例督导、学生康复支持等。

第四,转介药物治疗的学生往往会经历一段带药复学的康复期,在康复期内常常会遇到学业压力及学校生活的再适应等问题,这些问题如果得不到有效的处理,容易触发新的问题,甚至会导致精神状况恶化。目前学校多采用定期个案咨询或辅导的心理支持方式,可尝试开展团体或互助小组,由专业心理教师、同质学生、朋辈互助员等组成,针对带药康复治疗的学生,制定学习帮扶计划,帮助复学同学尽快恢复社会功能,继续完成学业。[13]

注释

[1] 张海燕:《高校医教结合心理健康服务工作的探索——以上海高校为例》,《思想理论教育》2016 年第 1 期,第 90—93 页。

[2] 季文泽、汤琳夏、吴庆涛:《医教结合视域下高校心理健康服务的融通模式——以上海高校为例》,《高等教育研究学报》2020 年第 1 期,第 45—50 页。

[3] 吴增强:《医教协同:一种学生心理健康服务模式》,《江苏教育》2019 年第 16 期,第 20—22 页。

[4] 傅安球:《心理咨询师培训教程》,华东师范大学出版社 2011 年版,第 414 页。

[5] 林孟平:《辅导与心理治疗》,商务印书馆(香港)有限公司 1988 年版,第 277 页。

[6] 杨颍:《基于高校危机干预体系的心理转介应对思考》,《黑龙江高教研究》2013 年第 7 期,第 116—118 页。

[7] 杨颍:《基于高校危机干预体系的心理转介应对思考》,《黑龙江高教研究》2013 年第 7 期,第 116—118 页。

[8] 徐琳:《"医教结合"在中小学心理健康教育工作中的难点与对策》,《大众心理学》2020 年第 5 期,第 9—11 页。

[9] 季文泽、汤琳夏、吴庆涛:《医教结合视域下高校心理健康服务的融通模式——以上海高校为例》,《高等教育研究学报》2020 年第 1 期,第 45—50 页。

[10] 姚斌:《新时代背景下"医校结合"高校心理健康服务体系建设》,《思想理论教育》2019 年第 5 期,第 90—94 页。

[11] 马喜亭:《转介在大学生心理危机干预中的应用》,《北京航空航天大学学报(社会科学版)》2010 年第 2 期,第 109—112 页。

[12] 杨琳琼:《医教结合在学校心理健康工作中的使用探索》,《大众心理学》2016 年第 6 期,第 10—11 页。

[13] 黄成、李桦:《在校大学生精神疾病的危机预防与转介研究》,《科教文汇》2015 年第 13 期,第 157—158 页。

大中小幼不同学段家校协同干预研究

张晓冬

（上海市建平中学）

谢湘萍

（上海工艺美术职业学院）

心理学家研究发现，动物从出生开始会追逐它们最初看到的能活动的生物，并对其产生依恋之情，这就是"印刻现象"。儿童学习也存在这样的关键期与关键人物——父母。心理学家阿尔伯特·班杜拉的社会学习理论强调观察学习或模仿学习，父母是孩子最初、最直接也是最常见的观察和模仿学习的榜样。个体从出生就开始接受父母的养育和教导，即使开始上学，接触最多的人还是父母，父母的言行举止对子女的世界观、人生观、价值观的形成，对子女的个性发展、社会交往、进取心、学业发展、事业发展乃至一生幸福有着重要影响。[1]中国教育学会副会长兼家庭教育专业委员会理事长朱永新先生经过长时间的调研，提出"家庭好了，教育才会好；父母好了，孩子才会好；家庭教育好了，学校教育就会轻松高效"[2]。所谓父母亦师，身教重于言教。这些都道出了家庭教育在一个人的成长中发挥着举足轻重的作用。只有家校协同[3]，才能真正促进孩子的身心健康成长。

一、家庭教育现状

　　小丽（化名）的父母都是公务员，平时工作非常忙。小丽是由奶奶带大的，奶奶很少带孩子下楼，导致小丽很少有机会接触其他小朋友，所以非常怕生，但大人们认为女孩子胆小很正常。到了幼儿园，每当小丽不舒服时，奶奶都会特别小心，爸爸妈妈也会请假陪她，让小丽觉得生病挺好的，于是她生病的时间明显比其他小朋友多。读小学后，小丽胆小怯懦，上课不敢举手发言，在家还总被父母埋怨，嫌她动作慢、不够聪明；因为她，父母只能每天早早下班，因此被领导指责。另外父母之间还经常因为教育小丽而发生争执，小丽总是默默流泪，更让父母恨铁不成钢。到了初中，小丽很自卑，老师一直鼓励她，说她有进步，但是父母只看到她的不好，他们觉得小丽没有继承父母的优点，甚至觉得她内向又不好看，所以几乎不带小丽参加朋友聚会。他们总说起同事的孩子小红优秀，这让小丽觉得很自卑、很压抑。到了高中，眼看着周围的同学三五成群，小丽却一个好友也没有，她觉得自己不敢也不配和同学交往，没人会喜欢她，干什么都提不起兴趣来，连起床都很困难，上课没精神，作业不想做，甚至觉得活着没意思。

　　案例中的小丽之所以会变成现在这样，与父母从她幼年时期开始的养育方式紧密相关。在学校心理咨询服务中，透过孩子的成长历程，可以看到父母的养育方式起着至关重要的作用，他们的教育理念、教育方式在很大程度上会影响孩子的健康成长。

　　目前，各学段家长的家庭教育有何特点呢？2018年底，笔者主持的"家庭教育指导课程与教材建设研究"课题组通过自编调查问卷，对上海市学前、小

学、初中、高中、大学及以上五个学段的1 328名家长进行调查研究,了解家庭
教育现状、困惑及家庭教育指导需求。[4]

(一) 超过七成的家庭由母亲承担家庭教育责任

调查发现,相比其他家庭成员,所有学段的母亲都更多地承担教育孩子的
责任,基本超过七成(见图1)。由母亲承担主要教育责任的情况在学前阶段和
大学阶段更为突出,分别占83.78%和88.89%。这可能是因为在学前阶段,家
庭养育主要由母亲负责孩子的饮食起居;而在大学阶段,母亲对孩子的关心也
远大于父亲。该调查结果在一定程度上解释了为什么开家长会时,母亲的参
加率远高于父亲。众所周知,父母双方在子女成长过程中是同等重要的,父亲
角色的缺失很可能让孩子处于母亲的过度保护中,缺乏独立性、自主性、责任
感,果断性和勇敢性可能也较难养成。

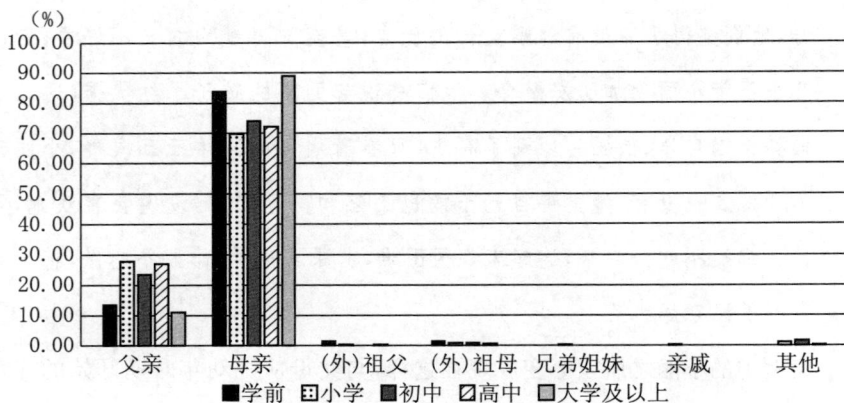

图1 承担教育孩子职责的家庭成员

(二) 孩子最愿意倾诉的对象是好朋友和母亲

在成长过程中,孩子最愿意向谁倾诉心思呢? 由图2可知,高中生最愿意
倾诉的对象为好朋友,其次为家长,这些是青少年成长过程中重要的社会支持

系统。对青春期孩子来说,同伴群体影响不容忽视。随着年龄的增长,孩子有了自己的人生观、价值观、世界观,逐渐独立,不再依赖父母,他们认为与父母存在代沟,父母无法理解自己的想法和观念,而作为同龄人的好朋友更能理解自己,因此他们更愿意向其袒露自己的心声,更多选择与自己的好朋友说心里话。

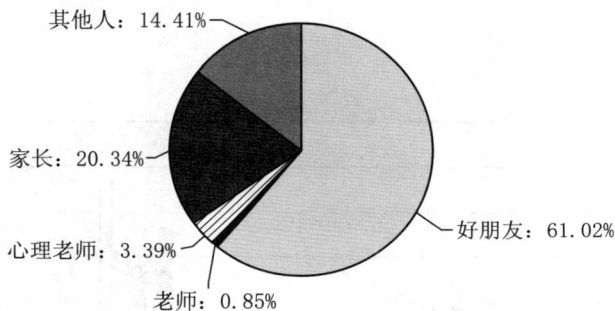

图 2　高中生最愿意倾诉的对象

同期对家长的调查却发现,无论在哪个学段,家长认为孩子最愿意倾诉的对象是母亲(见图 3)。这一方面可能是由于调查问卷的填写者大多为孩子的母亲,另一方面是母亲能给孩子带来更多的安全和温暖的感觉,是倾诉的好对象。但对比两个调查的结果不难发现,家长对孩子的了解与孩子的真实情况存在差异。

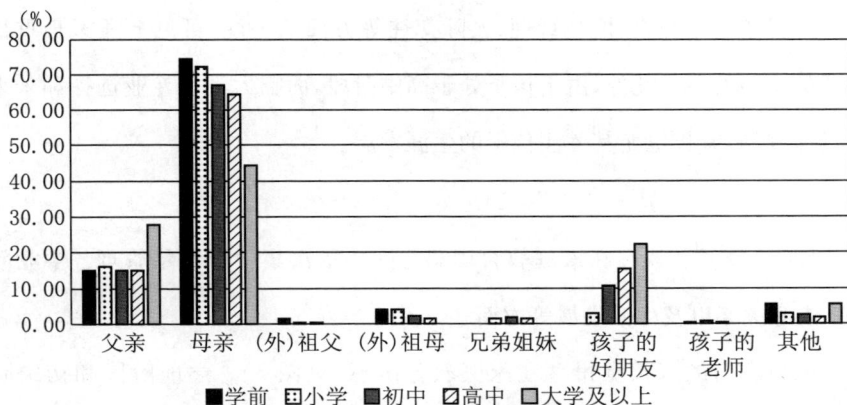

图 3　家长认为孩子最愿意倾诉的对象

(三) 家长更关心孩子的身体健康和学业发展

调查发现(见图 4),在学前阶段、高中阶段、大学阶段,家长更关心孩子的身体健康,分别占 36.49％、30.93％、50％;而在小学阶段和初中阶段,家长更关心孩子学业成长,占 36.56％和 35.49％;调查还发现,孩子的休闲娱乐方面是家长最不关注的。

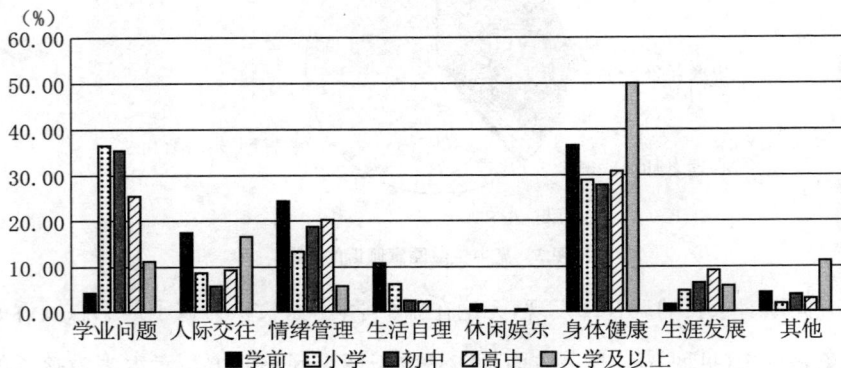

图 4　家长对孩子成长最关注的方向

调查结果中令人意外的是,家长对高中阶段孩子在身体健康方面的关注超过了学业问题。在升学压力巨大的高中阶段,虽然家长也重视学业,但是没有忽视对孩子在健康、情绪管理、人际交往等方面的关注,可见上海家长重视孩子的全面发展。此外,由于孩子处于高中阶段,面临大学的专业选择和未来的具体规划,家长也尤其关注孩子的生涯发展。

(四) 家长普遍存在家庭教育困惑,困惑依次集中于情绪管理、学业问题、人际关系以及生涯发展等方面

七成左右的家长觉得存在家庭教育困惑(见图 5)。学前阶段和初中阶段的家长困惑最多,占 79.73％和 78.03％;大学及以上阶段的家长困惑最少,

占 61.11％。

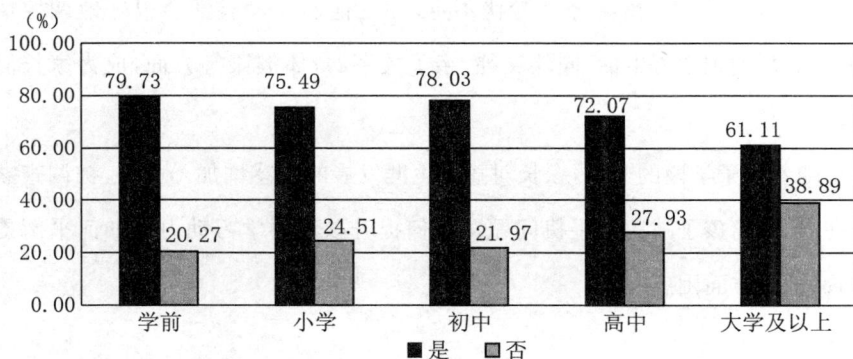

图 5　家长是否对家庭教育存在困惑

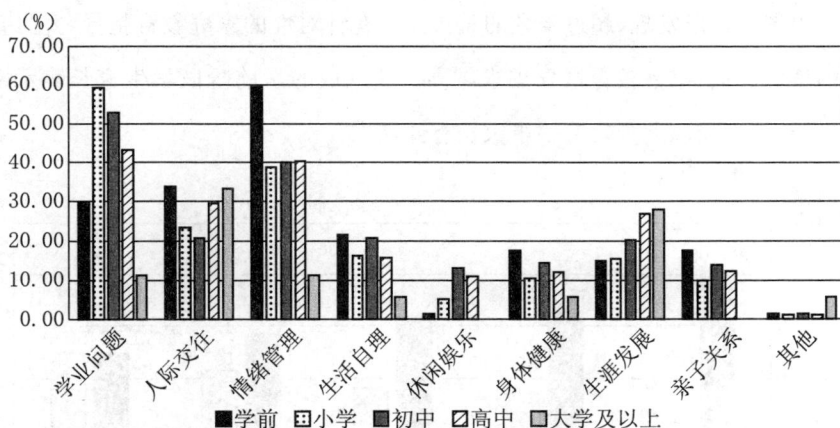

图 6　家长对家庭教育困惑的方面

　　学前阶段家长对于孩子的情绪管理最为困惑，占 59.46％，其次是人际交往，占 33.78％（见图 6）。这一阶段的孩子易怒、固执、情绪不稳定，同时可能还伴有攻击性行为，家长没有较好的情绪管理方法，对此十分头疼。进入中小学，孩子的学业问题和情绪管理是家长的首要和次要困惑。不少孩子在小学、初中时是尖子生，但步入层层筛选的高中后，可能在学习中失去了原来的优势，产生学习不适应、心理落差、想要追赶他人的压力，从而进一步引发学习焦虑、考试焦虑、厌学、自卑等相应的学习问题和不良情绪。在情绪管理方面,高中生身心矛盾较多,情绪经常起伏不定,加之他们还没有学会很好地调控情绪,因而影响到学习生活、同伴交往、亲子关系、身体健康等方面,成为家长们头疼的问题。

随着孩子学段的升高,家长对孩子生涯发展的困惑增加。此外,被调查家长在"如何给孩子减压""手机问题""如何提升孩子的学习动力""如何平衡爱和管教"等方面困惑明显。

(五) 家长普遍存在家庭教育指导需求

由图 7 可以发现,超过半数的家长需要有针对性的家庭教育指导,并且孩子的学龄越低,家庭教育指导需求越高。超八成的学前阶段学生家长表示需要指导;大学及以上阶段有一半家长有此需求。

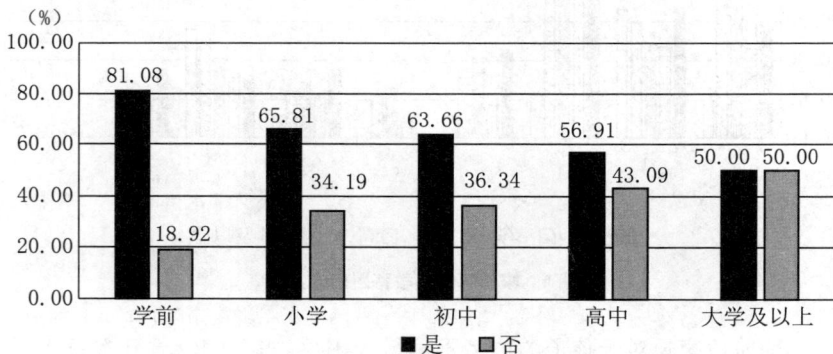

图 7　家长是否需要家庭教育指导

由图 8 可以发现,不同学段的家长在孩子的情绪管理、学业问题、生涯发展、人际交往等指导方面有家庭教育指导需求。在情绪管理方面,学前阶段的家长的指导需求最盛,达 77.03%;其次是高中阶段,达 40.43%。学前阶段的孩子任性妄为,家长颇感无奈。而高中学生思维活跃,两点一线的紧张学校生活与学生的心理需求形成极大的反差,他们的情感需要交流,情绪需要宣泄和疏导,否则很容易产生焦虑、抑郁、孤独、恐惧、敌对等不良情绪。家长需要尽可能地塑造良好的家庭环境,消除与孩子的隔阂,理解、接纳、尊重孩子的情绪。在学习方面,小学和初中阶段的家长指导需求最强烈,达60.28％和54.08％,大学及以上阶段的家长最需要在孩子的生涯发展方面获得指导。这些需求恰好反映了孩子成长过程中,家校最需要协作的教育内容。

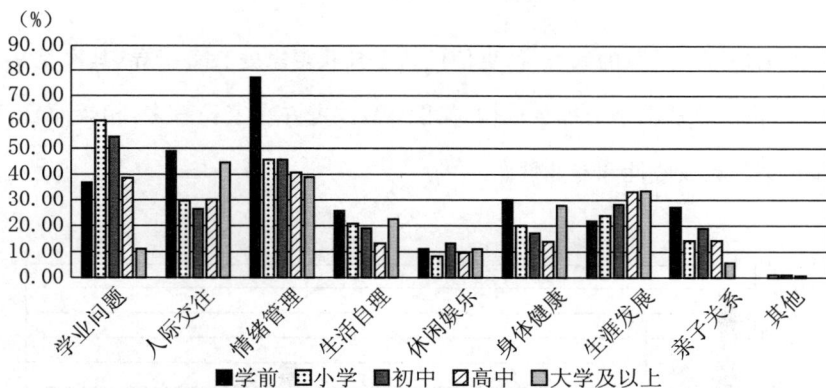

图 8　家长想要获得家庭教育指导的内容

　　经调查,学前阶段的家长超半数倾向于个别指导形式,其余学段的家长更倾向于专题讲座形式。在专题讲座这样的空间里,家长可以更高效地获得可靠的家庭教育知识和技能,聆听专家分享教育经验。家长可以在讲座中开拓视野,获取多方面的信息,及时调整自己的教育态度和方式。而个别指导成为小学阶段家长的热门选项,可能是因为这样能更有针对性地解决孩子的问题,并有利于有效跟踪和具体方案的形成,帮助孩子成长。家长沙龙这一形式也广为接受,这是因为家长沙龙有助于家长之间相互沟通孩子的问题,让家长获得认同感并且能够互相有效借鉴(见图 9)。

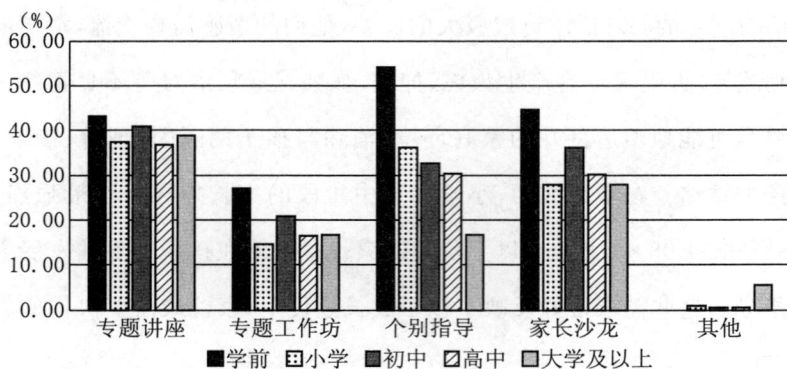

图 9 家长更接受家庭教育指导的形式

无论是哪个学段的家长,都更信任从学校获得家庭教育指导,其次是从专家讲座,再次是从网络与社会机构(见图 10)。也许在家长看来,相较而言,学校和专家更具权威性和专业性。

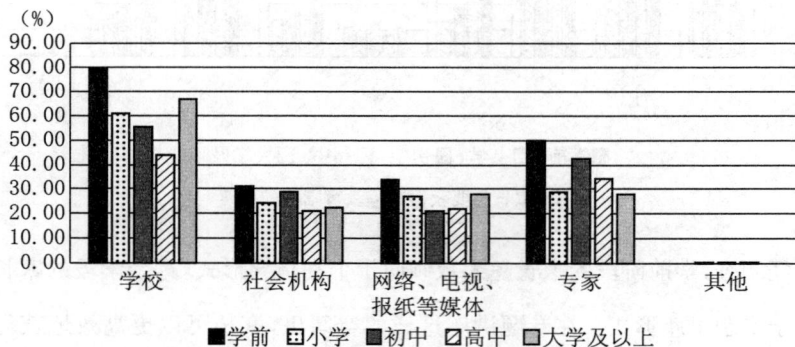

图 10 家长更倾向获得家庭教育指导的地方

二、 家校协同干预案例

家庭教育是儿童青少年健康发展的起点和基础。家庭教育开展得如何,关系到孩子的终身发展,关系到千家万户的幸福,关系到国家和民族的未来,因此家庭教育是国民教育的重要组成部分。从前述调查中可以发现,许多家长对家庭教育倍感迷茫,他们迫切希望教育好子女,但常感心有余而力不足,他们迫切需要获得家庭教育指导,更新教育理念,提升教育水平,更好地与学校携手促进孩子健康成长。很多学校都在积极探索有助于健康成长的有效途径,并积累了一些经验,开展家校协同干预,让更多的家长更有效参与到孩子健康成长历程中。

(一)　针对幼儿园孩子的"幼小衔接"亲子成长工作坊

活动主题:小学,我来了!

活动目的:从幼儿园到小学,是孩子经历的一个重要转折,能否适应这一变化会对孩子的身心产生重要影响。本活动旨在帮助家长和孩子做好从幼儿园到小学的过渡,增强入学适应能力,感受成长的快乐,增进亲子关系,帮助孩子迈好学校生活的第一步,较快适应学校生活。

活动形式:情景模拟、角色扮演、游戏体验等。

活动内容见表1。

表1　"幼小衔接"亲子成长工作坊活动内容

序号	活 动 内 容	备　　注
1	专题一:认识小学校园	
2	专题二:我和小伙伴交朋友	
3	专题三:我和好习惯交朋友	亲子共同参与 每周一次 每次30分钟
4	专题四:我和书包交朋友	
5	专题五:放学回家后	

(二)　针对小学生的注意力训练亲子成长工作坊

活动主题:小学生注意力训练工作坊。

活动目的:针对小学生动作慢、做作业拖拉、多动、贪玩、注意力不集中等常见问题,探索解决方案,通过针对性训练改善小学生学习习惯,提高专注度;通过活动帮助家长学会正确、有效、科学的育儿方法,同时改善家庭结构和家庭成员互动模式,促进良好亲子关系的形成。

活动形式:智能型注意力集中训练、理论学习、互动游戏、实践活动、交流分享等。

活动内容见表 2。

表 2　小学生注意力训练亲子成长工作坊活动内容

序号	活 动 内 容	备　　注
1	开班仪式 专题一:知己知彼——了解家庭教育基本理念 家长专家讲座 + 小学生初识互动分组同步进行 并组:喜相逢、最佳搭档	亲子共同参与 有分组有并组 周五下午活动 每次一小时
2	专题二:聚精会神——培养孩子的注意力 并组:心理学仪器训练、舒尔特表、圈数字	
3	专题三:善于表达——学会"我信息表达"(家长) 游戏训练 + 仪器训练(孩子)	
4	专题四:学会倾听——体会倾听的重要性(家长) 游戏训练 + 仪器训练(孩子)	
5	专题五:敞开心扉——善用肢体语言(家长) 游戏训练 + 仪器训练(孩子)	
6	专题六:青春少年——呵护孩子健康成长 并组:分享收获 结业式	

(三)　针对初中生的青春成长亲子工作坊

活动主题:青春期成长工作坊。

活动目的:初中时期是迅猛发育的时期,初中生生理、心理都在发生急剧变化;同时也是他们逐渐适应社会的重要阶段,是从幼稚走向成熟、从依赖走向独立的转折点。初中时期一方面给他们带来新奇、美好,另一方面也带来迷茫、不知所措等青春期困扰。本活动旨在增进参与的初中生及家长了解青春期生理、心理变化规律;帮助处于青春期的初中生提高人际交往技巧,同时促进亲子间的有效沟通。

活动形式:讲座、角色扮演、游戏体验、绘画活动。

活动内容见表 3。

表 3　初中生青春成长亲子工作坊活动内容

序号	活动内容	活动形式	对象	备注
1	开营式 亲子并组互动活动 　热身活动:异口同声 　主题训练活动:画图知沟通	游戏活动 游戏训练活动	家长、学生	签到表、书籍资料赠送、活动安排表、若干张对裁的 A4 纸
	相识破冰(学生篇) 进化论 大风吹	团队游戏	学生	海报纸、水彩笔、KT 板等笔
	常见青春期发展问题及对策(家长篇)	讲座	家长	前测问卷
2	成长进行时(学生篇) 成长进行时(家长篇)	视频 完成成长画 讨论	学生 家长	采访家长 给孩子写一封信
3	男生、女生(学生篇) 有效沟通(家长篇)	团体活动	学生 家长	海报纸、水彩笔、KT 板等 分享采访与看信体会
4	亲子并组互动活动 　传话驿站 　辩论 　故事接龙 　知识竞赛 闭营式	小组竞赛 活动片段回顾 颁奖	学生、家长	秒表 前期活动视频剪辑、奖品、奖状

(四) 针对高中生的情绪管理家长工作坊

活动主题:情绪管理家长工作坊。

活动目的:在心理健康教育与咨询实践中,发现高中生的心理问题中以情绪困扰最为普遍,而很多有情绪困扰的学生,其家长自身的情绪管理能力与家庭教育方式存在较大问题。本工作坊旨在促进家长了解孩子与自身的情绪状态;促进家长学会管理自身情绪;促进家长指导处于青春期的子女进行有效情绪管理。

活动形式:情景模拟、角色扮演、游戏体验。

活动内容见表4。

表4　高中生情绪管理家长工作坊活动内容

序号	活动主题	活动内容	活动准备	备　注
1	初识	相互认识 达成团队契约 生命历程探索:绘制生命线	签到表 前测问卷	
	认识情绪	识别常见情绪与情绪困扰 不同情绪的分类和含义 谈谈主要的四种困难情绪	海报纸、水彩笔、KT板等	《头脑特攻队》片段
2	理解情绪: 请收下这封情绪的鸡毛信	情绪对孩子成长的重要性 家庭对孩子情绪发展的影响（情绪情感孵化地） 依恋和分化	海报纸、水彩笔、KT板等	给孩子写一封信
3	调控情绪一: 一起来练情绪瑜伽操	挫折或失望时的情绪表达 抑郁情绪应对	海报纸、水彩笔、KT板等	
4	调控情绪二: 一起来练情绪瑜伽操	调控情绪的认知行为方法	海报纸、水彩笔、KT板等	
5	回顾与总结	回顾所学 分享收获 展望未来	后测问卷	合影留念

(五) 大学生家长参与学生心理健康教育系统方式

活动目的:研究表明,家庭结构、家庭教育方式、家庭氛围对大学生心理健康起着至关重要的作用。在孩子上大学后,尤其是异地求学的学生的家长,参与到孩子的学习和生活中的机会就少了很多,加上家长本身可能缺乏相应的心理健康知识,或是原生家庭功能不健全,就可能造成家长难以了解孩子的心理动态,甚至是在孩子出现心理突发状况时缺乏科学的应对技巧。所以,高校可以开展形式多样的心理健康教育活动,邀请家长参与到大学生的心理健康教育体系中来,家校协作,共同培养理性、平和、自尊、自信、积极向上的大学生。

活动内容见表5。

表5　大学生家长参与心理健康教育活动内容

序号	活动形式	活 动 内 容	备 注
1	心理讲座	介绍大学生常见心理问题的主要表现、亲子沟通、心理危机干预等知识	开学报到时
2	心理工作坊	陪读家长心理工作坊	
3	参与心理咨询	在学生同意、家长有条件的情况下,家长可以参与学生在学校心理中心的咨询,提供心理咨询师所需要的信息,更精准地分析来访学生的状态;家长还可以跟同学一起进行家庭治疗,让整个家庭系统发生变化,与学生共同成长	在来访学生同意家长介入时
4	参与心理危机干预	在大学生心理危机发生时,家长作为监护人,需要在得知情况后第一时间到校与学校协作开展心理危机工作	
5	开放日、表彰会、毕业典礼等大型活动、家长会、家访	在一些特殊的节日、活动仪式上邀请大学生家长共同见证和参与,召开家长会,进行家访都能够有效地架起家校沟通的桥梁,让彼此更加了解学生的真实状态	

三、 家校协同的困扰与思考

(一) 家校协同的困扰

家长的教育观念、教育态度、教育方式对孩子的认知发展、学业成绩、心理健康等方面都会产生深远影响。正如本文开篇案例中小丽的成长经历,小丽父母忽视对小丽从小的教养,没有注重小丽的社会交往指导,导致小丽胆小怕生;幼儿园时期,小丽对陌生的幼儿园产生恐惧和退缩与父母没有及时指导和鼓励也有一定关系;小丽上小学以后,父母不关注孩子的心理成长需要,一味指责甚至嫌弃,孩子长期缺乏关爱,充满否定的生活环境很有可能让小丽每日生活在郁闷、压抑的情绪中,时间长了,甚至有可能导致小丽患上抑郁症。

家庭教育对孩子健康成长的重要性越来越得到社会各界的认识。学校、家庭和社会需要协作起来,共同营造有利于学生身心成长氛围的呼声越来越高,但是如何协作却是当下最大的难题。家校协同理应全程关注孩子的成长过程,但目前尚缺少顶层设计,缺少统一协调和部署。

在心理健康教育实践中,我们发现孩子身上出现的问题越多,家长参与家庭教育指导的积极性越大。但是孩子的心理问题产生非一日之寒,解决也不在一朝一夕,更不是心理咨询师一个人能力挽狂澜的。从小丽的案例中我们也发现,等孩子出现很大的心理问题才开始参与,虽然说亡羊补牢为时未晚,但是孩子的秉性习惯一旦养成,再要改变,难度就要大得多。

家长愿意参与家庭教育,但是需要有效的指导,才能形成合力。从前述案例可知,目前大多数家庭教育指导的主体是学校,虽然在学校开展专题性家庭教育指导组织落实比较容易,效果也不错,但是现今学校教育的主体是学生,学校的教育教学压力巨大,往往很难有精力同时也缺乏训练有素的专家团队去开发家庭教育课程。况且学校往往在工作日开展的家庭教育活动,家长因为工作原因,很难保证有时间和精力去参与。

(二) 对家校协作未来的思考

第一,按照《中华人民共和国精神卫生法》《"健康中国 2030"规划纲要》《关于加强心理健康服务的指导意见》等法律规划与政策要求,心理健康教育应坚持预防为主、突出重点、问题导向、注重实效的原则,强化党委、政府领导和部门协作,建立健全服务网络,加强重点人群心理健康服务,加强社会心理服务疏导和危机干预规范管理措施,从国家角度探索全国社会心理服务体系建设。

第二,教育行政主管部门要重视家庭教育指导工作,成立家庭教育指导中心,科学研究、系统设计符合家庭教育现状和困惑的指导课程体系,从专家讲座到个别指导,课程涵盖从学前阶段到小学、初中、高中阶段,尽可能满足家长的指导需求,并且对尚未产生家庭教育指导困惑的家长进行发展性指导。

第三,学校应该根据自己学校实际情况,有针对性地调查了解,根据最突出的家庭教育指导问题开展有针对性的指导服务,争取做到服务形式多样,涵盖面广,既有面向全体家长的大型专题讲座,又有针对部分家长的系列团体辅导,也有个别家庭教育指导。同时,学校应加强对学校教师家庭教育指导能力的培训,尤其是作为独生子女的青年教师,因为教师是家长和学校之间的"桥梁",同时将孩子在学校的情况告诉家长,通过家长会、家访、家长工作坊等渠道将学生的身心发展特征、新的教育观、科学的教育方法传达给家长,时间可以选定在休息日。

第四,社会应该通过各种途径更多地倡导和宣传积极的家庭教育指导形式和内容,鼓励社会机构组织的家庭教育指导活动,并广而告之,如发放《家庭教育指导手册》等宣传刊物,让更多的家长知情并参与。社区也可以组织搭建家长互助的民间组织,如家长沙龙,让家长互通信息,互相协助,缓解家庭教育焦虑情绪,并分享家庭教育指导经验。

第五,家长应该注重自身修炼与学习,主动学习家庭教育知识,更新家庭教育观念,改进家庭教育方法,积极配合学校和社会,主动参与孩子的生活指导、学业指导、健康指导、心理指导和生涯指导等过程,共促孩子成长。

注释

[1] 杨雄:《当前我国家庭教育面临的挑战、问题与对策》,《探索与争鸣》2007 年第 2 期,第 68—
71 页。

[2] 李凌:《2016 第二届家庭教育国际论坛圆满落幕》,中国教育新闻网 2016 年 10 月 30 日,
http://www.jyb.com。

[3] 车广告、丁艳辉、徐明:《论构建学校、家庭、社会教育一体化的德育体系——尤·布朗芬布伦
纳发展生态学理论的启示》,《东北师大学报(哲学社会科学版)》2007 年第 4 期,第 155—
160 页。

[4] 张晓冬:《上海市家庭教育现状、困惑和指导需求情况调查报告》,《现代教学》2019 年第 S1
期,第 70—71 页。

【范例六】

认知行为疗法在大中小学心理咨询中的应用

谢湘萍

（上海工艺美术职业学院）

一、认知行为疗法概述

认知行为疗法是阿伦·贝克在 20 世纪 60 年代早期发展出来的一种心理治疗方法，其基本假设是一个特定的心理障碍有其特有的信念和行为策略，不良的认知会产生不良的情绪和行为，咨询师通过改变来访者的认知（矫正来访者的想法和信念系统），带来情绪和行为上持久的改变。认知行为疗法有十大基本原则：(1)以关于来访者问题的不断发展的解释和对每一个来访者用认知术语进行的个体的概念化为基础；(2)需要一个良好的治疗联盟；(3)强调合作与积极参与；(4)一种目标导向、聚焦于问题的疗法；(5)首要重点是当下；(6)有教育作用，目标在于教来访者成为自己的治疗师，强调复发预防；(7)有时间限制的；(8)是一种结构化的疗法；(9)教会来访者识别、评估及应对自己功能不良的想法和信念；(10)采用各种技术来促使思维、情绪和行为的改变。[1]

认知行为疗法结构化、短程、高效的特点使其在心理咨询中得到了广泛的应用。由于大中小学生年龄和认知发展阶段的差异性，认知行为疗法在大中小学心理咨询的使用中也有学段的差异性和共同点。本文以"大学生人际关系困扰"为范例来呈现大学阶段咨询中对认知行为疗法的运用，并与中小学阶段进行对比，探讨认知行为疗法在大中小学心理咨询中的应用特点。

二、 认知行为疗法在大学生人际关系困扰中的咨询应用

（一） 来访者信息

1. 基本信息

丹丹（化名），独生女，20 岁，上海人，上海市某高职院校一年级学生。父母离异，从小由外公外婆带大。母亲一直在国外，六年前回国，之后丹丹跟随母亲生活。丹丹性格内向，喜欢安静，大一入学时因觉得室友太吵闹而申请调换寝室，但因与新室友不是同班同学，难以共同活动，因而仅与 L 同学关系较好。但新学期开始后，看到 L 同学与其他同学形影不离，丹丹感到被疏远，体验到强烈的孤独和失落感，影响睡眠和学习。

2. 重要生活事件

丹丹在小学三年级时，因同桌将她的作业本藏起来而受到老师批评，回家跟外公外婆诉说，外公外婆反而责骂她没收好作业本。该事件让丹丹体验了强烈的无助感，后来再遇到事情，便不敢跟家里人请教和诉说。日积月累，丹丹越来越不知道该如何应对与同学、朋友之间的相处问题。

一个多月前，丹丹跟朋友出去聚餐，因自己单独结账（对方点单的价格较高）与朋友产生隔阂，深感内疚、羞愧。近期，在专业课学习上，丹丹觉得 3D 课很难理解；因为人际关系问题，所有需要小组合作的作业无法完成；喜欢动漫

和平面设计,但找不到也不敢去找志同道合的朋友。

(二)　来访者主诉

通过辅导员预约心理咨询,由母亲陪同来心理中心。丹丹诉说道:"寒假回校后,我在学校感到空虚、寂寞,不知该如何与同学、室友交往(哭)……我讨厌需要小组完成的课业。近段时间情绪低落,不开心,焦躁,担心很多事情(哭)……近三周,不想住在寝室,晚上睡眠不好,要到很晚、没有一点声音才能入睡,白天也感到精神状态不好,整个人昏昏沉沉。"

(三)　心理评估

来访者 SCL-90 测试结果是:躯体化 1;强迫 1;人际关系 2.4;忧郁 2;焦虑1.5;敌对 1;恐怖 1;偏执 0;精神性 1;其他 1。

根据来访者的陈述和经验,来访者有良好的自知力,无妄想、幻觉,表现出的情绪问题由现实生活事件引起,持续约一个月;不愿住宿舍,讨厌需要多人共同完成的作业,社会功能部分受损。寒假返校后,对大学生活及人际关系适应不良,故对该来访者评估为一般心理问题。

(四)　案例概念化

丹丹目前的问题是自己在学校找不到可以说话的人,发现上学期唯一跟自己关系不错的 L 同学,这学期开学后跟另外一个同学走得近,似乎疏远了自己。在团体中,丹丹总想加入他们的话题,但又不知道说什么好,总感觉自己跟班级其他同学及室友不熟,总担心说错话或因为自己某行为不当,让彼此的关系更糟糕。丹丹越是这样,心里越焦虑紧张,不知道自己到底该怎么做,所以课余时间不想在寝室。

从丹丹的描述中,可以看出她内心强烈地渴望能融入集体,希望有关系好的朋友和同学,但又不善于处理人际关系及交往过程中出现的问题。内心强烈的渴望与自身实际的人际交往能力之间有很大的差距,这种差距被丹丹解读为是自己各方面能力差、处理不好生活中的问题、自己不受欢迎导致的,这种解读引发了孤独、苦闷、紧张、忧虑、无助、自卑等消极情绪。寒假与朋友聚会自己单独结账的方式,让两个朋友疏远了自己,这进一步加重了丹丹"只要自己做得不好,身边的朋友会远离自己"的想法,并深感羞愧、内疚、尴尬,觉得自己什么事都处理不好。虽然事情发生有一段时间了,但这个事件带来的负性影响却越来越大,甚至使丹丹都不敢去找上学期关系不错的 L 同学了。

过往的经历和近期的事件让丹丹认为与朋友间目前的关系状态都是由自己造成的,都是因为自己不好(信念),并进一步加重了她的自我否定感,引发了诸多负性情绪,甚至影响到睡眠和学习(见图 1)。所以,丹丹的情绪和行为是由她的自动思维和信念造成的,可以运用认知行为疗法加以调整。

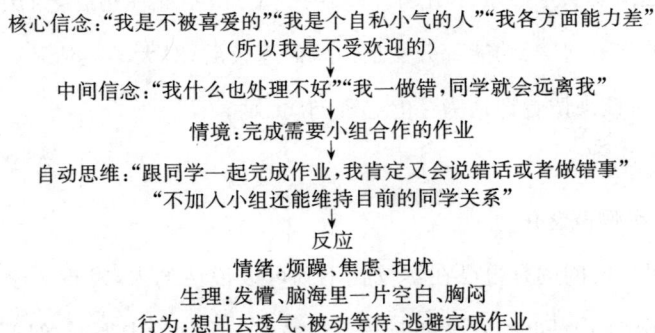

核心信念:"我是不被喜爱的""我是个自私小气的人""我各方面能力差"
(所以我是不受欢迎的)
中间信念:"我什么也处理不好""我一做错,同学就会远离我"
情境:完成需要小组合作的作业
自动思维:"跟同学一起完成作业,我肯定又会说错话或者做错事"
"不加入小组还能维持目前的同学关系"
反应
情绪:烦躁、焦虑、担忧
生理:发懵、脑海里一片空白、胸闷
行为:想出去透气、被动等待、逃避完成作业

图 1 丹丹的认知模式

(五) 咨询目标与计划

1. 达成共识的心理咨询目标

第一,宣泄因目前生活事件造成的大量负性情绪,回寝室住。第二,识别、

评价并应对有关人际交往方面的自动思维和不合理的信念。第三,通过家庭
作业、自我肯定清单,学习人际交往技巧及人际冲突处理方法,尝试跟同学合
作,完成小组作业。第四,提高对自我的接纳程度和对人际交往方面的自
信心。

2. 心理咨询计划

第一阶段(两次):与丹丹建立良好的咨访关系,帮助丹丹宣泄目前的负
性情绪,引导丹丹谈论自己的感受和情绪,允许自己通过诉说、哭泣等合理方
式来宣泄情绪。向丹丹介绍认知行为疗法,鼓励丹丹做自己的认知行为治
疗师。

第二阶段(四次):探讨具体事件中的情绪及强度、自动思维的识别和评
价;寻找自动思维背后的信念,并进行矫正;不断探讨和修正家庭作业和自我
肯定清单练习,人际交往知识学习和技能训练。

第三阶段(两次):帮助丹丹回顾前期的分析、探讨和练习,引导其进行总
结,巩固改变和成长,处理离别情绪,结束咨询。

(六) 咨询过程

1. 识别、评价、检验、矫正功能失调性自动思维

自动思维是一连串的想法,与一条更大的思想流共存。自动思维往往在
脑海中一闪而过,却实实在在影响着来访者的情绪感受和行为反应。通过训
练,将这些思维带到意识层面,并进行评估,进而检验支持和反对自动思维的
"证据",寻找合理的替代解释,应对自动思维。

通过丹丹的描述,咨询师不难发现她在人际交往方面的自动思维和强烈
的认为自己处理不好与同学、朋友之间关系的想法。于是咨询师在咨询过程
中向丹丹介绍了认知行为疗法的原理,并强调获得她的合作与积极参与、让咨
访之间形成良好的治疗联盟对咨询效果的重要性,丹丹表示愿意学习和尝试
改变。在第二阶段的咨询过程中,咨询师和丹丹一起练习识别、评价、检视、矫
正及应对自动思维,直到丹丹在日常生活中能比较熟练地运用思维记录表。
表 1 是咨询师和丹丹对自动思维开展工作的记录表。

表 1   丹丹的自动思维记录表

事　件	自动思维 （相信程度）	情绪 （强度）	适合的反应 （相信程度）	结果及应对
关系较好的L同学跟其他同学形影不离	她不喜欢跟我玩了（90%）	难过（90%）	我并不是真的知道她的想法（90%） 她跟另一个同学相处得很开心，也许我们可以一起玩（75%） 她在寝室偶尔还是会跟我打招呼，问问我情况（100%） 最坏的情况是，她拒绝我邀请她一起吃饭、上课（95%） 最好的情况是，她同意我的邀请，我会很开心（100%） 我应该试着主动找她玩（75%）	自动思维（50%） 难过（50%） 这周找机会主动约她一次
完成需要小组合作的作业	我肯定会说错话、做错事，那样班级同学下次就都不跟我一组了	焦虑（90%）担忧（85%）	上次跟朋友吃饭结账的事件就导致我失去朋友了（90%） 最好的情况是跟小组同学快乐合作，顺利完成作业（75%） 完成作业时可以多听大家的意见，认真完成自己负责的部分（85%） 错了我就及时改正（95%） 最坏的情况是，我找不到小组一起完成作业，或者是在小组里犯错、令大家不喜欢（90%）	自动思维（55%） 焦虑（55%）、担忧（45%） 我可以先找心理委员表达想跟她一组完成作业的意愿

2. 识别、检验和矫正负性中间信念和核心信念

中间信念包括态度、规则和假设，中间信念影响来访者对情境的看法，进而影响来访者的想法、感觉和行为。核心信念则是个体对自己和世界僵化的认识，影响中间信念的发展。丹丹的核心信念属于"无能类""不可爱类"，她的负性核心信念包括"都是我的错""我会搞砸的""我是不被喜爱的"，最先起因于年幼时父母离异且不在身边、童年时期作业本被藏、回家挨骂，在丹丹的脑海中产生了"我连作业本都收不好""没有人真的关心我""没有人可以教我""都是我不好"之类的想法。成长中的生活事件增多，渐渐让丹丹的想法和信念维持和加固。

3. 家庭作业、自我肯定清单

家庭作业是认知行为疗法中一个不可或缺的部分，可以将认知和行为改

变的机会扩展到两次会谈间。丹丹在成长过程中由于缺乏人际交往方面的引导和训练,害怕在人际关系中受挫,从而回避交往行为,由此错失了很多尝试的机会。在第一阶段的咨询中,咨询师让丹丹做好做家庭作业的准备。丹丹表示,通过家庭作业的练习能回顾和复习咨询中学习的方法。在第二阶段的每一次会谈中,咨询师都会跟丹丹讨论家庭作业的完成情况及遇到的问题,针对丹丹在人际交往方面的不自信,设定了相应的练习和自我肯定清单。表2是丹丹的部分家庭作业内容。

表 2　丹丹的部分家庭作业

(1) 当我注意到情绪变坏时,把当时的情境、脑海里的想法、可以怎么做写下来;
(2) 阅读人际交往方面的书籍,学习相关心理微课;
(3) 回寝室住;
(4) 一周主动跟室友、同学打招呼、交流 2—4 次;
(5) 每天填写自我肯定清单。

（七）　巩固会谈、预防反复

从第一次咨询会谈开始,咨询师就鼓励丹丹学习认知行为疗法的方法,做自己的咨询师。在持续八次的咨询会谈中,丹丹会分享改变有时带给她奇妙的体验,有时会带来新的困扰和问题,也会有对自己无法迈出突破的一步而感到懊恼、失望等情绪。咨询师在每一次的会谈中让丹丹意识到:困扰自己的问题由来已久,改变的过程中有反复或困难很正常,庆幸的是改变的种子已经开始发芽,我们需要通过不断地行为练习来浇灌它,让它茁壮成长。

为了巩固会谈效果,预防反复,在第三阶段,咨询师让丹丹梳理在咨询中所学到的技术和工具,模拟其最害怕的被拒绝情景让丹丹应对,直到丹丹觉得能够熟练处理和感到"不那么受伤"。

（八）案例评价与反思

在此案例中,丹丹因人际关系方面产生的负性信念引发了不能在寝室住、无法完成需要小组合作的 3D 作业的现实问题,通过咨询师运用认知行为疗法得到了满意的解决,达到了咨询目标。在咨询过程中,咨询师将大量精力放在自动思维工作上,让丹丹能够熟练运用《自动思维记录表》开展自我调节工作。在对丹丹中间信念和核心信念的识别、检视及矫正技术上也有练习,丹丹对自己在人际交往方面的接纳程度和信心有所提高,但这部分技术的运用和人际交往技巧仍需要更长的时间来练习。

经过八次会谈,完成了双方约定的咨询目标,丹丹在情绪、睡眠和与室友、同学的交往方面也有明显改善。丹丹有非常强的想要改变和成长的动力,积极配合咨询师完成家庭作业和各种练习,这是丹丹自身非常积极和有资源的部分,也是此个案咨询有效的重要因子。

三、 认知行为疗法在中学生心理咨询中的应用

认知行为疗法在中学阶段也被广泛应用。黄正正用认知行为疗法和系统脱敏疗法对一个具有人际交往焦虑的高中生进行了四次咨询,达到了预期目标,通过纠正来访者的认知偏差,基本消除了社交焦虑情绪,增强了信心和社会适应能力。[2]徐淑慧和李美华运用认知行为疗法,对因人际关系敏感出现抑郁、紧张、失眠等问题的高中生进行咨询,帮助来访者进行认知重建,五次咨询后,来访者的问题基本得到解决。[3]龙卿志用认知行为疗法对高一学生进行社交焦虑的团体干预取得了良好的疗效,被干预学生的社交焦虑显著降低了。[4]田玉兰用认知行为疗法对初中生社交焦虑进行了个别咨询和团体干预研究,分别持续了八次,但在 3—6 次已出现显著疗效,在短期效果和追踪的长

期效果上都能保持良好的疗效。[5]

在以上运用认知行为疗法对高中生和初中生的人际关系困扰进行干预的研究中,研究者所采取的认知行为疗法的主要方法有心境检查、识别自动思维、心理教育、行为激活、角色扮演、认知重构、布置和回顾家庭作业。在这些认知行为疗法技术和方法的操作上,跟高校咨询师运用认知行为疗法对大学生在人际关系困扰方面咨询时的技术大致相同。在咨询次数上,中学生的认知行为疗法咨询一般持续四次左右即可解决问题,而大学生的认知行为疗法咨询一般持续 6—8 次效果明显,所以,认知行为疗法的结构化在大学阶段的咨询中会体现得更好。在中学阶段,咨询师对干预对象核心信念的识别和矫正涉及较少,对自动思维和中间信念的识别和矫正较多。这些差异跟中学生的学业压力大、课业安排紧凑、中学生的认知发展水平等紧密相关。当咨询师在咨询中解决了中学生的应急性现实问题后,大多数学生就把时间和精力投入到繁忙的学业中了。而大学生时间相对充裕,学业压力也相对较小,对自我成长意愿强烈的学生更乐意花时间去识别和矫正核心信念中的偏差。

从认知行为疗法对大学生和中学生在人际关系困扰方面的咨询来看,除了咨询次数和在核心信念的工作程度上的差异,操作技术和方法大致相同,并且都有良好的咨询效果。由此可以看出,在大学和中学阶段可以应用认知行为疗法来解决考试焦虑、自我认知、学业压力等认知行为疗法的适用问题。

四、认知行为疗法在小学生心理咨询中的应用

在对小学阶段的心理咨询师进行调研时,我们发现认知行为疗法在小学生心理咨询中的应用有三大特点。

第一大特点是认知行为疗法需要借助其他技术和方法来开展咨询工作。

在小学生的心理咨询中,通常会借助绘画、沙盘、讲故事、做游戏等表达性艺术方式,引出和发现造成来访学生情绪、行为问题背后的认知偏差,再用认知行为疗法的理论基础指导咨询工作的开展,具体方法的操作上具有很大的灵活性、艺术性。在低年级小学生的咨询中,调节认知的过程较多借助艺术化、拟人化的方式。比如,高安路第一小学的黎老师对一个担心老师会批评自己、同学会笑话自己的来访小学生进行认知调节时,采用了一群玩偶开班会、讲故事的方式,将玩偶拟人化,每个玩偶都可以尽情表达自己的想法和讲述自己的心情故事。在这个过程中,咨询师让来访小学生去对话和感受,体验角色互换。认知调整在整个过程中潜移默化地进行。

第二大特点是认知行为疗法的结构化程度很弱,对自动思维、中间信念在工作程度上有明显差异,几乎不会对核心信念开展工作。比如有个受同伴关系困扰的来访学生,将课间同学之间玩耍时无意的推挤理解为故意打自己,觉得自己是不被同学们喜欢的。咨询师会通过表达性艺术的方式还原课间嬉戏的情境,同时通过游戏的方式带领来访学生寻找和验证来访者被同学们喜欢的证据,通常能比较快速地纠正自动思维和中间信念。由于小学生的认知还没有完全发展成熟,除特别严重的问题,小学阶段的咨询一般1—2次即可解决问题。

第三大特点是巩固认知行为疗法的疗效需要家长的配合。小学阶段的咨询师在咨询中发现有的来访小学生的认知偏差来自家长的要求,比如一位考试焦虑的来访小学生觉得没考满分是件糟糕至极的事,咨询师在咨询过程中了解到来访学生的这个观点来自家长的要求和对孩子没考满分后的反应。所以,咨询师在给学生进行咨询后会去跟家长反馈、沟通,期望通过家长的调整来保持来访学生认知、情绪和行为的改变,巩固咨询效果。

以上特点说明,尽管认知行为疗法的使用在小学生阶段不如在中学阶段和大学阶段普遍,但仍有其使用的独特性和有效性。

注释

[1][美]朱迪·S.贝克(Judith S.Beck):《认知疗法基础与应用(第二版)》,张怡、孙凌、王辰怡等
　　　译,王建平审校,中国轻工业出版社 2013 年版。
[2]黄正正:《一例高中生人际交往焦虑的咨询案例报告》,《社会心理科学》2014 年第 2 期,第
　　　235—240 页。
[3]徐淑慧、李美华:《一例人际关系敏感的案例分析报告》,《教育教学论坛》2012 年第 31 期,第
　　　252—254 页。
[4]龙卿志:《认知行为团体疗法对高一社交焦虑学生的干预研究》,苏州大学 2007 年硕士学位
　　　论文。
[5]田玉兰:《认知行为疗法对初中生社交焦虑的干预研究》,扬州大学 2010 年硕士学位论文。

【范例七】

团体音乐辅导对大中小学生社交焦虑的一体化干预研究

李雪芹

（上海尚德实验学校）

音乐辅导[1]是一门集音乐、医学和心理学为一体的新兴边缘学科。它是"一个系统的干预过程，在这个过程中，辅导师利用音乐体验的各种形式，以及在辅导过程中发展起来的作为辅导动力的辅导关系来帮助被辅导者达到健康的目的"[2]。音乐辅导方法大致可以分为接受式、再创造式和即兴演奏式三种。本文在广泛查阅相关国内外文献的基础上，总结自己多年的团体音乐辅导实践经验，尝试设计对大中小学生社交焦虑的不同团体音乐辅导干预范式，并探索适合不同学段学生的音乐辅导方法。

一、大中小学生社交焦虑研究现状

社交焦虑是指对某一种或多种人际处境有强烈的忧虑、紧张不安或恐惧的情绪反应和回避行为。[3]诸多研究发现，儿童在社会化过程中往往会产生社交焦虑。当儿童暴露在不熟悉的人面前,他们往往担心自己的行为方式会让自己出丑或尴尬,因此表现出焦虑的症状。随着社会的发展,社交焦虑可能有低龄化的趋势。[4]

初中生进入青春期后,生理、心理、社会性等各方面迅速发展,自我意识不断增强,他们有强烈的交友愿望,当这一愿望不能实现或受阻,就有可能引发初中生的社交焦虑。[5]综合诸多研究发现,初中生社交焦虑的检出率在14.5%—16.8%,社交焦虑处于中等水平,但性别和年级差异不统一。[6]

高中生自我意识快速发展,与初中阶段有着本质的区别,他们面临着诸如升学压力、社会交往、身心快速发展等现实问题。另外,他们缺乏交往技能和良好的交往环境,社交焦虑便是主要的心理问题之一。[7]高中生虽然社交焦虑总体水平偏低,但高中生在害怕否定评价和陌生情境下的社会回避及苦恼维度上的得分相对较高。研究发现,高中生的社交焦虑有显著的性别差异,女生得分高于男生,但年级差异不显著。[8]

焦虑问题是影响大学生心理健康诸因素中较为严重的问题之一。金华等人在18—29岁中国正常人SCL-90评定结果的初步分析中指出,焦虑分值在这个年龄段最高。研究发现,大学生存在严重社交焦虑的比例是16.26%—27.2%,最困扰大学生的主要是小组讨论、会议交流和二人交谈。大学生由于社交焦虑而导致人际交往问题是比较突出的,这对大学生的身心健康构成了潜在的、现实的威胁。[9]

二、 团体音乐辅导对社交焦虑的干预研究现状

既往对青少年焦虑情绪的干预大多采用心理教育、认知行为辅导、心理暗示、放松等方法,虽有一定的效果,但少有焦虑水平指标明显改变的报道。[10]

目前,很多研究尝试用音乐辅导的方式对社交焦虑进行干预。

音乐辅导方法主要有三种:接受式音乐辅导、再创造式音乐辅导和即兴演奏式音乐辅导。接受式音乐辅导是通过聆听音乐的过程来达到辅导的目的,强调聆听音乐以及由聆听音乐所引起的各种生理心理体验,歌曲讨论是最常用的方法之一。再创造式音乐辅导是通过主动参与演唱或演奏现有的音乐作品、根据辅导需要对现有的作品进行改编等各种音乐活动来达到辅导的目的,强调的是被辅导者不仅要听,还要亲身参与各种音乐活动。即兴演奏式音乐辅导是通过在特定的乐器上随心所欲地即兴演奏音乐的活动来达到辅导的目的,即兴演奏所用的乐器大多为简单的、不需要经过学习训练即可演奏的节奏性和旋律性打击乐器,如不同型号的鼓、三角铁、木琴、铝板琴等。[11]

目前,音乐疗法被广泛应用于大学生社交焦虑的干预研究,效果显著。[12]

笔者曾应用团体音乐辅导的方式对社交焦虑严重的六年级中学生进行为期 12 周的干预,实验组干预前后社交焦虑值差异显著($p<0.01$),说明团体音乐辅导能有效缓解青少年社交焦虑水平。[13]白亮等学者对一个小学二年级的社交焦虑学生进行了每周三次、每次 35 分钟、为期八周的个体音乐辅导,八周后社交焦虑值下降到正常水平。[14]

三、 团体音乐辅导运用于大中小学生社交焦虑的一体化干预范式

(一) 研究假设

假设一:实验组被试后测社交焦虑值下降,焦虑因子明显改善,交往能力增强,自我接纳程度增高。

假设二:团体音乐辅导能有效改善大学生、中学生和小学生的社交焦虑状况,使他们学会情绪管理,提升他们的社会交往能力和心理健康水平。

假设三：不同的群体有其适合的音乐辅导方法。与接受式音乐辅导方法相比，中小学生可能更适合即兴演奏或再创造式音乐辅导方法，而大学生可能更适合接受式音乐辅导方法。

（二）　研究方法

第一，文献综述法。广泛查阅国内外相关文献。

第二，问卷测量法。利用问卷初筛干预对象，选取社交焦虑超过一定值的被试参加团体音乐辅导实验干预，对其社交焦虑水平进行干预前后的测量。

第三，实验法。对学生进行六次团体音乐辅导实验干预。

第四，统计分析法。运用 SPSS 软件对数据进行统计分析。

（三）　社交焦虑测量工具

1. 小学生：《儿童社交焦虑量表》

《儿童社交焦虑量表》由拉·格雷卡（La Greca）等人编制，量表为十个条目的版本，量表的克隆巴赫 α 系数为 0.84。条目涉及社交焦虑所伴发的情感、认知及行为，使用三级评分制：0，从不是这样；1，有时是这样；2，总是、一直是这样。

2. 初中生：《青少年社交焦虑量表（SAS-A）》

《青少年社交焦虑量表（SAS-A）》由拉·格雷卡等人编制、周新月等人汉化引入并在中国青少年人群中具有良好的信效度，在研究中克隆巴赫 α 系数为 0.85。量表有 18 个条目，三个维度：害怕否定评价、陌生环境下的社会回避及苦恼、一般环境下的社会回避及苦恼。量表采用 1（完全不符合）至 5（完全符合）级评分法，总分范围在 18—90 分，分数越高，社交焦虑越严重。

3. 高中生：《青少年社交焦虑量表（SAS-A）》《社交回避与苦恼量表（SAD）》

《社交回避与苦恼量表（SAD）》共有 28 个项目，分别从行为、情感两个维度来测量个体的社交焦虑情况，其中 14 个项目是对个体在社交情境下的行为表现的评估，14 个项目是对个体情感体验方面的评估。采用五点计分法，内部一致性系数为 0.90，具有较好的统计学信效度。

4. 大学生：《症状自评量表（SCL-90）》《交往焦虑量表（IAS）》

《症状自评量表（SCL-90）》，由德若伽提斯（Derogatis）编制，共包含 90 个项目十个因子：躯体化、强迫症状、人际关系敏感、抑郁、焦虑、敌对、恐怖、偏执、精神病性和其他。采用五级评分，症状从无到严重分别评为 1、2、3、4、5，得分越高，症状越明显，心理健康状况越差。此量表已被较广泛地应用在心理咨询与辅导中，有较好的信效度。

《交往焦虑量表（IAS）》，由利里（Leary）编制，此量表用于评定独立于行为之外的主观社交焦虑体验倾向，有 15 条自陈条目，从"一点儿也不符合"到"非常符合"分别记 1—5 分，总分在 15—75 分，分数越高，社交焦虑水平越高。

团体辅导结束后，通过开放式问卷，了解团体辅导的效果。

（四） 研究对象

在上海选取小学、中学、高中、大学各一所，通过心理普测、班主任推荐和自愿报名相结合的方式，按社交焦虑前测值由高到低选出 20 名学生作为研究对象，分别组成小学组、初中组、高中组和大学组，把研究对象随机分为实验组和对照组，注意性别均衡，并确定两组社交焦虑前测值无统计学差异。

（五） 研究程序

1. 场地与设备

场地：上海某小学、初中、高中、大学的团体辅导室。

设备：软垫、小鼓、高低梆子、三角铁、牛铃、铃鼓、非洲鼓（高、中、低音）各三个及以上、木鱼、响板、铝板琴、木板琴、蓝牙音箱等。

2. 团体目标

通过团体音乐辅导，希望能达成以下干预目标：（1）引导成员觉察自己在社交中的焦虑情绪和反应；（2）探索讨论自己的社交焦虑源及社交焦虑对自己造成了哪些影响；（3）学习如何管理和处理自己在社交中的焦虑情绪；（4）增强自我认识和自我接纳；（5）促进人际交流能力，增强自己与他人的联系。

3. 团体性质

结构化：团体采用结构式，分六次进行，高中和大学每次 1.5 小时，初中每次 40 分钟，小学每次 35 分钟。次数虽少，但也配合团体发展接触、磨合、发展、成熟的层层递进的关系进程。

封闭式：为了保证团体活动的持续性效果，团体活动采用封闭式小组。

同质性：让团体成员更容易理解彼此，更容易在团体中打开自己封闭的内心，从而体验到团体的陪伴和支持。

4. 评估方法

（1）量表评估：第一，实施前测；第二，实施团体音乐辅导实验干预；第三，实施后测；第四，用 SPSS 软件对数据进行分析。

（2）主观状况自评：团体音乐辅导干预结束后，通过团体成员自评，了解实验干预的效果。

5. 团体音乐辅导活动方案设计

本项目团体音乐辅导性质定为认知行为层次的音乐辅导。综合相关文献

表 1　大中小学生团体音乐辅导方案设计

阶段	次数	目标	大学活动方案	高中活动方案	初中活动方案	小学活动方案
准备预热阶段	第一次	相互认识 简介活动设计及预期目标 进行集体规范 初步建立人际信任和小组凝聚力 初步体察自己的社交焦虑情绪和反应	花样 Say Hi 简单介绍活动设计、目标及干预原理 签订团体小组约定书 音乐准备说明 歌曲讨论："最喜欢的歌" 初始讨论(1)	花样 Say Hi 简单介绍活动设计、目标及干预原理 签订团体小组约定书 音乐想象："我们的相聚" 艺术表达 初始讨论(1)	学习《你好歌》 简单介绍活动设计、目标及干预原理 签订团体小组约定书 花样 Say Hi 介绍自己的名字 初次讨论 学习《再见歌》(1)	学习《你好歌》 趣味热身：趣味自我介绍 简单介绍活动设计、目标及干预原理 签订团体小组约定书 介绍好朋友鼓圈和小乐器 初次讨论 学习《再见歌》(1)
发展干预阶段	第2～5次	引导成员觉察自己在社交中的焦虑情绪和反应(2) 探索讨论自己社交焦虑及社交焦虑对自己造成的影响(3) 学习如何管理和处理自己在社交中的焦虑情绪(4,5) 增强自我认识和自我接纳(贯穿始终) 促进人际交流能力，增强自己与他人的连接(贯穿始终)	热身活动："花样握手" 歌曲讨论："我的大学" 分享讨论(2) 热身活动："圆圈按摩" 歌曲讨论："友情之手我" 讨论分享(3)	热身活动："花样握手" 音乐想象："生活的美好" 艺术表达 分享讨论(2) 热身活动："圆圈按摩" 音乐想象："高峰体验" 艺术表达 讨论分享(3)	《你好歌》 你的名字叫什么？ 主题活动：觅知音 讨论分享(2) 《再见歌》 《你好歌》 你的名字叫什么？ 主题活动：即兴演奏，这就是我 讨论分享 《再见歌》(3)	《你好歌》 趣味热身：鼓点行走 15 分钟的鼓圈 讨论分享(2) 《再见歌》(2) 《你好歌》 趣味热身：敲敲优点鼓圈 15 分钟的鼓圈 讨论分享 《再见歌》(3)

续表

阶段	次数	目标	大学活动方案	高中活动方案	初中活动方案	小学活动方案
发展干预阶段	第2～5次		热身活动："身体节奏全身" 歌曲讨论："我心中的美好爱情" 讨论分享(4)	热身活动："身体节奏全身" 音乐想象："这就是我" 艺术表达 讨论分享(4)	《你好歌》 脚步声势热身 主题活动：当我们在一起 讨论分享(4) 再见歌(4)	《你好歌》 趣味热身：你猜我猜 15分钟的鼓圈 讨论分享 《再见歌》(4)
			热身活动："身体节奏互动" 歌曲讨论："想到妈妈/爸爸" 讨论分享(5)	热身活动："身体节奏互动" 音乐安全岛技术 艺术表达 讨论分享(5)	《你好歌》 声势热身2 主题活动：轮流当leader 讨论分享 再见歌(5)	《你好歌》 趣味热身：123，好朋友 15分钟的鼓圈 讨论分享 《再见歌》(5)
结束分离阶段	第六次	整理团体经验的心得，在团体中体验鼓励成长和支持，鼓励继续成长、处理分离情绪 后测	"身体鼓圈式引领" 歌曲讨论：代表分离祝福的歌 总结祝福(6)	热身活动："身体鼓圈式引领" 音乐想象："结束·开始" 艺术表达 总结祝福(6)	《你好歌》 声势热身3 主题活动：即兴演奏，"离别·再见" 总结祝福 《再见歌》(6)	《你好歌》 趣味热身：欢欣鼓舞 15分钟的鼓圈 总结祝福 《再见歌》(6)

和已有经验,考虑到干预时间,辅导过程主要分为三个阶段:准备预热阶段(第一次)、发展干预阶段(第2—5次)和结束分离阶段(第六次)。结构上,每次活动都由《你好歌》问候或热身活动开始,以《再见歌》或简单节奏结束,中间主要包括一个或若干主题活动和讨论环节。热身运动安排在每次活动的开始,主要运用节奏游戏、舞蹈律动等方式来活跃气氛,加强交流。主题活动环节是音乐辅导的基础,主要根据组员学习、发展的不同阶段和状态,针对预设的辅导目标,将提升阶段内容由易到难逐步展开。在讨论环节,咨询师引导大家就社交焦虑辅导目标的一些设定问题进行讨论,鼓励小组成员畅所欲言、大胆表达,通过总结和鼓励帮助成员建立信心,促进心灵成长和目标达成。[15]具体见表1。

四、 反馈和讨论

(一) 团体音乐辅导对大中小学生社交焦虑的一体化干预异同点

团体音乐辅导对大中小学生社交焦虑的一体化干预研究比较结果,除了对社交焦虑的测评工具有比较大的差异之外,最重要的就是根据大中小学生所处的年龄阶段和身心特点,个性化设计的有学段特征的团体音乐辅导干预方案的差异。不同学段社交焦虑团体音乐辅导干预方案的异同主要有以下几个方面。

1. 大中小学生团体音乐辅导干预方案的一致性

虽然小学、初中、高中、大学所处学段有很大的差异,但是本方案都是采用团体音乐辅导的方式对社交焦虑进行干预,所以存在一致之处。主要表现为以下四点。

第一,各学段辅导方案的干预阶段相同。因为都是团体辅导干预,符合团体的大致发展过程。虽然干预次数不多,但团体发展均包含准备预热、发展干预和结束分离三个阶段。

第二,各学段每次辅导的干预目标一致。辅导对象虽属于不同学段,但目标都是对社交焦虑的干预,每次团体辅导活动的干预目标是一致的。

第三,各学段每次辅导的结构有类似之处。在辅导活动的结构编排上,每次活动都由《你好歌》问候或热身活动开始,《再见歌》或固定的简单节奏结束,中间主要包括一个或若干主题活动、讨论环节等,形成固定的结构。这样既增加了仪式感,也让成员感到熟悉和安全。

第四,各学段辅导活动设计都从易到难渐进安排。各学段团体音乐辅导活动均从易到难进行安排,这样更容易被成员接受,从而获得足够的心理安全感,也使成员更容易投入到辅导活动之中,并获得参与的成就感。

2. 大中小学生团体音乐辅导干预方案的不同点

由于小学、初中、高中、大学的学生所处的发展阶段不同,其认知发展水平,包括语言表达能力、逻辑思维能力、注意力保持时间等都有差异。所以,不同学段的团体音乐辅导方案设计应考虑到这些因素并表现出一定的差异。

第一,各学段每次辅导时间设置不一。不同学段学生注意力保持时间不同,所以四个学段的每次辅导时间设置差异很大,小学 35 分钟,初中 40 分钟,高中和大学 90 分钟。另外,小学阶段的活动也特意设计得更具趣味性,有利于激发小学生的参与热情和注意力保持。

第二,各学段辅导活动形式和活动难度水平不一。从皮亚杰的认知发展阶段理论来看,小学生处于具体运算阶段,儿童开始初步具有逻辑思维能力,但还有很大的局限性,尚脱离不了具体事物或形象的支持,所以小学的活动设计会依赖一些现实的器具,做一些简单形象的活动设计。而初中之后,尤其是高中和大学,逻辑、抽象思维能力大大增强,能够在头脑中把形式和内容完全分开,所以活动设计的难度相对高些,而且很多脱离了现实的器具。

第三,各学段进行了自我发展的特色化主题内容设计。根据埃里克森的自我发展阶段理论,小学生的心理任务是获得勤奋感、避免自卑感,故音乐辅导方案设置了许多简单有趣的活动,利用教师的身份,给予他们更多支持、帮助和赞扬,进一步增强他们的勤奋感。初高中生的心理任务是获得同一感、克服同一性混乱,这一阶段的核心问题是自我意识的确定和自我角色的形成,所以给正处于青春期的初高中生特别设计了自我意识主题"这就是我"。而大学生的主要心理任务则是获得亲密感、避免孤独感,所以专为大学生设计了亲密关系"友情之于我""我心中的美好爱情"两大主题。

第四,各学段学生可能适合不同的音乐辅导方法。笔者结合实践经验推测,与接受式音乐辅导方法相比,中小学生可能更适合即兴演奏和再创造式音乐辅导方法;而歌曲讨论等接受式音乐辅导方法可能更适合大学生。小学生以即兴演奏式音乐辅导为主,依托具体的乐器或形象游戏来体验人与人之间的互动,在互动中改善自己的社交焦虑;而中学生在即兴音乐游戏的基础上加入再创造的音乐辅导活动,在具体的游戏活动中加入有一定难度的、需要逻辑抽象思维能力的再创造元素,在活动中进一步认识自己、了解他人;大学生已经发展出很强的逻辑、抽象思维能力,可以通过以语言讨论为主的接受式音乐辅导方法进行深入的情感交流和互动,在交流互动中体验与同伴的深度连接,从而克服焦虑,满足亲密感需求。

(二) 团体音乐辅导对于改善大中小学生社交焦虑的疗效机制

团体音乐辅导之所以对社交焦虑有较好的干预效果,原因可能在于:第一,社交焦虑的学生在音乐辅导团体中看到别人有和自己一样的问题困扰,这本身就会减轻焦虑。第二,音乐辅导团体能帮助成员解决角色转变带来的困扰与社交技巧缺乏两大冲突。通过团体内人际交互作用，促使社交焦虑者在交往中通过观察、学习、体验来探索自我、认识自我、接纳自我，调整或改善与他人的关系，学习新的态度与行为方式，习得良好的情绪管理方式，提升人际交往能力。第三，音乐本身具有健康辅导效果，这在多项研究中得以证明。[16]以鼓圈为例，节奏是鼓的音乐内容，而音乐中的节奏连接着人内在原始的潜意识动力。系统的、从易到难的节奏训练，将疏通与整合人内在的动力。在演奏过程中，鼓发出的声波与鼓和身体的直接接触，使大脑神经接受到全面的刺激，有利于神经元的均衡发展，也使身体得到充分的活动，促进身体健康。另外，敲打过程本身就是一种宣泄、释放，由此改善焦虑等负性情绪。[17]

(三)　团体音乐辅导对大中小学生社交焦虑干预的注意事项

笔者认为团体音乐辅导效果主要受以下因素影响：第一，准备充分。教师应提前把乐器、曲目准备好，熟练掌握每一步操作流程，对有可能出现的问题要有所预备。第二，注意营造安全、真诚的氛围。教师要注意关注每一个学生，对于暂时不能做到游戏要求的学生可以适度降低要求，或给予安排适合他们能力的小任务，争取让每个学生都参与团体音乐辅导中并获得成就感。第三，教师要适当做自我袒露。社交焦虑学生心理防御较强，而音乐辅导需要学生敞开心扉，展现自我。当学生紧闭心门时，教师适度的自我袒露会起到一定的示范性和引领作用，这一点尤为重要。[18]

注释

[1] 本文"音乐辅导"一词的含义，等同于相关书籍和文献中的"音乐治疗"。

[2] 高天:《音乐治疗学基础理论》,世界图书出版公司 2007 年版,第 14 页。

[3] 赵霞、罗明、张占奇等:《大学生社交焦虑干预的实证研究》,《天津市教科院学报》2013 年第
2 期,第 54—57 页。

[4] 卢卓琼:《高年级小学生父母教养方式与社交焦虑的关系》,《中小学心理健康教育》2018 年第
26 期,第 1、4 页;阴云航:《高年级小学生自信心与亲社会倾向的关系:社交焦虑的调节作
用》,《中小学心理健康教育》2019 年第 22 期,第 24 页;李洋:《绘本阅读对中高年级小学生社
交焦虑的干预研究》,云南师范大学 2018 年硕士学位论文;孙文冲:《小学生的父母心理控
制、自尊与社交焦虑的关系》,上海师范大学 2015 年硕士学位论文。

[5] 向洪莹等:《初中生社交焦虑的问题及教育对策》,《教育观察》2019 年第 37 期,第 70—72 页。

[6] 殷志敏:《中生社交焦虑与父母教养方式的关系:核心自我评价的中介作用》,山东师范大学
2018 年硕士学位论文,第 330 页;李霞:《某市初一、初二学生社交焦虑及其影响因素的研
究》,蚌埠医学院 2011 年硕士学位论文,第 34 页;尹晓晓:《初中生羞怯、自我意识与社交焦虑
的关系研究》,渤海大学 2019 年硕士学位论文,第 23 页;宋玉欣:《媒体暴力接触对初中生网
络欺负的影响:社交焦虑的中介作用》,哈尔滨师范大学 2019 年硕士学位论文,第 21 页;王建
平等:《1 506 名初中生焦虑状况分析》,《中国健康心理学杂志》2006 年第 6 期,第 6—9 页;唐
蕾:《高中生情绪调节自我效能感与社交焦虑的关系研究》,天津师范大学 2018 年硕士学位
论文,第 17 页。

[7] 康恒源:《高中生亲子依恋和社交焦虑的关系:人际敏感性的中介作用》,河南大学 2019 年硕
士学位论文,第 42 页。

[8] 丁玉丽:《社交焦虑对高中生手机依赖的影响机制及其干预研究》,华中师范大学 2018 年硕
士学位论文,第 21 页;艾俊梅:《高中生正念水平与社交焦虑的关系:自我控制的中介效应》,
闽南师范大学 2019 年硕士学位论文,第 22 页。

[9] 金华等:《中国正常人 SCL-90 评定结果的初步分析》,《中国神经精神疾病杂志》1986 年第
5 期,第 261 页。

[10] 李敬阳、张明:《青少年焦虑情绪的相关因素分析》,《中国临床康复》2005 年第 44 期,第 148—
149 页。

[11] 高天:《音乐治疗导论》,世界图书出版公司 2009 年版。

[12] 王小露:《大学生社交焦虑症的音乐治疗过程初探》,《企业技术开发》2009 年第 3 期,第 162—
163 页;郑秋强:《音乐治疗团体辅导对大学生社交焦虑的干预研究》,《长春师范大学学报》
2019 年第 10 期,第 197—200 页;高浩等:《鼓圈音乐对大学生焦虑情绪状态的影响研究综
述》,《新西部(下旬·理论)》2018 年第 7 期,第 139 页。

[13] 李雪芹等:《团体音乐治疗对青少年社交焦虑的干预研究》,《遵义师范学院学报》2016 年第
5 期,第 134—136 页。

[14] 白亮:《在音乐中敞开自我——一例留守小学生社交焦虑的音乐治疗》,《中小学心理健康教

育》2017 年第 13 期,第 48—50 页。

［15］王晓佳:《奥尔夫团体音乐治疗对涉罪未成年人心理矫正实证研究》,《星海音乐学院学报》
2013 年第 4 期,第 148—157 页;高浩等:《鼓圈治疗的研究进展》,《科技风》2018 年第 14 期,
第 235 页;张风玲:《团体音乐治疗对贫困山区留守儿童孤独感干预作用的实证研究——以
四川省渠县三汇镇 D 小学为例》,天津音乐学院 2019 年硕士学位论文。

［16］王露洁:《团体音乐治疗形式运用于流浪未成年人心理干预研究》,《音乐探索》2018 年第 4
期,第 98—103 页;于经:《音乐治疗对抑郁症患者的作用》,《临床论坛》2012 年第 144—
145 页;陈蕾:《浅谈音乐治疗及其应用》,《西南大学学报(社会科学版)》2010 年第 3 期,第
207—208 页。

［17］高浩等:《鼓圈音乐对大学生焦虑情绪状态的影响研究综述》,《新西部(下旬·理论)》2018 年
第 7 期,第 139 页。

［18］李雪芹等:《团体音乐治疗对青少年社交焦虑的干预研究》,《遵义师范学院学报》2016 年第
5 期,第 134—136 页。

第五篇
学生心理危机预防与干预工作的
大中小一体化研究

心理危机预防与干预工作关系到学生的健康成长成才和学校的有序稳定。本篇通过探索大中小不同学段学生的心理危机特点及主要诱因,按照心理危机发生前的心理危机识别与预警机制的建构、危机中的心理危机干预流程规范及危机后干预工作中哀伤辅导、CISD及生命教育等不同工作机制的有序开展,尝试探讨科学构建符合当下大中小学心理危机预防与干预工作一体化工作体系。同时,本篇以两个范例为学校心理危机预防与干预工作者提供一定的参考借鉴。其中,范例八通过归纳总结重点人群的心理危机警号识别清单,帮助大中小学生心理教育管理工作者及家长等更好地掌握心理危机识别技术并增强危机识别能力。范例九通过生动活泼、形式多样的高中生的五次生命教育工作坊,探讨如何更好地贴近学生实际,系统有效地开展学生生命教育工作。

大中小学生心理危机预防与干预一体化衔接的研究概述

邢　卓

（上海海事大学）

心理危机预防干预是心理健康教育工作格局中的重要一环。本着发展性与预防性相结合的原则，如何建立健全大中小学心理预警防控体系，加强心理干预和疏导，有针对性地做好人文关怀，培育学生自尊自信、理性平和、积极向上的健康心态，促进学生心理健康素质与思想道德素质及科学文化素质协调发展，是本文的出发点。

大中小学生正处于身心发展的重要阶段，人生观、价值观、世界观形成的关键时期。他们在学习生活、成人成才、自我意识、情绪调控、人际关系、社会适应等方面，容易出现各种各样的心理困惑和心理行为问题，急需疏导和调节。[1]

学校以学生为本，学生的健康成长才是最关键的，因此，要加强对心理危机应激源的识别，加强对危机事件的评估，提升危机的预防和预警能力，在平时的学校管理中居安思危、未雨绸缪，尽最大努力遏制危机的发生，为创建和谐校园提前做好更充分的准备。

2012 年教育部修订的《中小学心理健康教育指导纲要》明确提出要"注重预防和解决发展过程中的心理行为问题，在应急和突发事件中及时进行危机

干预"。2015 年教育部制定出台的《中小学心理辅导室建设指南》中关于心理
辅导室的功能定位部分,明确提及要"了解和监测全体师生的心理健康状况、
特点和发展趋势,及时发现问题,有效监控、防范和应对各种突发事件,减小危
机事件对师生的消极影响"。

整体而言,上海市大中小学心理危机预防与干预已经形成了比较完善有
效的体制与机制。比如,各区心理健康教育中心全覆盖,各中小学近年来基本
全面配有专兼职心理教师,近 100 门家庭心理教育指导课程菜单已配送到各
中小学……上海正通过各方面努力,为青少年心理健康护航。

同时,上海高校心理健康教育设有学校—心理咨询中心—学院—班级—
宿舍"五位一体"的危机干预体系。上海的高校建立并有效运作学生心理健康
状况普查和心理危机排查制度,及时发现学生中存在的心理危机信号,并且依
照危机干预指南开展专业干预。

近年来学校心理危机预防与干预工作有了明显进步,但囿于文化传统、中
小学生生理及心理特点、师资有限等因素,仍有不少中小学生在遭遇心理问题
时,没有主动寻求帮助或是得不到有效帮助;有相当数量的家长和教师缺少心
理健康教育知识,或无法有效识别危机事件的风险,在危机事件发生之时缺
少积极应对的经验与方法,甚至无意中促成危机事件的发生。

因此,本文拟从心理危机预防干预大中小一体化的视角纵向建立起贯通
市、区、校的三级心理危机预防与干预区域化体系,横向加强与医疗机构等的
联动,广泛开展心理咨询和危机干预,通过面谈、网络、电话现场授课等形式,
探讨如何合力做好学生心理危机干预工作。

一、 心理危机预防与干预的基本概念

心理危机是指当个体遭遇重大变故时,个体感到难以解决,心理平衡就会

被打破,从而影响正常的生活,当内心的紧张不断积蓄,继而出现无所适从甚至思维和行为的紊乱时,就会进入一种心理失衡状态。心理危机意味着平衡稳定的心理状态被破坏,引起个体的混乱和不安。[2]个体正常的生活受到干扰,以现有的经验难以很好地应对,陷入痛苦、不安的暂时性的心理失衡状态就是心理危机。

G.卡普兰(G.Caplan)认为,当一个人面对困难情境,而他先前处理问题的方式及其惯常的支持系统不足以应对眼前的处境时,这个人就会产生心理困扰,这种暂时性心理失衡状态就是心理危机。[3]

心理危机干预则是在发生严重突发事件或创伤性事件后采取的迅速、及时的心理干预,通过告知当事人运用合适的方法处理应激事件,并采取支持性治疗帮助个体渡过危机,恢复正常的适应水平,防止或减轻未来心理创伤的影响。

因此,危机预防与干预并不仅仅是短期的处理,而是应该关注危机发生前、中、后各个阶段的处理。心理危机预警体系要面向全体、关注差异、聚焦重点、及时反馈;心理危机干预体系应当注重多方联动,适时转介;在心理危机后干预的维护体系中,需要整合力量,加强生命教育;同时应当开展长程辅导,重视复学评估。

二、 大中小学生心理危机的特点及常见原因

(一) 大中小学生心理危机的特点

1. 时代性

当前青少年多为"95 后"甚至"00 后",他们是网络新媒体的积极使用者,是互联网时代的"数字土著民",从一出生就开始接触互联网,成长过程深受互

联网的影响。大部分学生习惯于通过 QQ、微信、微博等新媒体进行虚拟社交，通过百度、知乎、搜狐、手机应用程序等网络平台收集资料、获取信息，通过支付宝、当当、京东等网络平台进行交易，日常娱乐中部分学生沉迷于"王者荣耀""英雄联盟""吃鸡"等网络游戏，喜欢通过直播、自拍等方式进行自我呈现。"00 后"们常被标签化为"新媒体一代""空心病""佛系""橡皮人"等，还经常面对着理想与现实的冲突、自我与他人的冲突、趋近与回避的冲突等。网络已然成为当代学生学习、娱乐、消费的重要场域。但网络风险也无处不在，网络攻击、诈骗等现象时有发生，网络舆论经常一点即发，学生很容易成为网络生活的受害者。甚至有的大学生深受校园贷、网络贷等伤害，导致出现各种心理和生理方面的非适应现象。可以说在网络新媒体的影响下，学校心理危机事件呈现出互动性增强、传播速度快、内容碎片化等特点。

2. 多元性

心理危机并不是由某个单一事件引起的，而是多个因素综合叠加、长期持续作用的结果。快节奏的生活方式、大强度的竞争压力、高目标的成就动机，使个体心理健康问题及其引发的社会矛盾、冲突日益凸显，导致个体心理、社会心理处于一种无序状态，如长期的自我压抑、孤立、不被人理解等。在这种条件下，由于心理能量得不到合理的发泄，个体也变得十分敏感、脆弱。一旦出现导火索，就有可能导致心理危机的爆发。

3. 差异性

不同年龄阶段的学生，其心理危机有明显的差异性。

小学生心理危机主要是由对父母的亲子依恋关系不健康、父母教养态度或方法不当、家庭生活条件艰苦、教师的教育不能满足其身心发展的需求所造成的。

中学生一般为 11—19 岁，他们生理机能发生着较大变化，处于发育期，但是,心理发展速度较之生理机能发展速度相对缓慢,常封闭自我,对生理、心理变化缺乏准备,容易出现青春期危机。他们心理上的独立性增强,逆反心理开始产生,有很强的自尊心,情感丰富但稳定性弱。由于身心发展不平衡,若其强烈的独立意识和发展伙伴关系的需求受到阻碍,易引发心理矛盾。人际交往沟通不良也可能引发人际冲突、导致危机。同时,该阶段学习任务重,压力大,所以更多表现为学业危机。

大学阶段是决定今后人生发展方向的关键时期。在大一阶段的新生适应期,学生面临诸多挑战。比如,目前各高校实行统一的住宿制度,属于校园聚居形式,对于不少中小学阶段住家的学生而言,从原生家庭的三口之家走向高校四人同一屋檐下的集体生活无疑是充满挑战的。同时,该阶段的学生对异性交往、恋爱的需求强烈,学生普遍具有较好的科学知识储备,对自我要求较高,对自尊满足等需求较大。因此,大学阶段的学生更多表现为新生入学的适应性危机、青春期恋爱危机、对未来职业选择和个人发展的焦虑等成长性危机。

4. 掩饰性

青春期被称为人生发展的危险期,在这个时期,青少年生理迅速发生变化,而心理成熟、认知发展相对滞后,加上环境中多种因素的影响,导致青少年对青春期适应困难。发展的不平衡使得与发展相关的危机症状复杂多变。青少年危机,包括个体认知、情感和行为多方面的功能失调,都可能涉及学校、家庭、人际关系等多方面的问题。由于大多数青少年希望表现出成人感,因而常常对危机症状加以掩饰,不易被家长和老师等觉察。

5. 动力性

在青少年成长过程中,伴随着角色转化、环境适应、人际交往、恋爱受挫、学业压力、就业焦虑等出现的心理危机并不都是负面的,机遇与风险同在,挑战与考验并存,危机与成长共生。

在各学段学生成长过程中,一些心理危机如果能够得到及时干预化解,辅以正确的引导,那么,心理危机也能具有动力作用,促使青少年在应对危机中增强积极心理资本,变得更加自信、乐观,更具韧性和活力,获得更多心理成长的力量。

(二) 大中小学生心理危机发生的常见原因

在青少年学生成长的过程中,许多主观因素和客观因素的综合作用会造成性格的缺陷,更严重的会出现认知障碍,进而诱发危机。同时,在春季、考试季、开学季、毕业季等变化较多的重要时段,也会出现学生心理危机高发的现象。当然,由于上海处于改革开放的前沿,因此上海地区的学生和其他城市相比,也会有自己独特的特点,比如文化的交融性、生活的高压力与快节奏以及选择的多样性等,所以上海的学生会面临一些独特的挑战,包括遭遇重大事件,诸如青春期的体相烦恼、人际冲突或学业挫败等;缺失支持系统,诸如家庭关系疏离、同伴关系的缺失或师生关系的淡漠等;自身特质的问题,诸如精神疾病、严重的心理问题或明显的性格异常。

具体而言,根据从少年期到青年期各阶段影响程度的大小,大中小学生心理危机发生的常见原因依次如下。

1. 引发小学生心理危机的常见诱因——家庭观念及结构的变化导致功能的缺失

(1) 家庭不和,成长过程充满创伤。

家庭是学生成长的首要原生环境,家庭环境会对人的一生发展都有影响。原生家庭内部的人际关系、父母的性格、教养方式都会对学生的认知产生影响。一个充满暴力、整日争吵、缺少关爱的家庭环境会让小学生形成自卑、孤僻的性格。在这种环境中长大的学生,在人际沟通方面或多或少会存在一定的障碍。家庭生活不平静,经常发生家庭纠纷,甚至父母离异,诸如此类的不可控事件成为应激源,极易导致小学生因缺少家庭温暖而造成心理伤害。

(2) 能力不足,家长教育投入不良。

父母的思想和文化素质偏低,并缺乏正确的、科学的教育理念和教育方法,家长无法正确引导教育自己的孩子,对孩子关注不够,缺乏思想上的沟通和高质量的亲子互动,也会导致小学生心理危机高发。

(3) 隔代教养,过于溺爱。

当下小学生家庭格局普遍存在 4—2—1 模式或者 4—2—2 模式(即四位老人,两位父母,1—2 个子女)。小学生的家长正处于职场的上升期,他们往往忙于工作,孩子的日常生活起居转由老人隔代教养的居多。老人带孩子往往因为隔代亲而溺爱,这会造成家庭教育的内部不一致性。比如,不负责任的说教或对孩子的行为听之任之,都会对孩子健康心理的形成产生直接的影响。

2. 引发中学生心理危机的常见诱因——升学竞争与课业负担过重,父母情感教育不足

(1) 学习压力过大,家长期望过高。

中学阶段,严格的分数排名、频繁的考试、额外的补课、超负荷的练习、较重的作业负担、较大的升学压力、成绩退步或距离期望值甚远等,易使中学生产生挫败感。因为升学压力的存在,无论家长还是老师,往往把分数作为衡量学生好坏的重要标准,具体表现为长期高度关注学习成绩起落及排名,这极易使孩子对学习产生畏惧心理和厌烦情绪。成绩下降的孩子被老师批评谈话、被家长冷落施压,甚至可能被同学孤立取笑,导致自我效能感较低,逐渐丧失学习的乐趣,悲观失望,性格孤僻,时间长了会导致他们的个性畸形发展,容易产生自卑心理。

（2）人际交往因素：青春期相关问题衍生出的人际关系危机。

主要表现为经历家庭变故、同学间暴力事件、被朋友质疑等导致与父母、老师、同伴好友容易发生矛盾或纠纷，例如，青春期的叛逆导致与父母关系紧张、恋爱亲密关系处理不当遭受挫折等。

（3）身心成长因素：生活目标缺失或者因某些挫折导致失去生活目标，心理失衡，出现存在性（意义）危机。

中学阶段的学生情绪不稳定，易冲动。一方面，中学生表现出强烈的自主意识，心理反应敏感，应激能力有限，容易陷入极度激动的状态中。另一方面，中学生对周围事物的理解力低，控制力弱。遇到困难情境，中学生较容易陷入情绪冲动、心理承受力弱、考虑问题消极悲观、不够自信的状态中，甚至会产生存在性危机。

3. 引发大学生心理危机的常见诱因——多元化的价值观冲击、网络的使用不当、情感问题处理不当、过高的自我要求

（1）入校适应困难，独立能力不足。

进入高校以后，离开了父母的陪伴和管束，有些学生出现了对高等教育学习环境的不适应。特别是步入高校的第一年，陌生的环境以及学习的自主性都十分考验学生。有的同学独立性差，第一次尝试集体生活，与同学在生活方式、兴趣爱好等方面存在很大不同，又不懂如何与同学进行有效的人际交往与沟通，因此容易产生人际关系的摩擦和矛盾。此外，部分大学生可能还会遇到异地上学水土不服、宿舍人际冲突等多重生活应激源，这些都容易导致大学生的各种心理危机。

（2）生活事件受挫，自我价值不强。

比如，具有重要意义的考试失败会引起当事人痛苦的情感体验。又比如，当事人被诈骗，在确认事件真的发生、损失无法挽回后，大多数人表现为退缩、

不愿与人接触，陷入暂时的自我限制阶段，直到情绪自我缓解，才慢慢走出阴影，而严重者可能为此采取轻生行为。再如，大学新生参与社团竞选落败进而不断自责和自我贬低，有些人则把竞选落败归咎于他人进而采取攻击行为等。再比如，对于亲人的突然逝去等，处于应激悲伤反应中，抑郁消沉，哀伤状态得不到有效的缓解。

（3）恋爱关系破裂，应对方式偏激。

失恋会打击自尊，易引起强烈的痛苦和愤懑情绪。如果这种痛苦未被及时发觉和关注，得不到有效的干预，那么，当情绪强烈到一定程度时，严重者可能出现攻击行为，攻击自身（比如自伤或自杀）或者攻击他人（比如把爱变成恨，攻击恋爱对象或所谓的"第三者"），进而演变为无法挽回的生活事件。

（4）重视程度不足，支持系统疏离。

第一，家庭和社会均以一种过分"信任"的眼光看待大学生，过高地估计他们的能动性。第二，高校的静态管理体制对心理失衡行为产生的诱因缺乏动态的回应，并且缺少积极的疏导。第三，有些学生原有心理疾病在初高中阶段唯一的"升学"目标指挥棒下被忽视。进入大学后因为不再具有升学的压力，同时家长的关切不再高度持续关切，在校园生活中因为某些因素的累积，导致疾病复发，出现幻听、攻击冲动、自伤或自杀等情况。

（5）自我期望过高，就业观念滞后。

如果说中小学阶段学生群体面临的重要压力是来自升学，那么，就业一直是高校学生面临的重大压力之一。就业观念滞后、自我期望过高、专业技能不精、市场需求不平衡等都是高校学生就业心理危机的诱因。尤其在学业快完成的最后一个学期，学生不仅要承受学业要求的最后考核，还要面临求职就业的巨大压力。一些不懂得合理排解压力的学生往往在此阶段产生很大的心理负担，认为自己的前途一片迷茫，对人生失望，进而失去信心，爆发严重的心理危机。

(6) 多元价值冲击,甄别能力不足。

青少年学生经常对一些问题和看法的认知能力有限,辨别是非真伪的能力不强,容易引发各种内心冲突。比如,对于什么是对的、什么是错的经常会存在困惑。同时,对于生命的意义缺乏认识,对于生命的价值没有很好的思考。面对网络上良莠不齐的信息源,缺少甄别和思考的能力。这些困扰都容易引发大学生的心理冲突和危机。

三、大中小学心理危机预防与干预工作一体化衔接的建构策略

(一) 学理基础

从哲学的角度而言,事物的发展变化是量变与质变的统一。同样,个体心理危机的发展是心理发展阶段性与连续性的统一。实现大中小学心理危机预防与干预一体化,就是要根据不同学段学生生理和心理发展的需要,在工作内容设计上注重阶段性和差异性,在逻辑关系上体现递进性和上升性,在效果评估上体现理论性与实践性,确保广大青少年学生在人生的"拔节孕穗期"受到精心的引导和培育,实现"知"与"行"的统一。其主要学理可以从发展心理学、发展精神病理学和教育学原理三方面进行阐述。

1. 发展心理学的视角

埃里克森认为,人的一生分为八个阶段,每个阶段对应都有需要解决的心理冲突或主要任务。小学阶段涉及学龄期,即个体心理发展的第四个阶段(7—12岁),该阶段的学生常把学习看作生活的全部,把家庭看作唯一的依靠对象;初中、高中阶段涉及青少年期(12—18岁),该阶段学生的自我意识高涨、逆反心理比较突出,情绪表现具有矛盾性;大学阶段涉及成年早期

（18—25 岁），主要面临的问题是发展亲密关系、加强个体成长。如果个体在没有清晰的自我同一性的情况下建立亲密关系，就存在只用关系来定义自己的危险。

显然，大中小各阶段的发展任务是渐进式的。也就是说，如果每个阶段的发展任务没有处理好，那么在后面的阶段问题就会爆发出来。纵向而言，如果小学和中学阶段的心理危机预防工作不到位，那么，到了大学阶段极有可能集中呈现和爆发。

推动实现大中小心理危机预防与干预工作一体化，正是体现"预防为主"的原则，积极加强心理危机预防与干预工作的顶层设计，进行整体谋划和通盘设计，在各学段明确心理危机预防与干预工作的主要任务和内容，将大中小学心理危机预防与干预工作有机统一在一个体系之内，形成有衔接的心理危机预防与干预格局，保障学生在成长过程的各个阶段接受不停滞、不脱节的系统化的生命健康教育和引导，更好地服务学生成长和个体发展的需要。

具体而言，大中小各学段应当建立科学的心理危机预防体系，建构整体预防、针对性预防、重点预防三个层次的心理危机预防体系。

2. 发展精神病理学的视角

不同的心理与精神问题各有发病年龄。心理危机的产生同样是发展的结果。从发展的视角来看，行为与情绪问题的产生实际上反映了适应的连续，因而前手的适应过程对于后手而言至关重要。故而，如果学校心理健康教育工作能够保证各学段有针对性的心理危机预防工作到位，那么，学生的心理发展就能得到很好的保护和照顾，他们的心理弹性就会较大，发生心理危机的概率也就相对较低。心理弹性强调个体在面对压力的情况下能够积极应对并保持积极的期待，在创伤后其机能能积极维持。

在发展的视角下，心理弹性的形成也是一个发展的过程，具有可塑性。个体心理弹性的发展、心理危机与精神问题的发生都是心理风险因素与保护性因素共同作用的结果。在不同的发展阶段，适合的预防性措施和开展生命教育的内容都应该是不同的。

在心理危机预防与干预的框架下，提供适合学生心理发展的心理危机预防措施，能够较大程度地降低心理危机的发生，积极增加心理弹性，促进学生的健康发展。

3. 教育学原理的视角

大中小心理危机预防与干预工作一体化是将心理健康教育工作做实，全社会统筹安排、共同发力，体现全民性与全面性的统一，保证每个学生成长的需要。在主体方面，学校是主要实施者，同时家庭、社会资源则是重要的补充。

当下，我国学校心理健康教育工作在由教育模式向构建学校心理健康服务体系转型。在心理疾病预防和心理危机干预工作中需要遵从生命第一的首要原则，普及心理危机知识。积极关注重点人群，构建完备的危机处置机制。尤其在由低向高各学段晋级时，能够有效通过心理档案等保障后手学段的心理专业老师有渠道和可能性及时获知学生既往的心理状况等第一手资料，对于超出心理老师工作能力范畴的个体能够积极有效地转介给社会资源，从而形成工作网络，更好地维护学生的健康成长。

(二) 建构目标

宏观层面而言，心理健康教育的根本目标是落实立德树人的根本任务，因材施教，差异化指导和服务，促进学生的全面发展。

从中观的社会层面而言，心理健康教育要促进社会心理服务体系建设，强调以人为本,注重学生的心理发展规律和成才需要,滴灌式地提供心理危机预防与干预服务。

从微观层面而言,心理健康教育应减少个体心理疾病困扰和危机的危害性,提升幸福感和获得感。因此,需要开展分层分类的指导,注重不同学段学生个体的差异。

《健康中国行动(2019—2030年)》提出了儿童青少年心理健康相关指标的阶段目标。其中,文件提出了到2022年底的行动目标:一方面,从建成心理健康社会环境、形成多方联动服务模式、落实预防干预措施、加强重点人群服务四方面提出总体目标;另一方面,对学校、社区、医疗卫生机构如何建立服务网络提出具体目标。

(三)　建构趋势——纵横交错的立体格局

心理危机预防与干预一体化可以分为纵向和横向两个方面。

纵向的心理危机预防与干预一体化主要指大中小学心理危机预防与干预的衔接,以发展心理学的心理社会性发展理论为主要理论基础,根据不同学段学生生理、心理发展特点和规律,科学开展预防、预警、心理危机干预的"三预"工作,实现小学、中学、大学三个阶段心理危机预防与干预"由低到高、由浅入深、循环上升、有机统一"。

具体而言,对中小学生应当以情绪管理与生命教育作为心理危机预防与干预工作的起点。中小学生对自我情绪的认知能力不强,情绪自我控制调节能力差,经常表现出情绪不稳定、极易受突发事件影响而产生无望、无助情绪。在这种状态下,无论哪种不良情绪都会极大地削弱他们对问题的理解和领悟能力,以致他们应对不当,行为失误,从而引发各种危机。[4]

横向的心理危机预防与干预以社会心理学的生态系统理论为主要理论基

础,强调环境中各个因素的心理危机预防与干预的意义,主张积极运用多种手段,融合多方资源,全员全方位开展心理危机预防与干预工作。工作理念上,由注重应急性干预处理向主张预防性干预主导及协同维护体系转变;工作主体上,由各学校单兵作战向校园内部资源整合、相关校外单位全面合作、区域性多元协同互助、构建长期战略伙伴关系转变;干预对象上,由个别危机当事者向聚焦特殊群体成长发展转变;方法和措施上,由短程的应对、排除和干预学生的心理危机向长程的递进式一体化的生命教育转变;工作机理上,由封闭式干预管理向以学校为主多种资源整合的开放式区域性合作系统构建转变。需要强调的是,尤其需要注重学校心理服务的转介,以实现充分发挥校内外各单位(市、区青少年心理健康中心,市区医院精神专科,精神专科医院,等等)的社会功能和专业优势,积极有效配置资源,为心理危机干预赢得最佳时机。在学生的心理发展过程中,让学生的问题得到最优化的教育辅导和尽早治疗。

总之,在健康校园视野下,大中小学心理危机预防与干预的一体化是以纵向一体化为主,横向一体化为辅。大学、中学、小学各学段必须遵循学生生理和心理发展特点,注重发展优先、预防为主的心育理念,坚持面向全体、关注个别差异的原则,普遍建立心理危机预警系统和心理危机干预机制,进行心理健康普查和心理危机排查,建立学生心理档案,加强对个别预警学生的关注和跟踪,及时将心理问题严重的学生有效转介到专业医疗机构。依据各学段工作对象的年龄差异性和工作内容的递进性,循序渐进地开展实现心理危机预防与干预工作。同时,应当注重横向一体化,即紧密连接各方危机预防与干预主体多位一体,实行渗透式教育,构筑"全过程、各方位、多形式"的绿色通道,通力合作,协同育人。

注释

［1］俞国良:《大中小幼心理健康教育一体化:实践的视角》,《陕西师范大学学报(社会科学版)》
　　　2020年第3期,第73页。

［2］孙宏伟、苑杰主编:《医学心理学》,人民军医出版社2013年版,第142页。

［3］Caplan, G. 1964. *Principles of Preventive Psychiatry*. Basic Books.

［4］杨泰山:《中小学生心理危机预防及应对的调查研究——以上海市五所学校为例》,《教育参
　　　考》2018年第2期,第53—59页。

心理危机预警及处理的大中小一体化研究

李雪芹

（上海市尚德实验学校）

徐玉兰

（华东理工大学）

姚　俊

（上海市建平世纪中学）

随着社会的迅猛发展和竞争的日益激烈，学校内外部环境也在不断变化，大中小学生面临着巨大的学习压力、发展压力与心理挑战，心理问题不断凸显，甚至有个别学生走向极端，发生严重的心理危机事件，造成一定的负面影响，引起教育界及社会的广泛关注。目前，学界普遍认同心理危机发生前的预警对整套危机干预管理工作的重要性。

危机预警是一种前瞻性、主动性、动态监测的危机管理，是通过一套科学的预警指标体系，及时识别和发现学生潜在的或现实的危机信号，对收集到的预警信息进行分析、评估，发出危机警报，启动危机应急预案。心理危机预警系统是危机管理中预防危机的子系统，能科学实现学生心理问题或异常的早发现、早识别、早干预，对有效预防并及时应对校园学生心理危机发生、减少危机对学生及学校的危害与影响、维护正常教育教学秩序、构建安全校园与和谐社会有着重要的意义。

心理危机预警系统大中小一体化研究,将重点围绕预警监测对象、预警监测指标、预警监测工具、预警监测流程及操作等方面,充分展示心理危机预警体系架构及工作运行机制,并在大中小不同学段范围内进行纵向贯通的梳理与探讨。

一、 心理危机预警需要排查的重点人群

心理危机预警是为了有效预防学生心理危机事件的发生。在大中小各学段中均需对重点人群进行排查。学生从小学到大学,在每个成长的阶段都可能因一些原因导致危机事件的发生。每个阶段需要排查的重点人群有相对一致的部分,也有有别于其他学段独特的部分。

(一) 大中小各学段需要排查的九类重点人群

1. 多次出现无特别的身体原因而请假不上课、不到校的学生

经常无故缺勤,却又检查不出身体疾病的学生,可能会出现厌学情绪。有可能是师生矛盾造成的,也可能是同伴关系恶化引发的,还可能是校园欺凌的受害者。时间久了可能造成学生无法继续正常上学,甚而引发危机事件。教师需多关心这类学生的家庭情况以及不能到校上课的真实原因,必要时可进行家访。

2. 曾经在专业医院被确诊过患有严重心理疾病的学生

学生本身患有严重的心理疾病,任何应激事件都可能促使学生发生危机事件。教师需对此类学生做好跟踪记录,及时了解其就医和服药以及病情的发展情况。如有危机情况,要提醒家长做好 24 小时居家看护。

3. 曾经有过自伤行为的学生

学生曾有过自伤行为，应激事件会诱发他再次出现自伤行为，可能导致危机事件。教师需留心此类学生的行为状态。

4. 有明显学习障碍的学生

有较明显学习障碍的学生往往难以完成既定的学业任务，易引发灰心沮丧的情绪，对自己产生自卑心理，极端情况下可能造成危机事件。

5. 性格较内向且同伴关系不良的学生

这类学生的社会支持系统往往非常窄，在遇到应激事件时，往往难以找到合适的倾诉对象。在遇到负面事件时可能会难以自我应对。[1]

6. 亲子关系严重不和的学生

长期亲子关系严重不和的学生，家长的教养方式往往较为简单直接，很少主动去了解孩子的内心想法。教师需对这类学生的家长给予家庭教育指导。

7. 近期遭遇重大生活变故的学生

在遇到突发的重大生活事件时，学生可能会出现震惊、哀伤、难过等情绪。如一段时间没有好转，可能诱发学生一了百了的想法。

8. 校园欺凌问题涉及的学生

学生在学校里受到欺凌或旁观欺凌事件后，可能引发悲愤、恐惧、逃避等情绪。

9. 目击恶性伤害性事件的学生

目击了恶性伤害性事件可能会造成心理伤害，容易引发危机事件。

(二) 大中小各学段需要排查的重点人群

小学阶段有一部分患有注意力缺陷障碍、发育迟滞、抽动症等疾病的特殊学生，他们特殊的身体状况可能造成在班级里被同伴孤立排斥，也可能成为被嘲笑和玩弄的对象,甚至成为校园欺凌的受害者。

中学阶段的学生已进入青春期。有青春期情感困惑的学生成为这一阶段特别需要排查的重点人群。学生在经历青春期恋情时,如果表白被拒绝或者恋情被动结束,可能会引发悲观绝望的情绪,容易发生危机事件。

在大学阶段,学生可能来自全国各地,家庭背景的差异较大。需要特别排查可能因家庭经济困难或来自偏远山区经济落后地区而产生自卑心理的人群。

大学生已经成年,他们的恋爱关系较中学时期的青春期恋情更趋成熟和稳定,对于恋爱关系的投入也更为深入和持久,在两性关系中相较中学时期更有可能发生性行为。一些有边缘性人格障碍的学生可能无法直面失恋或被对方拒绝,需要重点排查。

大学阶段,学生的人格趋于稳定。有反社会人格的学生可能会做出伤害他人的事件,也需要重点排查。

大学生往往离开家庭进入集体生活。如果学生缺乏社会支持系统,易造成危机事件的发生。因此还需要排查缺乏社会支持系统的学生。

二、 心理危机预警中需要关注的重要时间节点

心理危机事件的发生往往与一些特别的时间节点下引发的应激事件相关联。因此,心理危机预警要关注一些重要时间节点。大中小各学段既有一致的重要时间节点,也有不同之处。

(一) 开学

每年的开学日对于学生来说都是非常重要的日子。对广大学生而言,开

学与寒暑假意味着截然不同的作息时间。有的学生在假期里因过于放松，落下了不少假期作业和学习任务，开学日的到来会给学生紧迫感，可能触发学生的紧张、恐惧的情绪。开学日的来临意味着重返校园，与同学老师再次见面，对于有人际交往障碍的学生来说，又要面对自身的问题或回避的人，可能引起消极情绪。开学还意味着新学期更高难度的学习内容，对于一些有学习困难或者考试焦虑的学生来说，这也可能引发他们的不良情绪。学生、教师和家长都应做好开学前的准备，以使学生尽快适应新学期的学习节奏，平稳迎接开学。

（二）考前

在中学阶段，中考和高考这两根指挥棒对于绝大部分学生来说都是沉重的学业压力来源。每次大型考试前都是学生比较紧张的时段。往往在这一时期，学生容易出现对考试的紧张心理，产生对考试焦虑的情绪。学生也可能在备考阶段发现自己的学习漏洞较大而产生破罐子破摔的心理，从而引发危机事件。

（三）考后

考试过后往往是公布考试成绩和排名的时候。一些心理较脆弱或者本来对自己期望较大结果看到并不如意的成绩和排名的学生，可能出现灰心、失落、愧疚、嫉妒甚至绝望等情绪，容易引发危机事件。[2]

（四）有应激事件发生或季节性心理问题高发期

家里有亲人突然过世、父母关系不和、父母暴力教育、亲子关系严重不和等应激事件都可能直接引发危机事件。

另外,每年的冬季(10—12月)、春季(3—5月)都是心理疾病和心理障碍的高发时节,需要特别关注和重视。

(五) 大中小各学段不同的重要时间节点

相比于中小学生在开学、考前和考后容易引发危机事件,大学生还可能在论文提交截止日前、毕业前夕因论文提交困难、工作实习问题等引发危机事件。

三、 心理危机预警的重要监测指标

危机预警系统需要制定出一套科学、简便、实用、系统性的观测工具,实现对大学生心理健康及危机状况的动态化监测。预警指标体系是学生心理危机预警工作的首要与关键部分,直接关系到心理危机预警工作的实效性。预警指标是在纷繁的学生心理危机信息中确定到底要关注哪些方面的信息,并对这些信息进行分类、整理的结果。[3]这是建立在学生心理健康及危机相关理论与实务经验基础上的。

目前,心理危机预警指标的确立与评定大多为描述性观点,且尚未形成统一的标准。心理危机的操作性定义是,个体在遇到应激事件时,不能回避又无法用自己的资源和惯常的方法去应对时所出现的心理失衡状态。根据梁宝勇教授提出的"应激—素质相互作用模型"[4]、杨振斌与李焰教授提出的自杀是应激因素(包括家庭、社会、文化等因素)与个体素质(包括易感性、人格、认知等因素)两者之间相互影响的过程[5],本文借鉴谢丹的应激源、应激反应、危机易感因素三部分[6]来确定心理危机预警指标体系,将预警指标分成以下三个方面。

(一) 环境指标

环境指标即家庭环境、学校环境、社会环境及近期重大生活事件。

其中，家庭环境包含家庭气氛、亲子关系与沟通、家庭期待、教养方式、经济条件、家庭重大变故、家庭精神疾患史、童年留守经历等。

学校环境包含学习压力(学习动力、学习状态、学习成绩等)、人际关系(与同学、好友、老师等的关系及满意度、校园欺凌)、恋爱状况(失恋、恋爱冲突摩擦、意外怀孕)、教师教育方式、学校管理制度、教职工素质等。

社会环境包含社会转型、媒体报道、竞争激烈等。

(二) 反应指标

反应指标即个体在遭遇上述环境中负性生活事件或困难情境时的直接应激反应，可通过外部观察发现。具体包括：生理反应(饮食情况、睡眠情况、心因性躯体不适等)、情绪反应(负性情绪的类型、强烈程度、持续时间、排解方式等，焦虑、忧郁、无聊、空虚、痛苦、愤怒、羞愧、无助无望)、行为反应(冲动性、危险性)、认知反应、社会功能(有无受损)。

(三) 人格及背景指标

人格及背景指标即在环境指标和反应指标深处、造成个体心理危机的较为稳定的人格特质。具体包含：个性特点(内向孤僻、好胜要强、敏感脆弱、追求完美)、自我概念(消极自我评价、自卑、自负)、认知方式(即个体对人、事、物的看法和信念，主要涉及思维特点、归因方式)、挫折应对方式(回避/逃避)、意志品质、社会支持(薄弱或缺乏)、身心疾病、有自伤行为及自杀未遂史、求助意向(无或低)。

总之，通过预警指标收集重点人群信息，可以分析判断其危机的成因、规模、类型、发生频率、强度、影响后果及发展变化规律,确定预警对象与危机情势发展之间的因果关系,从而进行危机早期预测预警。一般说来,心理危机指标越多的学生,其危险性越高,心理危机越有可能爆发。比如一个家庭贫困的大学生,考上一所不理想的大学,对自己要求过分完美,不允许失败,抗压能力弱,人际关系不佳,性格内向,缺乏社会支持,则很有可能出现心理危机。

四、五级联动预警工作网络

(一) 初步筛查

1. 一级心理中心普测筛查

学校心理中心可以在征得大学生或小学生、初高中生监护人的知情同意后,对其进行心理评估。评估工作应由有专业资质的专业人员承担,如学校的心理教师;应使用合适、有效的心理评估量表,严格按照要求进行操作。普测后为预警学生建立心理档案,并实施严格的保密制度。

表1　大中小学生常用心理普测量表

学段	常用心理量表	备　注
大学	大学生人格问卷(UPI)	以大学新生为主要对象
	16PF	卡特尔编制,应用广泛
高中	16PF	信效度高
	中学生心理健康测验(MHT)	预警率偏高
初中	中学生心理健康测验(MHT)	敏感度较高
	艾森克人格问卷少年版(EPQ)	信效度良好
小学	艾森克人格问卷少年版(EPQ)	信效度良好
	小学生心理健康评定量表(MHRSP)	
其他	学部起始年级可以加入适应能力方面的量表。另外,可以根据学校情况酌情考虑,加入网络使用方面的量表和危机评估的量表。	

2. 二级班主任及知情教师筛查

心理中心可设计《班主任学生信息采集表》，定期让班主任根据平常对本班级学生的观察和了解，填写可能有心理问题的学生，收集班主任掌握的一手特殊学生信息。实践发现，班主任提供的信息非常具有参考价值。

3. 三级学生自我评估及朋辈反馈

学生若发现自己有心理异常，应主动找班主任或心理中心老师反馈。而朋辈反馈要以班级心理委员、宿舍心理信息员为骨干。心理委员等学生群体是离广大学生最近的群体，经过培训的各级心理小助手和心理委员能及时发现心理危机的苗头，了解危机预防的措施，并配合心理老师及时采取灵活有效的处理措施。在实际工作中，要注意建立和落实心理委员反馈制度，并建立特殊时期信息通道的建设，方能有效地实现朋辈反馈功能。

4. 四级家长及亲友反馈

家长及学生亲友要积极关注孩子的身心状态。当孩子情绪出现波动，要及时与孩子沟通，对孩子进行疏导。如果孩子情绪和行为有比较明显的异常，要及时向班主任反馈，或可通过班主任预约心理辅导老师为孩子提供心理辅导或家庭教育指导，及时了解针对自己孩子问题的个性化处理方法。

5. 五级社区、卫生机构等校外反馈

建立校级学生危机预警报告制度，定期听取社区相关人员的反馈，尤其是要特别关注一些重点学生的状况，如孤儿、留守儿童、吸毒服刑人员子女及其他有特殊困难的儿童。发现问题学生，及时进行教育教学方法的调整和个性化的家庭教育指导。

（二） 二次评估

首先，统筹整理五级筛查途径初步筛查出的所有危机预警数据，合并交叉重叠的预警学生,按危机程度大致分为紧急处理和非紧急处理两类。其次,根据情况利用二次心理测评或 MINI 访谈对预警学生进行进一步排查。

1. 对初步预警对象进行有针对性的二次心理测评

对于某一特定因子(如"敏感性""强迫倾向")有预警的初筛对象,可以选择特定的敏感性测量量表或强迫量表进行二次测评。这样可以以更高效率对同类学生进行二次排查。

2. 对初步预警对象进行 MINI 访谈

对于不太确定的心理健康不良预警对象,可以采用 MINI 访谈进行一对一的排查。这样可以比较个性化地排查出该预警对象的特定原因。

(三)　应对和处理

把二次排查后的确定预警学生名单发给各个学部相关教师,危机干预系统中相关教师特别是班主任平常动态观察,发现情况及时与系统反馈;心理中心为预警学生建立心理档案;按照危机严重和紧急程度从高到低的顺序依次处理。

1. 一对一发展性心理辅导

对确定有发展性心理问题的学生进行一对一心理辅导。取得班主任和家长的支持,在条件允许的范围内,尽量维持心理辅导的设置框架。辅导最好能持续一段时间,以取得比较好的效果。

2. 同质或异质心理团体辅导

由于学校心理辅导老师资源有限,为了让非危机的心理预警学生尽快得到有效的干预和辅导,也可以给具有同类心理困扰的学生进行团体辅导。比如有社交焦虑、社交孤独的学生,遭受欺凌的学生,学习焦虑的学生,求职受挫的学生等。人际沟通小组可以是异质小组,人际沟通能力强的学生既能活跃小组气氛,也能起到一定的示范引领作用。但对于受欺凌、家庭特殊情况而导致的特殊心理问题等,由于其更具私密性且有引发创伤的可能性,则以同质小组开展较好,有利于小组的安全氛围营造和小组成员的参与性。

3. 转介

对于超出心理辅导范畴的学生要及时、专业、正规地做好转介工作。转介的时候要讲究方法:要陈述现状,表达关心;询问想法,击破焦虑;必要的时候可以自我暴露提出建议;明确预约,确定好日期和具体时间等。

(1)班主任转介给心理中心。班主任基于"需重点关注的学生的特点"和"校园危机预警信号"等发现可能有心理问题的学生时,由心理老师对该生的心理状态进行评估和辅导,必要时报告学校心理危机干预小组。同时配合心理辅导教师多关注学生的日常状态,有特殊情况及时和心理辅导沟通,必要时做好家校联络工作,邀请家长接受家庭教育指导。

(2)心理中心转介给区中心。学校心理中心觉得自己处理有困难或无暇处理的个案、学生不愿意或没时间在学校接受心理咨询,或学生及家长有转介意愿,在这样的情况下,学校危机工作小组负责人、班主任、心理辅导老师可以告知家长区心理辅导中心的相关预约流程及地点,填写区级转介单让学生预约区中心的心理辅导服务。转介之后,还要特别关注区中心关于此生的辅导反馈意见和建议,及时和相关人员如班主任和家长进行建议反馈,和区中心一起多方位系统性为学生做工作,以使区心理辅导取得事半功倍的效果。

(3)教育部门转介给卫生部门。经校级或区级心理中心评估,若发现学生疑似有心理障碍,如抑郁症、精神分裂等,或有明显的自杀、伤人的征兆时,应及时转介学生到医院明确诊断。学校危机小组负责制定转介计划,填写《学生心理问题转介登记表》,并告知家长转介就医的手续及地点;对于经转介就

医的学生,班主任和学校心理辅导老师需要及时与家长、学生联系沟通,了解
就医情况,并做好记录。相关资料一人一档。

最后,需要强调的是,从发现、评估到后期的初步干预处理,都是学校心理
中心、班主任、学生自身和同伴、家长乃至社区社会系统性工作的过程,整个过
程中的五个层级都不是孤立的,在各个危机预警过程中发挥系统性联动的功
能是重中之重。

五、 心理危机预警及处理中的大中小一体化研究思考

(一) 整合各方资源, 形成有效的干预系统在各个学段都特别重要

在心理危机工作中,学校要与家庭、医院等多方建立联动支持系统,寻求
学生家庭、医院、社会的帮助。家庭是学生强有力的支持系统,家庭成员尤其
是父母的关心和理解能极大缓解问题学生爆发性情绪,使事情朝向良性发展。
如果学生出现精神病性心理危机,还需联系家长及时将学生送往医院诊治。
必要时,要求家长进行陪读或回家治疗。此外,学校应为发生心理危机的学生
改善舆论环境,营造良好的心理氛围。对学生心理危机的干预不能一蹴而就,
需要长时间跟踪关注,并获得身边教师、亲友、同学帮助,做大量细致工作,如
春风化雨,才能逐渐收到成效。[7]总之,各个学段都应整合各方资源,才能确
保学生心理危机干预取得成效。

(二) 大学可广泛发挥"互联网＋"背景下大数据在预警中的作用

随着信息技术的高速发展,大数据海量的数据来源和快速、及时的信息反
馈,为高校心理危机预警路径提供了更为准确的监测、分析、预测和预警,这为
有效防止大学生极端心理危机事件的发生提供了创新思路。高校因其特有的

学术氛围和思潮意识,是对此类应用研究最为深入、使用范围最为宽泛、技术掌握最为先进的前沿阵地。高校可以通过新媒体的加入,完善新心理危机预警的多元模式和平台,实时了解学生心理动态和行为,并通过互联网对关键信息进行研判,综合分析大学生行为和思想动态。例如,通过上课出勤率、校园卡消费记录、QQ、微信朋友圈等信息,发现反常的网络行为,如突然增加或减少上网或发状态的频率、发状态的语气和风格与之前有明显不同、对留言的回复大幅减少等,尽可能迅速和全面地掌握大学生的心理动态,并及时掌握危机状况的信息,尽早处理。[8]

(三) 中小学充分发挥班主任、家长在危机预警中的作用

由于中小学生年纪较小,班主任在日常的生活和学习中参与度更高,其中,小学生正处于遵从权威的阶段,教师对孩子的影响力重大。老师的支持、鼓励、引导和帮助,能对问题孩子起到特别重要的作用。大学生作为成年人,在高校接受教育往往更多地独立于家庭之外,有的甚至在异地或他国求学,学生家长对大学生心理危机管理支持力度不大。但是,所谓“没有问题孩子,只有问题家庭”,有些时候特别是年龄较小的孩子的问题,反映的并非个人的问题,而是父母或整个家庭的问题。有时候,一些学生的心理危机就是在回家期间发生或在家中萌生后,再在学校爆发的。有缺陷的家庭教育方式才是孩子问题的主要根源。因此,未成年的中小学生要大力争取学生家长参与到学生的学校教育中来,有时候甚至需要做家庭治疗或夫妻治疗。

(四) 中小学心理健康教育支持网络更多元

在上海,中小学除拥有与大学的共有资源外,还拥有独特的本区校外未成年人心理健康与教育发展中心的支持。校外区级未成年人辅导站对学校心理

健康教育发挥了强有力的作用：中小学拥有区级心理危机协同的工作制度，并
提供所需工作经费；与市、区精神卫生中心或其他医疗机构签署合作协议，搭
建区级心理危机绿色转介通道，落实签约医院，组建合作医生队伍；统筹区级
心理服务资源，为学校转介至区青少年心理健康教育辅导中心的学生提供心
理服务，包括心理评估、医教结合评估、电话咨询、面谈咨询等，协同对学生和
家庭做工作；为学校心理教师提供心理评估与辅导的专业培训，定期开展案例
督导；开展区级的校领导、德育主任、骨干班主任心理危机预防与干预工作专
题培训；牵头开发学校心理危机预防性团体辅导方案，并在区内推广经验。

**（五）　从把学生作为一个发展中的人的整体观出发，中小学要为大学做
好学生的心理奠基和衔接工作**

　　大学生的心理障碍和心理危机形成是一个长期累积与酝酿的过程，许多
心理疾患是在大学前的学校教育与家庭教育中埋下的种子。长期以来，我国
中小学教育一直在围绕高考指挥棒转。在这种应试教育模式下，不少中小学
都把考试成绩看作衡量学生优劣的唯一尺度，把升学当作教育的唯一目标，只
重视对学生知识的传授，而忽视了对学生的全面培养，缺乏对学生正确的自我
意识、积极的情感、良好的意志品质和人格的教育，缺乏对他们心理问题的疏
导。有人认为，良好心理素质和人格的形成关键年龄是 3 岁、7 岁、13 岁、
18 岁。照此看来，学生除了 3 岁前主要是在家中生活外，其余大部分时间包括
关键年龄都是在中小学校园中度过的。因此，中小学要搞好课程改革，切实落
实素质教育，重视中小学生心理健康教育，大力培养学生健全的人格，为学生
的全面发展打下良好的基础。这是从根源上预防学生心理危机发生的重要
措施。

注释

[1] 上海学生心理健康教育发展中心宣传单页《爱让每个生命绽放 关爱生命 预防危机——学生心理危机预防与干预指南》。

[2] 2016 年度上海市教委德育处委托项目"中小学生心理危机预防与干预"研究成果之一:《中小学生心理危机预防与干预——简明工作手册》,第 19—22 页。

[3] 刘立新:《对建构大学生心理健康动态监测系统的思考》,《北京教育》2013 年第 6 期第 13—16 页。

[4] 梁宝勇:《心理健康素质测评系统·基本概念、理论与编制构思》,《心理与行为研究》2012 年第 4 期,第 241—247 页。

[5] 杨振斌、李焰:《中国大学生自杀现象探讨》,《清华大学教育研究》2013 年第 5 期,第 59—63 页。

[6] 谢丹:《试论大学生心理危机预警系统的构建》,《高教学刊》2018 年第 2 期,第 185—187 页。

[7] 吴九君:《大学生心理危机事件成因及干预研究》,《海南广播电视大学学报》2016 年第 4 期,第 90 页。

[8] 李银春等:《大数据背景下大学生心理危机预警研究》,《活力》2019 年第 8 期,第 232 页;杨春耀:《大数据背景下高校心理危机预警创新路径微探》,《心理健康教育》2019 年第 12 期,第 153—154 页;王昭等:《网络背景下大学生心理危机信号识别体系》,《教育心理》2016 年第 2 期,第 155 页。

危机中的干预：学校心理危机干预系统

谢湘萍

（上海工艺美术职业学院）

刘月英

（上海市浦东新区航城实验小学）

一、 大中小学心理危机干预联动系统及职责

（一）　中小学心理危机干预联动系统及职责

中小学心理危机预防与干预工作需要由市—区—校三级的相关部门协同参与，组织架构如图 1。

（二）　中小学心理危机干预联动机制

1. 成立校园心理危机工作小组

校长是校园心理危机工作小组的负责人，工作小组成员一般包括分管校长、德育主任、总务主任、年级组长、心理辅导老师、学校医务人员等。伤害性事件突发时，则第一发现人和当事学生的班主任是危机工作小组的临时成员。

2. 明确校园危机工作小组职责

（1）成立学校危机工作小组，明确成员分工，确定危机事件紧急联人和资

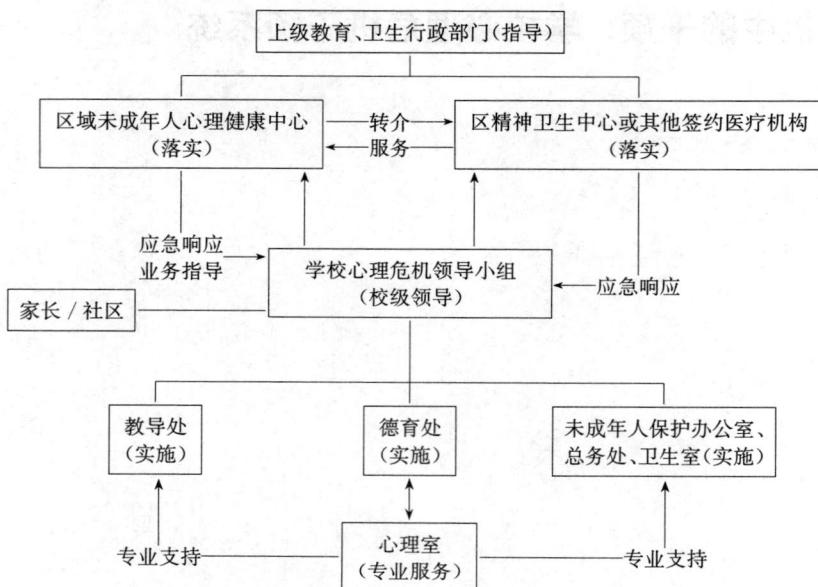

图1　中小学心理危机干预组织架构

料收集保管员。

（2）每学年（或学期）制定学校危机工作计划，定期召开工作例会，排查、预警、化解潜在的问题。当危机事件爆发时，统筹协调危机处置和善后工作。

（3）建立校级心理危机预警报告制度，关心特殊学生，建立首见报告制，预防危机事件发生。

（4）对学校危机工作小组成员加强培训与演练，确保每个成员熟记自己的工作职责，有序参与应急处置工作，并做好保密工作。

（5）对全校教职员工、家长加强危机预防与干预工作的宣传与培训，提高每个人的危机预警和应对能力。

3. 编制校因危机应对手册

学校危机工作小组每年、每学期需要及时审查并更新危机应对手册。手册需发放给全校教职员工，设定固定的存放点，以备不时之需。手册编制内容如下：

（1）学校危机干预小组的成员名单、职责分工和联络电话。

（2）备用人员名单、持有资质证书类型及联系方式。备用人员包括医疗急救人员、心理辅导人员、紧急联系人等，以防某些小组成员缺席时无人行使相关职责。

（3）危机处置所需设备及其存放点清单。包括：软垫、毯子、急救手电筒、绳子、口罩、电喇叭等。

（4）危机事件应急处置时需要教职员工配合完成的工作及具体要求。

（5）学校教职工（尤其是班主任）的联络方式。

（6）有关部门（公安局、消防局、医疗急救、区心理中心、教育局等）的联系电话。

（三）　中小学心理危机干预联动相关人员职责

1. 校长联合分管校长、德育主任和教导主任的职责

（1）营造和谐、温馨的校园氛围；引导全校教师和家长关注学生心理健康与全面发展；引导学生热爱生命，善待人生。

（2）加强校园及周边环境的安保，确保校园教育、教学、活动场地的安全。

（3）定期举行校级心理危机工作小组会议，建立校级学生危机预警报告制度。

（4）向社区了解重点学生（孤儿或留守儿童、吸毒服刑人员子女、精神病人子女、残疾人子女、特困户子女、家暴家庭子女）的信息，为其健康成长营造良好的校园环境。

（5）整合校内外各部门资源，对有需要的高危学生（含转介到区心理中心的学生）制定和实施二级预防方案（提供教育教学方式方法的调整和个性化的家庭教育指导等）。

（6）与区心理健康教育中心、相关医疗机构建立工作联系，保障有需要的学生能够接受医教协同服务。

劝说疑似心理障碍学生的家长带孩子就医，明确诊断。根据医院的诊断，为有心理障碍的学生制定和实施心理危机预防方案（个性化的校内安保措施、个性化的家庭教育指导、休学就医或其他教学方案调整、支持性心理辅导跟进等），预防伤害性事件的发生。

当伤害性事件突发时，联络相关支持部门，统筹好危机事件处置与善后工作。

2. 心理教师的职责

（1）通过心理辅导活动课及各类心理活动落实发展性心理健康教育。

（2）针对特殊时点、特殊年级、特殊人群开展预防性减压活动。

（3）为班主任与学生的日常谈心工作提供咨询与指导。

（4）向全校师生宣传学校心理辅导室和区心理中心的功能、地点及联系方式。

（5）对疑似有心理问题的学生进行初步评估，建立心理档案。

（6）为有心理问题的学生提供个别或团体的心理辅导，必要时予以转介。

（7）密切关注来访学生（含转介到区中心的学生）境况，必要时提请学校危机工作小组为该生制定心理危机预防方案，为其家长和班主任提供个性化的咨询与指导。发现疑似有医教协同服务需求的心理障碍学生时，上报学校心理危机工作小组，及时将其转介到医疗机构接受评估和诊断。

（8）（遵医嘱为在校的心理障碍学生提供支持性的心理辅导，跟踪其病情变化情况。为其家长提供个性化的家庭教育指导。为相关教师提供咨询与指导。

（9）危机事件突发时，根据学校心理危机处置方案，配合做好当事人的心理疏导工作。对相关人员做好情绪评估与哀伤疏导工作。为有需要的师生提供个别化的专业辅导，必要时予以转介。

3．班主任的职责

（1）创建安全、和谐、温馨的班级氛围，减少班内的欺负、孤立等情况。

（2）关心学生的生活境况，留意学生的情绪波动情况，及时谈心疏导，必要时转介到心理室。

（3）加强家庭教育指导，引导家长关注学生心理健康与全面发展，指导亲子沟通的方法与技巧。

（4）发现疑似有心理问题的学生，及时提请心理老师进行评估。协同学校及心理教师，对有心理问题的学生（含转介到区心理中心学生）提供支持性的班级环境和个性化的家庭教育指导，进行危机干预工作。

（5）为有心理障碍的学生提供适切的班级环境与个性化的家长教育指导。

（6）危机事件突发时，负责联络家长，并做好班内其他学生的抚慰工作，协助心理老师做好班内学生的情绪评估与疏导工作。

4．其他教师的职责

（1）认真参加学校组织的专题讲座、模拟训练等活动，增强关注心理健康与预防心理危机的意识，结合本职工作提升危机预防和应对能力。

5．家长的职责

（1）营造温馨、和睦的家庭氛围，重视亲子沟通。建立正确的成才观和育儿观，关注孩子身心全面发展。

（2）认真参加学校组织的心理健康科普活动，增强关注心理健康与预防理危机的意识和能力。

（3）当孩子的情绪发生波动时，及时谈心疏导。必要时可向班主任或学校心理老师咨询相关问题的处理方法。

（4）配合学校的评估与预防性辅导工作，营造良好的家庭环境，帮助孩尽快解决心理问题。

（5）当孩子疑似有心理障碍，可能需要接受医教协同服务时，及时带孩子就医，明确情况。当孩子确有心理障碍时，遵医嘱积极配合治疗，帮助孩子尽快康复。

6. 社区

（1）创建安全、和谐的社区环境，保障青少年学生的健康成长。

（2）关心辖区内学生的健康成长，关注特殊家庭的情况。

（3）配合学校的评估与预防性辅导工作，营造良好的家庭环境，帮助孩尽快解决心理问题。

7. 区对中小学心理危机工作的支持与保障

（1）建立区级心理危机医教协同的工作制度，提供所需的工作经费。

（2）与市、区精神卫生中心或其他医疗机构签订全面或单项的合作协议，搭建区级心理危机绿色转介通道，落实签约医院、组建合作医生队伍。

（3）统筹区级心理服务资源，为学校转介至区中心的学生提供心理服务，包括心理评估、医教结合评估、电话咨询、面谈咨询等。

（4）统筹区级心理服务资源，当伤害性事件发生时，为有需要的学校提供应急处置与善后工作的专业支援与指导。

（5）为学校心理教师提供心理评估与辅导的专业培训，定期开展案例督导。

（6）开展区级的校领导、德育主任、骨干班主任心理危机预防与干预工作专题培训。

（7）牵头开发学校心理危机预防性团体辅导方案，并在区内推广经验。

（四）　大学心理危机干预联动系统及职责

各高校需成立学校学生心理危机干预工作领导小组（以下简称"学校领导小组"），作为本校学生心理危机干预工作的行政领导机构。学校领导小组由主管学生工作的校领导任组长，成员需包括校（党）办、学生（研究生）工作部（处）、团委、宣传部、保卫处、教务处、心理健康教育与咨询中心（以下简称"心理中心"）、校医院、后勤服务机构、各院系及校内其他相关部门或单位的主要负责人。

学院领导小组的职能是：全面部署和领导全院学生危机干预工作监督相关单位、部门和个人认真履行危机干预工作职责，并对重大危机事件的处置进行决策。

学生工作部（处）、心理中心、校医院是学生心理危机干预工作的常设工作机构。其中，学生工作部（处）负责对危机事件处置工作的总协调和总安排，直接负责危机干预工作的指挥协调、组织实施及落实学院领导小组的决策事项，对各院系危机干预工作进行指导。学生工作部（处）、心理中心组织聘请校内外心理咨询与治疗领域的有关专家，组成学校学生心理危机干预专家组，或是启动医教结合的现场评估工作，对学生心理危机进行判断评估、提出干预建议或直接参与危机干预工作。

各院系建立由分管学生工作的负责人、学生辅导员（含班主任，下同）、宿舍负责人、安全保卫部门负责人和共同参与的心理危机干预工作小组，具体负责危机干预工作的落实，负责对本学院学生心理危机事件的预防和控制，负责本学院心理危机学生信息的筛查及上报，负责本学院学生心理危机事件的处理工作;院系及其他教职员工均有责任和义务关心学生心理健康,协调、配合做好学生心理危机干预工作。

学院宣传部负责有关信息监控与发布,以及对新闻媒体的宣传应对工作。

保卫部门配合学生处、相关学院做好心理问题学生监护、转介过程中的安全,以及对事发现场的勘察和保护,防止事态扩散和对其他学生不良刺激,协调配合有关部门对事件调查处理等。

教务部门负责处理涉及心理危机学生的学习和考试等相关工作的安排。

后勤管理部门负责加强对具有或潜在危险地点或地域的预防管理,协调危机学生的相关生活保障,保证正常教学生活秩序。

学生层面,应成立由心理委员、班干部、寝室长等组成的学生骨干队伍,在学生工作教师的指导下协调参与危机干预,实施朋辈互助。

全院所有教职员工均有责任和义务关心、关注并维护学生的心理健康,参与或配合学生心理危机干预工作的实施。

二、 大中小学心理危机干预流程及干预措施

(一) 中小学心理危机干预流程
中小学心理危机干预流程参见图 2。

(二) 大学心理危机干预流程
大学心理危机干预流程参见图 3。

(三) 中低风险的危机干预措施
发现学生有危机事件倾向时,发现者应第一时间报告班主任(或年级组

学校心理咨询老师评估危机学生的情况是否
超出学校危机干预能力与范畴，做专业诊断

约谈家长

协同制定预防计划

转介

休学或请假　　　　　　在校就读

办理手续定期
联系动态管理

定期了解辅助
咨询动态管理　　与家长签订
安全责任书

复读

办理手续定期
联系动态管理

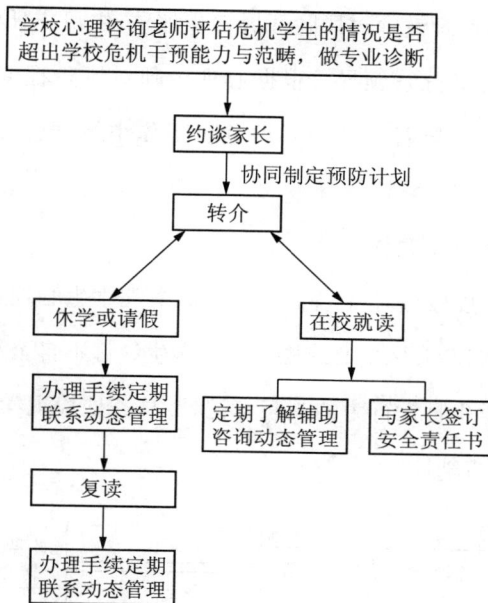

图 2　中小学心理危机干预流程

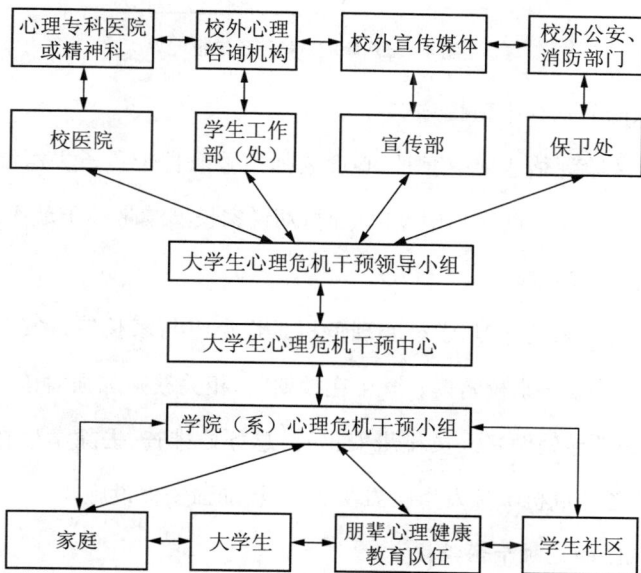

心理专科医院
或精神科　　校外心理
咨询机构　　校外宣传媒体　　校外公安、
消防部门

校医院　　学生工作
部（处）　　宣传部　　保卫处

大学生心理危机干预领导小组

大学生心理危机干预中心

学院（系）心理危机干预小组

家庭　　大学生　　朋辈心理健康
教育队伍　　学生社区

图 3　大学心理危机干预流程

长)和心理老师,由心理教师对风险开展初步评估,由班主任(或年级组长)同时报送德育处和校级分管领导。根据心理老师对风险程度的初步评估(等级)结果,校级分管领导召集学校心理危机工作小组开会,制定具体的工作方案。

1. 低风险的危机干预措施

当学生风险程度较低时,班主任预警家长关注学生心理变化;心理老师开展心理辅导(必要时转介区中心或医院),与学生签订不自杀承诺书;班主任和学科教师加强对学生日常行为的观察与记录,总务处检视学校各项安保措施(护栏、护网等)是否到位。

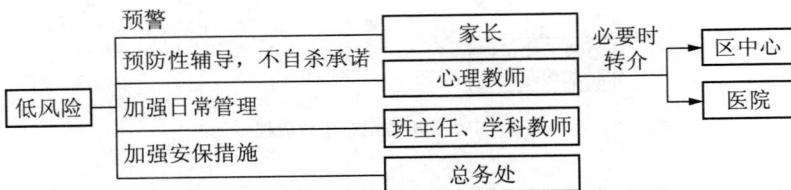

图 4　低风险的危机干预措施

2. 中风险的危机干预措施

当学生风险评估达到中度时,心理老师预警家长带孩子去医院进行风险评估的复核。当风险确实到中度以上时,劝说家长继续带孩子就医,并确定学生是否需要休学治疗。

若学生仍可来校学习,学校心理危机工作小组与家长签订安全责任承诺书,必要时邀请家长来校陪读。学生在校期间,相关教师加强对该生的安全监护(德育处和教导处做好人员排班安排)。总务处排查、去除学生在校期间可能接触到的各种危机事件发生所需要的工具,加强安保设施。

3. 高风险的危机干预措施

当学生风险评估程度较高时,学校心理危机工作小组直接预警家长带孩

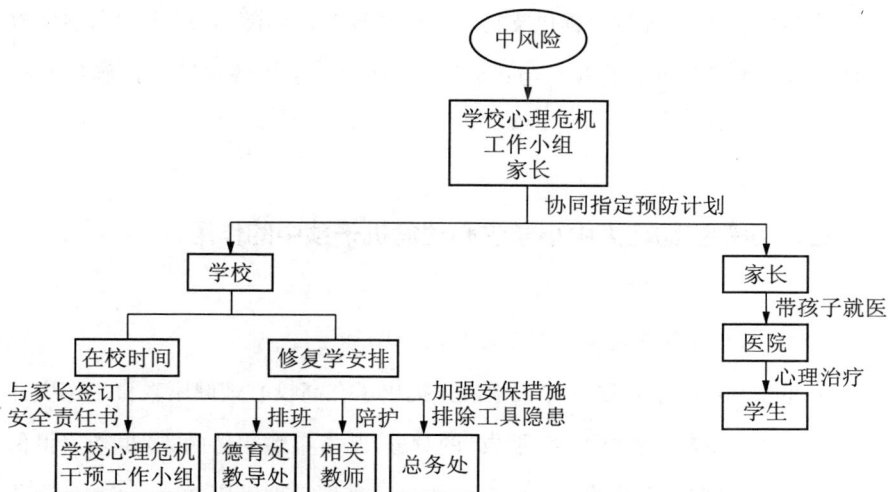

图 5　中风险的危机干预措施

子去医院诊断、治疗。若确实存在较高的危机事件风险时,劝请家长以治疗为
先,给孩子办理休学,之后遵医嘱复学。

　　危险期内,学生在校期间班主任、心理老师等相关教师轮流协同家长对学
生采取全时段陪护(德育处和教导处做好人员排班安排)。总务处排查、去除
学生在校期间可能接触到的各种危机事件发生所需要的工具,加强安全警戒。

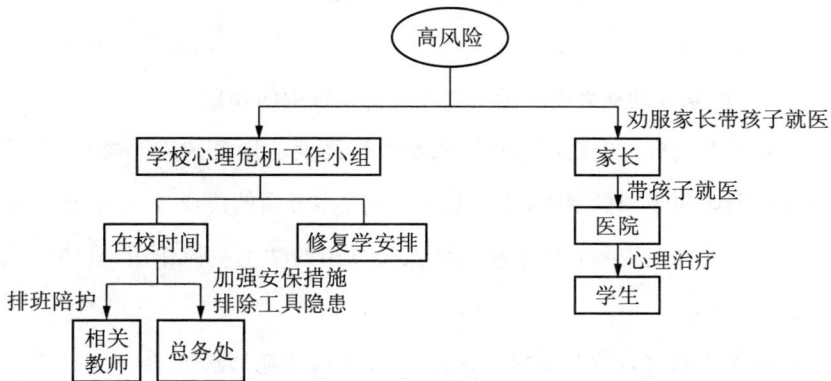

图 6　高风险的危机干预措施

学生复学后，心理教师提供支持性心理辅导与定期随访，班主任和学科教师加强对学生日常行为的观察与记录，总务处检视学校各项安保措施（护栏、护网等）是否到位。

三、 朋辈互助在大中小学生心理危机干预中的作用

（一） 朋辈互助的定义和朋辈成员的范围

20 世纪 90 年代，英国牛津大学最先提出了在高校心理健康教育工作中开展朋辈辅导。朋辈包含"同辈""朋友"的意思，既指年龄相仿的人，也指值得信赖的、彼此之间有一定情感关系的人。在我国高校心理健康教育工作中，朋辈辅导起着相当重要的作用，在学生中开展朋辈辅导工作的人称为朋辈辅导员，这个群体包含班级心理委员、寝室长、心理协会和心理社团成员。他们在开展朋辈辅导工作之前，会经过选拔，接受心理中心专业人员的系列培训，通过考核，达到具备基本助人技能的水平，在朋辈辅导工作过程中和朋辈辅导工作结束后均可接受心理中心专业人员的督导和帮助。在学生发生心理危机的时候，与该生关系要好的同学、朋友也能发挥有效的助人功能，所以，朋辈互助在学校心理危机干预工作中起着至关重要的作用。

（二） 朋辈互助在大中小学生心理危机干预中的作用

朋辈互助具有覆盖面广、阻抗小、及时性高及应用范围广等特点，在校园心理危机预防与干预机制中，除了家、校、医等多方面的协作与联动，还需要充分发挥朋辈互助在校园心理危机预防及干预中的学生主体作用，具体体现在以下四个方面。

1. 朋辈互助可以宣传心理知识，提升学生心理危机意识

朋辈辅导员在上任之前会经过辅导员或班主任的初步选拔、接受专业心

理老师的心理健康与咨询、常见心理问题识别、危机干预、倾听和提问技巧等相关知识和技能的系列培训，通过考核才能上岗。在这个选拔、培训、考核的过程中，朋辈辅导员能理解自身工作的价值和意义。更重要的是，大中小学心理中心和德育处可以通过他们，向广大学生宣传心理健康知识、心理危机的相关表现、心理咨询及危机求助途径，广泛提高学生的心理健康水平和心理危机意识。

2. 朋辈互助可以及早识别、筛查和上报心理危机事件

朋辈辅导员数量多，分布广，在校园内与班级或寝室同学同吃、同住、同学习，有着与所有同学一样大致相似的校园生活和学习压力，能够快速掌握可能引发学生心理危机的生活事件，如考试失利、失恋、人际冲突等。在这些情况发生或同学出现明显异常的情绪或行为时，朋辈辅导员可以运用培训所学知识进行快速识别和筛查，对这类同学进行主动关心和帮助，建议其寻求学校或家长的帮助。若经朋辈辅导员初步评估认定危机可能性较大，可以及时向辅导员、班主任和心理中心上报，学校则可以快速启动危机干预机制进行评估和干预，及早发现和干预，避免心理危机事件发生。

3. 朋辈互助可以在一定程度上参与校园心理危机干预

由于小学生各方面发展还不够健全，力量有限且易受危机事件影响，所以在心理危机事件发生时，学校几乎不会让小学生参与危机干预。中学生学业任务繁重，还是未成年人，参与学校心理危机干预的情况也非常少。但中学生处于同一性发展阶段，同伴专注的倾听、共情的理解、真诚的安慰、合理的劝导对身处危机的同学作出合理的应对有非常好的效果。所以，中学生朋辈辅导员或危机个体的好朋友可以在合适的情况下参与学校心理危机干预工作。

高校大学生朋辈辅导员不但可以识别、筛查和及时上报同学中间的心理危机情况，还可以在一定程度上参与校园心理危机干预。在心理危机事件刚

发生时,大学生朋辈辅导员可以通过倾听、交流、提供支持等方式陪伴危机同学,帮助其缓解负性情绪。在学校启动心理危机干预后,可以协同危机干预老师对危机同学进行陪伴支持和生活照顾,可以从同龄人的角度了解危机同学的生活、学习及心理和行为状况,及时传递危机同学的需求和意愿,向危机干预老师反馈并进行沟通,以便危机干预更精准、及时有效,预防意外事件发生。

4. 朋辈互助可以参与危机干预后的康复与辅导

在心理危机事件发生之后,经学校和家长通力合作,危机学生度过了情绪最激烈的时期,但完全回归健康状态可能仍需一段时间。在学校的心理危机干预工作中,很难做到一劳永逸,需要时时提高警惕。出现过心理危机或自杀行为的学生是学校心理危机预警机制的重点关注对象,这就需要朋辈辅导员在日常的学习和生活中多加留意和关心,协助其解决学习生活中出现的各种问题,及时向学校老师汇报其心理动态,防范其心理危机的再次出现。

四、 学校、医院、家庭在危机干预中的整合互动

(一) 中小学心理危机干预中的家校协同机制

家庭是预防和干预中小学生心理危机的重要一环。学校应通过各种方式指导家长提升育儿理念,引导他们关注孩子的心理健康,掌握和营造和谐、温馨的家庭氛围,预防和应对孩子心理危机的能力。

1. 开展科普宣传

开办家长学校,以讲座、微讲堂、案例分析、互动讨论等形式,或通过校园网、微信公众号、心理广播、宣传栏、宣传单、家长会等方式提升家长宣传的效益。

宣传的内容要有针对性。例如,提醒家长注意处于特殊时间点(如重要考

试前后)孩子的心理状态；让家长了解重点人群(小升初、初升高阶段的孩子，初二、高二的孩子，毕业班的孩子，成长环境发生变化的孩子，家庭发生巨大变化的孩子)易引发心理危机的因素，并提供预防和应对的预案。

此外，由于中小学生更多选择在家中实施自杀，家长更可能成为第一发现人，因此通过各种形式让家长了解发现子女有自杀意图时的策略尤为重要。

2. 建立个性化的支持服务

对于成长处境不利的学生，疑似有心理问题(或更严重)的学生，班主任老师(必要时可协同心理老师、学校聘请的心理教育专家或精神卫生医生)应对其家长在科普宣传的基础上进行个性化的支持服务。经常与之保持联系，提供正确教育孩子的意见和建议，解答家长育儿的困惑，组织开展主题式的家长沙龙活动等，根据家庭的实际情况提供切实的指导。

3. 与家长沟通医教协同服务事宜

(1)劝服就医。

一般家长可能会难以接受孩子有较严重的心理问题的事实，因此校方发现学生有心理问题以后，一定要多加关注，注意收集学生异常行为的证据(具体事例，同学、老师反应等)，再约谈家长。

学校约谈家长时，要以客观的态度告知家长学生的真实情况，既不夸大事实也不故意隐瞒。表达学校愿意和家长形成同盟、为孩子量身定制心理健康服务方式、共同帮助孩子渡过困境的意愿。

学校可以向家长仔细解释什么是心理治疗，取得专业诊断对制定有效的干预计划的重要性。承诺对孩子就医情况进行保密，并和家长一起分析在治疗过程中可能会遇到的困难，商量如何解决。

(2)休学协商。

结合医生的诊断和孩子的日常表现，先帮助家长分析孩子上学可能发生的问题，以及休学在家对孩子心理健康发展的好处，再向家长承诺，即一旦孩子病愈，学校愿意接纳孩子。早治疗，早康复，早复学。还可以和家长一起规划孩子在家学习的计划。若孩子和家长愿意，学校也可以定期请教师上门教授知识，关心孩子。

（3）支持复学。

当家长向学校提交病愈证明后，学校应先派出心理老师与孩子和家长面谈。分析复学可能会遇到的困难（学习跟不上、同学会有议论等）。了解家庭的相关需求，共同制定应对的策略，帮助孩子和家长做好充分的准备。

学校危机工作小组在为学生制定三级心理危机预防方案（教学要求的调整、班级氛围的建构、校园安保的措施等）时，可邀请家长参加，并将方案内容以书面方式告知家长，争取家长的支持和配合。

（二）　大学心理危机干预中的家校协同机制

2013 年 5 月 1 日起实施的《中华人民共和国精神卫生法》第十六条规定："学校和教师应当与学生父母或者其他监护人、近亲属沟通学生心理健康情况。"第二十一条规定："家庭成员之间应当相互关爱，创造良好、和睦的家庭环境，提高精神障碍预防意识；发现家庭成员可能患有精神障碍的，应当帮助其及时就诊，照顾其生活，做好看护管理。"从法律角度来说，大学生在发生心理危机时，高校有责任告知危机同学家长，并与家长协同开展心理危机干预工作，帮助同学平稳渡过心理危机。从学生心理健康角度来说，家庭是大学生的重要支持系统，家庭因素会持续影响大学生的心理健康状态。当学生处于心理危机状态时，来自家人的理解和温暖能够激发危机同学的内在力量去应对危机。通过家校协同合作，学校和家庭能够形成合力，从不同系统中提供资源和支持，甚至是通过学校促进学生与家庭的沟通和相处模式，尽可能让危机学生感受到关爱和支持，从而化解学生心理危机。

通畅的家校协同能够充分发挥各自系统的作用，进行高效的心理危机干预工作。目前，各高校基本能在《精神卫生法》框架下进行家校协同的心理危机干预机制，但高校较中小学而言与学生家长的沟通频率和质量要弱很多。上海中医药大学谌誉等人采用《家校协同障碍现状调查表》自编问卷对上海21所高校进行了问卷调查，结果显示，家校协同目前处于初级阶段，普法宣传待加强，高校教师对家校沟通协作的知识掌握和技能训练不足，特定人群急需专业支持。[1]这就需要高校进一步加强主体责任意识，将工作前置，强化普法宣传和家校协同知识和技能培训。同时，也需要加强多部门合作，明确工作制度与工作内容，为开展家校协同奠定基础和创造良好的氛围，从而达到共同维护学生心理健康、防范危机事件的效果。

（三）　心理危机中的医教结合工作机制

高校的"医教结合"基于高校学生心理发展的目标和高校心理健康教育的目标富有不同的内涵。"医"与"教"的功能定位分别在于基本和拓展两个层面。[2]其基本层面是：精神卫生医疗机构按照精神障碍的诊断标准和治疗规范的要求，对就诊者开展疾病诊疗服务，并与高校配合开展相应的心理健康指导；学校则注重促进学生心理健康发展的教育，为学生提供心理咨询服务，发现可能患有精神障碍或发生心理危机的接受咨询人员，进行必要的评估与转介。其拓展层面是：遵循预防为主、教育与医疗部门分工合作、整合利用各类资源的原则，全面覆盖目标人群，多形式引导和干预，更加有效地促进学生精神障碍的康复与心理健康发展，同时在"医教结合"中提升专业人员的专业能力。

2005年，上海交通大学学生工作指导委员会与上海市精神卫生中心签署协议,联合开展大学生心理健康教育与危机干预工作。

2009 年,上海市教委正式颁布了以实施"医教结合、按需施教、开发潜能、人人有所发展"为目标的特殊教育三年行动计划。

2013 年 12 月,上海理工大学与杨浦区精神卫生中心签约了共建开展"医教结合"心理健康服务合作项目,双方以"沪江医教讲堂"和"尚理之心讲堂"形式开展了频繁、深入的交流与合作。

2014 年 3 月,上海市教委德育处、上海市卫生和计划生育委员会相关部门及上海学生心理健康教育发展中心召开了"松江大学城七高校与上海市第一人民医院'医教结合'学生心理健康服务项目研讨会";5 月在华东政法大学举行了启动仪式,松江大学城七高校与上海市第一人民医院签署了《上海松江大学园区"七校"学生心理健康服务"医教结合"工作协议》,并正式运作与实施,及时评估、适时转介,着力化解学生心理危机。

2015 年,杨浦区高校心理健康服务医教结合试点项目汇集复旦大学、同济大学、上海财经大学、上海理工大学、上海体育学院等十余所高校与杨浦区精神卫生中心完成了集体签约仪式,汇聚更多力量,进一步扩展和挖掘医教结合工作的内涵和外延,在心理教师专业水平提升、学生个案转介、医学评估、精神障碍紧急处置、危机干预、"沪江医教杯"系列活动等方面取得了卓有成效的效果,形成了高校与专科医疗机构紧密协同合力推进的良好工作氛围。

2017 年,上海海洋大学牵头的临港大学城与浦东新区精神卫生中心开展密切的"医教结合"互动合作。

2017 年 11 月,奉贤海湾大学城高校在上海应用技术大学召开了"医教结合"工作交流会。2018 年 4 月,海湾大学城七校与奉贤区精神卫生中心签署了"医教结合"工作协议,并共同为"海湾高校医教结合实践育人基地"揭牌。

2018 年,嘉定区三所高职院校与长宁区精神卫生中心签署了"医教结合"

协议,合作开展医教结合工作。

医教结合心理健康服务模式的主要任务是心理健康促进、预防性干预、心理危机处置和协同系统建设,高危学生预防性干预是"医教结合"的核心切入点。各区域、高校与精神卫生中心开展医教结合项目以来,在干预性的现场诊断、快速转介(绿色通道)以及日常预防性的咨询、专题讲座、案例督导、在医院的参观、临床查房观摩、门诊心理咨询跟诊、大型心理健康教育宣传活动等内容上开展了深入的交流与合作,为上海高校的大学生群体提供了优质的心理健康支持与服务,提升了上海高校心理危机干预工作的有效性。

目前,上海高校在不断地反思和探索"医教结合"的心理危机干预模式。例如,华东政法大学心理教师金蓓蓓尝试在"医教结合""家校协同"的基础上尝试探索家校医三结合的高校心理健康服务模式,这一工作模式在高校心理危机干预中更为系统和主动,可以将三方资源进行整合互动,同时,也面临诸多挑战。[3]

(四)　社会心理服务体系在学校心理危机管理中的应用

近年来,社会心理服务体系方面的政策和文件陆续出台,社会心理服务水平不断提高。高校在心理危机管理中购买社会服务,是将原来由自身承担的部分职能和服务项目划分出来,交给具有相关资质的社会组织或社会力量来完成。高校对服务过程进行跟踪、监督,并根据服务结果评估兑现,这是一种契约化的购买服务方式。高校通过公益项目竞争性采购,引入动态择优的市场机制,不仅能有效解决高校心理专业人员短缺、危机管理水准亟待提升等问题,而且外部资源的引入将促进高校心理管理水平的不断提高。高校一般要确定所要购买的心理服务的内容及相关要求,对服务过程进行全程监控、动态评估,确保心理服务的质量和水平。在以项目化运作的购买服务过程中,高校应建立健全社会服务购买的运行机制与保障机制。[4]由高校向社会心理服务体系购买心理危机管理方面的服务能将社会资源整合到学校的心理危机干预工作中来,也是可以尝试的方式。

注释

[1] 谌誉、朱惠蓉、成琳、林磊:《高校学生心理危机干预中家校协作现状分析——以上海高校为例》,《思想理论教育》2016 年第 11 期,第 92—95 页。

[2] 张海燕:《"医教结合"框架下上海高校学生心理健康促进的实践探索》,《思想理论教育》2016 年第 1 期,第 90—93 页。

[3] 金蓓蓓:《心理健康服务家校医相结合模式探析》,《思想理论教育》2017 年第 3 期,第 89—91 页。

[4] 刘朝晖:《社会服务购买机制在高校心理危机管理中的应用》,《思想理论教育》2015 年第 7 期,第 89—93 页。

生命与使命：校园心理危机后干预及相关技术运用

邢　卓

（上海海事大学）

　　近年来，学校中时有学生因心理危机事件而影响正常学习生活的事例。一旦发生心理危机，个体会在躯体、认知、情绪、行为等方面发生种种变化。心理危机的处理并不仅仅是对遇难学生的善后，也应当是对活着的、直面危机的师生的有温度的人性关怀。心理危机本质上具有生命的意义，是生命成长和发展中的某种艰难困苦和无力应对，也可能是生命进一步成长和升华的契机。[1]因此，需要采用危机后干预技术协助他们在危机发生后的合理时间内引发正常的哀伤，适当宣泄内心的痛苦和情绪，积极健康地完成哀伤任务，提高重新开始正常生活的能力。在心理危机后，开展科学有效的危机后干预工作，既是心理危机预防与干预工作的自然延伸和拓展，同时也能起到科学评估、巩固和优化干预效果的效果。一般而言，在大中小各学段心理危机后干预工作中的具体做法主要有：开展生命教育、集体晤谈（CISD）和哀伤辅导等。

一、　心理危机后干预工作概述

（一）　心理危机后干预工作对象

　　心理危机后干预工作的对象主要分为三类。第一类是危机个体本人；第二类是与本人关系密切的与危机学生有共同经历或者目睹危机事件的其他人;第三类是耳闻或者与事主有较弱关系的受危机事件波及的人。

(二) 心理危机后干预工作特点

1. 长期性

心理危机后干预工作目标在于修复心理创伤,实现心理平衡和人格矫正。这一目标决定了危机后干预工作的实施及效果评估并非一蹴而就的,而应当是动态的、流动的,伴随事主的状态随时调整变化的。

2. 渐进性

危机后干预工作目标重点聚焦在帮助未渡过危机或者暂时渡过危机的个体或者群体适应未来生活。结合家庭和同伴等构筑的社会支持系统,塑造仁爱、超越、成长等积极的心理品质,实现个体的自愈或转化。因此危机后干预工作是一个渐进式的逐步推进的过程。

3. 多元性

危机后干预工作需要学校、医院、社会、家庭的四方联动,对当事人关怀、接纳、抚慰、劝导,促进个体保障支持系统的恢复、心理状况的维护以及立足于个体积极面向未来生活的良好心态的培育。

4. 专业性

危机后干预以专业心理人士定期或者随访咨询为主,以家庭和社会支持为辅,需要学校管理层及学生朋辈等群体的共同努力,同时结合家庭有效沟通,实现跟踪帮扶与评估反馈。

(三) 依据主体的情况开展分类的危机后干预工作

首先,根据学生在心理危机事件中受影响的程度,开展不同层级的评估与疏导(评估认知、情感、行为、生理等方面),开展分类干预。

如果是创伤严重的一类主体,一般采用个别咨询的方式。具体实践中需要区分创伤的严重程度进行评估。对创伤严重的学生进行个别咨询和辅导的同时,需要加强疏导,同时与其家长进行沟通,请求协助咨询;对创伤强烈的高危学生进行长期观察及心理干预。

如果是受到相对较重伤害的二类主体(如危机事件的受害者或者目击者等),一般采用团体辅导的方式开展危机后干预。团体辅导过程中会鼓励学生诉说情景、表达情绪、感受、认知和想法,帮助学生宣泄哀伤、后悔自责和焦虑等,使其尽快实现身心的重新统一。

对于听闻或者相对外圈层的三类主体,则可以采用一般性谈话或者心理教育的形式开展危机后干预。干预内容上常规的有生命教育宣传、开展一般性疏导、开展主题班会等。

实践中,对于受较大影响的学生,基本上都会开展进一步疏导,如哀伤辅导、CISD 等,以及时引导学生进行情感释放,更好地面对哀伤;也会积极邀请校外心理专家协助,在全校开展生命教育或相关的主题教育,提高所有学生的危机意识,开展有针对性的主题班会。同时,为了防止自杀跟随现象,安排教师特别注意情绪反常学生或者关系密切学生的身心状态变化。

其次,在校园意外性危机事件发生后要重视对教职工进行心理状况评估与情绪疏导工作,原因在于与该事件密切相关的一些教师心理上会受到冲击,易产生暂时性心理失调。因此,危机事件发生后,学校管理者应该重视危机情况的信息发布,可以以团体辅导的形式对受到事件影响的教职工做好情况说明及情绪疏导工作。

最后,恢复社会支持系统,具体包括:危机个体的家庭支持系统的恢复、建立同伴支持系统、建立健全学生休学、退学工作机制的完善。

同时,对于重新接纳学生重返校园的正常学习生活,要做好复学安排的准备。重返校园前的准备工作:出具复学证明(病历卡、医疗机构康复证明)—进行复学会谈;重返校园时的安排:提交复学申请—办理复学手续;重返校园后的善后跟进:关注复学后的情况—制定防备预案,定期跟踪咨询,开展风险评估,及时作出处理——一档一卷,资料归档。

二、 生命教育在大中小学校心理危机后干预中的运用

生命教育是旨在帮助学生认识生命、珍惜生命、尊重生命、热爱生命,提高生存技能,提升生命质量的一种教育活动。可见,生命教育是具有重要性及可塑性的后干预活动。20 世纪 90 年代以来,生命教育逐渐受到重视,如上海市教委 2005 年颁布的《上海市中小学生命教育指导纲要(试行)》,构建了一个小初高十二年一体化、各学段有机衔接的生命教育体系。生命教育要形成各学段有机衔接、循序递进和全面系统的教育内容体系。上海市将生命教育与心理健康活动课纳入中小学课程计划,明确小学四年级或五年级每班每两周安排一节心理健康活动课,中学至少有一个年级每班每两周有一节心理健康活动课,班主任每学期至少有一节以心理健康为主题的班团队会。同时,上海市也开通了"上海学校心理"微信公众号,通过心理健康微课程等途径传播自尊自信、乐观向上的现代文明理念和心理健康知识。

(一) 生命教育的原则——注重科学性与人文性的统一

1. 认知、体验与实践相结合

生命教育既要对学生进行科学知识的传授,帮助学生习得生命教育的知识与理念,又要引导学生贴近生活、体验生活,在生活实践中融知、情、意、行为

一体,使学生丰富人生经历,获得生命体验,培育生命意识,提升生命质量,拥有健康人生。要帮助学生建立适切的人生观,让他们把握每一天,积极活在当下。[2]

2. 发展、预防与干预相结合

生命教育要面向全体学生,以发展性、预防性教育为主,同时又必须对已经发生的青少年学生危机问题进行科学的干预。生命教育是为了鼓励学生珍爱生命、发展生涯、规划职业及自我实现。[3]预防是为了发展,发展是最好的预防,合理、有效的干预也是发展的重要条件,三者之间有机结合、缺一不可。

3. 自助、互助与援助相结合

自助注重引导学生进行自救、自律与自我教育;互助重在开展学生之间、师生之间、亲子之间等各种帮助;援助强调教师、家长和社会机构等的积极引导和主动帮助,包括引导学生增强求援意识和应对技能。通过自助、互助和援助的有机结合,形成互动互补的效应,以生命温暖生命,为提升学生的生命质量搭建开放式的互通互动的发展平台,积极营造生命教育的良好氛围。

4. 学校、家庭与社会相结合

生命教育既要发挥学校教育的积极引导作用,又要积极开发、利用家庭和社会的教育资源。在学校教学实践活动等方面落实生命教育的同时,还要通过家长学校、社区活动等多种途径,积极引导学生培养健康的生活习惯、学习与人和睦相处的技能、树立积极生活的心态。对于家庭支持体系存在的低亲密度、低情感表达、高矛盾性的家庭环境等,需要适时通过学校和社会资源补足家庭支持体系在生命教育中的不足与缺口。

(二) 大中小各学段生命教育的内容

生命教育要把学生看作一个完整的生命体来加以培育,使他们身体健康、心理健康、人格完善,体现生命教育的层次性。[4]生命教育内容的设计推进需要密切贴近学生现实生活中的生命成长任务,在全面掌握学生客观信息的基础上,训练学生积极运用专业知识,有效地推进心理育人工作的实效性和阶段性。

1. 小学阶段注重启迪学生对于生命的认知

鉴于小学阶段学生初步了解自身的生长发育特点,在该阶段应帮助学生树立正确的生命意识,养成健康的生活习惯。围绕日常生活生命安全、生命认知教育,让学生认识到生命的美好、生命安全的重要性及生命的脆弱性。

具体而言,小学低年级的教育内容重点为:初步了解自己的身体,悦纳自己,乐于与同学交往;懂得关心家人、尊敬老人。小学高年级的教育内容重点为:了解身体的生长情形,进一步理解性别认同;了解友谊的意义;懂得同情、关心;初步认识和体验生命的宝贵及脆弱、生命安全的重要性,能珍惜生命;养成良好的生活习惯和学习习惯;学习必要的自我保护技能,初步掌握突发灾害时的自救能力。

2. 初中阶段引导学生叩问生命行动

初中阶段的学生随着生理的逐步成熟,个体对于自我的认知逐步加强与完善,因此该阶段应当着重生命情感教育、自我生命的成长完善及生命弹性的培养,帮助和引导学生认识青春期的生理现象及个体身心发展特点,培养积极的自我认同,主要包括自尊自信、自我评价意识和社会角色认同,建立自然美好的个体性别角色形象;认识友情与爱情的区别和联系,学会进行健康的异性交往;学习建设性地与他人沟通与交往;学习调节和保持良好的情绪状态,能够承受挫折与压力;了解生命的意义与价值,学会尊重生命、关怀生命;学习并掌握自我保护、应对灾害的技能。

3. 高中阶段关护学生个体生命成长

高中阶段的学生生理更为成熟,心理也逐步跟上生理成熟的步伐。他们喜欢思考生命的价值和意义,对于未来发展有着比较高的期待和要求。因此,该阶段需要着重帮助高中学生掌握科学的性生理和性心理知识;学习和了解每个人在婚姻、家庭与社会中的责任、权利和义务,培养对婚姻、家庭的责任意识;学会尊重、理解和关爱他人,能够妥善处理人际交往中的冲突和矛盾,建立良好的人际关系,学习应对精神创伤的危机干预技能。培养积极的生活态度和人生观,热爱生命。理解生与死的意义,培养积极的生命态度,树立正确的生命观和人生观,学习规划人生。

4. 大学阶段带领学生升华生命的价值

大学阶段一端连接着"十年寒窗苦读"的压力,另一端连接着"职场新鲜人"的期许,这个阶段的学生往往对自我生命价值具有比较高的期待。因此,该阶段生命教育的内容主要有:生命责任教育、抗逆力的提升、正确的生死观教育以及实践教育。要积极引导家长参与家庭生活指导,通过亲子关系沟通、青少年身心保健等方面的服务,帮助家长掌握家庭管理和人际沟通的知识与技能,提升家庭情趣,营造健康和谐的家庭氛围。

要充分利用社区生命教育资源。发挥社区学院的作用,提供人文艺术欣赏、传统艺术欣赏制作和婚姻伦理等教育服务活动。宣传科学的生活方式,引导家长开展亲子考察等实践活动。

(三) 对于大中小生命教育一体化衔接的思考

1. 广泛性和普遍性有待加强

当下,生命教育(或三生教育,即生活、生存和生命教育)已被纳入大中小学的心理健康教育内容,但其广泛性、普遍性还有待加强。有的学校或师生往往把生命教育等同于或局限于生命安全教育,没有认识到生命教育对于学生的人文关怀和身心健康发展的重要作用。

　　试以大学阶段的生命教育为例。对刚入学的大一新生需要开展适应教育,引导他们尽快适应大学生活,积极规划大学生活,做好时间管理。同时也要对那些在入学心理普测中生命意义方面得分较低的同学进行重点跟踪帮扶,加大教育的力度,多安排专职的心理咨询师与他们开展个别咨询,了解问题的根源,尽量及早解决问题,从而帮助他们建立积极向上的心态,顺利完成学业;对于大二、大三年级的同学则需要重点关注学业生涯规划等议题,帮助学生尽早制定个人成长计划和职业定位;而对于即将毕业的大四学生,应该加强职业素养和职业态度的辅导,帮助他们加强自我合理认知,降低他们的就业压力和焦虑,建立对未来生活的信心。

　　2. 教育形式宜个性化

　　沿着各学段学生逐渐拓展的生活场域,"同课异构",按照认知完善到行为践行再到境界提升递进式推进,同中求异,异中求同,关照生命成长,提升生命智慧,巩固危机后干预的成效。科普的内容可以借助慕课、网课、手机应用程序、网络社交媒体、微信公众号等平台,使得三类主体及其以外的学生都可获益,切实巩固心理教育宣传的效果。

　　生命教育模块中,试以单亲家庭子女为例,可以采取综合预防的方法,对预防和转化这些学生进行深入、广泛的研究。可以根据单亲家庭子女所处的家庭生活环境和他们所形成心理问题,进行分类研究,按随父生活、随母生活、隔代抚养、临时寄养和候鸟生活等五类,针对他们不同的生活环境及心理问题,分别采取培养积极情绪、进行行为引导、主动提供生活关爱和实施"重点监护"等心育方法,根据学生内心的心理特点,全面地教育和呵护。

　　3. 教育方式注重探索性

　　从方式上看,大中小各学段生命教育的开展主要依赖于班级主题活动,形式较为单一。[5]教育方式需要依据学生所处年龄段的心理特点,设计具有探索性、开放性、互动性的课程。各学段既要有所区分，又要注重内容上的衔接和一致性。具体而言，除传统的班级主题活动等之外，主要方式建议如下。

（1）小学生生命教育的路径：对话探究，互动游戏，知识竞赛，搭建师生、生生之间的伙伴式互助学习平台引导学生开展各种探索生命现象，注重学生的生命体验。同时，通过家长学校等方式提升家长的生命教育意识。

（2）中学生生命教育的路径：面向学生个体生活的全领域，促进学生生命素养的养成。通过案例分析、情景假设、参观体验、团体辅导、生命影片赏析、主题演讲、心理情景剧、生命相关主题的读书会的心得分享等，发展学生不断超越自我的生命意识和能力。

（3）大学生生命教育的路径：注重大学生的实践与思辨感悟，开设生命教育相关选修课程、"互联网＋"专题讲座、社会实习实践、素质拓展活动、整合家庭教育资源，提升家长对生命教育的知晓度和重视度。

4. 突破条块分割的分类干预

一般而言，对于危机后学生外在呈现是否充分的现实状态难以有比较全面的判定。部分学生甚至可以呈现安好的状态，危机状态存在隐蔽性，这会给危机后干预工作带来一定难度。

因此，在开展生命教育的过程中，一方面应当积极实施校本课程建设，鼓励打破学段壁垒，依托高校推进区域推广、区域跨校跨段联动优化学生生命成长环境的工作机制。另一方面，在关注学生个体的同时，积极加强家庭教育指导网络的构建，及时捕捉心理危机干预后学生的客观呈现数据。

5. 多元主体协同联动构建立体交互格局

积极发挥朋辈、家庭等综合帮扶作用。尤其在中学和大学阶段，很多时候学生更多地喜欢和朋辈分享个人的心境和困扰，对家长反而采取有所保留和回避的做法。因此，如果能够积极把握朋辈资源，对于事主危机后在认知、行为、情绪和心理阶段的评估是具有巨大帮助的。能够搜集到其当下及未来生活是否适应的第一手信息，对于问题的解决能起到事半功倍的效果。同时，学校应当协同区妇联、街镇等，构筑三级家庭教育指导网络，积极拓展校外生命教育实践基地，将生命教育基地与生命教育课程有机衔接，努力实现区域横向联动、区校跨段联动、校内外社会资源整合互动的立体格局。

　　综上，在进行生命教育时，我们一定要用智慧关注生命，协同联动提升生命教育成效。根据不同学段学生的特点进行整体性设计，构建贴近学生的需要、具有明确目标、内容灵活适切、有序实施、多元主体、整合社会资源拓展生命教育校外实践基地的一体化形态。

三、 CISD 在大中小学校心理危机后干预中的运用

（一） CISD 的概述

CISD 是系统的会谈式的心理危机干预方法，最先由杰里米·米切尔（Jeremy Mitchell）于 20 世纪 70 年代末提出。CISD 模式对于减轻各类事故引起的心灵创伤、保持内环境稳定、促进个体躯体疾病恢复有着重要意义。

　　CISD 的工作目标是通过公开讨论内心感受，给予来访者心理支持和精神安慰，并进行心理资源动员，帮助来访者在心理上（认知上和情感上）消化创伤体验。

（二） CISD 的实施要点

一般来说，CISD 分为正式援助和非正式援助两种类型。非正式援助由受过训练的专业人员在现场进行急性应激干预，整个过程大概需要一小时。正式援助型的干预则分为七个阶段，通常在危机事件发生后的 24 小时内进行，

一般需要 2—3 小时。

CISD 的实施要求包括：第一，开展时机方面，危机事件发生后的 24—48 小时是理想的干预时间；六周后效果甚微。第二，工作规模以 8—10 人为一组进行。第三，对于晤谈参与者进行甄别，排除不适合对象（处于剧烈伤痛或抑郁状态中的当事人）。第四，尽量尊重参加晤谈的参与者意愿进行危机事件描述，避免二次伤害。

（三）　CISD 在大中小学校心理危机后干预中的适用评价

值得注意的是，CISD 是一种结构性的讨论，综合干预个体的认知、情感与行为各方面，以实现个体的"转化"。CISD 是利用现有学校的心理咨询相关资源，通过可操作的方式帮助当事人释放焦虑，帮助学生构建个人保护体系，实现迅速自我恢复。针对不同学段的学生，CISD 在实际运用过程中的时机、次数、措施整合及顺序都是要具有针对性的。

我们在大中小学心理危机后干预中采用 CISD 时，务必要注重以下几点。

1. 充分考虑各学段学生受教育程度的现状

CISD 帮助学生把被压抑的痛苦表达出来，降低创伤损害，构建新的人际关系和社会功能。对于高学段学生而言，其适用性相对更高。而在对小学等低学段的学生运用 CISD 的过程中，要结合其受教育程度，有选择性地选用。

2. 对于有心理疾病或者创伤经验的个体，需要慎用 CISD

如果一刀切地采用 CISD，很有可能引发当事人的愤怒、沮丧等不良情绪体验。因此 CISD 的运用需要灵活变通，切忌教条式地强制使用。尤其是对评估有心理疾病或创伤经验的个体，需要慎用。

3. 注重唤起当事人的自助能力

在心理危机的处理过程中，自我的作用要大于外界的干预作用，心理平衡失调之后,归根到底要依靠自我的调节才能摆脱危机,他人的干预只能起到辅导作用。所以,唤起危机当事人的自助能力,依靠其自我的力量,在他人的协助和指导下克服危机是危机干预的关键所在。

具体而言,在针对小学生运用 CISD 的过程中要更加注重其内心的体验和感受;在对中学生的运用过程中可以适当地有所停留和引发思考;对大学生则可以更多地开展理性层面的反思。

四、 哀伤辅导在大中小学心理危机后干预中的运用

哀伤是在失去所爱或所依恋对象、社会联结遭受破坏、身体或财产的损失及失去未来各种可能性时,出现的悲哀、伤痛、失落、哀悼等内心体验,属于正常而自然的情绪反应。哀伤既是状态也是过程。哀伤者经历的失落可以分为实质性的失落和象征性的失落。实质性的失落主要体现在失去身体重要部分、失去重要亲友或财富等;象征性的失落主要表现为成长性的损失和预期性的损失。

哀伤者经历的失落的潜在危机愈大,反应就愈强烈,如果个体的哀伤反应过度,悲伤强烈或持续过久,会变成未完成的、慢性化哀伤,或是造成创伤后压力心理障碍症,对日后的人生发展产生负面影响,影响生命的能量与人际关系。

哀伤辅导是在合理时间内给丧失者提供一个允许悲伤和哀悼的时空,协助个体在合理时间内引发正常的哀伤,让生命的缺憾在适当诉说和告别仪式中得到释放与安顿,健康地完成哀伤任务,最终帮助丧失者打破过去的连接,增进重新开始正常生活的能力。哀伤辅导一方面减轻痛苦,另一方面最大限度地减少丧失事件向创伤性事件转变的可能。可见,哀伤辅导能够有效利用

资源,提高咨询效率,同时能够实现多向网状沟通过程,让哀伤者感受到情感和支持,尽快调整心态、降低应激反应程度以及重塑生活信心。

大中小各学段的学生正处于人生发展的关键时期,在面对丧亲等境况时,缺少应对的经验,受到伤害的周期也会更长,造成的伤害会更大,所以哀伤辅导作为一种集体心理干预的有效方式在学校开展危机后干预工作中不可或缺。哀伤的转化对于学生个体处理负面情绪、适当宣泄哀伤情绪、积极调适适应新生活具有重要的意义。

(一)　青少年学生哀伤的反应

任何联结关系的瓦解都会引起焦虑、愤怒、对抗或寻找的行为。悲伤是分离焦虑的一种。

青少年学生的哀伤的生理反应会表现出过分激动、疼痛,如颤抖、难以控制、烦躁不安、哭泣不已等;情绪反应主要有震惊害怕、悲伤难过、疲惫不堪、无助绝望、歇斯底里、恋恋不舍等;认知反应主要有不相信或者悔恨、当时认知信息的混乱和丧失;行为反应有退缩、强迫性或逃避性行为、探析哭泣、注意力难以集中等。

个体人格特质方面,身心功能不健全的个体更易陷入哀伤。一直以来个体的身心状况,如体质弱、受过伤且持续时间较长等因素,也会导致个体哀伤过程较长,需要更多时间恢复。

个体与亲人生前关系、哀伤表达形式流畅或是受到阻断、有无强迫性追念、对于幸存状态有无罪恶感、情感是否麻木等也会影响哀伤。

(二)　哀伤辅导的方法

第一,唤起现实感,鼓励并帮助悲伤者适度表达悲伤情绪和个人情感,帮助哀伤者感知和接纳失落。

第二,营造温暖安全接纳的氛围,用温暖的目光与当事人接触,还可以握着他们的手,拥抱他们,告诉当事人:"我在这里,我可以帮助你,我能够帮助到你。"这种简短的清晰的言语能够协助其寻找社会支持。

第三,加强生者与哀伤共处的能力。个人哀伤心理大约会持续一年的时间,有的人会更长,这个过程中的第一阶段或是第一反应是麻木和震惊,特别是意料之外的丧亲。个人会难以接受现实,或是怀疑现实,处于一种半虚幻的状态中。所以在这个阶段,要帮助当事人回到现实,接受现实。

第四,阐明正常的哀伤行为。在这个阶段,也许当事人的情绪会大爆发,而情绪的大爆发有助于当事人的情绪宣泄,哭泣也是一种自我的疗伤方式。很多时候,经过现实感的加强,丧亲者终会承认,人各有命,生者无罪,自己也不想发生这样的事。

第五,允许个体差异,避免为哀伤者预设标准。

(三) 哀伤团体辅导在大中小各学段危机后干预中的运用实践思考

1. 分层分类处理,由普通到特殊

需要明确界定辅导对象选用不同的辅导方法。小学阶段的学生对于父母的依赖程度相对较高,因此哀伤的表现会更为明显。外显为愤怒失眠、思念孤单、愧疚焦虑、悲伤无助等。中学阶段的学生正迈向独立自主,因此个体的悲伤较小学阶段而言持续短些,主要以悲伤和思念为主。大学阶段的学生能够比较理性地开展思考,自我独立意识强,一般能比较好地接纳悲伤事件的发生,将其视为个体生活的重要转折点。

对于哀伤事件的紧密度而言,外圈层的个体,如班级或者小团体(比如舍友、施救者、直接接触者、好友、老乡等),对丧失更多的产生较理性的感慨和惋惜等,对此可以采用先班级辅导后小团体的方式开展哀伤辅导。如果是亲密同学且出现巨大悲伤的情况,或者是对于曾经出现的未处理好的丧失体验而引发创伤体验的个体,哀伤辅导的领导者需要通过观察,筛查出需要个别辅导的同学,避免可能出现的反弹或者爆发。因为短期心理危机干预过后存在反复性和危险性。对于核心部分的哀伤个体、需要多面向网状沟通的个体,设计方案时需多依据事件的严重程度、波及范围、发生和持续时间,所涉人群与当事人的关系等因素。

2. 把握恰当时机,及时介入处理

在哀伤或其他灾难发生后,当事人的悲痛已是重伤累累,大多不知道如何处理自己的情绪,任由负面情绪蔓延滋长,或者试图强迫性自立坚强,严重的可导致心理疾病。及时介入处理能够帮助他们完成哀悼过程和某些特定的哀悼任务。这既是向过去的一个告别,也是帮助他们学会带着伤痛勇敢地面对生活和未来。

3. 注重支持功能,加强专业人员能力[6]

只有让教师接受哀伤辅导培训,才能更系统地做好学生的辅导。没有经过专业培训的人员处理哀伤问题时常见问题有:只会忠告、劝说、讲道理等,但没有同感,如常常说"要振作些""节哀顺变""不要哭了,有什么好哭的,你看谁谁多勇敢,都没哭""你应该感到难过,因为你俩曾经如此要好",等等;事后极力回避谈论该事件,或以隐晦的字眼代替"死"字。这些传统的教育方式并不能疏导学生的负面情绪,反而让学生背负着事件所引发的多重创伤情绪,给以后的生活造成困扰。

专业人员会通过适当暴露,让当事人的情绪得到宣泄,而不是强迫回忆。危机干预的基本技术是"暴露",通过询问、交谈、开座谈会、看电影甚至重返现场,唤起当事人对事件经过的记忆,把支离破碎的记忆整合起来,编制成一个

"完整的故事",让当事人的情绪得到宣泄。宣泄具有净化心灵的作用,可以防止创伤后应激障碍的发生。在创伤的记忆被转移到潜意识中去之前进行干预,事半功倍。

4. 第一时间干预,遵循实际效用

为了避免当事人的抵触情绪,不应过早干预,而应当是"第一时间"干预,否则只能削弱当事人的自愈能力。哀伤辅导的作用以"有效率、有必要、有作用"为衡量依据,追求积极减少个体应激反应甚至是创伤后应激障碍(PTSD)的发生,通过哀伤辅导的运用,习得新的应对技能,预防未来心理危机的发生。

同时,哀伤辅导需要确保在安全、保密、信任的氛围中帮助个体发泄哀伤、分享体验并交流策略。因此在设计哀伤辅导团体活动时,要在综合考虑文化因素和案主个体具体情况的基础上,尽量组织类似境况的同质小组。

5. 注重自我觉察,辐射相关人员

观察主要指学生干部、教师等的观察;自我觉察主要指辅导对象的自我觉察。在校园心理危机事件中,班主任、辅导员、其他学科教师,甚至同班、同寝室的室友和好友等都会有不同程度的哀伤,在团体哀伤处理过程中不要忽略同校园内正处于自体重整重要阶段的直接的当事人、经历者的心理健康和哀伤辅导。

6. 科学评估反馈,提供可靠支持

与逝者分离在心理上是一个逐步发展的过程,为了给当事者提供持续的支持,团体哀伤辅导活动结束后,仍需要关注学生,如有异常情况,要及时联系老师。辅导结束一周、半个月后分别进行评估筛查,对个别需要帮助的学生提供进一步的心理援助,特别严重的要及时转介。

同时,哀伤辅导对于领导者能力要求较高,因此需要加强同道交流和专业指导,提升团体领导者的自我关爱意识和专业能力。

7. 适时介入干预,加强自我赋能

在各学段哀伤辅导的过程中,我们需适时介入开展干预,运用心理学技术对处在悲伤状态下的群体和个体(班主任、辅导员、校园工作人员及全班同学等)进行心理危机后的干预。帮助他们觉察、接纳、寻找积极特质,为他们提供持续专业情感支持,强化哀伤者走出低落情绪的心理张力,使之减缓、化解哀伤,积蓄心理资本,扩张外部资源,回到正常的学习、生活和工作轨道上来。

同时,要打破思维定势,根据实际情况多元运用个案工作、小组工作及社区宣传教育等工作形式,积极注重赋能,即对生命的思考与认识,以适应变迁的社会境遇。尤其需要注重复原力的挖掘和培育,培养学生的独立意识、责任意识、珍爱生命意识和使命感,帮助学生探寻更高意义的生活。

当然,哀伤辅导者也需要加强自我照顾,避免被动卷入或者出现同感创伤。

注释

[1] 何仁富、汪丽华:《生命教育十五讲》,中国广播影视出版社 2018 年版,第 49—50 页。

[2] 钱永镇:《校园推动生命教育的具体做法》,《上海教育科研》2002 年第 10 期,第 9—13 页。

[3] 郑崇玲:《生命教育的目标与策略》,《上海教育科研》2002 年第 10 期,第 7—8 页。

[4] 吴增强、高国希:《上海市中小学生生命教育研究》,上海教育出版社 2006 年版,第 18 页。

[5] 杨岚:《杨浦区学校生命教育一体化建设的实践研究》,《现代教学》2019 年第 19 期,第 11—12 页。

[6] 吴燕霞:《团体哀伤辅导在高校危机事件中的应用现状及对策分析》,《青年学报》2019 年第 2 期,第 99—103 页。

【范例八】

危机警号清单

张琪娜

（上海市浦东新区华高小学）

　　青少年心智尚在发育过程中，情绪波动性大，遇事容易冲动。当他们的心理困惑未能得到及时化解而日益加剧，或突遭重大的生活变故等危机事件时，身心会受到冲击，在生理、心理或行为上，均会产生许多的异常反应，严重的有可能会爆发校园伤害性事件（对己或对人）。每位家长和任课教师尤其是班主任要对学生的危机警示信号时刻保持充分的敏感性，警惕学生可能出现的危机行为。当发现学生出现以下言行时，教师应及时通报学校心理危机工作小组，启动必要的评估、预防和干预工作。

一、危机警号分类

（一）容易引起危机的重大生活变故

　　容易引起危机的重大生活变故包括：个人问题，例如重大疾病、身体残疾、学业适应不良等；家庭发生重大变动，例如父母离婚、家庭冲突、亲人去世、家庭经济危机、被迫搬家、转学等；人际关系方面，例如人际关系矛盾冲突、好友断交、校园霸凌、亲子矛盾等；非人为因素的重大自然灾害，例如地震、火灾、流行性传染病等；灾难性社会事件，例如战争；暴乱；恐怖袭击等。

（二）　言语方面

言语方面的危机警号包括：有意或无意地透露出危险念头，直接说出绝望、告别的话，例如"没有人关心我的死活""你们再也看不到我了""我决定自杀""我宁可自己已经死掉""我打算结束这一切"等；经常落泪，间接发出有关绝望、无助的言论，例如"我早已厌倦，已经无法继续了""我只是想解脱""我再也忍受不了这一切了""很快你就不用再记挂我了""一切都结束就好了""没人帮得了我"等；在作文或日记中表达出无价值感，例如"我是个累赘""如果家里没有我，说不定会更好""如果我死了，谁又会在乎呢""人生很没意思"等。

（三）　行为方面

行为方面的危机警号包括：突然明显的行为改变，例如饮食和睡眠习惯明显改变；积极活泼的学生变得木讷内向；原来安静的学生变得活跃；胆小谨慎的人变得爱冒险；爱干净的人变得懒于梳洗等。在校表现异于往常，例如成绩大幅滑落；上课时无精打采，打瞌睡；不再按时交作业；突然发脾气，好挑衅好攻击；人际冲突激增等。对过去在乎的事情失去兴趣，例如与好朋友不再来往，甚至断交；沉迷的游戏突然不感兴趣；喜欢一个人发呆等。放弃财产，例如将心爱的东西分送他人或丢弃；交代安排事务或立下遗嘱；归还或交接物品；没有特殊原因给身边的每位朋友赠送礼物等。滥用酒精、药物，例如增加镇静剂或安眠药的服用量；抽烟酗酒等。通过网络等方式收集自杀有关的信息，考虑自杀的方法，例如搜索自杀方式；悄悄储藏自杀药物；购买绳子、刀片等自杀工具等。尝试会导致死亡的冒险行为,例如没有保护措施地攀爬高处;故意闯红灯;站在高楼、窗台等危险地方。

二、 不同年龄层儿童与青少年的典型反应

(一) 学龄前儿童(1—5 岁)

这个年龄层的儿童身心尚在发育中,生活上对养育者的依赖较大,生活环境遭受重大改变对他们影响巨大,会显得特别脆弱,因为他们通常缺乏处理紧急情况的语言和思考能力,而期望家人来帮助或安慰他们。学龄前儿童具体行为反应有:吮吸手指头、尿床、害怕黑暗或动物、黏着父母、畏惧夜晚、大小便失禁或便秘、说话困难(例如口吃、选择性缄默等)、食欲减退或增加。

(二) 小学生(5—10 岁)

小学生的应对能力和心理素质较学龄前儿童有所增长,有一定应对意外情况的能力,但对重大危机事件的应对能力还很欠缺,退化行为几乎是这个年龄层的典型反应。其具体行为反应有:易怒;黏人;在家或学校出现攻击行为;明显地与弟弟妹妹竞争父母的注意力;畏惧夜晚、做噩梦、怕黑;逃避上学;在同伴中退缩;在学校失去兴趣或不能专心。

(三) 初中生(11—14 岁)

初中生处于青春期前期,同伴之间的相互影响在这个年龄层特别明显,孩子需要觉得他的恐惧是适当并和别人一样的,反应以减低紧张和焦虑及可能的罪恶感为目标。具体包括:睡眠失调、食欲不振、反抗父母权威、不愿意做家务、学校问题(例如打架、退缩、失去兴趣、寻求注意的行为等)、生理问题(例如

头痛、不明原因的疼痛、皮疹、排泄问题等)、失去与同伴社交的兴趣。

(四)　高中生(14—18岁)

高中生相较于初中生来说心智更成熟,应对危机的能力有一定提高,大部分高中生的活动与兴趣都集中在年龄相仿的同伴身上,因此特别容易因同伴活动的瓦解,以及共同努力时失去大人的依靠而悲伤、难过。具体包括:身心症状(例如排泄问题、气喘);头痛与紧绷;食欲与睡眠失调;月经失调与月经困难;烦躁或减少活动、冷漠;对异性的兴趣降低;不负责或犯法的行为;对父母控制、想要解放的反抗减少;注意力不集中;疑病症(反复担心自己有病痛,但医学检查各项指标没有异常)。

三、　特别提醒

(一)　好孩子思维盲点

在家长和老师眼中,好孩子听话乖巧、学习成绩好,容易忽略好孩子的心理问题。好孩子一般自制力强、追求完美、自我要求高,从小受到的鼓励、表扬多,经历挫折少,心理弹性较脆弱,好孩子的思维盲点容易被老师和家长忽略。具体包括:"我一想到将来考不取重点大学,心里就很担心""我与名人比较,他们太伟大了,而我太渺小了""我常常感到自己很自卑,别的同学比我强""我没有什么优点""我从来没有失败过,我害怕失败,我认为失败是耻辱""我做什么事都要有100%的成功"等。

(二)　给家长的建议

在日常生活中,家长跟孩子接触密切,更了解孩子的生活习惯和行为习惯,更容易发现孩子的异常。父母应做有心人,留意孩子在生活中的言行举止,包括[1]:注意孩子情绪低落和行为退缩的征兆;当孩子处于困境当中,要向孩子表达关切;如果孩子失去所爱的人或宠物,应该关心他的感受;当孩子的自尊心受到严重威胁与挑战时,要给予支持和宽慰;在临近开学、考试前后等时间节点上,以及生活学习中有突发事件发生时,家长要特别关注孩子的情绪反应,恰当鼓励,不要态度生硬、粗暴指责;家长先要处理好自己的情绪,再与孩子沟通;认真看待孩子的口头自杀威胁;当孩子处于危机的时候,要温暖鼓励、陪伴孩子;家长如果对孩子的状况有所顾虑,要积极寻求专业人员的协助;如果孩子的问题比较严重,建议家长与孩子共同接受心理咨询师的专业帮助。

注释

[1] 邓明昱主编:《灾害危机干预与心理急救手册》,国际中华科学技术出版社 2010 年版。

【范例九】

生命教育工作坊

——High Five 人生

裴美婷

（上海市田家炳中学）

生命教育是学校心理健康教育工作的重要组成部分，也是素质教育的重要内容。生命教育的重心是关注生命的活力——培养青少年的乐观和坚毅；关注生命的成长——培养青少年成为主动的学习者；关注生命的实现——挖掘青少年的多元智慧；教会青少年珍爱生命，启发青少年完整理解生命的意义，积极创造生命的价值。

"工作坊"（workshop）一词最早出现在教育与心理学的研究领域之中。20世纪 60 年代，劳伦斯·哈普林将"工作坊"的概念引用到都市计划之中，成为可以为各种不同立场、族群的人提供一种思考、探讨、相互交流的方式，甚至在争论都市计划或是讨论社区环境议题时，成为一种鼓励参与、创新以及找出解决对策的手法。生命教育工作坊由于参与人数少、便于互动，参与者可以获得很多在普通讲座、集体性课程中无法获得的成长体验。工作坊逐渐成为一种发现自我、提升自我的活动方式，存在于学生的成长性活动之中，让参与者获得更多的体验、感悟和发现。

以高中的某次生命教育工作坊为例,其目的在于带领学生思考生命的重要意义,而不是关注对物质生活的追求,带领学生关注自我成长,学习悦纳自我,明确自我的生命意义和价值。活动内容共分为五个单元,参见表1。

表 1　高中生命教育工作坊活动内容

单　元	活　动　内　容
单元一	初识:初识伙伴
单元二	初探:生命是美丽的旅程
单元三	渐入:我的最爱
单元四	深入:面对挫折,珍爱生命
单元五	总结:与生活的暴击"battle"吧

一、单元一: 初识伙伴

(一) 单元目标

第一,团体成员之间的彼此相识,开放自己、认识他人、接纳他人。第二,教师角色与自我形象重新定位。第三,教师健康自我形象的认同(自信、开放、友善、乐观、宽容、幽默)。

(二) 单元课时

40分钟。

(三) 实施过程

1. 活动一:刮大风(10分钟)

(1) 活动目的。

通过换位子,消除原有小团体的干扰,使学员尽快融入新团体。

(2) 活动步骤。

每个人都有一把椅子坐,有一个人没有位子坐,这个人就开始"刮风","刮"什么"风"由他决定。比如他说"刮今天穿白色袜子的人",那么所有坐着的穿白袜的人必须起身换个位子,"刮风"的人就可以趁机坐下。这样一来,必有一个人会没位子。这时候就换没位子的人刮风了。如果想调动所有人,则可以刮"所有的男生和女生""吃过早饭的人"等。

2. 活动二:破冰——叠罗汉(15 分钟)

(1) 活动目的。

介绍自己,把自己最重要的信息传达给团体成员,并了解其他成员的信息。

(2) 活动步骤。

活动共分为两个环节。第一个环节,大家在讲师的主持下,围坐在一起,倾听游戏规则,之后每位学员都要按照自己真实生日的月份和日期按顺序排列成一个"U"形,生日为 1 月 1 日的排在"U"形的一端,12 月 31 日的排在另一端(若没有,则选择最相近日期的)列队时间限制在两分钟左右。整个过程中,学员不准讲话。排列好后,裁判从开头一端的学员问起,排错顺序的表演一个即兴节目作为惩罚。

活动进入第二个环节,讲师依次询问学员姓名,相邻的学员要记住该姓名,在接下来的过程中,第一位首先发言,"我是 A";第二位接着表达,"我是 A后面的 B";依次进行。记住别人的名字,是对他人最起码的尊重。这一环节不仅仅是为了活跃气氛,锻炼大家的记忆能力,同时也在无形中加深了对彼此的了解。

(3) 活动讨论。

你记住了谁的名字? 这个名字为什么令你印象深刻?

3. 活动三:快乐初印象(15分钟)

(1) 活动目的。

组员相互回应、相互欣赏和自我肯定,反馈学习活动的收获和想法。强化组员关系,引起下次活动动机。

(2) 活动步骤。

首先,学员互相回馈,即每位学员讲一句与快乐有关的话送给大家。

其次,进行总结。老师带领组员总结这一节内容,强调快乐情绪的重要性;派发"成长加油站",鼓励组员用自己喜爱的方法在"成长加油站"上记录自己的收获、感受和意见。

最后,相互击掌,彼此鼓励,期待下次学习活动见面,鼓掌结束。

(3) 活动讨论。

今天我有哪些收获? 我最欣赏、印象最深刻的组员是谁? 我希望在以后的课程中自己有哪些成长?

(4) 注意事项。

发现和给予每个组员肯定,并鼓励组员做出具体、实在的欣赏。

二、 单元二: 生命是美丽的旅程

(一) 单元目标

第一,通过情景感染和参与活动,认识到生命的宝贵和生命的价值,学会悦纳自己的生命,了解生命多么美丽,从而学会珍惜生命。第二,通过签订生命盟约,达成珍惜生命的承诺,培养热爱生命、热爱生活的积极人生态度。

（二）　单元课时

40 分钟。

（三）　实施方案

1. *活动一：故事分享（5 分钟）*

（1）活动步骤。

讲师分享故事：

　　有个叫阿巴格的人生活在内蒙古草原上。有一次，年少的阿巴格和他的爸爸在草原上迷路了，阿巴格又累又怕，到最后快走不动了。爸爸就从兜里掏出五枚硬币，把一枚埋在草地里，其余四枚放在阿巴格的手上，说："人生有五枚金币，童年、少年、青年、中年、老年，你现在才用了一枚，就是埋在草地里的那一枚。你不能把五枚都扔在草原上，要一点点地用，每一次都用出不同来，这样才不枉人生一世。今天我们一定要走出草原。世界很大，人活着就要多走些地方，多看看，不要让你的金币没有用就扔掉。"在父亲的鼓励下，那天阿巴格走出了草原。长大后，阿巴格离开家乡，成了一名优秀的船长。

（2）活动讨论。

这个故事说明了什么？

2. *活动二：探讨生命是什么（15 分钟）*

（1）活动步骤。

　　用"生命是……"造句，调动学生已有的生活经历，唤起他们对生活的热爱之情，从而感受生命的美好可爱。

（2）活动讨论。

　　分享自己关于"生命"的创作。

3. 活动三:生命体验(10分钟)

(1) 活动步骤。

音乐冥想:

从你出生开始,你的生命旅程就开始了。现在请保持最舒服最放松的姿势坐好,然后闭上眼睛。请随着音乐,跟随老师的提示,对自己不同生命阶段的生命状态进行想象。

通过音乐冥想,调动学生形象地体验自己生命的美丽旅程,使课堂中的每个学生都发现和感受自我存在的过程,以开放的心态悦纳人生。

(2) 活动讨论。

在生命的进程中,你感受到了什么? 有哪些是你想去实现的? 有哪些是你目前感到困惑的?

4. 活动四:总结分享——生命盟约(5分钟)

(1) 活动步骤。

生命如此珍贵,如此美丽。对生命,你有什么承诺? 根据分享,把承诺立成契约,全部签订。

(2) 活动讨论。

学员分享对本单元的总结。

三、 单元三: 我的最爱

(一) 单元目标
思考生命中的重要事件。

(二) 单元课时
40 分钟。

（三）　实施方案

1. 活动一：山火的故事（5 分钟）

（1）活动步骤。

讲师分享"山火的故事"：

一个风和日丽的春日，一群师生到郊外旅行。大伙儿到达目的地后，便一个接一个走向山顶。大家你一言我一语，怀着愉悦的心情走过一个又一个山坡。

走了一段路，突然有同学在后面大叫："有山火呀！有山火呀！"每个人都急忙向上跑，因为后面已没有退路了。山火愈烧愈大，好像很快要盖过整个山头。老师和同学越来越焦急，只能拼命向上跑，老师帮助同学们一个一个爬过那陡峭的山坡。在老师的帮助下，大部分同学都顺利逃出火海，总算避过了一劫。

不幸的是，有一位同学失踪了，人们在火灾现场找到了一具烧焦的尸体。大家都以为这就是那位失踪同学，可是不久他们便寻回了那位同学。他在老师的帮助下逃离了火灾现场，但不小心在另一个小山坡跌倒，并无大碍。

那么，那具尸体是谁的呢？

最后发现，原来是那位没有逃跑、站在陡峭的山坡旁尽力协助每位同学逃出火场的老师。他为了不让自己的学生陷于险境之中，在火灾现场支撑到最后一刻。

他以自己的生命换取了学生的安全。

（2）活动讨论。

故事中的老师为什么要自我牺牲，付出生命？

2. *活动二：什么最重要？*（15 分钟）

（1）活动步骤。

完成工作纸——"我的最后选择"。

假如有一天，医生告诉你，你的生命只剩下三个月，你会做些什么？把 1—10 写在选择项目（一）上。

假如你剩下的生命不是三个月而是 24 小时，你的选择会改变吗？把 1—10 写在选择项目（二）上。

按照重要次序填上 1—10，1 代表最重要，10 代表最不重要。

选择项目：

尽量做自己喜欢的事情（如上网、逛街）

尽量买自己喜欢的东西

与喜欢的人见面

与偶像见面

尽量和自己最好的朋友一起玩

尽量花时间和家人在一起

寻遍名医

尽自己最后的努力帮助他人（如做义工）

写一篇自传，给后人阅读

其他：＿＿＿＿＿＿＿＿＿＿＿＿＿＿

（2）活动讨论。

假如你在生命的最后 24 小时，只能保留其中三个选择，你会怎样选择？以上三组的答案有何不同/相同之处？为什么？这些重要事件给你的启发是什么？

3. *活动三：谁影响了你生命中的价值观*（15 分钟）

（1）活动步骤。

　　首先将对个体产生影响的人物进行梳理和反思,按照家人、朋友、师长及其他的分类进行归纳,思考不同群体对于个体生命中价值观的影响。其次,在详细罗列的基础上,进行活动讨论。

人　　物		对我的影响
家人		
朋友		
师长		
其他		

　　（2）活动讨论。

　　分享影响你价值观的重要他人。这些重要他人对你的影响是什么？这些影响与你的生命成长的关系是什么？

　　4. 活动四:全员分享(5分钟)

　　（1）活动步骤。

　　分享和交流本单元的活动感受。

　　（2）活动讨论。

　　以前的自己有没有忽略过一些重要事件或是某些方面的价值？你打算如何去发扬这些重要事件或是重要他人带给你的价值观,以更好地促进自己的成长？

四、　单元四:面对挫折,珍爱生命

（一）　单元目标

　　第一,了解挫折在人生路上的不可避免性;提高面对挫折的承受力,掌握对待挫折的正确方法。第二,树立信心,让挫折成为自己向上攀登的垫脚石。

在遭遇挫折时,能善待挫折,努力战胜挫折。懂得珍爱生命,热爱生活。第三,通过讨论交流等形式,使学生能够正确对待挫折,提高抗挫能力,面对挫折时能保持一种积极乐观的生活态度,做生活的强者。

(二) 单元课时

40 分钟。

(三) 实施方案

1. 活动一:感悟"挫折"(5 分钟)

(1) 活动步骤。

讲师分享"爱迪生的故事":

> 爱迪生在发明灯泡的时候失败了很多次。当他用过一千多种材料做灯丝的时候,助手对他说:"你已经失败一千多次了,成功已经非常渺茫,还是放弃吧!"爱迪生却说:"到现在我的收获还不错,起码我发现有一千多种材料不能做灯丝。"最后,他经过六千多次的实验终于成功了。

(2) 活动讨论。

如果爱迪生在助手劝他停止实验的时候放弃了,我们现在会怎么样呢?爱迪生的挫折是什么?

2. 活动二:探讨"挫折"(15 分钟)

(1) 活动步骤。

学生共同探讨挫折的具体内容,以及自己面对挫折的方法。

(2) 活动讨论。

首先,小组交流:在你成长的过程中,你曾经遇到过哪些困难和挫折? 学生交流后汇报。

其次,"你的挫折我来听":谈谈自己遇到挫折后的反应,并说说自己是如何克服的。

3. 活动三:挑战"挫折"(10分钟)

(1)活动步骤。

首先,交流平台:交流课前搜集的名人故事,感悟伟人或名人是如何对待挫折的。

其次,诗朗诵:《给生命一个笑脸》。

> 没有嫣然绽放的花蕾,
>
> 便没有四季宜人的温馨;
>
> 没有潺潺流动的微笑,
>
> 便没有漫漫人生的洒脱。
>
> 我们哭着来到世上,
>
> 但应该用微笑面对人生,
>
> 给生命一个坚强、勇敢、自信的笑脸,
>
> 去创造独一无二的精彩人生!

(2)活动讨论。

在遇到挫折后,你有哪些好的应对方法?

4. 活动四:总结分享(5分钟)

把自己喜欢的战胜挫折的名言警句写在卡片上。把写好的卡片贴在展板上。

五、 单元五: 与生活的暴击"battle"吧

(一) 单元目标

第一,让学生理解每个人都具备抵抗逆境的能力。第二,发现和利用自己

现有的力量和资源,采取行动。第三,提升自我效能感,理解生命的意义和价值。

(二) 单元课时

40分钟。

(三) 实施方案

1. 活动一:生活中的那些"暴击"(10分钟)

(1)活动步骤。

呈现改编过的生活事件量表中的部分事件,例如亲人离世、被记处分、生病、失恋、成绩下降、落选班干部、与好友决裂、考试失败、转学、学习困难、和家人吵架、失眠等。

(2)活动讨论。

你认为哪些事件称得上是生活的"暴击"? 这些"暴击"会给你带来什么? 你被生活"暴击"的程度如何?

2. 活动二:我的"暴击"事件(10分钟)

(1)活动步骤。

学生回忆自己曾经遭遇过的"暴击"事件。

(2)活动讨论。

学生分享自己曾经遭遇过的"暴击"事件、这些事件带来的感受,以及再次回想起这件事的感受,与最初的感受有什么不同。

3. 活动三:"暴击"应对法(15分钟)

(1)活动步骤。

首先,讲师总结应对暴击的方法:改变自己的态度和看法——从不同的角度去看待"暴击"事件,用更加乐观的心态对待它;提升自己的应对能力——思考需要储备哪些重要的能力去应对挫折? 建立自己的支持网络——发现在困境中能够关心和支持自己的人,及时向他们寻求帮助。

其次,引导学员思考如果再次遇到那个"暴击"事件,可以怎么做。帮助学员进行方法练习。

(2) 活动讨论。

学员分享自己的应对方法,讨论不合适的应对方法会带来的影响。

4. 活动四:总结分享——"暴击",我想对你说(5 分钟)

学员分享自己想对生活中的"暴击"说的话。回顾和分享本单元的活动感受。

关于生命教育的工作坊,针对小学阶段,比较适合用一些有趣的游戏体验、自然观察、绘本分享等方式,让学生感受生命的进程和重要意义,以直观生动的方式带领学生更好地体会珍爱生命的重要性。针对初中阶段,比较适合用一些视频分享、角色体验、一对一辩论等方式,让学生感受不同角色的生命价值,在珍爱生命的基础上,尝试寻找生命的价值所在;在高中阶段,由于学生学业压力大,生命教育工作坊更多的是引导学生培养坚毅的品质,更好地应对生命中的挫折和"暴击",以更加积极乐观的心态去探寻生命的价值。在高校阶段,生命教育工作坊以主题探讨的方式,讨论大学生在逐步适应和转变为成年人的过程中遇到的种种事件(失恋、职业迷茫、学业困惑、人际困难等),学会将对生命的意义和价值的思考付诸自己的未来人生规划和实践中,更好地融入和适应社会生活。

第六篇
学校心理健康教育队伍建设
大中小一体化研究

在中国经济快速发展、社会转型加速的时代背景下，大中小学生的心理健康问题日益得到重视，专业心理教师的需求量巨大，他们是学生健康成长的保障和后盾。上海市教委对学校心理工作十分重视，对大中小学心理教师队伍一体化建设十分关注，经过多年的研究和实践，已有一些较成熟的做法可供借鉴。但毕竟心理健康教育在我国大中小学全面开展的时间还不长，学校心理教师队伍一体化建设方面还存在一些不足和值得探索的空间。本篇尝试从选聘机制、入职培训、在职培训、交流平台建设、兼职心理教师队伍建设和上海市名师工作室范例等六方面总结既有工作经验，并提出问题和可行性建议，以期为后续研究和实践提供参考。

职能定位视角下的上海市学校心理教师选聘机制研究

江　娥

（东华大学）

　　随着社会的不断发展和进步，人们对心理健康的认识越来越广泛和深入，对心理服务的需求也不断提升。教育系统中包括大中小学在内的心理健康教育教师（以下简称"心理教师"）一直是我国社会心理服务体系中的重要力量。早在20世纪80年代中期，中国内地高校开始陆续建立心理咨询中心，不仅是作为大学生个体心理咨询的主要场所，标志着中国高校心理健康教育的起步，同时也逐步向中小学校渗透和发展。1999年，教育部成立全国中小学心理健康教育咨询委员会，同年8月印发《关于加强中小学心理健康教育的若干意见》，明确规定把中小学心理健康教育作为推进素质教育的一项重要措施，至此，中小学开始陆续设立兼任或专任的心理教师岗位。心理教师的岗位应需求而产生，心理教师的专业化水平随着中国对心理咨询师职业越来越规范化地培养和认证，也在逐年提升。但心理咨询只是心理教师这个岗位职能中的一个组成部分，如何选聘合适的人从事心理教师的职业，心理教师在上岗之前需要具备哪些知识、能力和素养，都是值得研究的问题。近30年来国内很多学者就大中小学心理教师的胜任力展开了相关研究，但由于全国各个地区的差异，目前并没有形成统一的标准。本文结合政府部门出台的相关文件和工作实际，从职能定位的视角出发，对上海学校心理教师的选聘机制展开研究，为上海学校在选聘心理教师的环节中提供参考。

一、 学校心理教师的职能定位

教育部党组 2018 年颁布的关于印发《高等学校学生心理健康教育指导纲要》(以下简称《纲要》)的通知中指出，高校学生心理健康教育指导的总体目标是"教育教学、实践活动、咨询服务、预防干预'四位一体'的心理健康教育工作格局基本形成"，并提出在组织与实施方面，各级教育工作部门和各高校要"开展心理健康教育相关理论和技术的实证研究"[1]。

中小学心理教师的工作职能和高校心理教师是一致的。上海市教育委员会 2017 年发布的《关于"十三五"期间加强中小学心理健康教育教师队伍建设的实施意见》指出："中小学心理健康教育教师是中小学教师队伍的重要组成部分，是学校心理健康教育的组织者、实施者、研究者，是提升学生自我认知、学会学习、情绪调适、人际交往、生涯规划、适应社会等方面能力的教育者。"[2] 从上述文件中我们可以看到，无论是高校还是中小学，政府对心理教师的工作职能有三个部分的要求，分别是：心理咨询服务、心理健康教育和心理健康相关研究。当然，在实际的工作中，心理教师还承担着所在机构或者岗位日常运转的行政工作。

(一) 心理咨询服务

心理咨询服务是大中小学心理教师的核心任务之一，只是在工作比重上会有所不同，高校心理教师的心理咨询服务工作比重相对于中小学心理教师要更大一些。学校心理教师的心理咨询服务具体包括以下四个部分。

1. 心理测验与心理评估

大中小学心理教师需要具备能够使用心理测量工具对学生进行测试和评估的能力。无论是高校还是中小学，都需要在新生入学阶段对学生的心理适应性水平通过使用合适的测量工具进行心理筛查。另外，在对学生开展心理咨询之前和心理咨询的进程中，需要对学生的心理状态进行评估，必要的情况下需要及时转介到医疗机构。

2. 个体咨询与团体咨询

个体咨询与团体咨询是大中小学心理教师提供的心理咨询服务中最常见的两种形式，尤其是个体咨询。

3. 危机的识别与干预

学校的安全稳定工作是学生管理工作中很关键的一部分，而学校心理教师在其中发挥着很重要的作用。心理教师对于学生心理危机的识别和干预也是心理咨询服务中的一项主要内容。

4. 心理疾病的个案管理

2018 年修订的《中华人民共和国精神卫生法》对心理咨询和心理治疗有明确的区分和规定，心理咨询师不能对确诊患有心理疾病或精神疾病的患者进行心理治疗，但对于在读的确诊患有心理疾病或精神疾病的学生，学校心理教师需要对其就诊用药情况和心理状态进行动态的跟踪和评估。

（二）　心理健康教育

心理健康教育是大中小学校心理教师的另一项核心工作任务。清华大学心理学教授樊富珉认为心理健康教育包括开办心理健康讲座、开设心理健康课程、组织心理健康宣传活动、编辑印刷心理健康宣传品、社区宣讲等，从而普及心理健康与心理疾病的知识。[3]心理健康教育总结归纳为以下三个部分。

1. 心理健康知识的宣传普及

大中小学在每年的新生入学之际,心理教师需要通过编辑印刷宣传品、布置校园橱窗或者横幅等形式进行心理健康知识的宣传科普。每年的 5 月 25 日(谐音"我爱我")是全国大学生心理健康日,上海市教委在这一时期会组织全市大中小学开展心理健康月活动。在这期间,心理教师也需要进行心理健康知识的宣传普及工作。随着互联网和新媒体技术的发展,宣传的手段和途径不断地多元化,心理教师也需要学习如何利用网络和新媒体开发更有吸引力、推广更广泛的宣传制品。

2. 心理健康教育课程的开设

心理健康教育课程的开设是心理健康教育的重中之重。《纲要》中明确规定"把心理健康教育课程纳入学校整体教学计划,规范课程设置,对新生开设心理健康教育公共必修课,大力倡导面向全体学生开设心理健康教育选修和辅修课程,实现大学生心理健康教育全覆盖"。而中小学心理教师的重点工作任务就是在各年级各班级开设心理健康教育活动课。

3. 心理健康教育活动的组织与实施

除了心理健康知识的宣传普及和心理健康教育课程的开设以外,大中小心理教师还需要定期面向学生甚至是其他教职工群体和家长,组织形式多样的心理健康教育活动。在中小学,心理教师需要有针对性地从促进学生身心发展的角度开展各种形式的家校合作活动。在上海的高校,越来越多的心理中心开始关注教职工的身心健康,并通过组织教职工心理知识竞赛、育儿读书会、会心小组等多种形式的活动促进教职工的身心健康。

（三）　学生心理健康的相关研究

无论是从心理教师个人的专业成长、职业晋升，还是工作本身的要求考虑，科研工作都是大中小心理教师工作职能中不可缺少的一部分。《纲要》指出，"科学研究"是心理健康教育工作组织实施的举措之一，要求"各级教育工作部门和各高校要推动开展心理健康教育基础理论研究，逐步形成具有中国特色的心理学、教育学学科体系、学术体系、话语体系，促进研究成果转化及应用。开展心理健康教育相关理论和技术的实证研究，促进临床服务规范。开展心理健康问题的早期识别与干预研究，推广应用效果明确的心理干预技术和方法"。

（四）　日常工作的行政管理

上述三项工作如果要良性有序地运转，就需要规范的制度和日常行程管理的维护运营，具体如下。

1. 咨询室软硬件的管理与维护

一个符合心理咨询要求的标准化心理咨询室需要很多软硬件的支持。硬件方面有：沙盘沙具、冥想放松设备、团体心理辅导设备等；软件方面包括：心理测评的软件、用于咨询室氛围布置的图画、标语等。这些软硬件设备都需要心理教师负责采购、布置、保养和维护。

2. 学生咨询接待的日常管理

一个学生从预约咨询到被接待、进行心理状态的工作评估，再到正式开展咨询，最后到咨询结案、学生反馈评价，其间可能还需要转介医疗机构，这些流程都需要心理教师进行组织和管理。一般情况下，小学部和初中部都只配备一位专职的心理教师，学生咨询接待的全套日常管理工作都由这一位老师完成。但高校的心理中心一般都会有两名专职心理教师，另外还可能配备若干

名兼职心理教师,预约学生的初始接待、咨询的分配、转介、结案、评价的管理
需要心理教师协同合作使之有序运转。

3. 学生心理档案的管理

学生心理筛查的档案和学生心理咨询的档案也都需要规范保密的管理,
这是心理教师日常行政管理的必要任务之一。

4. 学校心理危机预防干预的分级网络管理

为了更好地推广和渗透心理健康教育并且达到心理危机预防和识别的效
果,越来越多的高校和中小学建立了心理健康教育分级网络。上海高校普遍
建立的是学校心理中心—二级学院心理辅导员—班级心理委员—寝室长的四
级网络,上海的各区教育局都建设了心理危机预防干预的四级甚至五级网络,
即市级—区级—校级—年级—班级。无论是高校还是中小学,心理教师都需
要参与到分级网络的管理中。

5. 心理督导的组织管理

心理咨询需要在专业规范的体系下开展,心理咨询师在从业之初和从业
期间,需要定期接受心理咨询督导,这是衡量咨询师是否合格的标准之一,更
是心理咨询的职业要求。心理督导从参与人数上可以分为团体督导和个体督
导,从督导师的资质上可以分为专家督导和朋辈督导。这些督导的定期开展
也是需要心理教师的组织管理和参与的。

二、 职能定位视角下心理教师的选聘标准

从心理教师需要完成的上述四个部分的工作职能来看,心理教师要胜任
这些工作内容,就必须在知识、技能和素养三个方面具备相应的水平,这也是
在选聘心理教师的环节中需要重点考察的三个部分。

（一）　对专业知识的选聘考察

心理教师需要胜任心理咨询服务、心理健康教育、心理健康研究和日常行程管理这四部分的工作，而前三项的工作都是需要专业知识储备的。

在心理咨询服务工作需要具备的专业知识方面，《中国心理学会临床与咨询心理学专业机构和专业人员注册标准（第二版）》（以下简称《注册标准》）对培养心理咨询师的教学单位在本科阶段和研究生阶段的课程设置作了具体明确的规定，例如基础心理学类包括普通心理学、生理心理学、实验心理学、认知心理学、心理统计、心理测量、中枢神经解剖、变态或异常心理学、人格心理学、社会心理学、健康与社区心理学、文化心理学和发展心理学在内的 13 门课程，临床与咨询心理学专业包括心理咨询与治疗的理论与实务、心理评估与会谈、心理健康教育和团体心理辅导在内的四门课程，同时就每一门课程至少需要多少学时和学分也作了具体规定，充分保障了心理咨询师在符合注册条件时需要具备的专业知识。

当然，除了需要具备心理咨询服务工作的专业知识储备之外，心理教师要胜任心理健康教育和相关科研的工作，还需要学习和掌握教育教学的知识、科学研究的知识等。在选聘心理教师的时候，考察候选人是否掌握了这些必备的知识是必不可少的条件。这部分可以对应征心理教师的候选人的学历教育背景进行考察。

（二）　对专业技能的选聘考察

知识储备是掌握相关技能的先决条件，但并不代表掌握了知识就具备了技能。尤其是心理教师的大部分工作内容都是实践性很强的应用型工作，心理咨询技能水平、教育教学技能水平和科研能力水平都需要达到一定的标准。

1. 心理咨询专业技能的考察

心理咨询服务这项工作需要心理教师具备心理评估的能力、个体咨询和团体咨询能力、危机干预能力。对于这部分能力，目前在选聘过程中主要是通过是否具有心理咨询的相关资质证书来进行考察，上海地区主要有国家人力资源与社会保障部门认证的国家心理咨询师证书、中国心理学会临床心理注册系统认证的心理师和上海市教委培养考核的上海市学校心理咨询师证书这三种。

2. 教育教学技能的考察

大中小学心理教师也属于教师的编制，而教育教学的技能是教师必须具备的基本技能。对于这部分技能的考察，中国是通过教师资格证的认证考试来审核的。中国的教师资格证是从事教师行业的许可证，有笔试和面试两部分。中小学心理教师的应征者必须要在应聘前就考取相应学段的心理学专业的教师资格证，而高校教师资格证的考取需要先有高校的录用函，然后才有资格报考高校教师资格证考试，这是中小学和高校心理教师在选聘过程中对教育教学技能考察部分的区别。对于中小学心理教师的选聘，候选人的教育教学技能水平已经通过教师资格证的认证考核有一定的保障，而高校心理教师的教育教学技能水平则需要在选聘过程中由选聘单位自主考察。

3. 其他能力的考察

除了心理咨询和教育教学这两方面的技能本身相应的职业资质水平认证以外，心理教师这个岗位的科研工作、行政管理工作也需要心理教师具备相应的科研能力和行政管理能力。对于科研能力，硕士学历以上的应征者，可以理解为基本具备了一定的科研能力，但在工作中实际的科研能力水平还有待进一步考察。另外，行政管理能力具体包括了组织协调、团队合作、决策、管理等多方面的能力，这些能力也需要在选聘环节中进行考察和甄选。

（三）　对专业素养的选聘考察

对心理教师专业知识和技能的考察是相对容易的，但对心理教师的专业素养方面的考察相对较难，而专业素养的高低在决定心理教师是否能够胜任这一职业上同样重要。戴维·麦克利兰(David McClelland)将胜任力划分为由浅入深的两个部分："水面上"的部分叫基准性胜任力，指相对容易观察和评价的外在知识和技能；"水面下"的部分叫鉴别性胜任力，指不易观察和评价的一些深层次的特质，包括自我概念、价值观、态度和动机等。[4]专业素养就是指这些不易观察和评价的深层次的特质。国内很多学者对于不同学段心理教师的胜任力展开了研究，普遍认为心理教师在专业素养方面需要具备自我觉察与照顾、成就动机、自信心、灵活性和利他性等，而这些特质因为不易观察和评价，所以在心理教师的选聘过程中往往要通过一些专业的测评工具来进行考察。

三、　上海学校心理教师的选聘现状

上海市教委高度重视大中小各级学校心理教师的队伍建设，通过心理健康教育工作的评估来促进和推进各区县各学校心理教师的师资配备。近年来，上海大中小学校的心理教师师资配备逐渐增强，在选聘心理教师的过程中不断提高标准，优中选优，但人职匹配差距依然存在。

（一）　师资配备逐渐增强

1. 中小学心理教师的专职比例稳步上升

上海市教委在 2013 年对心理教师的配备作了具体规定：小学应配备一名专职或兼职心理辅导教师，兼职心理辅导教师从事心理健康教育的工作量不

少于70%;中学应配备一名专职心理辅导教师。专职心理辅导教师必须获得
上海市学校中级心理咨询师证书,兼职心理辅导教师必须获得上海市学校初
级心理咨询师证书。[5]

上海市教委在2017年的"十三五"规划中对中小学心理教师的配备要求
修订为:原则上每校应配备一名专职心理健康教育教师,超过一定规模的学
校、多校区或多学段学校应酌情增加配备,保障学生就近就便地获得心理健康
教育及服务。要建立一支以专职心理健康教育教师为核心、兼职心理健康教
育教师和资主任为骨干、全体教师为基本力量的心理健康教育工作队伍。到
2020年,配齐配足中小学心理健康教育教师,基本实现专职心理健康教育教
师全覆盖。[6]

从文件中就可以看出,上海市中小学心理教师尤其是小学学段的专职比
例要求大幅度提升的,各区的中小学在心理教师的师资配备达标率上也逐年
提升,几乎接近专职心理教师全覆盖。

2. 高校心理教师师生配比逐渐提高

教育部规定心理健康教育专职教师要具有从事大学生心理健康教育的相
关学历和专业资质,要按照师生比不低于 1∶4 000 配备,每校至少配备
两名。[7]

上海市教委早在2007年就对高校心理教师的配比作了以下规定:专职心
理咨询教师与全日制在校学生的比例不低于 1∶3 000(每周咨询一天及以上
的兼职咨询教师三人合并折算为一名专职职数)。[8]

从文件中我们可以看到,上海对于高校心理教师的队伍建设是走在全国
的前列的。目前上海各高校的专职心理教师配备已经都能达到教育部的规
定,有一部分高校的专职心理教师配备已经接近甚至达到了 1∶3 000。

（二）　专业标准不断提高

1. 注重学历教育背景

从近年来上海各高校和区县中小学对心理教师的招聘要求来看，对心理教师的学历教育背景的要求在不断地提高。中小学心理教师的招聘是和其他学科教师一起，由所在区统一发布招聘信息并对应征者进行初步的资质审核和综合能力测评考核，对学历的要求统一为上海市户籍本科以上学历，非上海市户籍硕士以上学历，专业要求是心理学背景。各高校的心理中心招聘心理教师是通过学校人事处对校内外发布招聘信息，从招聘条件看，对专业和学历的要求也是越来越高，例如某高校就明确要求：应用心理学硕士及以上学历，且本科、研究生阶段的学习均应在心理学领域高水平大学完成。

2. 注重专业实践能力

大中小心理教师各项工作的应用性都很强，所以在选聘环节中需要实际考察候选人的专业能力。在心理健康教育教学方面，中小学心理教师候选人在通过上海各区县教育局的资质审查和综合能力测试后，还要通过招聘心理教师的学校组织试讲的面试环节。上海部分高校的心理中心在高校人事处对应征者进行资质审查和人事综合测评后，也会对入选的候选人就教育教学能力方面进行考察。

心理咨询的能力考察，目前主要还是依托行业内的资质认证，但资质认证和实际的工作能力之间不完全画等号。上海的很多高校和中小学在应聘条件中都会提到"在同等条件下，在心理工作方面经验丰富者优先考虑"。同时在面试过程中会设计一些环节来考察候选人的心理咨询实践能力，例如要求候选人上交一份咨询的案例报告或者提供一份案例，请候选人现场进行案例分析和咨询思路讲述等。

3. 注重综合素养的考察

在不易被观察和评价的鉴别性胜任力方面,例如候选人的利他性、成就动机、责任感等,上海大中小学校也会就心理测评的数据和面试过程中的实地考察进行综合考量。

(三) 人职匹配差距依然明显

1. 专业水平尚未完全胜任

心理咨询是一项专业性很强的助人工作。心理咨询师成长之路需要经过专业化的培训,从实习咨询师(职前培训)、新手咨询师(入职 1—3 年)、成熟咨询师(入职 6—10 年),到资深咨询师(入职 15 年以上),除了扎实、系统的职前培训,更要在心理咨询实践工作中,持续不断学习、接受督导,才能胜任。[9]在应征心理教师的候选人中,绝大部分是心理学相关专业的应届毕业生,即使在校园的专业学习阶段已经有相关的心理咨询实习经验,但是要成长为一名成熟的咨询师,还是需要经年累月的学习和实践的积累,才可能胜任心理中心的心理测评、个体咨询、团体咨询尤其是危机干预等各项工作。

心理健康教育教学同样如此,候选人在选聘阶段的试讲环节只是一小段微课程或者一节课的试讲,而心理教师在实际的工作中需要开设完整的一学期的心理健康课程。从一节试讲的课程到一整学期的课程,还需要心理教师入职后进行不断的学习和实践。

2. 多重角色难以全面兼顾

心理教师岗位兼具咨询、教学、宣传、管理和研究的功能,其特殊性要求咨询教师不仅要具备心理咨询的资格和技能,还要具有教学科研能力、学生活动组织能力、运用新媒体进行心理知识普及和宣传的能力,以及行政管理能力。目前上海大中小学选聘的心理教师绝大多数是应届毕业生,从学校毕业后在心理教师的岗位上成为多面手，是需要时间成长和历练的。即使是社会招聘的有经验的心理教师，一开始也难以兼顾多重角色的工作职责。

四、上海学校心理教师选聘机制的优化

近年来，上海大中小学选聘的心理教师绝大多数是应届毕业生，有经验的成熟教师较少。2017 年国家人力资源和社会保障部取消了心理咨询师的资格考试认证，而上海市学校心理咨询师证书只有上海市教育系统内任职的教师才有机会报名。中国心理学会临床心理注册系统的注册要求是"在有效注册的督导师督导下的与寻求专业帮助者直接接触的临床实践小时不少于 250 小时（包括研究生期间的相关小时数），并且接受有效注册的督导师的规律的、正式的个体督导时间不少于 50 小时、集体案例督导小时数不少于 50 小时"[10]。应届毕业生要达到这样的标准是非常困难的。今后几年在选聘心理教师的过程中，如果应征者是应届毕业生，很有可能会出现候选人没有资质证书的情况。因此，选聘合适的心理教师，需要开拓多元的招聘渠道，增强情境性的面试环节，并且提高人职匹配的精准度。

（一）选聘渠道多元化

1. 校园招聘重点考察候选人的可塑性

每年全国有心理学相关专业的院校都会培养出一批学生，这些毕业生中会有相当一部分有志向从事心理教师的职业。基于目前行业内对于心理咨询师资质认证的现状，应届毕业生在心理咨询经验方面以及心理教育教学、科研等其他方面的工作能力和经验方面是不足的，在校园招聘的选聘过程中，学校要更注重对候选人可塑性的考察。

2. 社会招聘重点考察候选人与学校文化的契合

社会招聘中的候选人往往在心理咨询行业有一定的从业基础,能够入选说明在工作经验方面是有优势的。然而在社会上从业的心理咨询和学校心理咨询还是有着很大的差别,学校在选聘的过程中要重点观察候选人与学校的文化理念是否契合。

3. 校内招聘注重合适人选的提前培养

在大中小学心理教师队伍中,有一部分心理教师是从本校其他岗位上调动过来的。校内招聘也是大中小学常见的招聘方式,优势在于学校对候选人综合素质和能力已经有了充分的了解、候选人很熟悉本校的环境和氛围、校内招聘程序相对简单便捷。心理教师的校内招聘同样需要心理咨询的资质认证,上海市教委每年开班的上海市学校心理咨询师的培训考核认证为在职的非心理教师提供了发展成长的机会,各学校可以提前物色和培养一批有潜质、有意向的其他岗位的教师,先兼任心理教师,作为储备力量。

(二) 面试考察情景化

1. 模拟咨询考察咨询能力

目前大部分学校在咨询能力考察的部分主要参考的是资质认证和咨询工作经历,有些学校会要求候选人提供一份完整的咨询案例报告。实际咨询情景是最能考察出一个咨询师真实咨询水平的,因此,建议在面试环节设置模拟咨询,请学生或老师扮演来访者,让候选人现场进行 15—30 分钟的咨询,咨询结束后,请候选人接受面试官的提问。通过这样的面试环节,能够更直接有效地考察候选人作为心理咨询师的各项能力和素养。

2. 微课程试讲考察教学能力

在教育教学技能方面,上海市中小学已经采用了课程试讲的考察环节,也已经有部分高校在面试过程中设置了心理健康教育主题的微课程试讲环节。建议各学校在面试过程中都设置微课程试讲的环节,就一个小主题展开10—15分钟左右的讲授,考察候选人的现场教学能力、课堂组织能力、课件制作能力、教学内容的组织设计能力等。

3. 见习实训考察综合能力

大学各专业培养计划中都会安排专业实习的环节,心理学相关专业尤其是临床心理学专业的学生,可以在专业实习阶段提前进入学校的心理教师岗位进行实习。一些有心理教师选聘需求的学校可以在实习的学生中提前综合考察各项能力和素养。此外,在选聘过程中还可以设置最后一个见习环节,要求候选人在学校的实际工作情境中见习一周,通过在工作环境中的接触和考察,选择更合适的心理教师人选。

(三)　人职匹配精准化

1. 统筹考虑全面规划

学校心理教师的编制是相对固定的。在编制有限、相对稳定的情况下,心理教师的选聘应契合学校心理健康工作的需求,与现有工作团队在性别比例、年龄结构、学历层次、工作经验等方面应合理搭配,要统筹考虑、全面规划后再设置具体的选聘条件,帮助学校选聘更合适的心理教师。

2. 科学设计评价指标

心理教师的工作职能是多方面的,这决定了选聘考察的环节要考虑各项工作能力。每一位候选人在每一个考察项目上的表现会有差异,每一位候选人擅长的部分也不尽相同,若想综合地选出最合适的心理教师,就需要科学的设计评价指标,要结合本校心理健康工作需求的重点来设计考察指标的权重。

3. 完善职后培养体系

一位心理教师从入职到完全胜任各项工作是需要成长周期的。学校要完善职后培养体系,有效区分哪些能力和素养是可以入职后进行培养的,哪些是需要入职前就具备的,这样能够帮助学校在选聘过程中有针对性地考察甄选。

注释

[1]《中共教育部党组关于印发〈高等学校学生心理健康教育指导纲要〉的通知》(教党〔2018〕41号),中华人民共和国教育部网站2018年7月6日,http://www.moe.gov.cn/srcsite/A12/moe_1407/s3020/201807/t20180713_342992.html。

[2] 上海市教育委员会《关于"十三五"期间加强中小学心理健康教育教师队伍建设的实施意见》(沪教委德〔2017〕12号),上海教育网2017年4月21日,http://edu.sh.gov.cn/xxgk_jyyw_dygz_4/20200514/0015-gw_411032017003.html。

[3] 樊富珉:《心理咨询师核心能力之我见》,《心理学通讯》2018年第3期,第178—179页。

[4] McClelland, D. C., 1973, "Testing for Competence Rather Than for 'Intelligence'", *American Psychologist* 28:1—4.

[5]《上海市教育委员会德育处〈关于开展上海市中小学心理健康教育达标校和示范校评估工作的通知〉》(沪教委德〔2013〕37号),上海教育网2013年9月10日,http://edu.sh.gov.cn/xxgk_jyyw_dygz_4/20200514/0015-gw_411032013005.html。

[6]《上海市教育委员会德育处〈关于"十三五"期间加强中小学心理健康教育教师队伍建设的实施意见〉》。

[7]《教育部党组关于印发〈高等学校学生心理健康教育指导纲要〉的通知》(教党〔2018〕41号)。

[8]《市教委关于印发〈上海高校学生心理健康教育工作评估标准(试行)〉的通知》(沪教委德〔2007〕第3号),上海市人民政府网站2007年1月24日,http://www.shanghai.gov.cn/nw12344/20200815/0001-12344_9675.html。

[9] 樊富珉:《心理咨询师核心能力之我见》,《心理学通讯》2018年第3期,第178—179页。

[10]《中国心理学会临床与咨询心理学专业机构和专业人员注册标准》,《心理学报》2018年第11期,第1303—1313页。

大中小学心理教师入职培训的一体化建设

徐　涛

（上海市闵行区教育学院）

随着中国经济的快速发展，社会各方面转型加速，对人们的心理健康水平提出了更高的要求，也带来了巨大的挑战。无论大学生还是中小学生，心理健康问题都不容忽视，这使学校对专业心理教师的需求量巨大。同时，心理教师又是一个专业要求非常高的岗位，可以说专业的心理健康教师队伍是学生健康成长的保障和后盾，而一个不称职的心理教师则可能带来危害。巨大的需求和尚待完善的选聘机制导致心理教师入职人员复杂。大学心理教师基本能够保证心理专业出身，但实践能力仍可能有所欠缺，而中小学，尤其小学，因需要而转岗担任心理教师的人员比例不低，他们虽可能经过学校心理咨询师培训，但无论理论基础还是实践能力都依然比较欠缺。因此，严格高效的入职培训是提升心理教师队伍整体素质最重要的环节。

一、上海市大中小学心理教师入职培训的做法和经验

上海市教委对学校心理工作十分重视，对大中小心理教师队伍建设十分关注，经过多年的研究实践，已有一些较成熟的做法可供借鉴。

(一) 与资格证书培训相结合的入职培训

教师资格证和心理咨询相关职业证书是心理教师入职的必备资质。教师资格证分成两大类：一类是普教系统的（幼教、小学、初中、高中/中职、中职实习指导教师），另一类是高教系统的（高等教育）。两者是相对独立的认证系统，其中普教系统目前已经实现全国统一考试且允许社会人员参加，一般在中小学心理教师入职之前就需取得；大学心理教师同样需要高教系统的教师资格证，但与普教系统不同的是，仅接受在聘教师申请，也就是入职以后才能通过所在高校人事部门登记、申请。根据高校级别的不同，有的高校可以直接自行对本校新任教师进行考核，再由市教委统一发证，有的高校则必须参加市教委统一组织的考试。无论哪种方式，在获得高校教师资格的过程中都要经过相关培训和考核，提升新入职高校心理教师的专业素养。心理相关职业证书一般指原国家心理咨询师（二级、三级）、学校心理咨询师等。高校心理教师往往在入职之前就需要具备相关证书，中小学心理教师近年来也要求在入职前必备其一，但仍有部分教师因临时转岗，需要相关证书培训。上海学生心理健康教育发展中心近年来一直组织开展学校心理咨询师认证培训，对提升新入职教师的专业素养起到了重要作用。

(二) 与见习教师培训相结合的标准化培训

上海市教委每年都会对高校入职教师（承担列入高校教务处教学计划课程的教师）进行统一组织的岗前培训，培训一般分为教委集中研修和校本培训两个部分进行。教委集中研修由市教委统一组织实施，学校分批组织新教师参加培训。校本培训由学校组织实施，着重围绕校情校规、师德师风及岗位能力等方面展开，成为高校专任心理教师入职培训的重要组成部分。

中小学心理教师入职后，各区县教育学院也会将其列为区域见习教师培训对象,根据上海市教委编制的《上海中小学见习教师规范化培训手册》[1]要求对新入职心理辅导教师进行培训,培训内容涉及职业感悟与师德修养、课堂经历与教学实践、班级工作与育德体验、教学研究与专业发展,还包括基地带教与教学媒体使用等内容,以及见习教师亮相课等活动。随着近年来上海市对心理教师队伍建设的重视,各区县都已经培养出一批可以担任带教任务的心理教师,也有在心理工作方面比较成熟的示范学校作为培养基地校。

(三)　与校内新教师培养相结合的入职培训

上海市各高校教师工作部、人事处每年都会举行学校新教师岗前培训。例如,通过教育心理学等相关专题讲座,与教学名师、优秀青年教师面对面等交流互动活动,帮助学员了解基本的教育教学技能和先进的教学理念;通过高校教师职业生涯规划、教师课堂礼仪等专题讲座,以及立德树人大讨论活动,帮助新教师树立职业理想,养成职业道德和素养,学会职业生涯的自我规划;通过讲座和交流互动帮助新教师了解校史校情和学校发展目标与定位;开展师资队伍、本科教学、科研项目、财务制度、保密规定、实验室管理与安全、校园信息化平台、后勤保障、校园安全与危机处理等方面的专题讲座等,进行相关主题的户外拓展活动;等等。

中小学各学校教师发展中心都会对新入职的教师进行相关培训,培训一般由教师发展中心牵头,教务处、德育处、教科室集中指导,教研组以老带新个别指导等形式相结合,交流座谈与个体自学感悟相结合,同时还会组织"青年教师沙龙""新教师成长沙龙""新教师课程比赛"等,培训形式丰富多样。培训内容包括师德修养、教学常规、教学技能等方面。其他学科往往会为新教师配备一名师德高尚、教育教学经验丰富、责任心强的教师作为指导教师,在教育教学各个环节对新教师进行传、帮、带,具体指导新教师的教育教学实践。但由于心理教师在中小学往往只有一名，这部分内容相对缺失。

二、 大中小学心理教师入职培训的"三重三轻"

虽然近年来对心理健康教师的培养力度逐年增大，但不可否认，至今为止心理教师的入职培训还不够系统，毕竟心理健康教育在我国大中小学全面开展的时间还不长，在教师的培养和培训上还受各种因素的制约。纵观心理教师入职培训的现状，存在的主要问题可以概括为"三重三轻"。

（一） 重培训轻分析

心理教师的入职培训越来越引起教育相关部门的重视，但操作中"重培训轻分析"的现象还是比较常见。具体情况包括：第一种是不论培训对象基础如何，都采用同一套大而全的培训方案，导致很多老师花费过多的时间和精力，而在自身十分欠缺的方面却得不到应有的培训；第二种是过于依赖教师已有的资质证明，因心理教师具有教师资格证，就默认为教学能力过关，因心理教师具有学校心理咨询师证书或者心理学专业基础，就认为能够做好学生的心理辅导，对是否具有相关经验不加考虑，因而使培训内容有所缺失；第三种是将心理教师的入职培训和所有学科见习教师培训相整合，这样的确提升了培训的效率，节约了时间，也有助于心理教师的入职培训更加系统化，但后续没有针对心理学科独特性的补充培训，对提升心理教师的专业能力作用也是十分有限的。这些现象对培训质量有所影响，需要改善。

（二） 重理论轻实践

目前大部分的心理教师入职培训项目主要还是以理论学习为主，尤其是对心理学理论和技术的学习相对比较全面，培训方式也以讲授为主。新入职的心理教师将面临角色适应、教学环境适应、人际适应以及教学和心理辅导工作适应等[2]，迫切需要得到相关指导。他们更希望学习的是如何去实践才能取得好的效果、实践中常遇到的困惑要如何面对和处理，以及实践中可能会出现的问题要如何避免和预防。总之，心理教师培训对实践有很高的需求。然而很多入职培训在内容上与心理教师实际工作实践结合还不够紧密，在形式上还没有给教师搭建较好的实践平台，缺乏给教师实践和反思的机会。

（三）　重全面轻重点

目前心理教师入职培训内容的设计往往涵盖师德素养、教学理论、教学技能、心理理论、心理咨询技巧等多方面，可以说内容还是相对全面的，但与不同学段心理教师的工作特点结合不够，重点不够突出。对于高校心理教师，心理咨询工作要求较高、压力较大，很多新入职心理教师需要对相关心理理论和心理咨询技术有更深入的学习，入职培训对此关注度依然不足。在中小学，发展性心理工作面向的是促进全体学生的心理健康发展，是学校心理健康教育工作中至关重要的组成部分，心理辅导课是达成发展性心理教育目的的重要载体。心理辅导教师的心理教育课程开发和实施的能力是一个合格心理教师必备的能力。心理辅导教师入职适应的很多困惑来源于教学能力的缺失，因而中小心理教师入职培训设计对心理辅导活动课授课能力培养关注度还需进一步提升。近年来学生危机事件频发，关于危机干预的知识和演练越来越重要，这在入职培训中也体现不足。心理教师处在高压之下，如何促进心理教师个人成长、避免过劳也是入职培训中需要关注的。

三、 加强大中小学心理教师入职培训中核心能力的培养力度

(一) 教学能力培养

大中小学心理教师入职适应的相关研究显示,教学适应困扰是大中小学心理教师入职适应困扰的一个主要部分。为应对大中小学心理教师常见的教学困惑,在培训设计上需要对提升教学能力的内容进行仔细思考和设计,作为心理教师入职培训的重要组成部分。

1. 关注心理课程理论的培训

心理健康教育课程与其他学科教学有很大差异。心理健康教育要防止学科化的倾向,避免将其作为心理学知识的普及和心理学理论的教育,要注重引导学生心理、人格积极健康发展,最大程度地预防学生发展过程中可能出现的心理行为问题。[3]心理课程理论包括心理健康教育课程的本质、心理健康教育课程的价值、各年段心理健康教育课程的基本架构,以及心理健康教育课程的特点和原则等。[4]总之,要让刚入职的心理教师弄清楚心理课究竟是什么。很多刚入职的心理教师对心理课是什么并不十分明确,缺乏相关理论知识的学习。在中小学,这个问题尤为突出。心理课和班会课有什么区别? 和道法课有什么不同? 是不是只要讲心理知识就是心理课了? 很多新入职的心理教师对这些问题都一头雾水,甚至经常为自己上的是不是一节心理课而困惑。心理课的形式与其他科目有很大差别,心理课有针对某年级学生需要达到的特定教学目标,也要避免学科化、德育化、教条化、模式化,很多新入职的心理教师不能平衡好两者关系,一个很重要的原因就是不明确心理课究竟是什么。

2. 关注心理课教学实务的培训

这个部分包括教学内容的选择、教学过程的组织、教学过程中需要掌握的

重要教学技巧以及心理健康教育课程评价等。心理课强调从学生的需求出发,着眼于学生的发展,因此内容选择一定要建立在了解学生的基础上,具有针对性。心理理论是教学设计的支撑,但心理课不能仅仅成为心理知识讲解的课堂,针对不同年段的学生要有不同的教学设计和组织;一堂好的心理课也一定是有趣和受学生欢迎的,这对老师的教学技巧要求很高,如何调动学生的状态、营造温馨的氛围,同时保证学生的纪律和听课效果,都需要技巧的训练;心理课的评价更关注学生的参与和感受,如果教师对心理课的评价标准不清楚则很难上好心理课,所以在入职培训中让教师明确心理课的评价标准也是非常重要的。新入职心理教师对各年龄段学生的心理发展特点缺乏直接经验,容易照本宣科,在具体教学设计、教学案例选择、活动组织和师生互动中容易低估或高估学生的能力,对学生的反应缺乏正确预设和理解,很难把握好课堂生成资源,导致学生觉得课程内容过于幼稚或过于枯燥,缺乏参与热情,教师的教学信心也会因此受到影响。新入职心理教师对教学规范的了解不够,规范意识不强,常常导致教学设计过于随意,教学目标不够明确。中小学心理活动课与其他学科相比又有自己的独特性,需要更多地考虑学生的感受和参与度,适当地运用游戏等活动方式,在课堂充满趣味的情况下达成教学目标,这对教师的控班技巧提出了更高的要求。

3. 关注心理辅导教师个人教学基本素养的培训

教师的教态是否自然,语言和仪表是否恰到好处,是否具有亲和力,思路是否清晰,条理是否清楚,是否公正、宽容、尊重学生,这些教师个人的基本素养训练十分重要。共情、真诚、关注尤其是合格心理教师应具备的人格特质,对教学设计、教学呈现和教学结果都会产生明显影响。虽然每位新入职教师在这些特质上基础不同,但也是可以培养的,更重要的是通过培训让教师认识到自己的不足,并能够及时发现和改进。还有很多刚入职的心理辅导教师的角色定位在教师和心理咨询师之间徘徊,如果心理辅导教师还承担其他角色,如班主任、辅导员、政教主任等,角色冲突就会更加明显,对教学适应的直接影响就是不知道如何处理和学生之间的关系、在心理课堂上呈现什么样的角色特征。很多心理教师在入职之初都希望自己和传统教师有区别,在课堂上能够具有心理咨询师的特点,更具有亲和力,这的确是心理课堂的要求,但对新教师的挑战很大,尺度很难拿捏,亲和力有了,教师的威信却跟着降低了,课堂纪律得不到保证,教学效果大打折扣。

(二) 心理咨询能力的培养

相较于心理课的普适性,心理咨询工作从学生的个体需求出发,由学校心理健康教师运用相关的心理咨询专业技能,帮助学生应对学习压力、人际交往、情绪处理等心理困扰。心理咨询是一项专业性极强的工作,也是一项压力很大的工作。新入职的心理教师普遍在咨询能力上存在欠缺,咨询经验不足,应对咨询工作压力的能力也不足,需要在入职培训中给予关注。

1. 加强所处学段重点心理咨询理论和技巧的培训力度

心理咨询的理论方法众多,由于时间和精力的限制,入职培训中也不可能面面俱到。而每个学段学生特点不同,成长需求不同,常见的心理困扰不尽相同,主要运用的心理理论和方法也有很大差别。对于新教师的入职培训,如果能在区分所在学段的基础上对培训内容有所侧重,会更有助于新教师尽快适应入职后的工作需求。

2. 加强心理咨询服务基本原则和制度培训

心理咨询工作是一项伦理性、科学性、专业性很强的特殊工作,有很多基本的原则和制度,这些原则是做好学生心理咨询工作的基础保障,也是心理教师入职必须掌握的内容。如心理教师需要科学把握学生心理健康教育工作的任务和内容,严格区分心理辅导或咨询中心与专业精神卫生机构所承担工作的性质、任务和目标,关于危机干预和转介的流程就是入职阶段教师必须掌握的内容;学校心理教师虽然给学生咨询,但是经常收到家长、辅导员或者班主任的委托才介入咨询,或是需要与学生父母、辅导员、班主任沟通才能达到良好的咨询效果;保密原则、伦理原则在学校情境下要如何执行、如何把握边界也是职初就需要关注的。

　　学校心理咨询工作以发展性辅导或发展性咨询为主,面向全校学生。除了面询的方式之外,团体训练、电话咨询、网络咨询等方式也经常被运用,相应的伦理和操作规则需要在入职培训中加以关注。

　　3. 在入职培训中关注心理教师自身心理健康维护

　　心理咨询工作对教师自身心理健康水平要求较高,无论在高校还是普教系统,心理咨询工作压力都在逐年增大,心理危机个案处理能力要求不断提高,也给心理教师自身健康带来了威胁和挑战。新入职教师由于专业能力还有所欠缺,容易在心理辅导工作中产生无力感;由于经验比较欠缺,每天都在面对来访者负性情绪、创伤性心理事件以及创伤反移情的干扰,更容易出现心理困扰;有的新教师对工作存在过于理想的期待,追求完美,过于在意是否被认可,容易在工作中产生挫败感。研究发现,刚刚开始从事咨询工作的年轻心理教师比已经工作了一段时间的年龄较大的心理教师更容易体验到职业枯竭。因此有必要在心理教师入职培训中关注心理教师自身健康维护的相关内容。

　　(三)　实践能力培养

　　一般来说,学校心理辅导教师入职应该有严格的实习和见习期制度。美国学校心理学会(NASP)将见习期定义为"一种经验积累的重要过程,一般为一个全日制学年,并且至少有600小时必须是在学校环境中度过"[5]。从上海市心理健康教育教师培训的课时数来看，参加培训的心理教师有 100 课时的时间用于实践，占总培训课时的 25％，这个比例在全国是相当高的[6]，但由于总课时原本就相对较少，实践又相对分散，在入职培训中的实践课时比重仍显不足，不能很好地达到切实提高实际工作能力的目的。入职培训如果只重视理论学习，教师获得实践经验的机会就更加难得，所以必须在入职培训中加强教师实践经验的获取，提升心理辅导教师的实践能力。

1. 搭建实践交流平台，获得更多实践机会

学校心理工作是一项复杂的系统工作，新入职心理教师需要了解社区、医疗、社会公益组织等关于学生心理健康教育可以提供的支持和帮助，才能在日后工作中做到资源整合，通过多方联动为学生提供心理服务。为此在入职培训中需要为新教师搭建校社、医教、校企交流的平台，开拓心理教师的视野。经过多年的努力，无论高校还是普教系统都有很多学校打造了本校的特色品牌项目，在学生心理健康教育方面进行了可贵的探索。基于此，加强入职培训中的校际交流对拓宽新教师的工作思路也很有帮助。

2. 发挥一线骨干教师实践经验的引领作用，获得更多实践经验

经过多年的锻炼和培养，无论是市级还是区级层面都有一些成熟的心理辅导教师。他们长期在一线工作，对相应年段的学生特点十分熟悉，对学生常见的心理成长需求和困扰都十分了解。他们经历过新教师的困惑，通过不断的学习锻炼逐步成长起来。无论关于如何上好心理课，还是如何做好学生心理辅导，甚至包括如何在学校中找到自己的定位、如何设计自己的专业发展等，新教师都可以从他们那里获得第一手的经验和建议，且往往比很多专家讲座更能贴近新教师的需求。所以在入职培训中可以多调动市区各级的骨干心理教师提供有针对性的培训，发挥骨干心理教师的引领作用，帮助新教师获得直接的实践经验。

　　师徒结对是各学科新教师培训常用的方式,主要是新教师去听老教师的课,模拟学习,老教师去听新教师的课,指出需要改进的地方。这种方式有利于帮助新教师获得直观的实践经验,促进新教师快速成长。在心理辅导教师的入职培训中,这是一种很值得提倡的做法。中小学心理教师在学校中往往只有一名,这种情况下的师徒带教就更加依赖区域统筹,指定区域内有丰富经验的心理教师对新教师进行带教,帮助新教师在心理辅导课授课、学生心理辅导和其他心理工作等方面获得指导,提升实践能力。

　　3. 多渠道挖掘实践资源运用于新教师入职培训中

　　随着教育系统对学校心理工作的重视,有越来越多的平台可供一线心理辅导教师使用,成为一线教师展现自我的舞台。历届心理活动课大赛的获奖课程、历次微课比赛的微课资源、历次心理案例评比的获奖案例、历次心理活动的特色项目,都凝结了一线教师的经验和智慧,是宝贵的实践资源,可以运用于大中小心理辅导教师的入职培训中。

注释

[1] 上海市教师专业发展工程领导小组办公室:《上海市中小学见习教师规范化培训手册》,华东师范大学出版社 2018 年版。

[2] 段宝海、汪珏玮:《新入职中小学心理教师常见问题及应对建议》,《中小学心理健康教育》2019 年第 32 期,第 70—72 页。

[3]《教育部关于印发〈中小学心理健康教育指导纲要〉的通知》,中华人民共和国教育部网站,http://www.moe.gov.cn/jyb_xxgk/gk_gbgg/moe_0/moe_8/moe_27/tnull_450.html。

[4] 蒋薇美:《怎样上好心理课》,上海科技教育出版社 2016 年版,第 2—10 页。

[5] 陈显莉、郭平:《中小学心理教师职前培养初探》,《教育与教学研究》2010 年第 10 期,第 4—7 页。

[6] 张贝玉:《"兼容式"中小学心理健康教育教师培训模式构建——基于中小学心理健康教育教师入职资格认证的思考》,《中小学教师培训》2010 年第 4 期,第 15—17 页。

上海市大中小学心理健康教育教师队伍职后培训的现状及思考

章学云

（上海市浦东教育发展研究院）

学校心理健康教育中，队伍建设是关键，因为队伍的专业性直接决定了学校心理健康教育的成效。教育部 2012 年修订的《中小学心理健康教育指导纲要》，要求重视心理健康教育工作，并提出加强师资队伍建设是搞好心理健康教育工作的关键[1]；教育部办公厅 2018 年印发的《普通高等学校学生心理健康教育课程教学基本要求》中也强调高校心理健康教育队伍专业建设的重要性[2]。本文将梳理上海市大中小学心理教师队伍的职后培训现状，并提出对今后的思考与展望。

一、 大中小学心理健康教育教师队伍职后培训的构成

上海市大中小心理健康教育工作走在全国前列，与心理健康教师队伍的专业化建设密不可分。无论是中小学还是大学，心理教师完成职初培训进入岗位之后，会有多层次的职后培训来提升其工作的专业性。

(一)　市、区域职能部门组织的普及性专业培训

中华人民共和国劳动和社会保障部颁发的《心理咨询师国家职业标准》对心理咨询人员的定义为：运用心理学以及相关学科的专业知识，遵循心理学原则，通过心理咨询的技术与方法，帮助求助者解除心理问题的专业人员。学校心理工作者是心理咨询人员的一个类别，学校心理工作具有非常强的专业性，持证上岗只是开展这项工作最基础的门槛，持续的专业培训与督导是保持工作专业性的必要条件。因此，上海市大中小学心理教师在完成持证上岗之后，都有持续的专业培训来提升其专业水平。市教委于 2012 年成立上海学生心理健康教育发展中心，统管高校、中小学心理健康教育工作，统筹规划并实施开展心理教师各级各类的职后培训。[3]

高校方面，上海学生心理健康教育发展中心高校心理咨询中心会组织各高校各院系心理辅导员定期培训并布置任务，要求他们在院内组织开展各类心理健康教育活动。高校心理咨询协会建立了伦理委员会和督导委员会，开展咨询伦理的培训和督导点的建设，督导点呈区域化覆盖，并面向中小学心理教师开放。

中小学方面的普及性专业培训包括：第一，为了让接受过国家心理咨询师培训的中小学心理教师还能更加深入地学习学校心理咨询方面的专业知识、技能和伦理，2014 年，上海市中小学心理辅导协会开展了全市范围的国家二级心理咨询师转学校中级心理咨询师的大范围培训，全市中小学心理教师中，获得过国家二级心理咨询师的教师全部接受系统的学校心理咨询师培训，并重新认证获得学校心理咨询师证书。这个培训不只是证书转换，更是一项大型的专业培训，帮助取得国家心理咨询师证书的心理教师获得更多学校心理工作的专业知识与技能。第二，上海市中小学教师每五年需要参加市、区两级开设的培训课程来获得培训学分，以保证专业成长。上海市师资培训中心、各

区教师进修学院的各项培训中，开设有多项心理健康教育课程，帮助全市各科教师获得心理健康教育方面的知识与技能，其中也包括心理教师。2017 年，上海市教委颁发"上海市中小学教师专业（专项）能力提升计划"，提高教师育德能力以及本体性知识、作业命题、实验、信息技术、心理辅导等方面的专业（专项）能力，简称"1＋5"培训，其中"心理辅导"培训已经成为上海市每一位中小学教师必须接受的一项培训任务，而对全市的心理教师群体，还开设有专门、专业、专项的培训，来提升他们心理辅导的专业水准。[4] 第三，上海学生心理健康教育发展中心成立前后，上海市 17 个区县也先后成立了本区的学生心理中心，在上海学生心理健康教育发展中心的统领下分管各区中小学心理健康教育工作，各区心理中心会定期对参与咨询工作的志愿者开展个案的督导、咨询技术的短程培训，这些志愿者基本上是由各校的心理教师经过面试、筛选而入选的。第四，中小学心理教师专业水平提升最持续、最常规、最稳定的途径是心理健康教育学科的教研活动，由每个区县教师进修学院的心理教研员组织开展，虽然各区的做法有所差异，但基本上保证每个学期中定期开设教研活动（比如双周一次或每周一次），召集全区心理教师开展心理辅导活动课的观摩研讨、心理科研课题的学习研讨、学校先进经验的交流、心理个案的研讨和督导等，涵盖学校心理工作中涉及的内容，通过专家指导、同侪交流、研讨督导等形式，帮助学校心理教师们不断地学习和成长。

可见，为保证所有大中小学心理教师的专业发展，上海市各级职能部门，包括上海学生心理健康教育发展中心、上海市高校心理咨询协会、上海市中小学心理辅导协会、上海市师资培训中心、各区教师进修学院等，都会开展各级各类心理培训和研讨，来促进、提升心理教师的专业水平，以保证他们能够胜任这项工作。

（二）　市、区级职能部门组织的高端专业培训

除了普及性、基础性、大范围的职后培训保证全体大中小学心理教师的专业水平，对于专业能力突出、专业发展意愿强烈、可能成为专家型学校心理工作者的教师，各级职能部门也会提供多样化的培训项目来提升他们的专业发展。

1. 市级职能部门开展的高端培训

上海市心理中心作为推动全市心理健康教育工作的母机，在大中小学心理教师专业化方面倾注了巨大的力量，开展了各类高端培训，为专业发展意愿强烈的教师们提供了成长的机会与途径。

高校方面，上海市于 2016 年成立了八个高校心理健康教育与咨询示范中心，分别是复旦大学心理健康教育中心、同济大学心理健康教育与咨询中心、华东师范大学心理健康教育与咨询中心、华东理工大学心理咨询中心、华东政法大学心理健康教育与咨询中心、上海海洋大学大学生心理健康研究教育中心、上海中医药大学心理咨询与发展中心、上海师范大学心理咨询与发展中心。[5] 这八个高校心理咨询示范中心在被命名之前就根据各自学校的所长与侧重点，每学期组织各类专项培训，面向专职咨询师或者扩大至辅导员，也会面向中小学心理教师。比如，华东政法大学开展过多期"认知行为干预的策略和技术"专题培训，邀请了美国马里兰大学高级认知疗法创始人诺曼·爱泼斯坦（Norman Epstein）教授、上海交通大学医学院陈福国教授为高校专兼职心理健康教育与咨询教师、心理辅导员，为中小学（含中职校）专职心理教师培训开展连续的培训；2016—2019 年，同济大学邀请台湾彰化师范大学王智宏教授开展了四期心理咨询伦理培训，上海中医药大学开展了多期以中医促进心理健康为主题的培训；2016 年复旦大学开展了高校学生心理危机预防与干预实务培训；上海师范大学心理咨询与发展中心从 2016 年至今每年开设上海市

中小学心理健康骨干教师高端研修班,邀请台湾地区、沪上多位知名心理专家为遴选进入骨干研修班的教师们开展培训,教师还会进入上海市精神卫生中心等医疗机构跟岗实习。除了示范中心,其他高校也会利用本校的特长优势开展相关的心理培训,比如上海戏剧学院利用其戏剧特色开展了多期心理剧培训,得到大中小学心理教师的好评。

中小学方面,2012 年上海学生心理健康教育发展中心成立后,邀请了美国、中国台湾、中国大陆的多位知名心理咨询教授、专家为中小学心理教师开设专业培训,比如美国螺旋模式心理剧治疗创始人、临床心理学博士凯特·赫金斯(Kate Hudgins)的"螺旋心理剧应用于青少年心理健康教育"专题培训,台湾彰化师范大学高淑贞教授的表达性艺术治疗和游戏治疗培训,台湾彰化师范大学林杏足教授的叙事治疗培训,台湾屏东教育大学张莉莉副教授、东南大学心理咨询中心邓旭阳教授等的心理剧培训,台湾彰化师范大学黄宗坚教授的沙盘游戏疗法培训,等等。这些知名心理专家的培训基本上不走"短平快"的方式,而是每年举行 1—2 次,持续三年左右,每一次培训不仅仅传递了先进的疗法与技术,更将这些技术与中小学心理健康教育相结合,为上海市中小学心理健康教育输入了专业的力量与血液。能够参与这些高端培训的中小学心理教师需要经过严格的选拔,或上交个案,或经过各区的筛选再行报送,大多是工作比较投入、业绩比较突出的教师,培训也再次提升了他们的专业水平。在近年来的上海市中小学心理活动课大赛、心理科研评选中,参与培训的教师将自己的所学用到实际工作中,整体提升了上海市中小学心理健康教育的专业水准。

除了以上分层分类的培训,两类教师还有能够长期共同参与、互相学习的高端培训——上海学校心理健康教育名师工作室,作为培养上海市心理健康教育优秀人才的基地。[6]上海市教委聘任十几位国内外专家学者担任名师工

作室主持人,比如上海学生心理健康教育发展中心的吴增强、沈之菲教授,清
华大学的樊富珉教授,华东政法大学的张海燕教授,复旦大学的孙时进教授,
上海精神卫生中心儿少科主任杜亚松教授,等等,每个工作室招生条件严格,
只招收十名左右学员,包括高校与中小学心理教师,学员无论是学历、工作经
验、科研能力等都要达到比较高的水平才能入选,每期工作室为期三年,
2016 年开设至今已经开展了两届。工作室有规律的培养过程和较高的考核
标准,且由于高校和中小学教师在一起有互相的交流、学习和碰撞,经过培养
的学员基本上都成为了领域内的拔尖人才,在上海市中小学心理健康教育工
作中发挥着重大的作用。

2. 区级职能部门开展的高端培训

上海学生心理健康教育发展中心开展的各项高端培训惠及的对象较少,
遴选条件较为苛刻。为了推进更多心理教师的专业精进,各区心理中心也会
根据本区需求邀请各大专家开展专业培训,但由于各区心理中心主要面向中
小学教育,因此培训对象也主要为中小学心理教师。比如浦东新区开展过沙
盘治疗培训、认知行为疗法培训、家庭治疗培训,闵行区也开展过家庭治疗培
训,金山区心理中心则开展过视觉艺术治疗专题培训等。各区的高端培训虽
然也遴选了学员,但培训更加结合本区教师的需求,惠及面也有所扩大,成为
了各区中小学心理教师专业成长的一个有力手段。

(三)　教师参与的民间培训

综上所述,从市、区两级,普适性和高端培训两类来看,上海市大中小学心
理教师的专业成长的途径比较多样,且覆盖面也比较广,在很大程度上保证了
心理教师专业成长的需求,也保证了上海市学校心理健康教育工作的专业性。

然而,由于学校心理健康工作的专业要求较高,而参与市、区级高端培训

的教师毕竟为少数,尤其是有一部分心理教师希望深入学习某一疗法,市、区级职能部门提供的职后培训便无法满足他们的需求。当下欧美各国、中国港台地区心理咨询专家在中国内地的培训比较多,便有一部分心理教师报名参加这些民间培训。这些培训覆盖精神分析疗法、萨提亚家庭治疗、箱庭疗法、叙事治疗、艺术治疗、音乐治疗、舞动治疗等,名目繁多,既满足了教师们的多样化需求和喜好,也可以根据教师自身的经济条件一步步精进深入,成为大中小学心理教师专业精进的一种途径。

二、 大中小学心理健康教育教师队伍职后培训的不足

上海市大中小学心理教师的职后培训在市、区两级都开设有普适性和高端培训,既兼顾所有心理教师的专业需求,也兼顾一部分专业发展意愿强烈、专业能力较强的心理教师,具有全面、多样、专业性强的优点,为上海市心理教师的专业化提升起到了重要的作用。

然而,上海市大中小学心理教师的职后培训还存在以下不足,这些不足在很大程度上仍然制约着上海市大中小学心理教师专业化提升的进一步发展,需要在今后做进一步的梳理和改善。

(一) 培训体系的设计缺乏一定的系统性

如前所述,虽然大中小学心理教师的职后培训在市、区各级职能部门都有相应设计,但这些培训并没有做到市、区两级的打通和统一部署,因此培训体系并不系统、不科学。比如,市级和区级在心理教师职后培训的功能上有哪些区分,又有怎样的衔接?分别开发哪些内容,做怎样的分层,承担哪些不同的功能?这些都需要统一的思考、论证、设计和实施。但目前来看,虽然职后培

训的种类很多、培训的形式也很多样,但却缺乏顶层设计,呈现出"百花齐放,百家争鸣"却"各自为政"的不足,让大中小学心理教师们接受了诸多培训,却使他们有"知其然,不知其所以然"的迷惑。心理教师职前基本上需要获得国家二级、三级咨询师证书,在这两类证书取消之后,上海的心理教师都需要获得上海市学校心理咨询师初级或中级证书才能持证上岗,这些职前培训的体系相对系统、科学。但持证上岗之后,心理教师需要哪些系统的培训,还需各级职能部门深入论证和设计,才能进一步保证心理教师们系统、科学、长远的专业进步。

(二) 培训内容的设置缺乏一定的科学性

培训体系缺乏顶层设计和系统性,导致培训内容的设置缺乏一定的科学性。学校心理咨询的内容中,学校心理体系的架构、心理咨询伦理与规范、心理辅导活动课的开展、团体心理咨询、心理测量和心理档案的建立、心理辅导室的运行、心理个案的咨询(需要运用各个咨询流派的理论与技术)、心理活动的开展、危机干预等[7],每一块面都是非常专业的内容。作为学校心理教师,只要在岗在职,每一块面都需要学习和积累,以达成专业工作的基本规范,同时可以选择其中的一个块面进行深入的学习和发展。但目前来看,无论是市级还是区级的培训,无论是普适性还是高端培训,都主要侧重于各个疗法的培训,相对忽视了一些规范的培训与传递,造成很多心理教师在基本的工作规范方面缺乏了解,给专业工作带来一定的干扰。

(三) 民间培训的混乱无序

当前,民间的心理咨询培训种类繁多、流派纷纭。心理咨询起源于欧美,在德、英、美等国发展得相对完善,中国港台地区则是心理咨询华人本土化做得比较好的区域,因此,这些国家和地区的心理咨询经验在中国内地输入得比较多。一些培训会开展多期,持续时间比较长,还会有个案督导。学校心理教师如果想在某一个流派或领域深入学习和精进,可以自费报名参加。

市、区级各项培训虽然覆盖面比较广,种类也比较多,但对于全上海面广量大的学校心理教师来说,仍然处于"僧多粥少"的状态,因此,民间培训在一定程度上满足了学校心理教师的专业发展缺口,是值得肯定的。但同时,这些民间培训在专业性、规范性、科学性方面急需规范,比如身心灵成长课程已经被国家禁止;另外,民间培训的费用高、盈利性强,是一种商业行为,因此近年来甚至有井喷的态势,在很大程度上削弱了助人专业本身的性质,很难保证培训的专业性和科学性。只有规范这些培训,才能保证学校心理教师获得正规有效的专业发展途径。

三、 大中小学心理健康教育教师队伍职后培训的思考

2012 年上海学生心理健康教育发展中心成立至今,上海学校心理教师无论是持证上岗培训还是职后培训都取得了突破性进展,但作为心理健康教育走在全国前列的城市之一,与欧美、中国港台地区等国家和地区相比,上海的心理健康教育还有很长的一段路要走,增强大中小学心理健康教育教师队伍职后培训的系统性、科学性是非常重要的一环,只有提升队伍的专业水平,才能真正有效地推进心理健康教育的整体水平。

参照学校心理健康教育发展水平较高的国家和地区[8],本文认为可以从以下几方面进行思考。

第一,加强顶层设计,由教育行政部门召集大中小学校心理专家进行充分的专家论证,设置系统完善的学校心理教师职后培训体系。

在学校心理健康教育发展水平较高的国家和地区，学校心理工作者的继续教育虽然具体规定不同，但基本上需要在一定的年数（如三年、五年等）内完成继续教育的基础上进行证书更新，且此类继续教育经过严谨的、分层分类的设计。本文建议上海市教委召集大中小学校心理专家进行充分的研讨和论证，根据当前上海市学校心理教师的专业发展水平进行职后培训体系的架构和论证，帮助心理教师们能够获得更为系统、全面、有层次的职后培训，减少当前职后培训体系相对缺乏系统性、内容相对缺乏科学性的不足。

第二，加强大学心理学院中学校心理咨询专业的建设与力量，作为大中小学心理教师职后培训的专业支撑。

在学校心理健康教育发展水平较高的国家和地区，学校心理工作者的职后培训主要由经过认证的学院或大学来承担，因为大学的心理学院、教育学院或继续教育学院具有相对坚实的专业力量和系统的继续教育运作模式，在聘请专家、实施培训等方面更加顺畅和便捷。因此，加强上海市高校在这方面的建设，将为大中小学心理教师的职后培训提供新的思路和方向。

第三，加强市、区级培训部门的协作沟通，明确各级培训部门各自承担的职能、任务，层层负责，落实学校心理教师的职后培训。

目前上海市各项大中小学心理教师的职后培训，主要由市、区各级专业职能部门开展，包括上海学生心理健康教育发展中心、各区青少年心理健康教育中心、高校心理咨询协会、中小学心理辅导协会等组织筹划和开展，教育行政部门如市教委下属的师资培训中心、各区教育局下属的教师进修学院等也在开展相应的培训，但因为这些组织机构承担所有学科教师的培训，教师们只要取得相应学分即可，因此数量和规模都相对较小。市、区专业职能部门在心理教师的职后培训方面并未打通，基本上属于各自为政，市、区教育行政部门下属的教师培训机构在心理教师的职后培训方面主要按照学分进行管理，也不

能做到分层分类。因此,市、区专业职能部门要打通,市、区教育行政部门下属
的培训机构也应该进行沟通,分别承担不同级别、不同类别的培训内容,为新
心理教师、普通心理教师、骨干心理教师、专家型心理教师等提供不同层次、类
别的职后培训,在满足教师基本的专业规范和要求基础上,有层次地提升教师
的专业发展。

注释

[1]《教育部关于印发〈中小学心理健康教育指导纲要(2012 年修订)〉的通知》(教基一〔2012〕
15 号),中华人民共和国教育部网站 2012 年 12 月 7 日,http://old.moe.gov.cn/publicfiles/
business/htmlfiles/moe/s3325/201212/145679.html。

[2]《教育部办公厅关于印发〈普通高等学校学生心理健康教育课程教学基本要求〉的通知》(教
思政厅〔2011〕5 号),中华人民共和国教育部网站 2011 年 5 月 28 日,http://www.moe.
gov.cn/srcsite/A12/moe_1407/s3020/201105/t20110528_120774.html。

[3]《上海市教委关于成立上海学生心理健康教育发展中心的通知》(沪教委人〔2012〕6 号),上海
教育网 2012 年 3 月 6 日,http://edu.sh.gov.cn/html/xxgk/201202/1052012003.html。

[4]《关于印发〈上海市中小学教师专业(专项)能力提升计划〉的通知》,上海教育网 2017 年 4 月
26 日,http://edu.sh.gov.cn/html/xxgk/201704/406112017007.html。

[5]《关于命名"上海高校心理健康教育与咨询示范中心(2016—2020 年)"的通知》,上海教育网
2016 年 4 月 21 日,http://edu.sh.gov.cn/html/xxgk/201604/411032016002.html。

[6]《上海市教育委员会关于申报上海市学校心理健康教育名师工作室的通知》(沪教委德〔2018〕
27 号),上海教育网 2018 年 5 月 30 日,http://edu.sh.gov.cn/web/xxgk/rows_content_view.
html?article_code = 411032018001。

[7] 吴增强:《发展性心理辅导理论与实务》,上海教育科技出版社 2018 年版。

[8] 汪亚芳:《美国学校心理服务体系研究及其启示》,华中师范大学 2006 年硕士学位论文;秦
青:《沪台中小学心理健康教育教师专业化的比较研究》,上海师范大学 2013 年硕士学位
论文。

上海市大中小学心理教师队伍交流平台建设

刘　蓉

（华东理工大学）

　　大中小学心理教师队伍交流平台的建设目标是培养学生的终身发展和全人发展，根本宗旨是立德树人。大中小学心理教师的心理育人目标和根本宗旨是一致的，但面临的体制机制管理、学生不同年龄层次的心理发展需要各有差异，因此，要认真思考为什么结合和怎样结合的问题，才能将大中小一体化工作落细落实。结合上海市已有的大中小心理健康教师队伍交流平台的现状，本文尝试对大中小学心理教师队伍平台建设的路径进行总结和思考。

一、　建设大中小学心理教师队伍交流平台的问题提出

　　心理育人作为学校"十大育人"体系之一，要紧紧围绕立德树人的根本任务，提高学生的心理素质，促进其身心和谐健康发展。党的十八大报告指出，"坚持教育为社会主义现代化建设服务、为人民服务，把立德树人作为教育的根本任务，培养德智体美全面发展的社会主义建设者和接班人"。要把立德树人根本任务落到实处，必须首先回答好"立什么德、树什么人"这一关键问题。林崇德教授据此提出了中国学生发展核心素养，主要是指学生应具备的、能够

适应终身发展和社会发展需要的必备品格和关键能力。[1]因此,要始终将学生培养看作一个连续发展的过程,以终身发展和社会发展需要的必备品格与能力为目标,贯穿学校心理育人工作的大中小学校教育全过程。心理教师队伍是学校心理育人队伍的主力军和实践者,要为大中小学心理教师队伍搭建一个集教学、咨询、科研和活动于一体的交流平台。只有实现了这支队伍的教学一体化、咨询一体化、科研一体化和活动一体化,才能将学生的全人发展、终身发展的目标落地、落实。大中小学心理教师平台建设的现状包括自上而下地根据中央、地方文件要求推进建设的各类项目,也有自下而上依据实际需要自发开展的一系列活动,但由于尚处于一体化平台建设的初期,仍然存在着平台多为浅表性缺少深入思考、多为散发性缺少系统思考和注重外在指标缺少内在溯本的现状。因此,需要总结反思已有的实践探索经验,结合理论研究,深入和系统地思考为什么建设、怎么建设的问题。

二、 大中小学心理教师队伍交流平台建设的实践建构——以上海市为例

上海市教委始终致力于为全市大中小学心理健康教育教师打造专业的交流平台,对教师队伍的一体化建设起到了极大的推动和指导作用。本文运用协同创新的理论视角,总结上海学校心理健康教师队伍专业交流的平台已有的建设经验,建构大中小学心理教师队伍交流平台建设的理论与实践模型。

(一) 心理教育系统的协同交流平台

1. 普教与高教心理教师队伍的协同交流平台

上海市依据自身的区域特色和全国领先的专业资源,2012 年成立了总体

统筹规划大中小心理健康教育工作的上海学生心理健康发展中心（以下简称
"大中心"）。大中心统筹指导上海各高校及浦东新区、杨浦区等 16 个区的中
小学心理健康教育中心，共同研究大中小学心理健康重大课题，举办高端心
理教师培训、孵化和推荐优质的心理健康课程与活动。2016 年开始建设了
一批知名专家学者领衔的非行政性的学校心理健康教育名师工作室（简称
"名师工作室"），工作室三年为一个培育周期，选拔百余名大中小心理健康教
育中青年骨干，为全市学校心理健康教育师资队伍打造教育教学、咨询辅导、
科学研究、学术交流、管理培训等优质平台。同时，全市大中小学校又依据自
身特色和实际需求，创新性地组织搭建了各类大中小心理教师队伍交流平
台，呈现出区域联动、相互促进的"百花齐放、百家争鸣"的繁荣景象。中小学
与大学的心理健康教育的相同之处在于它们都是根据学生心理成长需要，以
优化心理机能、促进心理和谐为目标的发展性心理健康教育，工作内容都包
含了教学、咨询、活动和危机预防；区别在于不同阶段学生的心理特点和发展
水平不同，因此教育目标也不一样。因此，心理咨询、危机干预等共同需要的
专业技术与方法，可以用来搭建交流平台共享学习资源。由于心理健康教育
的效果往往不是立显的，教育的成果或累积的问题经常会出现在成长的下一
个阶段，因此搭建大中小心理教师沟通与交流的平台就非常有必要（见表
1），一方面可以增强中小学心理教师教育和研究的前瞻性，另一方面能够促
进高校咨询师以终身成长的视角，更好地理解学生的成长经历和背景，提高
个案概念化的能力。

表 1　学校心理教师交流平台建设情况列举

平台分类	主　题	举办平台	对　象
活动交流	上海学校心理健康教育活动月	大中心	大中小学
	上海中小学生涯教育展示会	区中心	中小学

平台分类	主　　题	举办平台	对　　象
项目研究	上海学校心理健康教育大中小一体化建设	名师工作室	大中小学
	上海教委德育一体化工程——心理健康及生涯规划	大中心、高校	大中小学
学术研讨	学校心理健康教育教师专业胜任力与专业发展论坛	大中心	大中小学
	中小学生生涯教育专题报告与研讨	大中心	大中小学
	心理健康教育大中小一体化研讨会	名师工作室、高校	大中小学
培训督导	心理咨询师培训、示范中心培训、骨干教师培训	大中心、高校	大中小学
	认知行为疗法在心理健康教育与咨询中的应用	名师工作室	大中小学
	家庭治疗与家校协同培训及案例督导	名师工作室	大中小学
	巴林特小组与促进班主任工作的关系	名师工作室、中学	大中小学
	学生心理健康服务的医教结合与家庭互动	名师工作室	大中小学

2. 心理教师队伍与德育工作者的协同交流平台

上海高校心理健康教育与咨询示范中心(上海海事大学)举办了"后现代对话在辅导员工作中的应用"的活动,帮助辅导员学会将合作对话的方式运用于学生谈话工作中,在对话中找到解决问题的新思路。复旦大学举办了"高校心理育人五级工作体系"专题培训,体系整合校内外相关学科专家、学工队伍、教师导师、学生骨干等育人队伍,依托普查测评、走访排查等,建立学生心理健康五级分类办法,有针对性地开展互助、教育、辅导、咨询、干预等工作,实现全体学生在校期间全程覆盖。

如果说在心理健康教育发展的早期,思想政治教育通过内外途径推进了心理健康教育的发展,那么在今天,思想政治教育必须高度重视心理健康教育专业化建设,积极支持心理健康教育机构走专业化发展道路。而心理健康教育在保持自己专业特色、加强专业化建设的同时,要更好地与中国文化背景、人才培养目标、学生身心特点紧密结合。这样,两者才能更好地积极互动,协同创新,良性发展,相携共进,实现双赢,实现可持续发展,最终使学生受益。[2]心理健康教育涉及每一个学生，是一项系统工程。心理健康教育从思想政治教育的"全过程、全方位和全员育人"的工作思路中获得启示，由思政辅导员、班主任和德育工作者为主要力量组建一支高素质的兼职心理辅导队伍。当对学生进行人生辅导时，一位优秀的德育工作者会自觉或不自觉地运用心理学等学科的理论和方法，将其融入育人工作中。在学校心理健康服务体系建设中，各级各类学校要善于利用现有的资源，把德育或思想政治工作队伍作为心理健康服务体系的重要组成部分。在推进这项工作的过程中，遇到的最大阻碍可能就是工作方法和工作理念的差异，这会引起他们的角色冲突。因此，需要分层分类培养，让这批队伍做能做的事，发挥最大效用。对高校思想政治工作队伍和中小学班主任、德育工作者可进行危机预防和干预知识的系统培训，尤其是掌握危机识别的方法和技能，对于推进学校心理危机预防与干预服务系统的建设至关重要。

3. 心理教师与专业教师的协同交流平台

例如，上海中医药大学结合自身专业特色，从中医药文化的视角来理解生命观和心身问题，探索符合中国文化特点的新时代高校心理工作模式，推动上海高校心理健康教育与咨询示范中心"本土生命教育与青少年心理健康"专题培训在上海中医药大学顺利举办。上海理工大学探索本校的心理健康教育工作新机制，于2019年初联合教师工作部及校工会启动教师心理健康促进项目，通过加强对全体教师的分层心理培训和实践训练，提高教师自身心理健康水平和管理服务水平，促进教师心理育人能力的提升，努力打造全校师生心理健康共同体，最终形成以学校心理咨询师为核心、全体师生共同参与的心理健康教育工作新格局。华东师范大学幸福研习与促进中心的成立是华师大"幸福之花"建设项目中"健康＋"行动计划的重要一环，未来将致力于幸福领域的教育教学、科学研究与学生服务实践，不断探索科学有效的服务形式，以提升学生的幸福和生命质量为己任,力求建设成为中国领先、世界一流的幸福中心。

　　学生的全人发展有赖于全校教职员工的共同努力。学校的每一位教职员都应有育人意识,应根据自己工作的特点,参与培育学生成才。对教师,除了要求他们传授知识,更要求他们关心学生全面成长,为学生树立典范;对一般行政人员,要求他们创造各种机会,增加对学生活动的参与,使他们得以从活动中体会促进学生全人发展的重要意义。学校资源整合包括学校工作分工中不同部门合作与协调、专业相近研究人员与教师的合作等。这些资源应该并且是可以共享的,这也有利于学校的资源合理配置。

　　4. 心理教师与学校社会工作者的协同交流平台

　　华东理工大学新生成长营依托学校社会工作专业优势和心理学方法,由社会与公共管理学院和心理咨询中心为全体新生制定系统的团体培训方案,提供系列培训和专业指导,由高年级督导员在专业老师的指导下组织新生班级开展团体辅导活动,充分发挥社会工作专业特色,帮助新生更好地融入集体、适应大学的学习生活,提高人才培养与服务的质量。

　　学校社会工作最早产生于20世纪初的西方国家,是在学校教育环境下运用社会工作的原理和方法,分析困难学生的问题所在,争取学生家庭、社区以及学校行政管理部门的配合和支持,利用校内外的教育资源,帮助学生解决问题,在维护学生心理健康发展、促进学生健康成长等方面发挥了积极作用。但迄今,中国的学校社会工作和研究尚处于起步阶段。学校社会工作和心理健康教育都对学生问题具有预防、弥补的功能和促进学生发展的功能,都需要心理学的专业知识和技术以及专门的工作人员。两者的重要区别在于侧重点不同,学校社会工作主要关注学生行为层面的问题及其解决,而心理健康教育则主要关注学生问题的心理根源。如果能够将两者结合起来,将更好地发挥心理健康教育工作人员的专业优势，也能更全面、更有效地针对学生的个别化问题和个别化发展提供有效帮助。探讨通过学校社会工作渠道针对大中学生心理问题开设心理健康课程、心理素质训练、心理调适自助、心理咨询辅导、心理危机干预、心理救助热线或网站等途径和方法，有助于为建构科学有效的高校心理健康教育社会工作内容及方法体系提供依据和相应的技术支撑。[3]

（二）　社会服务一体化的协同交流平台

社会资源整合包括与社会有关机构的工作联系、专业的咨询师与治疗机构的合作等，也包括其他资源。

1. 心理教师队伍与心理卫生系统的交流平台

2019 年，在大中心的统筹指导下，上海市完成了高校集中片区医教结合全覆盖，各区心理中心签约精神卫生专业机构，促进精神疾病治疗转介和康复衔接。大中小学校与精神卫生中心共同搭建了心理教师队伍培训督导、工作研讨、活动交流，开通了转诊绿色通道等交流平台。上海各区的高校、未成年人心理健康辅导中心利用地缘优势，为心理教师队伍搭建了所在区域内的医教结合工作平台。以杨浦区为例，自 2015 年起，杨浦区汇集复旦大学、同济大学、上海财经大学、上海理工大学、上海体育学院等十余所高校，与杨浦区精神卫生中心签约开展了高校心理健康服务医教结合试点项目。同年，杨浦区未成年人心理健康辅导中心为区域各学校也搭建了"医教结合工作"的平台。在搭建了医教结合平台后，大中小学又联动开展了"医教＋我们能做些什么？"心理专场研讨会，杨浦区的高校、中小学的老师们和精神卫生中心的专家们共同研讨，"医教＋"如何更好地服务学生成长、惠及每个家庭。"沪江医教杯"心理文化大赛是上海理工大学与杨浦区精神卫生中心携手共建社区精神文明工作的品牌项目,更好地推动了心理健康教育工作的发展,深化了"医教结合"项目的开展,也是优秀传统文化对心理健康促进作用的探索。

医教结合对患有精神疾病学生的治疗转介和康复具有重要作用,能够促进心理教师对心理疾病的快速识别和转介,有利于心理教师在工作中对可能患有心理疾病与精神疾病的学生进行追踪咨询,关注有心理危机与有自杀倾向的学生。两者的区别在于学校进行的心理健康教育主要是教育模式,医院中进行的则是医疗模式。因此,心理健康教育必须面向全体学生,以提高全体学生的心理素质为目标,要以积极心理学的视角,充分挖掘学生的积极资源,避免过度强调心理问题与心理疾病,以心理咨询与危机干预为工作重点,避免出现心理健康教育边缘化倾向。平台建设要做好职能分化与资源整合的工作,让教育模式与医疗模式相辅相成,辩证统一。

2. 心理教师队伍与行业心理协会的交流平台

上海高校心理咨询协会每年举办学术年会活动,举行理事会和代表大会,将心理教育工作者近年来的理论探索和工作实践成果通过专题论坛和文章汇编的形式进行展示,为心理教师队伍搭建科研、交流和培训的平台。协会与电视、广播电台及报纸等媒体协作,组织大中小学教师队伍开展宣传心理健康知识及科普工作。此外,还有上海市中小学心理辅导协会和上海教育人才交流服务协会、上海市心理卫生协会、上海市心理咨询行业协会、上海市心理辅导协会、上海市德育协会、中国心理学会临床心理学注册工作委员会等,都为心理教师队伍的专业交流搭建了平台。

行业协会介于政府与企业之间、商品生产者与经营者之间,并为其提供服务、咨询、沟通、监督、公正、自律、协调的社会中介组织。心理教师队伍应整合资源,善用资源,积极参加行业协会举办的学术会议和活动交流,主动寻求专业化发展的途径。

3. 心理教师队伍与社会服务部门的交流平台

第一，搭建与社区街道、妇女联合会、关心下一代工作委员会的交流平台。2007 年至今，虹口区教育进修学院德育研究室和虹口区社区学院共同举办了虹口区百名心理咨询师及家庭教育指导师社区公益服务活动。公益咨询活动面向学生家长和社区居民开展心理健康知识宣传、心理咨询及家庭教育指导，指导家长应对孩子的学业问题、让孩子合理使用手机、与青春期的孩子沟通等家庭教育问题。2019 年，大中心精选师资赴新疆喀什对喀什地区八县 360 多名中小学心理教师开展心理培训，搭建了心理教师队伍与中西部地区心理教师的交流平台，促进中西部心理教育资源的发展。

第二，搭建与心理咨询服务机构的交流平台，主要以热线服务、教师心理健康服务外包、聘请校外咨询师等方式开展。

第三，搭建与社会服务部门的交流平台。依据社会支持理论的观点，一个人拥有的社会支持体系越强大，就能越好地应对各种压力和挑战。个人、家庭和学校都属于社会的一部分。处于社会中的个体越能够自由地进行信息交流和沟通，个体就越能够产生自尊与自信，感受到爱与被爱，找到归属感。心理教师是培育自尊自信、理性平和、积极向上的社会心态的主力军，因此需要搭建心理教师队伍与社会服务的交流平台。

三、 对大中小学心理教师队伍交流平台建设的思考

（一） 不断丰富交流平台的内涵建设

交流平台的建设需要深入思考为什么建设的问题。首先，我们需要的平台建设要服务于中国社会主义现代化进程。现代化的进程是一个社会变迁的过程，竞争加剧，生活节奏变快，东西文化和价值观碰撞，对变化中的环境适应

不良容易导致心理失衡,出现行为偏差。要不断改善人的心理素质、提高人的适应能力,才能使国民从心理和行为上都获得与现代化发展相适应的素质。其次,平台是在中国社会制度、文化背景和价值观的基础上建设的。20 世纪 80 年代以来,心理咨询的理论与技术由美、日、欧等国家和地区不断引入中国,心理教师队伍的本土化要求这支队伍不能仅停留在理论与技术上,而要基于马克思主义哲学基础之上,把人当作总体的人,考虑到人性和价值以及人的现实的社会关系、环境等方面。心理咨询涉及人的心理,而心理的背后是政治、经济、文化、伦理等社会背景。心理咨询并不是超社会的。最后,平台建设要为促进学生人生发展、心理和谐注入人文精神。学校心理咨询是学校整体教育一个不可缺少的组成部分,要把促进青少年学生的心理发展、潜能开发和人格完善作为最高目标,使之建立在科学理性和人文精神相结合的基础上,学校心理咨询才能有广阔的发展前景。[4]

(二) 交流平台建设需要创新协同多方资源

交流平台的建设需要系统思考怎么建设的问题。心理教师队伍的专业交流平台不仅是心理教师之间的交流。我国学校心理健康教育专家林崇德教授指出,心理健康教育要强调整体性和综合性,应该统筹小学、中学、大学等学段的心理教育内容;统筹各学科的心理健康和教育渗透问题;统筹心理健康教育的指导思想、教材、活动、评价环节;统筹行政部门、学校、教师、专家、社会人士等在心理健康教育中的力量;统筹学校、家庭、社会三方面在心理健康教育中的关系。我们应把对学生心理健康的综合教育作为心理健康教育的一项重要原则,这样才能搞好未来的心理健康教育。[5]心理教师既是学校教育教学和学生服务、危机预防与医疗转介中的一员,也是心理咨询行业、学生心理的研究领域,乃至社会服务中的一员。因此,心理教师队伍的专业交流平台需要囊

括其角色涉及的各个领域，要将心理教师的多种身份从最初的角色冲突调试
到各个角色和谐统一、创新协同。这就要在各领域之间找寻到协调一致的目
标追求，使之相互作用、相互协调，最终搭建起 1＋1＞2 的协同效应最佳的交
流平台。协同创新指的就是要通过突破创新主体间的壁垒，充分释放彼此间
"人才、资本、信息、技术"等创新要素活力从而实现深度合作，最终实现整体功
能大于部分之和的协同效应。[6]

注释

［1］林崇德：《中国学生核心素养研究》，《心理与行为研究》2017 年第 2 期，第 145—154 页。

［2］马建青、石变梅：《30 年来高校思想政治教育对心理健康教育发展的影响探析》，《思想理论教
　　育》2018 年第 1 期，第 97—102 页。

［3］张大均、王金良、郭成：《关于心理健康学校社会工作保障系统研究的思考》，《高等教育研究》
　　2007 年第 2 期，第 85—89 页。

［4］王东莉、马建青：《人文关怀——学校心理咨询的核心理念》，《当代青年研究》2005 年第 5 期，
　　第 1—5 页。

［5］林崇德：《读懂孩子，科学开展心理健康教育》，《中小学心理健康教育》2015 年第 23 期，第 4—
　　5 页。

［6］石变梅、马建青：《协同创新：高校心理健康教育与思想政治教育结合的发展之路》，《学校党
　　建与思想教育(上)》2018 年第 6 期，第 26—29 页。

大中小学兼职心理教师队伍的培养与发展研究

吴青芳

（华东理工大学）

随着社会的发展与进步，人们心理变化复杂多样，大中小学的学生心理健康问题也引起了社会的广泛关注。2014 年《教育部关于培育和践行社会主义核心价值观进一步加强中小学德育工作的意见》指出，各级教育部门和中小学校要认真落实《中小学心理健康教育指导纲要（2012 年修订）》，全面推进心理健康教育，加强心理健康教育课程建设、制度建设、场所建设、队伍建设、心理健康教育教师专业培训、生命教育和青春期教育等，并明确指出每所学校至少配备一名专兼职心理健康教育教师，关心学生的生活条件与专业发展。关于大学生心理健康教育，教育部同期指出要通过专、兼、聘等多种形式，建设一支以专职教师为骨干，专兼结合、专业互补、相对稳定、素质较高的高等学校大学生心理健康教育工作队伍。开展心理健康教育是学生身心健康成长的需要，是全面推进素质教育的必然要求。心理健康教育教师的专业化水平决定着心理健康教育工作的质量和专业化水平，必须紧紧围绕质量和专业化提升要求大力加强专业教师队伍建设、开展心理健康教育教师培训。但目前教师资源与结构存在局限、心理咨询职业发展尚还处于初级阶段，大中小学心理健康和咨询师专业化进程较为缓慢，专职心理教师较为短缺，因此培养与发展大中小兼职心理教师队伍势在必行，并具有重大意义。

一、　大中小学兼职心理教师队伍构成

大中小学心理教师队伍主要包括专职和兼职心理教师。总体来说，专职心理教师专业对口率较高，但比例较低，数量少，不能满足学生心理健康教育发展的需求。兼职心理教师相比专职心理教师占比较大，但兼职教师专业对口率还不是很高[1]，并且担任心理教师的女性人数要远远高于男性，以中青年为主。[2]

（一）　大学兼职心理教师学历水平高，多由辅导员、心理系专业任课教师兼任

大学心理健康教育兼职教师的学历水平较高，其中具有研究生学历的教师已经成为大学心理健康教育的主要力量。由于专职心理咨询力量的紧缺，兼职心理咨询师成为高校心理咨询工作中的主要力量。发达地区的大学心理教师师资队伍较欠发达地区要好一些，但总体来说心理教师存在空缺。高校兼职心理咨询师是指具有全职工作岗位，同时又利用闲暇时间在高校心理咨询中心兼职从事心理咨询工作，为学生提供心理咨询服务的从业人员。[3] 目前中国高校的兼职心理咨询师构成较为复杂，数量最多的是一线从事学生工作的辅导员老师、党委副书记等。此外，还包括心理系专业任课教师、研究生及个别高年级本科生，以及其他对心理学感兴趣、拥有劳动部颁发的心理咨询师资格证书的人员，经学校的心理咨询机构聘任，在高校为学生提供心理咨询服务的心理助人者。

（二） 中小学兼职心理教师多由德育教师、班主任担任，专业化水平不高

调查显示，中小学心理健康教育兼职心理教师的构成较为复杂，大部分有教授其他课程、德育课或从事学校其他工作的经历，兼职心理教师主要由德育课教师、班主任、校级或中层干部担任。同时，拥有心理学背景的教师较少，从事心理健康教育相关工作的时间较短，师资队伍专业化水平不高。不同地区教育局及学校对兼职心理教师的要求也有所不同，其中上海要求兼职心理教师应具有学校初级及以上或原国家三级及以上相关资质证书。中小学心理健康教育教师分布较为不均，中学心理健康教育教师优于小学心理健康教师，城市心理健康教育教师优于农村心理健康教师。[4]

二、 大中小学兼职心理教师队伍工作现状

（一） 大中小学兼职心理教师工作开展

1. 工作开展内容

大中小学兼职心理教师工作开展心理健康教育工作时，其工作内容主要包括对学生生活中遇到的关于自我意识、学习生活、适应不良、考试紧张、人际矛盾、情感纠结、升学就业、职业生涯规划等心理问题不断进行引导和科学有效的心理辅导；及时给予必要的危机干预，提高其心理健康水平，使学生学会学习和生活，正确认识自我，提高自主自助和自我教育能力；增强学生调控情绪、承受挫折、适应环境的能力，培养健全的人格和良好的个性心理品质。同时，兼职教师大多会担任其他相关课程教学任务或工作，也可以作为心理健康知识理念的教育者与宣传者。

2. 工作开展现状

中小学心理健康教育教师工作开展情况总体不佳，心理健康教育师资队

伍建设方面存在着数量偏少、分布不均、工作开展不力等问题。[5]当前大学生的心理求助意识逐渐增强,越来越多的学生愿意接受心理咨询,形成心理咨询师严重供不应求的情况。大学生群体接触的多为心理障碍问题,兼职心理咨询师存在专业胜任力不足的问题,多数兼职心理教师训练和实践有欠缺,在开展工作的过程中呈现出职业发展满意度和个人成就需求不足的现象。学校领导与管理者在选择心理健康教育教师时,比较关注教师的专业背景、学历学位、相关资格认证、授课技能、从业时间与经验、人格与心理健康程度。其中,心理健康教育专兼职教师的人格与心理健康水平、授课技能最受重视。[6]

3. 工作作用发挥

兼职心理教师队伍是对专职心理教师队伍的补充与延伸,一定程度上弥补了专职心理教师供不应求的现状。心理健康教育教师队伍建设是做好心理健康工作教育的关键,是保障心理健康教育开展的重要条件,直接影响心理健康教育的发展。[7]兼职心理教师队伍的建设与发展是学校心理健康教育工作取得成效不可或缺的力量。兼职心理教师根据工作内容开展工作,对学生进行心理辅导、心理健康引导,满足学生心理疏导需求,为培养受教育者良好的心理素质、调节心理机能、开发心理潜能、促进整体素质的全面提高和人格的健全和谐发展发挥着重要作用。

(二) 大中小学兼职心理教师工作存在的问题

1. 自我工作能力评价低

心理咨询教育较为特殊,对专业化要求较高。高校兼职心理健康教育师资队伍的专业化水平较低,心理健康兼职教师对自己能否胜任工作的评价较低;中小学兼职心理教师自身缺乏心理专业背景的局限性使其工作内容较为单向,提供的咨询偏于基础,担心自己的胜任力遭到质疑。在大中小学兼职心理教育教师中,具有心理学背景的教师比心理学知识薄弱的教师对自己工作能力的评价更高。

2. 专业知识缺乏且支持不够

兼职心理教师很多是由于工作要求进行心理方面的学习教育。但由于学科不匹配、知识体系不完善,在进行心理教育或者咨询时会产生思想政治教育或者交流谈心、思想灌输现象,这种引导手段会降低心理咨询的专业化,不是真正的心理教育与咨询。同时,心理咨询要求较高,专职的心理咨询师会经过严格的从业训练和长期的学习课程与实践训练,兼职心理教师相较于专职心理咨询师缺乏系统的专业训练与专业督导,并且也缺乏社会支持体系。

3. 动力不足且精力有限

兼职心理教师的工作动力来源主要是工资薪酬、个人成就获得、兴趣支撑等。兼职心理教师劳资薪酬较低,通过兼职教师这一渠道开拓创新、晋升空间[8]有限等原因,使其工作动力减弱。校内专业教师任兼职心理教师时会将动力与精力重点放在专业教学上。校外担任兼职心理教师的人员则会因缺乏与专业老师、学校管理人员沟通交流而组织归属感弱;兼职教师缺少座谈会与沟通渠道,产生职业倦怠等不良状态,缺乏工作动力。高校及中小学兼职心理教师普遍存在身兼数职的情况,有些本职工作较为忙碌、花费时间多,也有些需要进行课程教学以及科研等活动,加上家庭生活等任务繁重,时间有限、精力不足,会使兼职心理教师的角色投入时间少,工作内容单一缺乏,导致心理教育和咨询工作效果有限。

三、 大中小学兼职心理教师队伍培训的改进及一体化建设思考

(一) 加强兼职心理教师专业化培训,引进具有心理学专业背景的人才

兼职教师一般都具有较高的学历,拥有较强的自学和科研能力。教育部

和大中小学应将心理健康教育教师培训纳入教师培训计划,分期分批对区域
内心理健康教育教师进行轮训;不断开展教师心理咨询培训课程,邀请心理咨
询专家进行讲座[9],切实提高兼职心理健康教育教师的基本理论、专业知识
和操作技能水平。首先,要在大中小学校长、辅导员、班主任和其他学科教师
等各类培训中增加心理健康教育的培训内容,建立分层分类的培训体系。其
次,要加强对兼职心理健康教育教师的再教育,对这些教师进行教育学、心理
学专业理论知识方面的培训和心理咨询的实践训练,努力提高其专业化水平,
培养出一批由兼职转化为专职的教师。再次,要优化培训环境内容,推动兼职
教师专业发展,建立组织管理体系,推进培训工作有效实施,完善考核评价体
系,保障培训工作实施质量。最后,要创建支持性学习环境,在和谐心理氛围
下实现兼职心理教师的专业发展。[10]学校与管理者可以采取一些激励手段
督促教师[11],增强从事学校心理教育教师的积极性与创造性;营造和谐氛
围,搭建良好的兼职教师人文环境,增强兼职教师的认同感与归属感[12];推
动大中小学校兼职心理教师协同发展一体化,不断培养与发展兼职心理教师
队伍。

(二)　明晰兼职心理教师的自我角色定位,开展走好心理健康教育之路

面对社会的质疑以及自我的错误认知与不自信,兼职心理教师本身不能
随波逐流、不予关注,而是要思考、反思并明确自己的角色定位[13],为做好心
理健康教育而学习不止、奋斗不止,让自己身在其位必做其事,能够自信起来、
做得更好、赢得尊重。兼职心理教师必须不断进行自我教育,加强专业学习,
养成自觉而持续的自我教育习惯;参加任职资格考试,获取证书资质,掌握心
理学知识与理论,学会运用心理疗法[14];营造工作环境,争取全方位支持,明
确自身角色定位,摆正心态,不断成长;将本职工作与兼职心理教师工作相互

融合渗透,将心理学知识与技能融入教学科研中,更好地服务学生、做出成就,同时协调好本职工作、家庭个人生活与兼职心理咨询的关系,做出合理的安排;开展教师间互动学习,积累经验,互相借鉴,实现合作式发展;不断批评与自我批评,进行创造性思考,善于反思,发挥自己的学习与科研能力,解决自身在工作中遇到的问题,开辟兼职心理教师心理健康教育的康庄大道。

(三) 提升大中小学兼职心理教师队伍质量,注重大中小一体化建设理念

大中小学心理教育课程与心理教师队伍建设要连续贯通、脉络相承。大中小学兼职心理教师在教授本学业阶段心理教育课程时应当在立足学生发展特征与实际需求的同时,自主贯通学习,促进小学、中学、大学过渡阶段稳定推进。值得注意的是,随着社会的发展,人们的心智与年龄往往不大匹配,与以往相比,人们的心智成熟要高于其实际年龄,因此心理教师队伍要纵向连贯发展,构建大中小学心理教师专业化平台,各级各类学校心理教师队伍可以开展互动,交流学习、优秀咨询案例分享,实现层级流动,建设共同交流和相互支持的兼职心理教师成长团体。学生在不同阶段会有不同的心理特征与活动,会有普遍的共性问题,但也存在不少个性案例,对于具有较为严重心理问题的学生,应联动各层级的教育学校,开展跟随交流,关注长远发展。加强大中小兼职心理教师一体化建设,不断强化兼职教师资质与专业化,增加各级各类学校心理教师数量,衔接实践,协同发展。

四、结语

现阶段,由于专业心理教师队伍人员短缺,兼职心理教师是大中小学心理

健康教育领域的重要补充力量,因此兼职心理教师的培育与发展十分重要。兼职心理教师队伍在建设与发展过程中存在诸多问题,例如角色定位不准确、专业能力局限、时间精力有限、体系机制不完善等,需要不断研究、解决与推进。以往的相关研究通常对专职与兼职教师不加区分,专门研究兼职教师的非常少;同时大多数文献侧重于某一学业阶段,从中小学、高校、中职或高职出发,研究其现状、发展不足与改进措施。相关研究文献中,研究方法主要集中在文献法、质性研究、访谈法和问卷法。本文主要利用文献法,将以往的研究结论予以总结归类论述,并将大中小学联系起来专门研究兼职心理教师,为推动大中小学兼职心理教师的培育与发展、加强大中小学兼职心理教师一体化建设提供一些指导,重视教师的心理教育工作,不断开发学生的心理潜能,促进学生身心和谐可持续发展、健康成长和幸福生活。

大中小学兼职心理教师队伍的培养与发展,需要从兼职心理教师本身及学校、社会环境入手,共同推进纵向一体化深入发展。加强兼职教师队伍建设,构建兼职教师培训体制,提高兼职心理教师专业化水平、工作能力、自我认同感与积极的工作动力;搭建良好的兼职心理教师的人文环境与专兼职心理教师的交流平台;学校与社会应重点关注与发展兼职心理教师,提高对兼职心理教师的信任,激发兼职心理教师的职业归属感;政府、院校、教师、企业等多个关联主体共同参与,协同并进,推动兼职心理教师队伍可持续发展。

注释

[1] 黄喜珊、郑希付:《中小学心理健康教育的师资建设现状及展望》,《中小学心理健康教育》
2018 年第 9 期,第 9—16 页。
[2] 岳爱峰:《中小学心理教师队伍现状的调查与思考》,《校园心理》2018 年第 4 期,第 276—
278 页。

[3] 张红:《高校兼职心理咨询师队伍的角色定位及其专业化发展》,《湖州师范学院学报》2015 年
第 6 期,第 73—76 页。

[4] 车爱玲:《中小学心理健康教育师资队伍现状与思考》,《晋中学院学报》2019 年第 1 期,第
77—81 页。

[5] 车爱玲:《中小学心理健康教育师资队伍现状与思考》,《晋中学院学报》2019 年第 1 期,第
77—81 页。

[6] 俞国良、王勍、李天然:《心理健康教育:中小学专兼职教师和管理者的认知与评价》,《天津师
范大学学报(基础教育版)》2015 年第 3 期,第 33—38 页。

[7] 沈之菲:《上海市中小学心理健康教育师资队伍现状调查与对策研究》,《思想理论教育》
2013 年第 6 期,第 71—75 页。

[8] 俞国良、王浩、赵凤青:《心理健康教育:高等学校专兼职教师的认知与评价》,《黑龙江高教研
究》2017 年第 10 期,第 121—124 页。

[9] 王英姿:《试论中等职业学校心理健康兼职教师的专业成长》,《中等职业教育(理论)》2010 年
第 2 期,第 3—5 页。

[10] 康菁菁:《在主题探究中引领小学兼职心理教师互动发展的行动研究》,《中小学心理健康教
育》2011 年第 17 期,第 7—10 页。

[11] 孙兴民、吴燕、田崇峰:《高职院校兼职教师队伍建设的可持续发展》,《教育与职业》2019 年第
19 期,第 65—69 页。

[12] 张琼、栾东庆、王全旺:《美国高校兼职教师队伍建设综述及启示》,《黑龙江高教研究》2020 年
第 3 期,第 100—104 页。

[13] 马前广、杨晓哲:《新媒体背景下高校心理健康教育与咨询教师角色定位研究》,《新闻传播》
2016 年第 7 期,第 21—22 页。

[14] 张宗业:《小学"兼职"心理咨询教师应具备的基本素质》,《教学与管理》2014 年第 26 期,第
18—19 页。

【范例十】

上海市学校心理健康教育名师工作室

吴青芳

（华东理工大学）

一、 心理工作室成立的目标及意义

（一） 工作目标

心理健康教育名师工作室以名师带教骨干，主要采取师徒制的小组化培养形式，工作室主持人（名师）每人带教 8—10 位学员，从心理健康教育工作理念与策略、心理健康教育教学原理与技术、心理咨询理论与方法、心理健康教育科学研究以及教书育人的严谨态度与作风等方面实施多层次、全方位的带教与指导，使学员在理论素养、实务技能、科研能力、伦理素养、师德风范等方面得到整体提升，壮大上海市大中小学心理健康教育事业的核心骨干队伍，促进全市学校心理健康教育事业更好地发展。

（二） 效益目标

心理健康教育名师工作室旨在培养大中小心理健康教育中青年骨干，促进学员自我成长，提高学员所在学校心理健康教育服务学生受益面，提升学员朋辈带教能力。同时凝练工作经验、申报科研立项、出版著作书籍、打造精品培训、出品精品课程或课堂，最终提升上海学生心理健康教育水平，促进学生心理健康成长。

（三）　实践目标

心理健康是任何一个人成才过程中不可忽视的重要因素，它不仅关系到个人的身心健康和全面发展，而且关系到中华民族的振兴和民族的昌盛。

心理工作室旨在以个人自主学习与团队合作研修相结合、理论研究与实践反思相结合、专家引领与自我成长相结合的方式，切实提高心理工作室成员的个人修养和专业素质，努力引导成员在心理健康教育领域不断探索，努力建设充满灵性教育智慧的、专业化的名师工作室团队，为心理健康教育专业化发展作出贡献。

在实践过程中，首先工作室旨在：第一，构建大中小学纵向衔接、螺旋上升、有机统一的心理健康教育一体化机制，打造强有力的心理健康教育队伍。第二，注重学员的成长，制定成员发展规划，明确个人专业发展的目标和步骤。第三，强化心理学专业理论学习，由工作室主持人带领成员阅读相关数目，增强理论知识学习；加强心理咨询交流研讨，定期集中开展心理咨询交流研讨活动。第四，开展各种专题研修，定期集中就当前心理咨询中的热点、难点问题开展理论研讨、专题沙龙等活动，扩展心理学专业理论知识和视野。第五，加强自主教学实践，组织开展工作室成员研讨课、交流课等活动。第六，重视外出观摩学习，尽可能地创造机会安排工作室成员外出培训、观摩、考察学习。

二、　工作室实施步骤

2015 年创立以来,一般心理健康教育名师工作室都围绕各自主题做好阶段性的准备和目标设立,分阶段、有层次、有计划地开展工作室工作,具体如表 1 所示。

表 1　心理健康教育名师工作室实施步骤

阶　段	时　间	内　容	项　目
准备阶段	预计筹划一个月	(1) 组成团队:对团队的期望及自己的打算,学习有关文件精神 (2) 制定工作室未来几年的发展规划 (3) 各成员针对自己的个性、特长制定个人发展规划 (4) 建立 QQ 群、微信群等,方便联络、沟通	队伍建设项目化、团体化
启动阶段	2—3 天	(1) 工作室启动仪式 (2) 工作室启动具体事项:重任在肩,继续努力 (3) 要求/分工/布置任务	20××年×月×日在××地举行名师心理健康教育工作室启动仪式
发展阶段	半年至一年	(1) 示范课观摩 (2) 探讨上心理健康教育课的基本模式 (3) 了解沙盘游戏的历史/理论背景 (4) 体验个体/团体沙盘的带领,了解沙具的象征意义 (5) 模拟初次咨询基本流程 (6) 咨询过程需要注意什么/如何结束 (7) 阶段总结	(1) 开设心理健康教育课,写出教学心得 (2) 在沙盘咨询技术培训之前,建设好沙盘活动室 (3) 对所做个案都做好详细记录,写出成长总结
成熟阶段	持续发展	积极响应市、区的心理健康教育工作的号召,主动投身于学校学生心理健康教育事业,为相关心理健康工作的研究事业"添砖加瓦"	研究案例、研究报告、研究成果集结成册公开发表推广成果或者提供政府决策咨询建议

三、 工作室实施模式

上海市学校心理健康教育名师工作室秉承"专业引领、理论学习、师徒结对、共同发展"的宗旨,基于教育科研,以个案督导、集体研修为主要活动载体,融专业性、实践性、研究性于一体,明确心理问题发现机制,拓宽心理品质提升渠道,努力建设充满灵性教育智慧的、专业化的名师工作室团队。每期工作室都在充分遴选的基础上,本着"成熟一个、发展一个"的原则,兼顾心理健康教育不同主题,涵盖不同流派,涉及心理健康教育不同领域,每期设置8—10个工作室,为心理健康教育专业化、一体化发展作出贡献。

(一) 工作室主题

2015 年 11 月上海市教育委员会正式颁布决定,成立了首轮十个"上海市学校心理健康教育名师工作室"(2016—2018 年)。名师工作室主持人有(排名不分先后):樊富珉、黄晞建、孙时进、吴增强、陈福国、张海燕、李正云等七人。

第二轮"上海市学校心理健康教育名师工作室"(2019—2021 年)的主持人和相关主题如表 2 所示。

表 2　第二轮"上海市学校心理健康教育名师工作室"

主持人	挂牌单位	主　　题
李正云	上海师范大学	家校协同与家庭治疗
沈之菲	上海市奉贤区教育学院	表达性艺术治疗的教育教学、咨询辅导、课题研究和培训
樊富珉	上海海洋大学	积极心理辅导师能力提升——个人成长与专业督导
张海燕	上海建桥学院	学校心理健康教育与咨询实务及研究
赵旭东	同济大学	学生心理健康服务的医教结合与家校互动

主持人	挂牌单位	主　　题
孙时进	复旦大学	东西方整合心理学的理论与技术
杜亚松	上海交通大学医学院	青少年心理健康教育的医教结合
李春波	上海交通大学医学院	心理健康教育的医教结合
刘纯姣	上海立信会计金融学院	心理健康教育伦理
王洪明	上海市松江区教育学院	积极心理学视角下的班主任心理辅导

（二）　工作室运作方法

1. 医教结合，共促发展

名师工作室秉承"医教结合，共促发展"的理念，注重对专业知识的学习和积累，多次向医学专业人士请教，交流学习。"医教结合"的工作也在持续推进。

2018 年 3 月 28 日，孙时进名师工作室在五角场小学举行"ADHD 儿童医教结合工作专题研讨会"，上海儿童医学中心主任医师金星明教授、杜克大学儿童成长科负责人詹姆斯·普尔（James Poole）医生、杨浦区教育学院倪京凤老师作为参会人员分别从医生、老师的角度针对注意缺陷与多动障碍（ADHD）儿童提出了自己的意见和建议。在互动交流环节，专家、医生、名师工作室学员、区心理中心组、教师代表就 ADHD 儿童医教结合工作开展了热烈的讨论。社会各方有机结合，融合成立体的系统，致力于呵护 ADHD 儿童的心灵。

2019 年 12 月 29 日，上海市学校心理健康教育名师杜亚松工作室和李正云工作室联合举行了医教结合专业研讨会。研讨会上，上海市精神卫生中心儿少科主治医师钱昀博士从专业角度讲解了"如何使用 SNAP-IV 评估 ADHD 症状"；杜亚松教授、李正云教授和吴增强教授分别针对医教协同的模型提出了自己的想法。与会的老师们也和医生们展开了热烈的讨论。

学生心理健康的教育事关健康中国,事关长治久安,事关依法治国,事关学校德育。医教结合项目的主要任务就是心理健康促进、预防性干预、心理危机处置和协同系统建设,以高危学生预防性干预为核心切入点,各方联手织起一张保护网,共建合作,提高儿童青少年心理健康工作专业化水平。

2. 术业专攻,精益求精

上海市学校心理健康教育名师工作室各位老师都有自己侧重研究的领域和课题,术业有专攻,能够更好地对一个问题进行深度探索。老师们可以在名师工作室这个平台交流学习,共同进步,达到 1 + 1 > 2 的效果。

上海市学校心理健康教育名师杜亚松工作室致力于为家长们撰写一本儿童青少年常见心理问题家庭辅导手册。为了这样一个目标,全体成员认领问题,集中磨稿。在杜教授的指导下,成员们进行头脑风暴,大到文章的结构、层次,小到语言表述的精准、标点符号的规范,都丝毫不放松。工作室希望能在"儿童青少年常见心理问题家庭辅导"相关问题的解释和科普上做到科学又通俗、原因分析多角度且需归类提炼、解决方法要操作性强。

以"表达性艺术治疗的教育教学、咨询辅导、课题研究和培训"为主题的沈之菲工作室在组织学习期间不断加强自我定位,推动实现优势发展,并虚心学习。工作室组织学员聚焦绘画、卡牌、沙盘、心理剧四个艺术媒介,通过培训讲座、书籍阅读、学习考察、实践探索等多种学习方式,研究和探索表达性艺术治疗在中小学的运用。而每次集中学习都是一次思想的碰撞,例如工作室的第一次培训活动由毕玉芳博士带领学员体验曼陀罗个人绘画、小组绘画。学员们跟随毕玉芳博士进行创作、分享、学习,充分感受到了曼陀罗在自我整合和心灵疗愈中的作用。

樊富珉教授工作室的活动主题为"积极心理辅导师能力提升——个人成

长与专业督导"。工作室积极探索这一研究主题,通过不同方式解决问题。例如通过系统化的团体活动设计理论学习,使团体带领者了解参加团体成员的潜在需要,在积极心理学的基础上确认团体的性质、主题与目标,通过搜集相关文献进行团体整体框架的规划与结构化的小组主题活动方案设计练习。

张海燕名师工作室成立伊始,即组织第一轮名师工作室全体成员开展学校心理健康教育与咨询研究,以研究促进工作与队伍成长,并于 2018 年出版研究成果《学校心理健康教育与咨询热点问题研究》。随后结合社会服务的需要,同时也为了提升学员团体工作的能力,工作室研发并出版了《充满魔力的体验——儿童及青少年游戏辅导》一书,既锻炼了队伍,也为张海燕教授带领大家长期承担志愿支教的云南寻甸开展心理健康教育提供了专业资源。张海燕教授还组织第二轮工作室的成员一起,总结凝练上海学校心理健康教育多年来在大中小学一体化建设方面的探索与实践,本书为全体成员共同努力的成果。

除了工作室,各位心理老师也有着自己的侧重方向。例如上海音乐学院钢琴系于清老师将音乐和生理以及心理结合;上海市汾阳中学副校长袁学佳老师则有着针对未成年人的心理课程的项目;上海音乐学院付祉云老师、上海对外经贸大学心理中心副主任鄢静老师、复旦大学李淑臻老师等,在各自的工作过程中也有着不断探索将心理学与音乐、心理学与中国传统文化结合的实践。

3. 聚焦问题,知行合一

心理健康的问题纷繁复杂,具有代表性的问题应给予特别的关注。过于理论的知识并不能有针对性地解决所有问题,从实践中来、到实践中去尤为重要。上海市学校心理健康教育名师工作室的各位老师更是针对问题做出了自己的行动。

哀伤疗愈不仅存在于认知和个体,而且超出个人生命之外,有着更大的意义和存在价值,值得我们给予更多的关注。孙时进教授与复旦大学社会发展与公共政策学院心理系共同主办题为"揭开哀伤神秘面纱"的讲座。讲座邀请了原美国知名企业经理刘新宪,通过其自身经历的分享,使得大家更加近距离地接触哀伤疗愈。而孙时进教授从中国政治文化背景解读了失独家庭哀伤疗愈这一具有明显时代特征的社会问题,将理论知识和当前实践经验结合,对哀伤疗愈问题进行了更深入的解读和思考。

除此之外,焦虑情绪也是当下学生群体中普遍存在的问题,得到了老师们越来越多的关注。焦虑情绪普遍,群体庞大,但每个人情况都有所不同,理论上的泛泛而谈很难解决实质的问题。名师工作室的李正云教授与学员们针对来自上海大学的季文泽分享了一个焦虑情绪的典型案例,对来访者的家庭背景、典型事件以及咨询目标、咨询过程进行了讨论,提出了许多反思和困惑,通过结合经典个案、有针对性的分析、将理论融入实践,更加精准地对焦问题,真正缓解学生的焦虑。杜亚松名师工作室则是多次组织现场咨询与督导活动。在督导过程中,杜亚松教授通过个案的描述、案例中情绪变化的反应,深入分析,抓住问题的关键点,进而开展精准的心理辅导及家庭教育指导工作。

将理论融入实践,将个案变成经验,名师工作室的老师共同学习,不断进步,丰富了咨询经验,拓展了工作思路,使自己在工作中能更好地为学生提供多样化的心理健康教育。

4. 师徒结对,携手启程

上海市心理健康教育名师工作室为老师们搭建平台,以师徒结对、携手进步的方式相互学习、增进交流,为促进学员们成长尽力提供所需的教学资源。学员在名师带领下,通过系统、深入学习,不断推进学校心理健康教育工作的深度与广度,促进学生心理健康水平的提升与发展。例如张海燕名师工作室除了选拔上海市层面的学员,还承担了浦东新区名师工作室的带教任务。她组织来自上海大中小学的老师汇聚一堂,面对有着不同问题的不同年龄阶段的学生,集中研讨,分析个案,更好地为解决当代学生的心理问题作出不懈的努力。

同时,名师工作室还经常组织师生研修。2018年12月17日,上海市学校心理健康教育名师李正云工作室的师生到当今结构派家族治疗主要代表人物之一李维榕博士的"家之源"研究中心进行研修,通过李博士的讲解和示范,使学员真正深入理解家庭成员互动模式和冲突关系。

除了共同学习,师徒结对也使得各位老师学员携手共进,取得了诸多成果。例如在2019年开端之时,上海市学校心理健康教育名师吴增强工作室学员导师齐聚,共同对历时三年的学习进行了总结和分享。通过工作室师徒结对的方式,学员收获颇丰,通过专题化技能训练、专业化个案督导、个性化成长工坊提升了学员心理健康教育专业素养的四个"力":根植理论提升专业学习力;固植实践提升专业践行力;厚植内涵提升专业研究力;丰植外延提升专业辐射力。

目前,名师工作室早已建成了一个温暖、进取、包容的团队,形成了一个学习、研究、实践的成长共同体。工作室里有温度与智慧,有学习与磨砺,更有未来与期待。名师引领,同侪携手,前行路上的步履将会更加坚实。

四、借鉴及启示

近年来,抑郁症、焦虑症等心理问题成了普遍关注的社会问题,我国学校学生出现心理问题的人数和比例有上升趋势。上海市心理健康教育名师工作室的适时成立,正是将一些心理问题从刻意回避和隐瞒转为正视和重视的重要举措。除此之外,上海市学校心理健康教育名师心理工作室将专业性、实践性、研究性融为一体,以师徒携手、知行合一为特点,实施多层次、全方位的带教与指导,在促进大中小学心理健康教育发展一体化方面迈出了坚实的步伐。作为先行者,经多年运作和发展,上海市心理健康教育名师工作室为普教系统与高校系统老师搭建了大中小学心理健康教育衔接贯通及深度合作的平台与良机,立足全方位、多角度、系统化地思考、分析、解决大中小学生心理健康教育问题。上海市心理健康教育名师工作室的运行提供了许多值得借鉴的经验。

(一) 师徒结对,一体化促发展

师徒结对、大中小学一体化是上海市学校心理健康教育名师工作室运行模式的特色之一。名师工作室在承担解决心理问题工作的同时,也在努力搭建人才培养基地。每位名师招收 12 名学员,亲自带领学员见习实际案例,亲身讲解并传授经验。期望通过多个工作室的运营,培养出在这一领域更多的下一代"名师"。通过师徒结对,以星形辐射的方式不断产生新的有能力的心理工作者,充实工作室的队伍,加强师资力量,使工作室从体量和质量上不断获得提升,体现了可持续的发展理念。

除此之外,定期举办的共同研讨会也为名师工作室提供了先进的知识和开阔视野的渠道。通过与全市和全国各地名师共同举办研讨交流会,针对前沿的心理问题进行讨论和学习,使工作室学员与最新的研究进展接轨。研讨会上,各地名师分享典型的案例,学员们相互交流经验,在做到信息共享的同时可以发挥朋辈间的相互带动作用,使每一位成员都处于不断"充电"的环境之下,相互督促,携手进步。

（二）　医教结合，知行合一强实力

名医有着丰富的医治经验和专业的心理知识，能够根据复杂的情况和不同的症状作出准确的判断；名师则在与学生的大量接触和多年教学经历中总结了与学生最为有效的沟通方式，能够在短时间内与学生搭建起相互信任的桥梁，进而使帮助和治疗可以有序、高效地进行。这种医教结合的模式使心理医生和心理教师的工作相互促进，相互融合，并且相互补充了不同的个体案例和专业知识，为心理工作室提供了强大的专业背景和不断进步的发展空间。

作为一种将理论与实际相结合的大胆实践，名师工作室有针对性地解决了目前业界普遍存在的有理论知识却没有实际经验的情况。工作室通过聚焦重点问题，贯彻知行合一的理念，深入学校和社会，直面存在心理问题的青少年学生，与大量患者进行面对面的沟通和交流。一方面为社会提供了更多的咨询服务和疗愈机会，另一方面也使得工作室的成员能够将所学知识运用到实际问题中，并通过这一过程不断积累经验。通过正反馈和负反馈相结合的学习，成员能够更好地领悟所学知识并加以应用，对理论加以深化和细化，消除"书背得好，病治不好"的情况。

（三）　走近校园，拉近距离找问题

首先，以工作室的形式解决青少年的心理问题并提供咨询服务，从名字和形式上便具有了亲和力。相比"医院"二字带来的强烈刺激使许多存在心理问题的青少年讳疾忌医，工作室的模式让更多的学生愿意主动前来咨询，接受治疗。同时，通过向名医咨询和引入名师而形成的专业指导团队，在多层次、全方位的带教与指导学员方面也有着比私人心理诊所更强的信服力和疗愈能力，拥有足够的影响力。

其次，各位老师能走进校园，主动了解青少年心理健康状况，从根本上发

现隐藏的青年患者。例如工作室开设"知心时刻"专栏,辅导员每周三、周五定点值班,学生线上匿名预约,根据自己的时间选择不同的咨询主题和咨询老师。老师切实了解大家的心理世界,消除青少年对心理问题和心理疾病的恐惧感和对接受心理治疗的抵触心理。

最后,在学校与社会结合方面,各位老师通过与家长及时沟通,取得家长有效配合,随时了解学生思想动态。总之,只要教师真正融入学生当中,成为他们的知己,在师生和谐的互动中,正确引导、矫治学生的不良倾向,最终会解决学生的心理健康问题。

(四) 模式创新,效果显著可推广

名师工作室建立了心理问题发现机制。第一,"五位一体"队伍联动。以工作室平台建设为抓手,建立心理教师队伍、辅导员、学生心理服务部、心理委员、宿舍长"五位一体"联络圈。依托心理教师队伍,开设"心理公开课",发挥专业优势,积累工作经验。组建学生心理服务部,发挥学生主体作用,实施与开展心理活动。第二,"内外系统"动态追踪。立足于内在支持系统,通过一对一谈心谈话、网络动态追踪,了解学生自我接纳与认同,内在情绪与情感表达,筛选出自卑、退缩、敏感等方面的关注群体。

同时,名师工作室关注心理品质的提升,开拓了诸多渠道方式。第一,开设学院心理公开课。定期开展理论课堂,以学生需求为本,聚焦学生所思、所想,由学生自主选择选题,主讲教师回应学生诉求,给予科学、合适的理论支持与方法引导。第二,实施积极心理提升计划。从学生入校开始至大学毕业,进行四年连贯制、每学期一次的全院级积极心理品质提升计划。开展心理委员成长训练营、宿舍长心理知识提升班,打造质量过硬的优秀工作队伍,以学生工作队伍为第一梯队,面向学生开展积极心理主题团体辅导、心理主题班会等

活动，由点带面，普及心理知识，提升学生的心理素质。

　　总体而言，上海市学校心理健康教育名师工作室的率先成立，是中国心理教育事业开辟新道路的一个良好开端。大中小学心理健康队伍融合发展，为解决日益普遍的青少年心理问题提供了新思路和新方法，并收获了喜人的工作成果。在未来，上海市学校心理健康教育名师工作室队伍必将不断壮大，更是为中国心理健康教育内其他类似工作的开展作出了有价值的启示，将心理健康教育真正落到实处。

图书在版编目(CIP)数据

上海市大中小学心理健康教育一体化研究/张海燕
等主编.—上海:格致出版社:上海人民出版社,
2020.12
ISBN 978-7-5432-3185-6

Ⅰ.①上… Ⅱ.①张… Ⅲ.①学生-心理健康-健康
教育-研究-上海 Ⅳ.①G444

中国版本图书馆 CIP 数据核字(2020)第 207167 号

责任编辑 张苗凤
装帧设计 人马艺术设计·储平

上海市大中小学心理健康教育一体化研究

张海燕 李正云 徐玉兰 吴青芳 主编

出 版 格致出版社
上海人民出版社
(200001 上海福建中路 193 号)
发 行 上海人民出版社发行中心
印 刷 常熟市新骅印刷有限公司
开 本 720×1000 1/16
印 张 31
插 页 3
字 数 392,000
版 次 2020 年 12 月第 1 版
印 次 2020 年 12 月第 1 次印刷
ISBN 978-7-5432-3185-6/G·69C
定 价 108.00 元